■2025年度高等学校受験用

立教新座高等学校

収録内容

★この問題集は以下の収録内容となっています。また、編集の都合上、解説、解答用紙を省略させていただいている場合もございますのでご了承ください。

（○印は収録、一印は未収録）

入試問題と解説・解答の収録内容		解答用紙
2024年度	英語・数学・国語	○
2023年度	英語・数学・国語	○
2022年度	英語・数学・国語	○
2021年度	英語・数学・国語	○
2020年度	英語・数学・国語	○
2019年度	英語・数学・国語	○
2018年度	英語・数学・国語	○

★当問題集のバックナンバーは在庫がございません。あらかじめご了承ください。

●凡例●

【英語】

≪解答≫

〔　〕　①別解
②置き換え可能な語句（なお下線は置き換える箇所が２語以上の場合）
（例）I am〔I'm〕glad〔happy〕to～

（　）　省略可能な言葉

≪解説≫

1, 2…　本文の段落（ただし本文が会話文の場合は話者の１つの発言）

〔　〕　置き換え可能な語句（なお〔　〕の前の下線は置き換える箇所が２語以上の場合）

（　）　①省略が可能な言葉
（例）「（数が）いくつかの」
②単語・代名詞の意味
（例）「彼（＝警察官）が叫んだ」
③言い換え可能な言葉
（例）「いやなにおいがするなべにはふたをするべきだ（＝くさいものにはふたをしろ）」

//　訳文と解説の区切り

cf.　比較・参照

≒　ほぼ同じ意味

【数学】

≪解答≫

〔　〕　別解

≪解説≫

（　）　補足的指示
（例）（右図１参照）など

〔　〕　①公式の文字部分
（例）〔長方形の面積〕＝〔縦〕×〔横〕
②面積・体積を表す場合
（例）〔立方体ABCDEFGH〕

∴　ゆえに

≒　約、およそ

【社会】

≪解答≫

〔　〕　別解

（　）　省略可能な語

＿＿　使用を指示された語句

≪解説≫

〔　〕　別称・略称
（例）政府開発援助〔ODA〕

（　）　①年号
（例）壬申の乱が起きた（672年）。
②意味・補足的説明
（例）資本収支（海外への投資など）

【理科】

≪解答≫

〔　〕　別解

（　）　省略可能な語

＿＿　使用を指示された語句

≪解説≫

〔　〕　公式の文字部分

（　）　①単位
②補足的説明
③同義・言い換え可能な言葉
（例）カエルの子（オタマジャクシ）

≒　約、およそ

【国語】

≪解答≫

〔　〕　別解

（　）　省略してもよい言葉

＿＿　使用を指示された語句

≪解説≫

〈　〉　課題文中の空所部分（現代語訳・通釈・書き下し文）

（　）　①引用文の指示語の内容
（例）「それ（＝過去の経験）が～」
②選択肢の正誤を示す場合
（例）（ア，ウ…×）
③現代語訳で主語などを補った部分
（例）（女は）出てきた。

／　漢詩の書き下し文・現代語訳の改行部分

立教新座高等学校

所在地	〒352-8523 埼玉県新座市北野1-2-25
電　話	048-471-2323（代表）・048-471-6648（入試窓口）
ホームページ	https://niiza.rikkyo.ac.jp/
交通案内	東武東上線 志木駅より徒歩約15分またはバス約10分 JR武蔵野線 新座駅より徒歩約25分またはバス約10分 （新座駅・志木駅よりスクールバスあり。詳細は本校ホームページをご確認ください。）

普通科

男子

くわしい情報はホームページへ

応募状況

年度	募集数	受験数	合格数	倍率
2024	推薦 20名	38名	23名	1.7倍
	一般 60名	1,571名	679名	2.3倍
2023	推薦 20名	35名	23名	1.5倍
	一般 60名	1,517名	711名	2.1倍
2022	推薦 20名	40名	22名	1.8倍
	一般 60名	1,449名	629名	2.3倍

※推薦は書類審査実施につき，応募数を記載。

試験科目　（2025年度入試・予定）

［推薦］一次：書類審査　二次：面接

［一般］数学・国語・英語（リスニングテスト含む）

教育方針

本校の教育は「キリスト教に基づく人間教育」を建学の精神に掲げ，「真理を探究する力」と「共に生きる力」を備えたグローバルリーダーの育成を目指している。

本校の特色

・本校では，１年次の教育課程の中に必修科目として聖書の授業が組み込まれている。

・３年次には，約90種類もの講座から最低３講座を履修する「自由選択科目」があり，各自の興味関心や将来の目標に応じて選択することができる。立教大学の教員による講座もあるため，大学での専門研究につながる学習が可能となっている。また，総合的な学習の一環として「卒業研究論文」を執筆する。

・「オーストラリア短期留学」や「英国サマースクール」など，多種多様な国際交流プログラムが実施されている。

・立教大学への推薦入学制度がある。

施設

広い敷地内には，校舎や学友会館，チャペル，自然観察園，図書館，体育館，野球場，サッカー場といった各種教育施設や競技練習場が収容されている。

その他，体操場・剣道場・多目的ホールを擁したセントポールズ・ジムや，全天候型グラウンド，国内最大級の室内温水プールなど，最新の設備を導入し，理想的な学習環境を実現している。

進路状況

本校の卒業生は，校長の推薦により立教大学の文学部・経済学部・経営学部・理学部・社会学部・法学部・観光学部・コミュニティ福祉学部・現代心理学部・異文化コミュニケーション学部・スポーツウエルネス学部・GLAP（Global Liberal Arts Program）へ進学できる。

なお，他大学を受験する者は立教大学への推薦を辞退しなければならない。

◎2023年度 立教大学推薦者数

文	経　済	経　営	理	社　会	法
25	60	36	2	42	52
観　光	コミュニティ福　祉	現代心理	異文化コミュニケーション	スポーツウエルネス	GLAP
6	1	3	17	1	1

◎他大学の進学先（2023年度実績／現役のみ）

東京工業大，一橋大，北海道大，東北大，慶應義塾大，早稲田大，上智大，国際基督教大，東京理科大，日本医科大，東京医科大など。

編集部注―本書の内容は2024年4月現在のものであり，変更されている場合があります。正確な情報は，学校のホームページ等で必ずご確認ください。

出題傾向と今後への対策　英語

出題内容

	2024	2023	2022
大問数	7	7	7
小問数	43	36	38
リスニング	○	○	○

◎大問７題，小問数は35～40問程度である。構成は長文読解２～３題，放送問題２～３題，文法問題１～２題，英作文１～２題などとなっている。全体的に難易度はやや高め。

2024年度の出題状況

Ⅰ～Ⅱ 放送問題

Ⅲ 長文読解総合―エッセー

Ⅳ 長文読解総合―物語

Ⅴ 長文読解―適語句選択―エッセー

Ⅵ 整序結合

Ⅶ 条件作文

解答形式

2024年度	記　述／マーク／併　用

出題傾向

本校の問題は，単なる知識を超えた「考えさせる」問題が大きな比重を占めている。長文読解は，文法事項から内容理解を試すものまでさまざまな形で問われるので，総合力が試される。

英作文は整序結合，書き換えが頻出である。放送問題も例年出題されている。難易度は標準的である。

今後への対策

正確な読解力，推理力など思考力を試す問題が多いため，制限時間を踏まえた適切な処理が求められる。まずは基本単語，熟語構文や慣用句など基礎知識を徹底的にたたき込もう。長文読解については代名詞が何を指しているのか意識しながら読もう。

放送問題はラジオなどの番組で耳を慣れさせて，毎日５分でも聞くようにしよう。

◆◆◆◆◆ 英語出題分野一覧表 ◆◆◆◆◆

分野 ＼ 年度			2022	2023	2024	2025 予想※
音声	放　送　問　題		■	■	■	◎
	単語の発音 ・ アクセント					
	文の区切り ・ 強　勢 ・ 抑　揚					
語彙・文法	単語の意味 ・ 綴　り ・ 関連知識		●	●	●	◎
	適語(句)選択 ・ 補　充					
	書き換え ・ 同意文完成			●		△
	語　形　変　化					
	用　法　選　択					
	正誤問題 ・ 誤文訂正					
	そ　の　他（適所選択）					
作文	整　序　結　合		●	●	●	◎
	日本語英訳	適語(句) ・ 適文選択				
		部　分 ・ 完全記述				
	条　件　作　文		●	●	●	◎
	テ　ー　マ　作　文					
会話文	適　文　選　択					
	適語(句)選択 ・ 補　充		●			△
	そ　の　他					
長文読解	内容把握	主　題 ・ 表　題				
		内　容　真　偽	●		●	◎
		内容一致 ・ 要約文完成	●	★	●	◎
		文　脈 ・ 要旨把握				
		英　問　英　答	■		●	◎
	適語(句)選択 ・ 補　充		●	●	■	◎
	適文選択 ・ 補　充				●	△
	文(章)整序					
	英　文 ・ 語句解釈（指示語など）		●	●	■	◎
	そ　の　他（適所選択）					

●印：１～５問出題，■印：６～10問出題，★印：11問以上出題。

※予想欄　◎印：出題されると思われるもの。　△印：出題されるかもしれないもの。

出題傾向と今後への対策　数学

出題内容

2024年度

大問５題，23問の出題。1は小問集合で枝問も含めて７問。数の計算，連立方程式の解の利用，関数，データの活用，図形からの出題。空間図形は直方体，平面図形は四角形を利用した計量題２問。2は関数から，放物線と直線に関するもの。図形の知識も要する。3は平面図形で，円と接線を利用した計量題４問。4は空間図形で，正四角錐を利用した計量題４問。辺上を動く点がつくる図形について問われた。5はさいころと二次方程式の解に関する問題。

2023年度

大問５題，22問の出題。1は小問集合で枝問も含めて７問。数の性質，連立方程式の解の利用，平面図形，確率，関数からの出題。確率はさいころと円周上の点を利用したもの。平面図形は三角形を利用した計量題２問。2は関数から，放物線と直線に関するもの。回転体の体積を求める問題も出た。3は空間図形で，円錐と球を利用した計量題３問。4は平面図形で，正六角形を利用した計量題４問。5は色玉を使った確率題４問。袋の中から玉を取り出す作業に関する問題。

作…作図問題　証…証明問題　グ…グラフ作成問題

解答形式

2024年度	記　述／マーク／併　用

出題傾向

大問は５題，総設問数は19～25問。応用力，思考力などを要する問題が多いうえ，量も多いので，問題をしっかり見きわめ，時間をうまく使うことが大きなカギとなる。構成は，1が小問集合，2以降は，各分野からの総合題で，関数，図形，確率は必出。工夫を凝らした問題が多く，初めて見るような問題も少なくない。

今後への対策

まずは早い段階で基礎を定着させ，標準，発展レベルの問題で，問題に慣れること。そして，いろいろな問題を解き，いろいろな解法のパターンを身につけよう。問題数が多いので，手際よく解答できるようにもしておこう。問題の解き方は１つとは限らないので，問題が解けて満足するのではなく，他に解法はないか考えるようにするとよい。

◆◆◆◆◆ 数学出題分野一覧表 ◆◆◆◆◆

分野	年度	2022	2023	2024	2025予想※
数と式	計算，因数分解			●	△
	数の性質，数の表し方		●		△
	文字式の利用，等式変形				
	方程式の解法，解の利用		●	●	◎
	方程式の応用	●			△
関　数	比例・反比例，一次関数		●		△
	関数$y=ax^2$とその他の関数	★	★	★	◎
	関数の利用，図形の移動と関数				
図　形	（平面）計　量	★	★	★	◎
	（平面）証明，作図				
	（平面）その他				
	（空間）計　量	★	★	★	◎
	（空間）頂点・辺・面，展開図				
	（空間）その他				
データの活用	場合の数，確率	★	★	★	◎
	データの分析・活用，標本調査			●	△
その他	不等式				
	特殊・新傾向問題など				
	融合問題				

●印：１問出題，■印：２問出題，★印：３問以上出題。
※予想欄　◎印：出題されると思われるもの。　△印：出題されるかもしれないもの。

出題傾向と今後への対策

国語

出題内容

2024年度

論説文　論説文　小説

課題文

一 福永真弓「弁当と野いちご」
二 大澤　聡『教養主義のリハビリテーション』
三 パウロ・コエーリョ『アルケミスト』

2023年度

論説文　随筆　小説

課題文

一 オリヴィエ・レイ／池畑奈央子訳『統計の歴史』
二 三木那由他『言葉の展望台』
三 綿矢りさ『手のひらの京』

2022年度

小説　論説文　論説文

課題文

一 伊与原新『新参者の富士』
二 五十嵐太郎「排除アートと過防備都市の誕生。不寛容をめぐるアートとデザイン」
三 山本貴光『記憶のデザイン』

解答形式

2024年度	記述／マーク／併用

出題傾向

出題は，現代文の読解問題が原則３題で，それぞれの大問に５～８問の設問が付されている。課題文は，やや分量も多く，内容も，比較的高度なものが選ばれている。設問は，内容理解が中心で，記述解答は，抜き書きが中心だが，30～60字程度の記述を求めるものも複数ある。出題のねらいは，正確な読解力を見ることにあるといえる。

今後への対策

あらゆる種類の文章を読みこなせるようになるために，日頃から論理的文章と文学的文章を問題集で偏りなく勉強しておく必要がある。また，40～60字程度の記述式解答を書く練習もしておくべきである。国語の知識については，漢字・語句を中心に基本的なものでよいから問題集をやっておくこと。

◆◆◆◆◆ 国語出題分野一覧表 ◆◆◆◆◆

分野		年度	2022	2023	2024	2025 予想※
現代文	論説文 説明文	主題・要旨	●		●	◎
		文脈・接続語・指示語・段落関係	●		●	◎
		文章内容	●	●	●	◎
		表現		●	●	◎
	随筆 日記 手紙	主題・要旨				
		文脈・接続語・指示語・段落関係		●		△
		文章内容		●		△
		表現				
		心情				
	小説	主題・要旨				
		文脈・接続語・指示語・段落関係				
		文章内容	●	●	●	◎
		表現		●		△
		心情		●	●	◎
		状況・情景			●	△
韻文	詩	内容理解				
		形式・技法				
	俳句 和歌 短歌	内容理解				
		技法				
古典	古文	古語・内容理解・現代語訳				
		古典の知識・古典文法				
	漢文	(漢詩を含む)				
国語の知識	漢字 語句	漢字	●	●	●	◎
		語句・四字熟語	●			△
		慣用句・ことわざ・故事成語	●		●	◎
		熟語の構成・漢字の知識				
	文法	品詞				
		ことばの単位・文の組み立て				
		敬語・表現技法				
	文学史					
作文・文章の構成・資料						
その他						

※予想欄　◎印：出題されると思われるもの。　△印：出題されるかもしれないもの。

合格を勝ち取るための

本書の使い方

本書に掲載されている過去問をご覧になって，「難しそう」と感じたかもしれません。でも，大丈夫。ほとんどの受験生が同じように感じるのです。高校入試の出題範囲は中学校の定期テストに比べて広いですし，残りの中学校生活で学ぶはずの，まだ習っていない内容からも出題されているかもしれません。

ですから，初めて本書に取り組む際には，点数を気にする必要はありません。点数は本番で取れればいいのです。

過去問で重要なのは「間違えること」です。自分の弱点を知るために，過去問に取り組むのです。当然，間違った問題をそのままにしておいては意味がありません。

本書には，長年にわたって高校受験に関わってきたベテランスタッフによる詳細な解説がついています。間違えた問題は重点的に解説を読み，何度も解きなおしてください。時にはもう一度，教科書で復習するのもよいでしょう。

別冊として，抜き取って使える解答用紙を収録しました。表示してあるように拡大コピーをとれば，実際の入試と同じ条件で，何度でも過去問に取り組むことができます。特に記述問題では解答欄の大きさがヒントになる場合があります。そうした，本番で使える受験テクニックの練習ができるのも，本書の強みです。

前のページにある「出題傾向と今後への対策」もよく読んで，本校の出題傾向に慣れておきましょう。

2025年度 高校受験用

立教新座高等学校　7年間スーパー過去問

をご購入の皆様へ

お詫び

本書、立教新座高等学校の入試問題につきまして、誠に申し訳ございませんが、以下の問題文は著作権上の問題により掲載することができません。設問と解説、解答は掲載してございますので、ご必要とされる方は原典をご参照くださいますよう、お願い申し上げます。

記

2023年度　英語　Ⅳ　の問題文

2022年度　英語　Ⅲ　の問題文

2021年度　英語　Ⅳ　の問題文

以上

株式会社　声の教育社　編集部

2024年度 立教新座高等学校

【英　語】（60分）〈満点：100点〉

注意　[I]・[II] はリスニング問題です。放送中にメモを取ってもかまいません。

[I]　リスニング問題(1)

これから放送で，６つの対話が流れます。その最後の文に対する応答として最も適切なものをそれぞれA～Dから１つ選び，記号で答えなさい。対話は２回ずつ流れます。

1　A．I want to stay at school all night.
　B．I found it out from our group chat.
　C．I'm meeting her at the corner.
　D．I should tell the other members in the club.

2　A．I didn't know that he was a chef at the wedding.
　B．You must be surprised.
　C．I couldn't believe it, either.
　D．You should watch that when you have free time.

3　A．For about a year.　　B．It takes just a month.
　C．In an hour.　　D．On this weekend.

4　A．Great !　Will you wait for me while I bring my car around ?
　B．Alright.　Let's go together next time.
　C．Oh, sorry.　I didn't mean that.
　D．Because I've already had lunch.

5　A．I agree.　　B．Of course.　　C．Very useful.　　D．Clean and safe.

6　A．I'm sure you will like it.
　B．We can do it on Thursday next week.
　C．Shall I drive you home ?
　D．For three weeks.

[II]　リスニング問題(2)

これから放送で，それぞれの資料について話し合っている対話が流れます。それらの内容として空欄にあてはまる最も適切なものをそれぞれA～Dから１つ選び，記号で答えなさい。対話は２回ずつ流れます。

1

Title	Leading Actor／Actress	Ticket Sales (million dollars)
Butterfly Girl	[1]	120
Wonderful Woman	Anya Taylor	180
005	Jennifer Lauren	[2]
Daniel's Angels	Emily Stone	100

[1]　A．Hugh Jackson　　B．Emily Stone
　C．Jennifer Lauren　　D．Jamie Raccoon

[2]　A．150　　B．170　　C．190　　D．210

2

Date	Place	Way of Transportation
March 4th	Japan ⇒ [1]	Airplane
March 5th	[1] ⇒ Malaysia	Bus
March 8th	Malaysia ⇒ Vietnam	Airplane
March 11th	Vietnam ⇒ Cambodia	[2]
March 14th	Cambodia ⇒ Japan	Airplane

[1] A．Indonesia　B．Singapore　C．Thailand　D．Australia

[2] A．Airplane　B．Foot　C．Bus　D．Ship

※**＜リスニング問題放送台本＞**は英語の問題の終わりに付けてあります。

Ⅲ　次の英文を読んで，各設問に答えなさい。

The grass is always greener on the other side — until you start to ①appreciate what you've already got, that is. Wishing for the next big thing — for example, status or wealth — only makes you unhappy and restless. The secret is to be happy with what you have now. Stop for a moment to truly appreciate what you've got. You'll probably discover that you don't actually need anything else at all. How good does it feel to realize that you already have everything you need？

That doesn't mean that you shouldn't try to improve yourself but you should learn to be thankful for where you are today and what you have in life. If you can't be thankful for what you have today, why would it be any different tomorrow？

Don't compare yourself to other people. Nobody cares about your neighbors' children's grades or the size of their TV: Competing is like a never-ending race. [　②　] It's your move, if you don't end the whole thing by yourself. Now you know what you need to do is to break the cycle.

A good way to remove the ③envy that is behind the ④"grass is greener" mentality is to be happy for other people's successes. Celebrate your friends who have just won an impressive victory or prize in their school activities. When you welcome in positive emotions, your whole self responds positively. Try this today on social media. Instead of giving an unwilling "like" to some news one of your ⑤contacts is sharing, leave a comment to properly congratulate them in a ⑥genuine and authentic way. You will soon feel the benefit of this shift of attitude coming right back at you.

When you think of a glass, some say that it is half full. And other people say that it is half empty. But I recently heard someone say that both of the viewpoints are wrong. It is always refillable. What ⑦a wonderful way of viewing life！ Sit down and list what you have, what you have achieved and experienced. Focus not on the empty space, but ⑧the liquid in your glass. And stop comparing the size of your glass to other people's！ Even if you know someone who has more than you, ⑨there are millions with less. The world is filled with people who would love your green grass.

Review your list and be at peace with what you have, then you will be in a good place to plan what's important for you next, not driven by envy but by your own positive goals for living life to the fullest.

問１　下線部①と同じような意味を表す最も適切な語句を１つ選び，記号で答えなさい。

ア　be covered with　イ　be aware of　ウ　be afraid of　エ　be successful in

問2　空欄②に入る最も適切な文を1つ選び，記号で答えなさい。

ア　You upgrade your car and someone else will get a better car.

イ　You lose something and someone else will find it for you.

ウ　You run for the only prize and someone else will try to steal it.

エ　You are given life and also someone else is.

問3　下線部③の語の意味を説明する表現として最も適切なものを1つ選び，記号で答えなさい。

ア　A feeling you have when you wish you could have the same thing or quality that someone else has.

イ　Pleasure that you feel when you do something that you wanted to do.

ウ　A feeling you have when you agree with someone's ideas or opinions.

エ　An uncomfortable feeling that you get when you have done something wrong.

問4　下線部④が指す内容と最も近い表現を1つ選び，記号で答えなさい。

ア　The rich get richer and the poor get poorer.

イ　The early bird catches the worm.

ウ　The apples on the other side of the wall are the sweetest.

エ　Bread is better than the songs of birds.

問5　下線部⑤と同じような意味の1語を文章中から抜き出しなさい。

問6　下線部⑥と同じような意味を表す最も適切な語句を1つ選び，記号で答えなさい。

ア　fake and wrong　　イ　clever and brave　　ウ　fun and attractive　　エ　real and honest

問7　以下のセリフの中で下線部⑦の考え方としてあてはまるものを1つ選び，記号で答えなさい。

ア　"This jacket is given by my mother and it is small for me.　I will throw it away."

イ　"If you lose this game, you will never win again.　You need to train yourself harder."

ウ　"I bought a wonderful car last year but I want a new one now.　What do you recommend ?"

エ　"I've visited Hokkaido once and it was a good experience for me.　Someday I want to visit other places, too."

問8　下線部⑧と同じような意味で置き換えられる表現として最も適切なものを1つ選び，記号で答えなさい。

ア　when you realize　　イ　what someone says　　ウ　what you have　　エ　where you go

問9　下線部⑨が指す内容を表す英文として最も適切なものを1つ選び，記号で答えなさい。

ア　There are a lot of people who have greater advantages than you do.

イ　There are also people who have little as you do.

ウ　There are not so many people who do more things than you do.

エ　There are a great number of people who do not have as much as you do.

問10　本文の内容に一致するものを2つ選び，記号で答えなさい。ただし，解答の際はア～クの順番になるように記入すること。

ア　The grass in the garden should always be kept clean and fresh.

イ　If you can be at peace with what you got, you can think about what's important for you.

ウ　You don't have to give a "like" or write a comment to people you follow on SNS.

エ　It makes you greater to be willing to compare yourself to other people.

オ　If you are happy with others' successes instead of feeling jealous, you will have some advantages.

カ　You must be always improving yourself to achieve your goal.

キ　When you look at what you've got, you realize you are poorer than you think.

ク　It might be helpful for you to say why you're unhappy.

Ⅳ　次の英文を読んで，各設問に答えなさい。

"How was school, Alex ?" asked Grandpa from his chair on the front porch《屋根付きの玄関口》.

"I wish I didn't have to go to school, Grandpa," complained Alex.　He threw his bag on the ground and sat on the bench beside him.　"It's such a waste of time.　I'd much prefer to be out working.　I could be earning money already.　If I started working now at a restaurant like Big Chicken Al's Wing Hut, I'd be earning good money, and I'd be able to travel and see the world like you did !"

"How old are you, Alex ?" asked Grandpa.　"I am so forgetful."

"I'm fifteen, Grandpa.　Old enough to know when I'm wasting my time.　I want to be free from having to go to school every day.　It's such a waste of time.　I can't believe I have to be here for another three years.　I'd like to ①be up and away !"

Grandpa smiled across at Alex and looked at him for a moment.　"It reminds me of a story I once heard — an old folk-tale from China."

"Uh-oh," said Alex.　"Another tale with a deep and inner meaning meant to teach me that going to school is actually a good thing ?"

They both laughed.

"Listen, and you decide," said Grandpa.

"OK.　I'm listening."

"OK.　Good.　Once long ago in China, there was a kite.　This kite was a large and proud kite and it took pleasure from being the biggest and highest-flying kite in the region."

"Great, a kite which has a problem with its character," interrupted《割り込んだ》 Alex.

"Yes, a kite with attitude《偉そうな》," responded Grandpa with a smile.　"This kite enjoyed flying high in the air, higher than any other kite.　It wished to go higher and higher, and kept pulling the string until there was no more to let out."

"A kite with altitude《高度》," joked Alex.

"Exactly.　Although it wasn't altogether happy.　While it flew higher than all the other kites, it wanted to go higher.　It saw the clouds and the birds way above and felt unhappy because it wasn't able to get up there.　In fact, it blamed the string for holding it back."

"It wanted a no-string relationship ?" offered Alex.

Grandpa stopped and examined Alex.　"Are you taking this seriously or are you going to throw in gags《冗談》 all the way through ?" he asked.

"Yes," replied Alex.　"You need to keep the audience entertained, Grandpa."

"OK, so this kite," continued Grandpa, "the string felt really bad, and the kite always complained when the string stopped it.　The string was [A] with this situation and thought it was [B]."

"Was the string highly strung《張られた》 ?" joked Alex again.

"Yes, but only in the physical sense," replied Grandpa.　"It was usually a relaxed string normally, but didn't like all the anger it was getting from the kite."

"Was the string highly stressed by the kite ?"

"Absolutely.　It felt it was treated wrong, and it wanted revenge.　One day, the wind was very strong. The kite rose rapidly as the string was let out quickly. It wasn't long before the string hit its limit and the kite rose no more.

'Aw, not again, string!' the kite shouted to the string. 'Stop holding me back! Let me go higher at once! Let me go!'

Well, ②<u>the string had enough</u>. Normally it would hold on in the face of all the wind pressure to make sure the kite stayed attached. The string let it go and dropped towards the earth, no longer pulled up by the kite.

'See you, my friend!' exclaimed the kite as it burst upwards on a blast of wind. And what do you think happened next, Alex?"

"The kite rose up above the clouds and said hello to the birds, 'Hi! My name is Kite and I'm new around here. Will you play with me?' Oh no, sorry, without the string attached, it dropped to the ground?"

"Exactly, Alex. Without the tension《ピンと張ること》 of the string, the air pressure no longer had the resistance《抵抗》 of the string to create lift and instead the kite dropped quickly down. When it hit the ground hard, one of its parts was damaged heavily. The kite was badly injured."

"So it wasn't able to fly again?" Alex questioned.

"Well, not for a while. At the repair shop, it was fixed up and ③<u>was right as rain</u>."

"And it learned its lesson that it needed the string to fly and was happy ever after?"

"No, not really. It was too proud to learn the lesson and never forgave the string for its behavior. It still complained to the string for holding him back. Do you see the lesson in this for your situation?"

"YES! Thanks, Grandpa! I understand now," exclaimed Alex.

"Great," replied Grandpa.

"Yes," continued Alex. "I should leave school and learn how to fly and repair kites. And I should get some extra long string for my kite to fly higher and higher. If you give me money, my kite, my future success, can fly higher! Thanks, Grandpa. You can transfer it directly to my bank account." Alex folded his arms and looked at Grandpa.

"Eh, that's not exactly what I was. . . ." started Grandpa.

"OK, I know," admitted Alex. "I'm just [④]. The story actually says that sometimes you need limits in order to reach your potential. Sometimes you may think they are holding you back, but they are actually mostly responsible for your growth. The string means that I have to finish school, and the kite is my future potential, and the wind is my education. It lifts me higher and higher."

Grandpa smiled back. "Exactly, Alex. Well done. I thought for a while you were not taking this seriously, but now I see that you have taken in the main lesson of this story. I am proud of you, young man."

"Thanks, Grandpa. You're the best." Alex got up and hugged his grandfather. "I'm going in now for a snack, I'm hungry."

As Alex left the porch, Grandpa had a satisfied smile on his face, happy in the knowledge that he shared his wisdom with the boy.

"Just one thing, Grandpa?" said Alex, coming back out from inside the porch door.

"Yes, Alex?" replied Grandpa.

"If [C] is the string and the kite is my [D], when school runs out, do I have to stay at that level ?"

Grandpa looked uneasy and scratched his chin.

"No, Alex, you will just need to find your own string I guess."

出典：*shortkidstories https://www.shortkidstories.com/ (Revised)*

問1　下線部①と同じような意味を表す最も適切なものを1つ選び，記号で答えなさい。

ア　be able to graduate from school sooner than three years from now
イ　drop out from school and study by myself
ウ　help his grandfather with his work
エ　get old enough to finish school right now

問2　文中の [A] と [B] に入る語句として正しい組み合わせを1つ選び，記号で答えなさい。

ア　A：happy　B：fair
イ　A：happy　B：unfair
ウ　A：unhappy　B：fair
エ　A：unhappy　B：unfair

問3　下線部②を表す英文として最も適切なものを1つ選び，記号で答えなさい。

ア　The string was tired of being blamed by the kite.
イ　The string couldn't hold on because the wind was too strong.
ウ　The string spent a good time with the kite.
エ　The string wanted to see the kite fly.

問4　次の質問に対する答えとして最も適切なものを1つ選び，記号で答えなさい。

What happened to the kite after the string let the kite go ?

ア　It kept flying into the clouds.
イ　It became friends with the birds.
ウ　It crashed to the ground and got damaged.
エ　It landed safely and was repaired.

問5　次の質問に対する答えとして最も適切なものを1つ選び，記号で答えなさい。

How did the kite get repaired after it fell down ?

ア　It was fixed by a new string.
イ　It was repaired by Alex's Grandpa.
ウ　It was sent to a repair shop.
エ　It healed itself over time.

問6　下線部③と同じような意味を表す最も適切なものを1つ選び，記号で答えなさい。

ア　caused trouble　イ　had no problem　ウ　got wet　エ　felt bad

問7　空欄④に入る最も適切なものを1つ選び，記号で答えなさい。

ア　joking around　イ　flying a kite　ウ　tying a string　エ　throwing them away

問8　次の英文の下線部に入る英語として最も適切なものを1つ選び，記号で答えなさい。

In the end, the kite ____________________.

ア　was proud enough to learn from this situation
イ　learned its lessons and thanked the string
ウ　did not notice its selfishness, and blamed the string for this situation
エ　saw the string as a friend, and was able to fly again thanks to the repair shop

問9　文中の[C]と[D]に入る語句として最も適切なものをそれぞれ1つずつ選び，記号で答えなさい。

[C]　ア　Grandpa　イ　money　ウ　job　エ　school

[D]　ア　problem　イ　potential　ウ　sense　エ　responsibility

問10　次の質問に対する答えとして最も適切なものを1つ選び，記号で答えなさい。

What lesson did Alex learn from the story?

ア　He should leave school and become a kite flyer.

イ　Limits can help him go beyond his own ability.

ウ　He should ask Grandpa for money to travel.

エ　The string represents his education holding him back.

[V]　次の英文の空所(1)～(3)に入る最も適切な語句を以下からそれぞれ1つずつ選び，記号で答えなさい。

Traveling is a wonderful experience ＿(1)＿. We can do this by going to new places and learning about different cultures, food, and sights.

One of the best parts of traveling is trying new foods. From street snacks in exciting cities to fancy dinners in famous places, tasting local dishes helps us understand the culture and history of the area.

Seeing famous places is also amazing. Think of the Eiffel Tower in France or the Great Wall of China. These places are really nice to visit. Seeing nature can be amazing, too, like the Grand Canyon or the Amazon Rainforest.

Meeting local people is another exciting part of a trip. You can enjoy talking with them and learn about their lives.

Remember, while we travel, we need to be friendly to the environment and ＿(2)＿. This way, we leave a good impression on the local people and help protect the places we visit.

Traveling is an incredible adventure that lets us explore, learn, and connect with the world. It's ＿(3)＿ happy memories.

(1)　ア　that our lives can make richer

　イ　that our lives can make it richer

　ウ　that we can make our lives richer

　エ　that can make our lives richer

(2)　ア　respected by local customs

　イ　respecting local customs

　ウ　respect local customs

　エ　to respecting local customs

(3)　ア　to create a chance

　イ　a chance to create

　ウ　a chance created

　エ　creating a chance

Ⅵ　日本語の意味に合うように〔　〕内の語句を並べかえて意味の通る英語にしなさい。解答の際はAとBに入る英語を書きなさい。ただし，文頭に来る語も小文字で示してあります。

(1)　だれが壁にある写真を撮ったと思いますか。

______ ______ ______ __A__ __B__ ______ ______ ______ ?

〔do / on / the picture / the wall / think / took / you / who〕?

(2)　彼女の友達は彼女を助けることをいとわない。

______ ______ ______ __A__ ______ __B__ ______ .

〔are / friends / help / her / her / to / willing〕.

(3)　大切なのは，親切でいようとし続けることです。

__A__ ______ ______ ______ __B__ ______ ______ ______ .

〔be / it / important / is / kind / remember / to / to〕.

(4)　男の子が出かけようとしたときに，知っている女性が通り過ぎた。

When the boy ______ __A__ ______ ______, the woman __B__ ______ ______ ______ .

〔about / by / he / knew / leave / passed / to / was〕.

Ⅶ　次の質問に対する自身の考えを，空欄に入るように，英語で書きなさい。

問１　あなたがなりたい動物は何ですか。その理由を添えて書きなさい。

I wish [①] because [②].

問２　あなたはこの夏どこに行きましたか。その目的を添えて書きなさい。

I went [①] to [②].

＜リスニング問題放送台本＞

Ⅰ　リスニング問題(1)

1　M :　How are you doing ?

W :　I'm doing well.　Did you hear we don't have to join today's meeting ?

M :　Really ?　I didn't know that. Where did you get that information ?

2　M :　Did you watch the new episode of the drama last night ?

W :　Yeah, I did!　Did you expect her to marry him ?

M :　Absolutely not.　I was so surprised that I felt like I was dreaming.

3　M :　I heard there's a concert at a shopping mall next week.　Why don't we go together ?

W :　Thanks for asking.　But actually, I'll be playing the drums for one of the bands.

M :　Wow, really ?　I'll definitely go to see you.

W :　Thanks.

M :　How long have you been playing in the band ?

4　M :　I'm going out to the hamburger shop.　Do you want to come along ?

W :　Sure, why not ?　I was planning to buy a drink somewhere.

5　W :　Hi, Kota.　I haven't seen you for ages.　Did you go somewhere this winter ?

M :　Yeah, I visited my brother in Singapore.　He's been studying there since last year and it was my first trip abroad.

W :　Wow!　What was it like over there ?

6　W :　Hmm . . . I prefer the bigger one.　I like the color, too.

M :　Yes, this refrigerator is very popular now and the price is also reasonable.

W：OK, I'll take this one.　When can you deliver it ?　I want it as soon as possible.

Ⅱ　リスニング問題(2)

1　M：Hey, have you seen any good movies lately ?

W：Yeah, I watched "Butterfly Girl" last weekend.　It was amazing.

M：Oh, was it ?　Who played the leading role ?　Emily Stone ?

W：No, she is the main character of Daniel's Angels.　Jamie Raccoon did.　She and Hugh Jackson are my favorite actors right now.　Have you also seen any good movies ?

M：Well, I saw "005" with my friends last night.　Jennifer Lauren, who played the leading role, was really cool.　She has acted in a lot of movies recently.　I heard this movie broke the record of $200 million in sales yesterday.

W：Wow, that's impressive.　That means "005" has become the top seller over "Wonderful Woman."

2　W：I heard you are traveling alone to visit some countries in Southeast Asia, right ?

M：Yeah, I'm planning to visit four countries next March.

W：Four countries ?　What's your travel plan ?

M：Well, first, I'll fly to Singapore on March fourth.　One day later, I'll visit Indonesia and plan to stay there for three days.　Oh actually, I changed the plan yesterday.　The next stop is Malaysia, where I'll stay for three days.　After that, I'll take an airplane to Vietnam and stay from March eighth to the eleventh.　Then, I'll visit Cambodia by bus.　It'll take 24 hours to get there.　Can you imagine how long it would take by foot ?　Finally, I'll finish my trip by flying back to Japan on March 14th.　That's the plan.

W：Wow, you're so brave and full of energy !

【数　学】（60分）〈満点：100点〉

注意　1．答はできるだけ簡単にし，根号のついた数は，根号内の数をできるだけ簡単にしなさい。また，円周率はπを用いなさい。

2．直定規，コンパスの貸借はいけません。

3．三角定規，分度器，計算機の使用はいけません。

1　以下の問いに答えなさい。

(1)　次の計算をしなさい。

$2024^2-4047\times2025+2031\times2019$

(2)　$2\sqrt{3}a+\sqrt{3}b=5$，$\sqrt{3}a+2\sqrt{3}b=-3$のとき，$a+b$の値を求めなさい。

(3)　図のように，放物線$y=\frac{1}{2}x^2$と直線lは2点A，Bで交わり，A，Bのx座標はそれぞれ-1，4です。次の問いに答えなさい。

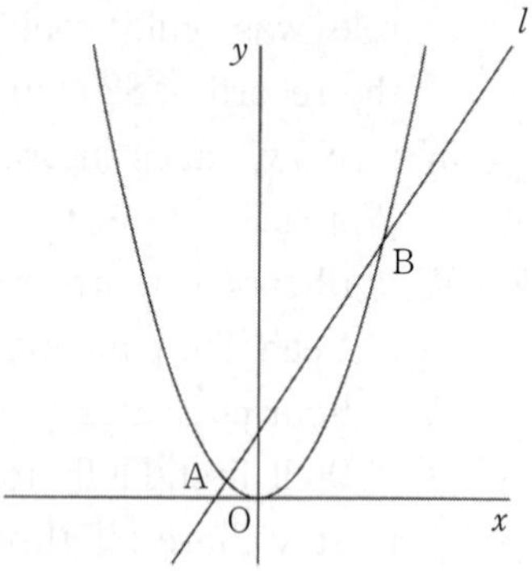

①　直線lの式を求めなさい。

②　四角形ABCDが正方形となるように点C，Dをとります。Cのx座標が負であるとき，原点Oを通り，正方形ABCDの面積を2等分する直線の式を求めなさい。

(4)　A，B，Cは自然数とします。以下の8つの数は，異なる8つの自然数を小さい方から順に並べたものです。

1，A，6，12，B，21，C，30

この8つの数が次の3つの条件をすべて満たすとき，A，B，Cの値をそれぞれ答えなさい。

・この8つの数の四分位範囲は19になります。

・この8つの数を大きい方の4つの数と小さい方の4つの数に分けたとき，大きい方の4つの数の平均値から小さい方の4つの数の平均値を引いた差は18になります。

・この8つの数の平均値と中央値は等しくなります。

(5)　右の図のような，AB＝4cm，AD＝4cm，AE＝6cmの直方体ABCD-EFGHがあり，辺FG，GHの中点をそれぞれP，Qとします。この直方体を3点A，P，Qを通る平面で切断するとき，切り口の図形の周の長さを求めなさい。

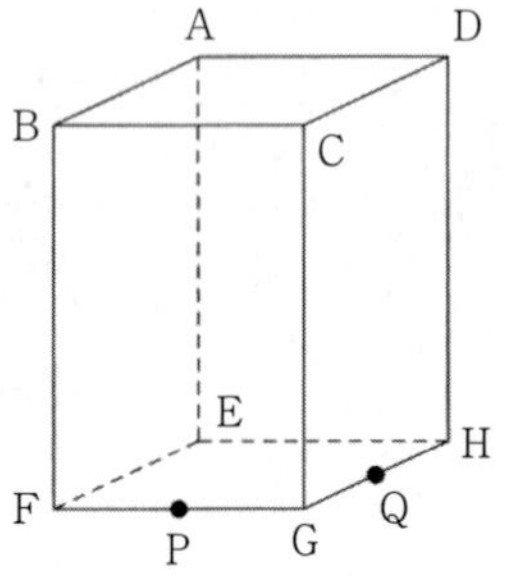

(6)　次の図の四角形の面積を求めなさい。

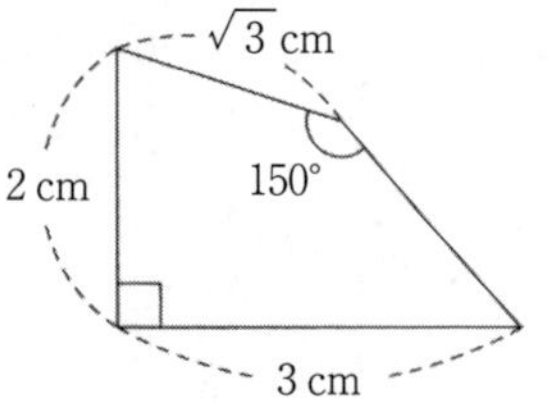

2　図のように，放物線$y=\dfrac{1}{4}x^2$…①と正方形ABCDがあります。2点A，Dは放物線上にあり，2点B，Cはx軸上にあります。この正方形ABCDを直線ODに平行な直線lで2つの台形に分けたところ，点Aを含む方の台形の面積と点Cを含む方の台形の面積の比は19：13になりました。また，直線lと放物線①との交点をE，Fとし，直線lとx軸との交点をGとします。BG$=k$とするとき，次の問いに答えなさい。

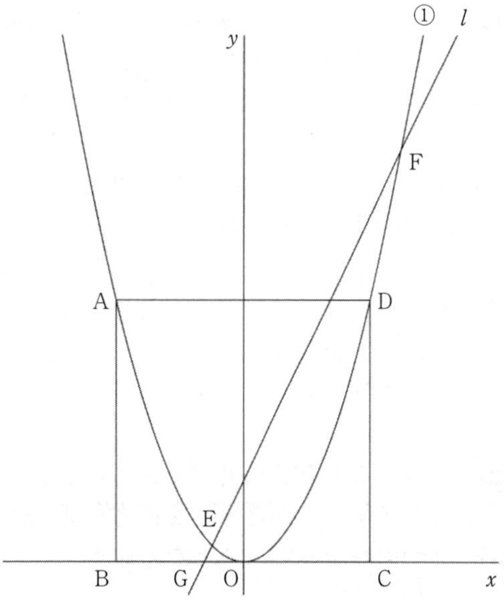

(1)　点Aの座標を求めなさい。

(2)　kの値を求めなさい。

(3)　直線lの式を求めなさい。

(4)　放物線①上を動く点をPとし，Pのx座標をtとします。△OEF＝△PEFとなるときのtの値をすべて求めなさい。ただし，点Pは原点Oとは異なる点とします。

3　図のように，点A，B，C，Dを中心とする4つの円A，B，C，Dと2つの直線l，mがあり，2つの直線の交点をPとします。円A，Dは点Qで直線lと接し，円B，Cは点Rで直線lと接しています。また，4つの円は直線mとも接しています。円Bと直線mが接する点をSとすると，∠SPR＝60°です。円A，Bの半径がともに9 cmであるとき，次の問いに答えなさい。

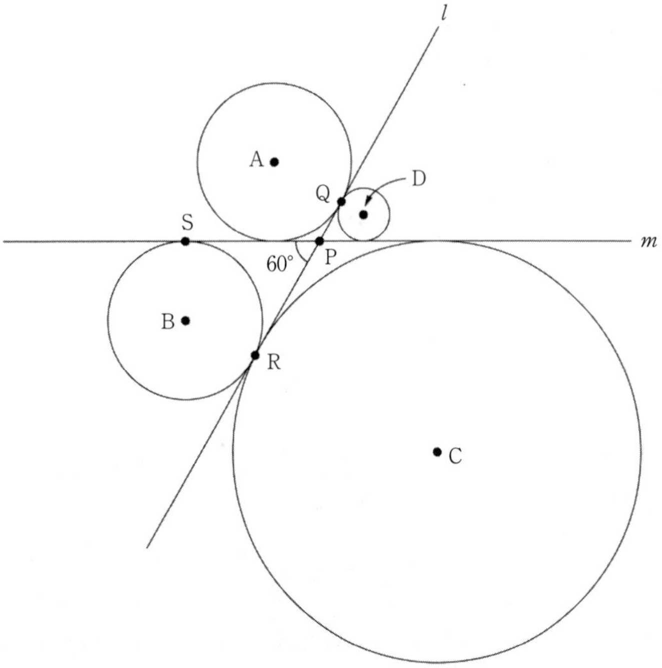

(1)　PRの長さを求めなさい。

(2)　ABの長さを求めなさい。

(3)　円Cの面積は円Dの面積の何倍ですか。

(4)　四角形ABCDの面積を求めなさい。

4 図は，すべての辺の長さが12cmの正四角錐O-ABCDです。点Pは辺AB上をAからBまで，点Qは辺DC上をDからCまで，点Rは辺OB上をOからBまで，点Sは辺OC上をOからCまで，それぞれ毎秒1cmの速さで移動します。4点P，Q，R，Sは同時に出発し，出発してからの時間をt秒とします。次の問いに答えなさい。ただし，$0<t<12$とします。

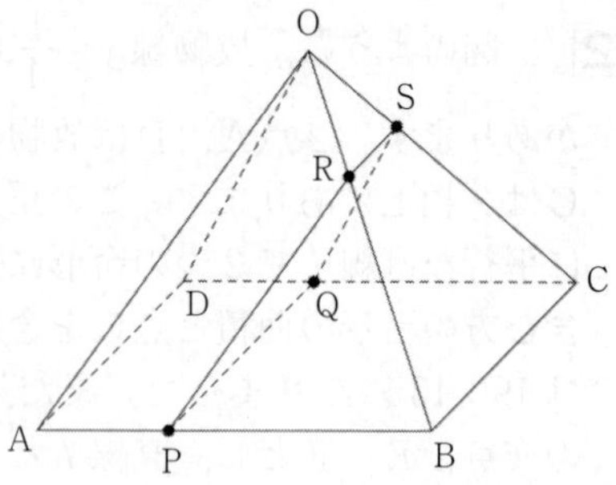

(1) 正四角錐O-ABCDの体積を求めなさい。

(2) 四角形PQSRの周の長さをtを用いて表しなさい。

(3) 四角形PQSRの面積が$20\sqrt{3}\,\mathrm{cm}^2$になるとき，$t$の値を求めなさい。

(4) $t=10$のとき，6点B，C，P，Q，R，Sを頂点とする立体の体積を求めなさい。

5 さいころを3回続けて投げるとき，1回目，2回目，3回目に出た目の数をそれぞれa，b，cとします。このとき，2次方程式$ax^2+bx+c=0$の解について，次の確率を求めなさい。

(1) 2つの解が-2，-3となる確率

(2) -1を解にもつ確率

(3) 解が1つになる確率

(4) 解が有理数になる確率

は父親との会話を思い出して、幸せな気持ちになった。彼はすでに多くの城を見、多くの女たちに出会っていた(しかし、何日か後に会うことになっている少女に匹敵する者はいなかった)。彼は一枚の上着と、他の本と交換できる一冊の本、そして羊の群れを持っていた。しかし、最も大切なことは、少年が日々、自分の夢を生きることができることだった。もし、アンダルシアの平野にあきてしまったら、羊を売って、船乗りになることもできた。海にあきてしまう頃までには、多くの町を見、他の女たちに会い、幸福になる他のチャンスにもめぐり合っているだろう。神学校では、僕は神様を見つけることができなかったと、朝日が昇るのを見ながら、少年は思った。

　少年は、できるだけまだ通ったことのない道を旅するようにしていた。彼はその地方を何度も訪れたことがあったが、今まで一度も、その見捨てられた教会に行き当ったことはなかった。世界は大きくて、ホムジンゾウだった。しばらく羊たちに、行き先を自由にまかせておけば、彼は何かおもしろいものを見つけ出した。問題は、羊たちは毎日新しい道を歩いているということに、気がついていないことだった。彼らは新しい場所にいることも、季節の移り変わりさえも知らなかった。彼らが考えることは、食べ物と水のことだけだった。

　人間も同じかもしれない、と少年は考えた。僕だって同じだ。あの商人の娘に会ってから、他の女の人のことを考えたこともないのだから。E太陽を眺めながら、タリファの町には正午前に着けるだろうと、彼は計算した。そこで、④今持っている本をもっと厚い本と交換し、びんを新しいぶどう酒で満たし、ひげをそって、髪を切ってもらおう。彼は少女と会う準備をしなければならなかった。他のもっと大きな羊の群れを連れた羊飼いが、自分より先に町に着いて、彼女に結婚を申し込んだ可能性については、考えたくなかった。

（パウロ・コエーリョ『アルケミスト』）

問一　傍線部イ〜ホのカタカナを漢字に直しなさい。

問二　傍線部①「なぜ羊飼いをやっているの？」とあるが、少年が羊飼いになった理由を説明した次の一文の空欄に当てはまる表現を、三十字以内で記しなさい。

> 羊飼いになることで、［　　　　］から。

問三　傍線部②「心の中で、平気ではない、と知っていた」のはなぜか。解答欄の形式に合うように文中から三十字以内で探し、最初と最後の五字を抜き出しなさい。

問四　傍線部③「父親はそれ以上、何も言わなかった」とあるが、このときの父親の説明として適当なものを次の中から選び、記号で答えなさい。

ア　なぜ反対しているのかをまったく理解できていない少年にあきれている。

イ　少年の希望をうれしく思いつつ、かつて自分が失敗したために、表面上は反対している。

ウ　反対はしたものの、少年の意志が固いことが分かり、説得を諦めている。

エ　昔の自分と同じ頑固さを持っている少年を頼もしく思い、成長を喜んでいる。

問五　傍線部④について。「今持っている本をもっと厚い本と交換」する目的は何か。それが分かる一文を文中から探し、最初の五字を抜き出しなさい。

問六　二重傍線部A〜Eを時間の流れに沿って並べなさい。

もし僕が、今日、すごく残忍な男になって、一頭ずつ殺すことにしたとしても、ほとんどの仲間が殺されてしまってから、彼らはやっと気がつくのだろう、と少年は思った。彼らは僕を信頼していて、もう自分たちの本能に従うことを忘れている。それは僕がいつもおいしい草のあるところへ連れてゆくからだ。

少年は自分の考えに驚いた。いちじくが生えている教会にいた悪い霊にとりつかれたのかもしれない。その悪い霊が、自分に同じ夢を二度も見させて、自分の忠実な仲間に不満を感じさせたのだ。彼は昨夜の夕食の時に残したぶどう酒を少し飲んでから、上着の前をかき合わせた。これから何時間かたつと、太陽が頭の真上にきて気温が高くなり、羊の群れを連れて平野を進むことができなくなることを、少年は知っていた。それは夏の間、スペイン中が昼寝をする時間だった。ニモウショは日暮まで続き、それまでは上着をかかえていなければならなかった。上着の重さに文句を言おうとした時、彼は、上着があるからこそ、明け方の寒さをしのげるのだと思いなおした。

僕たちは変化にそなえておかなければならないのだ、と少年は思った。すると、上着の重さと温かさが、ありがたく感じられた。

上着には目的があった。そして少年にも目的があった。彼の人生の目的は旅をすることだった。二年間アンダルシアの平原を歩きまわって、彼はその地域のすべての町を知っていた。今度少女に会ったら、羊飼いの身で、どうして本が読めるようになったのか、彼女に次のように説明しようと思っていた。少年は十六歳まで神学校にいた。彼の両親は少年を神父にして、あまり豊かでない農家の自慢にしたかった。彼らは羊と同じように、ただ食べ物と水を得るために、一生懸命働いてきた。少年はラテン語とスペイン語と神学を学んだ。しかし、彼は小さい時から、もっと広い世界を知りたいと思っていた。そのことの方が、神を知ったり、人間の原罪を知ることより、彼にとっては重要だった。Dある日の午後、家族のもとに帰った彼は、勇気をふりしぼって、自分は神父にはなりたくない、自分は旅がしたいのです、と父親に言った。

「息子よ、世界中から旅人がこの町を通り過ぎていったではないか」と父親が言った。「彼らは何か新しいものを探しに来る。しかし、帰る時も、彼らは基本的には来た時と同じままだ。彼らは城を見るために山に登る。そして、私たちが今もっているものより、昔の方が良かったと、結論づけるだけなのだ。彼らは金髪だったり、肌の色が黒かったりもする。だが、ここに住む人たちと、基本的には同じ人間なんだよ」

「でも僕は、彼らが住む町の城を見たいんです」と少年は説明した。

「旅人たちは私たちの土地を見て、自分もずっとここに住みたい、と言うんだよ」と父親は続けた。

「でも僕は、彼らの住む土地を見たいんです。彼らがどうやって生活しているかも見たいんです」と息子は言った。

「ここに来る人たちは、とてもたくさんお金を持っているから、旅をすることができるのだよ」と父親が言った。「私たちの仲間で、旅ができるのは羊飼いだけだ」

「では、僕は羊飼いになります！」

③父親はそれ以上、何も言わなかった。次の日、父親は三枚の古いスペイン金貨が入った袋を少年に与えた。

「これは、ある時野原で見つけたものだ。これをおまえに残す遺産の一部にしようと思っていた。しかし、これで羊を買いなさい。そして野原に行きなさい。いつかおまえにも、私たちの田舎が一番良い場所で、ここの女性が一番美しいとわかるだろう」

父親は少年を祝福した。少年は父親の目の中に、自分も世界を旅したいという望みがあるのを見た。それは、何十年もの間、飲み水と食べるものと、毎晩眠るための一軒の家を確保するために深くしまいこまれていたものの、今もまだ捨てきれていない望みだった。

地平線が赤く染まった。その時、突然、太陽が顔を出した。少年

たことについて、自分の意見を聞かせることもあった。

しかし、このところの数日間は、少年はたった一つのことしか、羊たちに話していなかった。それはある少女のことだった。あと四日で到着する村に住む商人の娘のことだった。その村へは、まだ、一度しか行ったことがなかった。それは去年のことだった。その商人は呉服屋の主人で、だまされないために、いつも自分の目の前で、羊の毛を刈るように要求した。友達がその店のことを教えてくれたので、少年はそこへ、羊を連れていったのだった。

B「羊の毛を売りたいのです」と少年は商人に言った。店が忙しかったので、商人は少年に、午後まで待つように言った。そこで少年は、店の入口の階段にすわると、本をかばんの中から取りだした。

「羊飼いが本を読めるなんて、知らなかったわ」と、少女の声が、うしろから聞こえた。その少女は、アンダルシア地方の典型的な容姿をしていた。かすかにムーア人の征服者たちのことを思い出させる、流れるような黒髪と、黒い瞳をしていた。

「ふだんは、本より羊の方からもっと学ぶんだよ」と少年は答えた。二人は二時間も話した。その間、彼女は自分は商人の娘で、村の生活は毎日が同じことのくり返しだ、と言った。羊飼いの少年は、アンダルシアの田舎のことを話し、彼が泊まった他の町のニュースを伝えた。それは羊と話すより、ずっと楽しかった。

「どうやって、読み方を習ったの?」と話の途中で、彼女が聞いた。

「他の人と同じさ」と彼は言った。「学校でだよ」

「あなたは字が読めるのに、①なぜ羊飼いをやっているの?」

少年は彼女の質問に答えるのをさけて、口の中でぶつぶつ言った。彼女には決して理解できないだろうという気がしたからだ。彼は自分の旅の話を続けた。すると、彼女はハカシコそうなムーア系の黒い瞳を大きく見開いて、こわがったり、驚いたりした。時間がたつうちに、少年は、その日が終らなければいいと願っている自分を発見した。そして彼女の父親がずっと忙しくて、自分を三日間待たせたらよいのにと思った。彼は自分が、今までに経験したことのないような気持ちになっているのに気がついた。それは、一ヵ所にずっと住みつきたいという希望だった。黒髪の少女と一緒にいれば、自分の毎日は決して同じではないだろうと、彼は思った。

しかし、ついに商人が現われて、少年に四頭の羊の毛を刈るように頼んだ。彼は羊の毛の代金を支払い、少年に来年もまた来るようにと言った。

そして今、少年は、あと四日で、その同じ村に戻るところだった。彼は興奮し、同時に不安だった。たぶん、少女はもう彼を忘れてしまっただろう。たくさんの羊飼いが、羊毛を売りに村を通り過ぎてゆくのだ。

「それでも平気さ」と彼は羊たちに言った。「他の場所にも少女はいるのだから」

しかし、彼は②心の中で、平気ではない、と知っていた。そして、船乗りや、行商人たちと同じように、羊飼いもまた、自由な旅の喜びを忘れさせる誰かがいる町を、いつか必ず見つけることを、知っていた。

夜が明け始めた。C羊飼いの少年は、羊を追って太陽の方向へ進んだ。「羊たちは、何も自分で決めなくてもいいんだな」と、少年は思った。おそらく、それが、いつも自分にくっついている理由なのだろう。

羊たちの興味はと言えば、食べ物と水だけだった。アンダルシアで一番良い牧草地の見つけ方を少年が知っている限り、羊たちは彼の友達でいるだろう。そう、彼らの毎日はいつも同じ日の出から日没までの、限りなく続くように思える時間だけだった。彼らは若い時に本を読んだこともなく、少年が都会のようすを話しても何のことかわからなかった。彼らは食べ物と水さえあれば満足していた。そのかわり、彼らは羊毛と友情、そしてたった一度だけだが、自分の肉を気前よく与えてくれた。

エ　とにかく自分の意見を発信すればいいと考えるようになった。

問四　傍線部③「ネットを自然環境として生きはじめているわたしたちは、油断するとついそのことを忘れてしまう」ことで、「わたしたち」はどのように考えるようになるのか。解答欄の形式に合うように答えなさい。

問五　空欄 ④ に当てはまる語を答えなさい。

問六　空欄 Ⅰ ・ Ⅱ に当てはまる表現を文中からそれぞれ抜き出しなさい。

問七　次のア～オそれぞれについて、本文の内容に当てはまるものには○、当てはまらないものには×をつけなさい。

ア　これまでの「歴史」にこだわらずに議論をすることは、行き詰まった状況を打破するうえで効力を発揮する効率的で有益な方法だといえる。

イ　先人たちが示した結論とそこにいたる思考のプロセスをふまえて未来について考えるには、過去の文献を読み、それらを解読する力が必要である。

ウ　今はデジタルアーカイブを使いこなす能力が不可欠な時代で、デジタルの情報をどれだけ使いこなせるかが新しいメディア環境での教養だといえる。

エ　テクノロジーの発達は、いつでも調べられることと知っていることとは別のことだとわたしたちに勘違いさせ、そこに無限の懸隔があると錯覚させる。

オ　無限にアーカイブすることが可能なデジタルの世界においても、古い文献のように継続的に註釈や装置をアップデートし、定期的に整理する必要がある。

三　次の文章を読んで、後の問に答えなさい。

少年の名はサンチャゴといった。少年が羊の群れを連れて見捨てられた教会に着いたのは、あたりがもう薄暗くなり始める頃だった。教会の屋根はずっと昔にイクち果て、かつて祭壇だった場所には、一本の大きないちじくの木が生えていた。

A少年はそこで一夜を過ごすことに決めた。彼は羊の群れが、壊れかけた門を通って中に入るのを見とどけてから、夜中に羊が迷い出さないように、何本かの棒を門にわたした。その地方におおかみはいなかったが、以前、一頭の羊が夜の間に外に迷い出たため、少年は次の日一日、その羊を探しまわらなければならなかった。

少年は上着で床のほこりをはらうと、読み終ったばかりの本をまくらにして横になった。この次はもっと厚い本を読むことにしようと、彼は独り言を言った。そうすれば、もっと長く楽しめるし、もっと気持ちのいいまくらになるだろう。

少年が目を覚ました時、あたりはまだ暗かった。見あげると、半分壊れている屋根のむこうに星が見えた。

「もう少し、寝ていたかったな」と少年は思った。彼は一週間前に見た夢と同じ夢を、その夜も見た。そしてその朝もまた、夢が終る前に目が覚めてしまった。

少年は起きあがると、ロエの曲った杖を手にして、まだ寝ている羊を起こし始めた。彼は自分が目を覚ますと同時に、ほとんどの羊たちも動き始めるのに気がついていた。それはまるで彼の生命から湧き出る不思議なエネルギーが、羊たちの生命に伝わるかのようだった。彼はすでに二年間、羊たちと一緒に生活し、食べ物と水を求めて、田舎を歩きまわっていた。「羊たちは、僕に慣れて、僕の時間割りを知ってしまったみたいだ」と彼はつぶやいた。ちょっと考えてから、それは逆かもしれないと気がついた。自分が羊たちの時間割りに、慣れたのかもしれなかった。

しかし、羊たちの中には、目が覚めるのに、もう少し時間がかかるものもいた。少年は一頭ずつ、名前を呼びかけながら、杖で羊を突っついて起こしていった。彼はいつも、自分の話すことを羊が理解できると、信じていた。それで、時々羊たちに、自分がおもしろいと思った本の一部を読んでやったり、野原での自分のさびしさや幸せを、話してやったりした。時には自分たちが通り過ぎた村で見

ちを錯覚させる。

　この問題はアーカイブ論一般にも接続できます。無限にアーカイブすることが可能なデジタルの世界では、「解釈留保でかたっぱしから保存」が基本方針であるべきです。というのも、無価値にしか思えないゴミが、未来では貴重なものになっていたなんてことはいくらでも起こりうるからです。とすれば、判断抜きでとにかく保存しておき、文脈や価値は後世の人間が必要に応じて発見すればいい。［C］、他方でこうもいえてしまう。適切にタグ付けされていない膨大な情報たちは自己目的的にストックされるだけで、将来的にも使えないんじゃないか。使えないというより、わたしたちはそれを使わないんじゃないか。「いつでも調べられる」とおなじで、「調べる」や「使う」が永遠に先延ばしにされてしまう。「いつでも」の「いつ」がちっとも来ない。膨大に存在するがゆえに、ひとつも存在しないのと変わらない。そんな皮肉な事態になりかねない。これは日々スマホやデジカメに保存している大量の写真なり映像なりの行方を思い浮かべると感覚的にも理解できるはずです。そのつど撮ることには熱心だけど、整理する機会はほとんどなく、膨大すぎるあまり、見かえすこともない。

　これは数百年単位の文明論的なスケールでもいえることです。定期的にタグ付けや分類だけでもしておかないと、膨大な情報が無に帰す危険性がある。情報を解読するためのコードやコンテキストやシステムは時間とともに変化します。すぐ解読不可能になる。だから、そのつど註釈や装置をアップデートし続けないといけない。『源氏物語』でも古文書でもなんでも、いまなお鑑賞可能であるのは先人たちが代々註釈を連鎖的に残してくれたおかげです。批評にはそういう役割もあるんですね。文学なんて……と思う人もいるかもしれませんが、［D］東日本大震災以降、古い文献に何気なく記載された地震の情報ががぜん機能しはじめたことをわたしたちはよく知っています。

　なかば思いつきのように、〝「拡散型読書」の時代から「放置型読書」の時代へ〟と整理した理由がわかってもらえたと思います。「どこかにはあるから……」という安心感のために、実際にはちっとも読まない時代になっている。読んでいないのに、読んだも同然とおごりたかぶる。

　そこで、おそろしく反動的で素朴きわまりない結論をいうようですが、知識や情報はいちどはこの「身体」を通過させないと使いものにならないんじゃないでしょうか。「調べればわかる」ではなくて、いちどは「知っている」にしておくこと。完璧には知らなくていい。「ある程度知っている」状態が重要なんです。その「ある程度」こそが、「あたりをつける」ことを可能にする。キーワードがわかるということです。くわしくは知らなくても、関連ワードやジャンルの見取図ぐらいは頭に入っている。だから推測できる。「［Ⅰ］」こともできない人間が、「［Ⅱ］」といってしまう。滑稽でしょう。

（大澤　聡『教養主義のリハビリテーション』）

問一　空欄［A］〜［D］に当てはまる語を次の中から選び、それぞれ記号で答えなさい。

ア　つまり　　イ　ところが　　ウ　しかも

エ　もちろん　　オ　たとえば

問二　傍線部①について。「知っている」を「使う」とはどういうことか。文中から四十字程度で探し、最初と最後の五字を抜き出しなさい。

問三　傍線部②「ねじれて浸透した結果」どうなったと筆者は述べているか。適当なものを次の中から選び、記号で答えなさい。

ア　プレゼンテーションの内容を最優先に考えるようになった。

イ　インターネットから得た知識を優れた意見だと考えるようになった。

ウ　調べることが重要で意見の有無は問題でないと考えるようになった。

をかけて導き出した解や失敗をきっちり補助線として導入する。そうすることで、一歩でも二歩でも前に進めたほうがよっぽど有益だと思うんですけどね。［A］、立ち止まったり、議論を意識的に巻き戻したりすることも大事です。が、それはいろいろ知ったうえでなければ機能しない。

かつての教養、とりわけ教養主義的な教養は、どちらかというと、知っている状態それじたいに意味が見出されてきました。けれど、①「知っている」は課題解決や議論の前進のためにどんどん「使う」。功利的でいいんです。そのために読書するし勉強もする。先人たちが最終的に示した結論だけではなくて、そこにいたる思考のプロセスじたいも知っておく。それは読書によってしか知りえないことです。未来予想を可能にする材料は現在や過去にしかありません。そして、過去は文字や書物というかたちでストックされてきました。必要なのはそれを解読する力です。

日本は「知識蓄積型」から「意見発信型」へと学習のモデルを転換しないとダメだとよくいわれます。けれど、あまりにいわれすぎたために、知識を欠いた薄っぺらな意見発信ばかりになってしまった。ここでも極端から極端へと振りきってしまう。個々の意見を尊重する相対主義的な教育が②ねじれて浸透した結果でしょう（多様性を尊重する教育はまったく否定しません。問題はそれが形式化の道へと堕落する瞬間にある）。情報発信の敷居を劇的に下げたインターネットの負の影響でもあります。いまの学生は放っておいてもプレゼンはうまいんです。だけど、形式ばかりで中身がともなわない。自分の意見を組み立てるには、まず知らないといけないんですよ。「知る」と「意見」の適正バランスが見えなくなりつつある。

そもそも、「調べればわかる」式の反応をする人は、調べるためのレファレンスツールも知らない。たいていインターネット一択でしょう。調べるときに必要となる的確な単語も知らない。そう、調べるにはまずツールとワードを「知る」必要があるんですよ。そこが抜け落ちているから、いざというときほんとうは調べられない。入口を知らなければ、たとえ情報が存在したとしても、いつまでもたどりつけません。それがインターネットの基本構造です。だから、東浩紀さんは『弱いつながり』で、キーワードを探す旅に出る、［B］ネットからときには離れて外側のリアルの世界に身をさらす重要性を強調したわけですね。

書籍とネット、現場とデジタル、それぞれの構造的なちがいを把握したうえで、状況に応じて使いわける。そして、有機的に組み合わせる。それができるかどうかでしょう。デジタルアーカイブを使いこなす能力は不可欠だけれど、なにをキーワードに設定するのかは、アーカイブの外部で培うほかない。新しいメディア環境における教養のあり方の一つは、そうした複数のレイヤーに同時対応しうるリテラシーにある。

いまでは、膨大な知識やデータがネット上に転がっています。しかも無料で。そうした快適な環境が安易な「調べればわかる」式の発言につながっている。ですが、ネットではカバーしきれない領域はいくらでもある（パソコンの前に座ってネットを巡回して作成された「調べてみた」系のまとめサイトが現実世界といかに乖離しているか）。いうまでもなく、ネットに保存されないものが世の中の大半です。だけど、③ネットを自然環境として生きはじめているわたしたちは、油断するとついそのことを忘れてしまう。

もっというと、「いつでもそこにあるわけだから……」という安心感が、実際には「調べる」作業を永遠に先延ばしにする。「調べればわかる」と［④］をくくってしまう人間は結局のところ、調べやしないんですよ。いつ調べればよいのか、そのタイミングも知らない。だから、おそらく「わかる」が来ないまま一生を終える。いろいろなものがアーカイブされる時代だから、それらがすべて自分の知識や能力であるかのように錯覚する。いつでも調べられるのだから、自分はもう知っているも同然だ、そんな勘違いの全知全能感をもってしまう。むろん、「そこにある」と「知っている」とのあいだには無限の懸隔があります。テクノロジーの発達がわたした

という営みが、自己を超えた重要性を持つ意味の地平に接続し、参照しながら自己を位置づけることが同時に行われるからこそ、ほんもの性を獲得できると指摘した。テイラーの内なる声とは理性のことだ。この二人にとって内なる声との対話は、他者が混じれない自己の場である身体との対話だ。二人は違う意味の地平にそれぞれ自分を位置づけている。マークは野生を生み出す地球を、人間を位置づけるに足るものとして地球を見いだした。ローザは、人間に安心どころかリスクしかない非完全になった地球ではなく、地球にもはや囚われない超越的な科学技術に意味の地平を見いだした。

　しかし、実は④二人の選んだ道はそれほど違わないかもしれない。ローザが理解したように、今や地球は人間活動によって荒廃状態にある。マークが求めるような、野生を生み出し続ける地球であるためには、科学技術による補完とエンハンスメントが必要だ。それはローザが未来に見ている地球の姿と遠くない。今や偶然性すら組み込むことが可能なプログラミングによって、人工物化するテクノサイエンスは、オオカミが闊歩し、ドードーが走り回るテラフォーミングさえ可能にするかもしれないのだ。

（福永真弓「弁当と野いちご」）

問一　傍線部イ～ホのカタカナを漢字に直しなさい。

問二　傍線部①「なんと対照的な二人の言葉だろう」について。

〔Ⅰ〕「ほんものの野生」を「大事だ」と言うマークの考えを以下のようにまとめた。空欄 A ～ C に当てはまる表現を文中からそれぞれ抜き出しなさい。

> A（十九字） ことによって、 B（六字） ことができる。それだけでなく、 C（八字） を高めることができる。

〔Ⅱ〕「安心してちゃんと食べられる」と言うローザの考えを以下のようにまとめた。空欄 D ・ E に当てはまる表現を文中からそれぞれ抜き出しなさい。

> わたしたちは D（六字） から逃れることができないが、 E（四字） によって作られた食品は、それらを軽減してくれる。

問三　空欄 ② に当てはまる語を文中から抜き出しなさい。

問四　傍線部③について。「自己」を「連関させることができる」とほぼ同じ意味の表現を文中から十五字以内で抜き出しなさい。

問五　傍線部④「二人の選んだ道」が端的に述べられている一文を文中から探し、最初の五字を抜き出しなさい。

二

次の文章を読んで、後の問に答えなさい。

いまは、「知っている」ことへのリスペクトが急速に低下している時代なんじゃないでしょうか。「いろいろ知っていてたしかにすごいけど、それって調べればわかることだよね」という批判の仕方がその典型です。知識だけあってもダメ、地頭のよさで勝負しましょうよというわけです。

「知識より意見を」とか、「理論より実践を」とか、あの手の物言いには一理あります。知識偏重型の知性は限界をはらんでいて、過去にさまざまな弊害すらもたらしてきたわけですから。だけど、その物言いじたいがとっくにテンプレと化していて、いまとなっては不勉強や怠慢の言い訳として便利に使われているにすぎない。「ゼロからオレが考えた」式の意見を素手でぶちまけあうことも、閉塞状況を打破するうえで、ときには効力を発揮するのかもしれない。ですが、たいていは歴史上のあまりに凡庸なパターンにはまっていて、議論を無邪気に巻き戻してしまう。せっかくの「歴史」のリソースを素どおりして、脳内で解をひねくり出すのは端的に非効率なんですよ。害悪ですらある。

　自分のセンスだけを頼りに、おなじ場所をぐるぐるぐるぐる巡り続けるくらいなら（歴史を知らない当人はその循環に気づきようがないわけですが）、迂遠に見えても、先人たちが時間と労力と資金

来る。だが、マークやローザが求める「②　であること」は、純粋性を求めることでは満たされない。

二人に共通していることがある。二人とも、食、身体、自己の関係性に関する特定の思考と、それに基づくほんものらしさの診断基準を持っていることだ。二人とも、身体が常に環境に対して開放系であること、食はその開放を調整する主要な弁だと認識している。そしてこう考えている。食べることで、わたしたちは外部のものを内に取り込み、取り込んだものが身体の一部となること、あるいは身体を介して排されていくことでわたしを更新している。しかもわたしたちは日に何度も食べるから、何度もそれを繰り返す。ゆえに、自分の身体の内なる声に耳を澄ませて、何に自分の身体の境界を超えさせ、何を身体と混じらせるのかについて注意深く診断しなければならない。食べることが身体の様態を変えることは、平生の生活でも体重の増減や吹き出物の出現などが常に教えてくれている。それは経験的真実だ。

だから、マークは野生を求める。人工物化で日常の世界がホオオわれていく現在にあって、野生という純粋な自然を身体に入れることは、自分の身体を再び自然的なものに近づけることだ。マークは浄化、解毒という言葉で食品を表現する。平生に暮らしているだけでどこまでも人工物と混じる（人工香料から医薬品まで）のをリセットするに良い食品というわけだ。

マークには十分な理由がある。一つは職業のための予防ケアだ。現在三〇代のマークは、健康保険を購えなかった二〇代、見習いシェフの頃、競争ゆえに休めず厳しい労働に耐える日々が続いた。身体が資本で、味覚が鈍ればすべてが終わる。免疫を高めるには自然であることが重要だ。もう一つの理由は、野生が自己の内在的価値のみならず、自分の社会的価値を高めてくれるからだ。野生にこだわった食を展開することで、シェフとしても、私人としても、人的ネットワークが広がり、「思ってもみなかった著名な人たちも含むグループ」（自分より階層性が高いとマークから見える）から尊敬を寄せられるようになった。健康イデオロギー、野生への信奉、生物多様性という価値、新しい統治と市場を制すフレーミングとなったサステナビリティ、どの道徳プロジェクトとも相性良く自己を位置づけられる。

他方、ローザは現在五〇代で、よりよく、健康に生きたいと常に求めてきた。彼女はウェブ・エディターとして生計を立ててきた。親族をあいついでガンでなくしたこともあり、若い頃はヴェジタリアンだった。「その頃から、どうすれば身体のことについて、本当に安心して生きられるかって考えてきた」。土壌や水など、気になることを一つ一つ確かめていったら、人工的であることにむしろ純粋さを感じるようになった。南極にすら、海からも空からも汚染物質は到達していて、わたしたちがリスクや汚染から逃れる術はほぼない。わかったのは、「地球がもうわたしたちの健康をまかなえないこと」だった。

ちょうどその頃、科学技術が追いついてくれた。彼女は自分が納得した人工物に身体の境界を超えさせることにポジティブだ。もっとよくなる可能性があるなら、安心できる身体になる可能性があるなら、試したい。今一番気になっているのは、遺伝子治療の安全な技術確立とその一般化だ。自分にも可能性はあるかもしれない。わくわくするわね。インタビュー中、彼女は何度もそう繰り返した。彼女もまた、たやすく③自己を他の道徳プロジェクトと連関させることができる。健康イデオロギー、（細胞農業など食の新産業が謳う）生物多様性という価値、サステナビリティ、よりよい世界をもたらす科学技術。

内なる身体の声に忠実に、ほんものになる術を探した結果、二人は一見、対極にたどり着いた。マークは人工物化から離れ、ローザは人工物化していくことを選んだ。

近代固有の価値としての、ほんものという倫理について思考した哲学者のC・テイラーは、自己の内なる声に忠実であろうとすることが、ほんものの倫理の核だと論じた。同時に彼は、忠実であろう

二〇二四年度

立教新座高等学校

【国語】（六〇分）〈満点：一〇〇点〉

一 次の文章を読んで、後の問に答えなさい。

コロナィカが広がり始めた二〇二〇年の春まで、わたしはバークレーに滞在し、ファーマーズマーケットの麹製品を売る店で働いていた。食の現場では、良い／悪い、オルタナティブ／現行の、ファスト／スローなど二項対立的なカテゴリにあてはまらない多様な倫理の競合とポリティクスが活発に繰り広げられている。何が食に関して倫理的とみなされるのかは、ハイエンドレストランに勤めるシェフや、シェフが取引する生産者たちの振る舞いに現れる。シェフや生産者にとって、倫理的に振る舞うことが美食の意味と経験の一部となっているからだ。

初夏の土曜日、休憩時間中に、いつものように魚屋の前でメモを取っていると、顔見知りのシェフ、マーク(仮名)がシェフ専用カートを引いてやってきた。魚屋には、ちょうど漁期をロムカえたばかりの、サンフランシスコ周辺で獲れた天然もののキングサーモンが並んでいた。その魚屋は養殖も扱っているが、天然もの、ローカルな魚介類がウリだ。

マークが隣に立ってわたしのメモをのぞき込み、おもむろに養殖のトラウトサーモンを指で示した。三倍体。〇〇養殖場。オーガニックではない。そう答えると、隣のキングサーモンを指さした。〇〇で獲れたもの。雄。

マークはキングサーモンの雄を買った。店番のジャック(仮名)が鼻を鳴らした。

「トラウトサーモンだってうまいぜ。味にブレもないし、良い脂のり。これじゃなきゃだめなシェフだっているぞ」

ジャックに手を振って歩き出すと、マークも店を離れた。これから別の店に野いちごを探しに行くと言う。わたしは野いちごなら、駐車場のフェンスの所でみたよ、と言った。

「ちがうちがう。野生の、在来種のイチゴ(Fragaria virginiana)だよ。この前、売っているのを見かけたんだけど、ちょっと高くて買わなかったんだよ」

なるほど、わたしたちが普段食べているイチゴ(オランダイチゴ属)の原種か。確かに食べられるが、そんなに美味しいものではない。ただ、野生であるということが食材の価値をハハね上げさせる。聞けば、小指の先ほどの一粒で一ドル。良い値段である。

「ほんものの野生だからな。それが大事だから」

マークの話がとりわけ野生を強調したものに思えたのは、その前日、わたしが細胞農業の潜在顧客ローザ(仮名)と話をしたばかりだったからだ。ギンザケの細胞をとり、培養して肉にする。化学汚染やマイクロプラスチックを気にして天然ものが食べられない、土がついているのを考えるよりも、自分の部屋で水耕栽培した葉物を好んで食べるという彼女は、細胞農業のサーモンを心待ちにしていた。植物由来肉は香料も含め様々なものが入った合成食品だが、細胞農業のサーモンは細胞を増やしただけと聞くから、どこまでも純粋な食品に近いと感じると言う。

「やっと安心してちゃんと食べられる魚ができるのよ。うれしいわ」

ほんものの、ちゃんと食べられる。近しい言葉を使いながら、①なんと対照的な二人の言葉だろうと思ったのだった。

純粋性の高い食材を探すテクノロジーは道具としてもう揃っている。成分分析を通じて、あなたの目の前のソーセージがどのくらい、何の肉で出来ていて、デンプンや大豆由来の成分がどのくらいなのか、明らかにするのは序の口だ。常にモニタリングとシミュレーションで生物群をニカンシし、遺伝子データを蓄積して、その生きものがどこの出身なのか、ゲノム解析によって明らかにすることが出

2024年度／立教新座高等学校

英語解答

Ⅰ　1　B　2　C　3　A　4　A
　5　D　6　B

Ⅱ　1　[1]…D　[2]…D
　2　[1]…B　[2]…C

Ⅲ　問1　イ　問2　ア　問3　ア
　問4　ウ　問5　friends
　問6　エ　問7　エ　問8　ウ
　問9　エ　問10　イ，オ

Ⅳ　問1　エ　問2　エ　問3　ア
　問4　ウ　問5　ウ　問6　イ
　問7　ア　問8　ウ
　問9　C…エ　D…イ　問10　イ

Ⅴ　(1)　エ　(2)　ウ　(3)　イ

Ⅵ　(1)　A…think　B…took
　(2)　A…willing　B…help
　(3)　A…It　B…remember
　(4)　A…about　B…he

Ⅶ　問1　①　（例）I were a bird
　　②　（例）it can fly
　問2　①　（例）to Kyoto
　　②　（例）visit some temples

Ⅰ・Ⅱ〔放送問題〕解説省略

Ⅲ〔長文読解総合―エッセー〕

≪全訳≫❶隣の芝生は青い――これは，あなたが今すでに得ているものの価値を認めるようになるまでである。次の大きなもの――例えば，地位や富――を望むことは，あなたを不幸にし，不満を感じさせるだけだ。秘けつは，今あなたにあるものに満足することだ。ちょっと立ち止まって，今あなたにあるものに心から感謝しよう。あなたはおそらく，実際は他に何も必要としていないことに気がつくだろう。あなたは必要とするもの全てをすでに持っているのだと気がつくことはどんなに気分がいいことだろう。❷それは，自分を向上させようと努力するべきではないというのではなく，自分が今いる場所や人生で持っているものに感謝するようになるべきだということだ。今日持っているものに感謝できなければ，どうして明日が違ったものになるだろうか。❸自分を他人と比較してはいけない。あなたの近所の子どもたちの成績やテレビの大きさなど，誰も気にしていない。競争は終わりのないレースのようなものだ。②あなたが車をアップグレードすれば，他の誰かがもっと良い車を買う。もしあなたが自分で全てを終わらせないなら，それがあなたの行動だ。あなたがする必要のあることは，このサイクルを断ち切ることだということを，あなたはもうわかっている。❹「隣の芝生は青い」という心理の背後にある妬みを取り除く良い方法は，他人の成功を喜ぶことだ。学校行事で印象的な勝利や入賞を勝ち取った友人たちを祝福しよう。ポジティブな感情を受け入れると，自分自身の全てがポジティブに反応する。今日，これをソーシャルメディアで試してみるといい。あなたが接触している人たちの1人が知らせてくれる何かに対して，いやいやながら「いいね！」をつける代わりに，コメントを残して，心からの正しい方法で彼らをきちんと祝福しよう。このような態度の変化による恩恵があなたのもとに返ってくるのをすぐに感じることができるだろう。❺グラスを思い浮かべれば，コップに半分入っていると言う人がいる。そして，半分空だと言う人もいる。しかし私は最近，どちらの見方も間違っていると誰かが言うのを聞いた。それは常に補充ができるのだ。なんとすばらしい人生の見方だろう。腰を落ち着けて，自分が持っているもの，達成したこと，経験したことを列挙してみよう。何もない空間ではなく，グラスの中の液体に集中するのだ。そして，自分のグラスの大きさを他の人のそれと比べるのをやめよう。たとえあなたが自分より多くのものを持っている人を知っていたとしても，あなたよりも持っていない人がたくさんいるのだ。世界はあなたの青い芝を気に入る人々でいっぱいだ。❻あなたのリストを見直し，自分の持っているもので満足すれば，妬みではなく，人生を精一杯に生きるための自分自身の前向きな目標によってやる気を得て，次に何が自分にとって大切かを計画する良い状況になるだろう。

問１＜単語の意味＞ここでの appreciate は「～を正しく評価する」の意味。他人をうらやむことをやめるきっかけを示す文であることから推測できる。　be aware of ～「～に気づいている」

問２＜適文選択＞前文の a never-ending race「終わりのないレース」の具体例となるものを選べばよい。

問３＜単語の意味＞「隣の芝生は青い」という心理の背後にあるものである。これは，ア.「他人が持っているのと同じものや資質を持てればよいのにと願うときに抱く感情」である。前段落で他人と自分を比べることを戒めていることからも推測できる。　envy「妬み，嫉妬」　remove「～を取り除く」

問４＜語句解釈＞下線部④の表現は第１段落第１文冒頭の The grass is always greener on the other side という表現に由来する。第１段落の内容から，自分がすでに持っているものに満足することと反対の内容と考えられる。ウ.「壁の向こうのリンゴが一番甘い」は，この内容を表している。

問５＜単語の意味＞ここでの contact(s)は「(情報などを求めて)接触する人」の意味。下線部⑤を含む文は，３文前で述べた，成果をあげた「友人たち」を祝福する際の具体的な方法となっている。

問６＜語句解釈＞この段落では妬みを取り除く良い方法として，他人を積極的に称賛することを勧めていることから，その方法は，エ.「偽りのない正直な」ものと考えられる。　‘congratulate＋人’「〈人〉を祝う」　genuine「心からの」　authentic「本物の」

問７＜語句解釈＞viewing は動詞 view「～を見る」を動名詞にしたもの。前後の文の内容から，自分が達成したことを認識したうえでそれを補うという見方だと考えられる。エ.「北海道には１回行ったことがあるが，それは私にとっていい経験だった。いつか他の場所にも行ってみたい」は，この内容を表している。　refillable「補充可能な」

問８＜語句解釈＞下線部⑧を含む文は‘not *A* but *B*’「*A*ではなく*B*」の構文。前文の言い換えとなっているので，ウ.「あなたが持っているもの」が適切。

問９＜英文解釈＞millions (of ～)は「多数(の～)」の意味，また less の後には繰り返しとなる than you が省略されていることを読み取る。以上より，下線部の内容を表すのは，エ.「あなたほど多く持っていない人々が多数いる」。　a great number of ～「多数の～」　‘not … as〔so〕＋原級＋as ～’「～ほど…ない」

問10＜内容真偽＞ア.「庭の芝生はいつも清潔で新鮮に保たれているべきだ」…×　そのような記述はない。　イ.「自分の得たものに満足できれば，自分にとって何が大切かを考えられる」…○　最終段落の内容に一致する。　ウ.「SNSでフォローしている人に『いいね！』を押したり，コメントを書いたりする必要はない」…×　第４段落後半参照。心のこもったコメントを送ることを推奨している。　エ.「自分を他人と比較しようとすることは，あなたを成長させる」…×　第３段落参照。比較してはいけない。　オ.「他人の成功に嫉妬するのではなく，それを喜べば，自分にとっても利点がある」…○　第４段落の内容に一致する。　カ.「自分の目標を達成するためには，常に自分を向上させていなければならない」…×　そのような記述はない。　キ.「自分が持っているものを見ると，自分が思っているより劣っていることに気づく」…×　第１段落後半参照。劣っていることではなく，必要とするものは全て持っていることに気づく。　ク.「なぜ自分が不幸なのかを言うことは自分の役に立つかもしれない」…×　そのような記述はない。

Ⅳ〔長文読解総合―物語〕

≪全訳≫❶「アレックス，学校はどうだった？」と，玄関口の椅子からおじいさんが尋ねた。❷「学校なんか行かなくてよければいいのに，おじいちゃん」と，アレックスは文句を言った。彼はバッグを地面に放り投げると，自分の横にあったベンチに座った。「とんでもない時間の無駄だよ。外で働いている方がずっといいよ。僕はもうお金を稼げるんだ。ビッグチキン・アルズウィングハットみたいなレストランで働き出したら，いっぱいお金も稼いでいるだろうし，おじいちゃんみたいに旅をして世界を見ることもできるのに！」**3**「アレックス，お前はいくつだ？」とおじいさんは尋ねた。「私は物忘れがひどくてな」**4**「15歳だよ，おじいちゃん。自分が時間を無駄にしていることがもうわかる年なんだ。毎日学校に行かなくていいようになりたい。とんでもない時間の無駄だよ。あと３年もこんなところにいなければならないなんて信じられない。大きくなって出ていきたい！」**5**おじいさんはアレックスに向かってほほ笑むと，少しの間彼を見つめた。「昔聞いた話を思い出すよ。中国の昔話だ」**6**「えっ」とアレックスは言った。「学校に行くのは実はいいことだと僕に教えようとする，深くて意味のあるまた別の話？」**7**２人とも笑った。**8**「聞いてから，自分で判断しなさい」とおじいさんは言った。**9**「わかった，聞くよ」**10**「よし，いいだろう。昔々，中国にたこがあった。そのたこは大きくて思い上がったたこで，その地で一番大きくて，一番高く飛べるたこであることに気をよくしていた」**11**「すごいけど，性格に問題があるたこだね」とアレックスが割り込んできた。**12**「そう，偉そうなたこだ」とおじいさんは笑顔で答えた。「このたこは他のどのたこよりも高く飛んで喜んでいた。もっと高く，もっと高く飛びたいと思って，もうこれ以上繰り出せないところまで糸を引っ張り続けた」**13**「お高くとまったたこだね」とアレックスは冗談を言った。**14**「そのとおりだ。でも完全に満足していたわけではなかった。他のどのたこよりも高く飛んでいたけれど，もっと高く飛びたかったんだ。雲や鳥がはるか上にいるのを見て，そこまで上がれないのが嫌だった。実際，たこは糸が自分を引きとめているのを責めたてた」**15**「ひもつきじゃない関係がよかったのかな？」とアレックスは言った。**16**おじいさんは話をやめ，アレックスをまじまじと見た。「お前は真面目に聞いているのかい，それともずっと冗談を言い続けるつもりなのかい？」と彼は尋ねた。**17**「うん」とアレックスは答えた。「聞き手を楽しませ続けなくちゃいけないよ，おじいちゃん」**18**「いいだろう，それでこのたこだが」とおじいさんが続けた，「糸は本当に申し訳ないと感じたが，たこは糸が自分を止めると，いつも文句を言った。糸はこの状況に不満があって，これはひどいと思った」**19**「糸は強く張られていたの？」とアレックスはまた冗談を言った。**20**「ああ，だが物理的な意味でだけだ」とおじいさんは答えた。「ふだんは穏やかな普通の糸だが，たこの怒りを買っていることには全く納得できなかった」**21**「糸はたこから強い圧力を受けていたの？」**22**「まさにそのとおり。ひどい扱いを受けていると感じ，復しゅうしようとした。ある日，風がとても強かった。糸がすばやく繰り出されると，たこは急速に上昇した。すぐに糸が限界に達して，たこがそれ以上は揚がらなくなった。**23**『ああ，またか，糸！』とたこは糸に向かって叫んだ。『僕を引きとめるのはやめろ！　今すぐにもっと高く飛ばせてくれ！　行かせてくれ！』**24**さて，糸はもうたくさんだった。いつもなら，糸はどんな風圧だろうとものともせずに持ちこたえ，たこが確実にくっついていられるようにしていた。糸はたこを放して地面に向かって落ちると，もはやたこに引っ張られることはなかった。**25**『じゃあまたな，友よ！』とたこは叫びながら，突風に乗って飛び上がった。それから何が起きたと思う，アレックス？」**26**「たこは雲の上まで揚がって，『こんにちは！　僕の名前はたこで，この辺には初めて来たのさ。僕と一緒に遊んでくれるかい？』と鳥たちに挨拶した。いや，違うな，ごめん。糸がくっついていないから，地面に落ちたの？」**27**「そのとおりだ，アレックス。糸がぴんと張っていないと，空気の圧力に揚力を生み出すための糸の抵抗がなくなって，代わりにたこはすぐに下に落ちた。地面に激突したとき，部品の１つが大きなダメージを受けた。たこはひどく傷んでしまった」**28**「じゃあ二度と飛べなくなったの？」とアレックスが尋ねた。**29**「まあ，しばらくはだめだった。修理をする店で直してもらって，すっかり元気になった」**30**「そして，飛ぶためには糸が必要だという教訓を学んで，その後はずっと幸せだったの？」**31**「いや，そうじゃなかった。思い上がりが強すぎてその教訓を学ばず，決して糸のしたことを許すことはなかった。自分を引きとめる糸に相変わらず文句を言っていたんだ。お前はこの教訓を自分の状況に照らしてわかるかい？」32「うん！　ありがとう，おじいちゃん！　今わかったよ」とアレックスは叫んだ。33「よし」とおじいさんが答えた。34「うん」とアレックスは続けた。「僕は学校をやめて，たこの揚げ方と修理の仕方を学ばないと。それに，特別に長い糸を買って，たこがどんどん高く揚がるようにしなくちゃ。おじいちゃんがお金をくれれば，僕のたこと僕の将来の成功は，もっと高い所に行けるんだ！　ありがとう，おじいちゃん。僕の銀行口座に直接振り込んでくれればいいよ」　アレックスは腕を組んでおじいさんを見た。35「いや，私はそういうことではなくて…」とおじいさんは言い始めた。36「ああ，わかってるよ」とアレックスは認めた。「僕はただ冗談を飛ばしていただけだよ。この話が実際に伝えているのは，自分の潜在能力を発揮するには，ときには枠が必要だということさ。枠が自分を抑えていると思うときもあるかもしれないけれど，実は自分の成長のほとんどはその枠のおかげなんだ。糸は僕が学校を卒業しなければならないことを意味していて，たこは僕の将来の可能性で，風は僕の教育だ。それが僕をどんどん高い所へ押し上げてくれるのさ」37おじいさんはほほ笑みを返した。「そのとおりだ，アレックス。よくわかったな。お前はこの話を真剣に聞いていないとしばらくは思っていたが，今はこの話の大切な教訓を理解したようだ。若者よ，私はお前を誇りに思うよ」38「ありがとう，おじいちゃん。おじいちゃんは最高だよ」　アレックスは立ち上がり，祖父を抱きしめた。「おやつを食べに中に入るよ。おなかがすいているんだ」39アレックスが玄関口を離れると，おじいさんは顔に満足そうな笑みを浮かべ，少年に自分の知恵を分け与えたのだとわかって満足していた。40「おじいちゃん，１つだけ」とアレックスが玄関口の内側のドアから戻ってきながら言った。41「何だい，アレックス？」とおじいさんは答えた。42「もし学校が糸で，たこが僕の能力だとしたら，学校で学ぶことがなくなっても，僕はそのレベルにいないといけないのかな？」43おじいさんは困ったような顔をして，あごをかいた。44「いや，アレックス，お前自身の糸を見つける必要があるんじゃないかな」

問１＜語句解釈＞下線部を含む文の直訳は「上に上がって離れたい」。また，この前のアレックスの言葉から，アレックスが学校に行くことを時間の無駄と考えていることがわかる。以上より，エ．「今すぐ学校を終えられる年齢になる」が適切。

問２＜適語選択＞自分の役割を果たしているだけなのに，たこに文句を言われている糸の気持ちを考える。

問３＜英文解釈＞have enough (of ～)は「(～は)もうたくさんだ」という意味。この後で，たこを引きとめておくという自分の役割を放棄していることから，ア．「糸はたこに責められるのにうんざりしていた」のだとわかる。

問４＜英問英答＞「糸がたこを手放した後，たこに何が起こったか」―ウ．「地面に衝突して損傷した」　第27段落参照。

問５＜英問英答＞「たこは落ちた後でどのように修理されたか」―ウ．「それは修理をする店に送られた」　第29段落参照。

問６＜熟語＞(as) right as rain は「全く健康〔正常〕な」という意味。つまり，イ．「問題はなくなった」ということ。直前の fixed「修理された」から推測できる。エの「すまないと感じた」は，この後の内容でたこが全く反省していないことから不適とわかる。

問７＜適語句選択＞この前の第34段落で話した内容と空欄④の後で話した内容が，物語を曲解し金をせびるというふざけたものから，自分の可能性をどう伸ばすかという真剣なものへと変わっていることを読み取る。

問８＜内容一致＞「結局，たこは(　　)」―ウ．「自分のわがままに気がつかず，このような状況になったのを糸のせいにした」　第30，31段落参照。

問９＜適語選択＞第36段落最後から２文目で，アレックスはおじいさんの話に出てきたものが表すものを正確に伝えており，ここでもそのたとえをそのまま用いたと考えられる。

問10＜英問英答＞「この物語からアレックスはどのような教訓を学んだか」―イ．「枠をはめることが自分自身の能力を超えることに役立つ」　第36段落参照。アレックスが自分の状況に当てはめておじいさんの話から得られる教訓を語っている。

Ⅴ〔長文読解―適語句選択―エッセー〕

≪全訳≫❶旅は，私たちの人生をより豊かにしてくれるすばらしい経験だ。初めての場所に行き，異なる文化や食べ物，景色を知ることによってこれをすることができる。❷旅の最も良い点の１つは，食べたことのない食べ物を食べてみることだ。活気ある街の屋台の軽食から有名な場所での高級なディナーまで，その土地の料理を味わうことは，その地域の文化や歴史を理解するのに役立つ。❸有名な場所を見るのもすばらしい。フランスのエッフェル塔や中国の万里の長城を思い浮かべてほしい。これらの場所を訪れるのは本当にすばらしい。また，グランドキャニオンやアマゾンの熱帯雨林のような自然を見るのもすばらしい。❹現地の人々との出会いは，旅のもう１つのわくわくするところだ。彼らとの会話を楽しみ，その生活について知ることができる。❺旅をしている間は，環境に配慮し，地元の習慣を尊重する必要があることを覚えておこう。そうすれば，地元の人々に良い印象を残し，訪れた場所を保護することに貢献できる。❻旅は，世界を見て回って学んだり，世界とつながったりできる驚くべき冒険だ。それは楽しい思い出をつくる機会でもある。

＜解説＞⑴a wonderful experience を修飾する関係代名詞節が入る。意味の通る文ができるのは主格の関係代名詞を用いたエだけ。アは that が目的格の関係代名詞となるが意味が通らない。　⑵need to ～「～する必要がある」の‘～’に入る動詞の原形を and で並列する形である。　respect「～を尊重する」　⑶空所直後の happy memories「楽しい思い出」を動詞 create「～をつくる」の目的語と考えればよい。a chance to ～で「～する機会」。

Ⅵ〔整序結合〕

⑴「だれが～したと(あなたは)思いますか」のような Yes/No で答えられない疑問文は，疑問詞から始め，‘疑問詞＋do you think＋(主語＋)動詞’という語順になる。ここでは疑問詞 Who が主語を兼ねるので‘疑問詞＋do you think＋動詞…?’という語順になる。　Who do you think took the picture on the wall?

⑵be willing to ～「～することをいとわない」　Her friends are willing to help her.

⑶語群から‘It is ～ to …’「…することは～だ」の構文を考え，「親切でいようとし続けることは大切だ」と読み換える。「～しようとし続ける」は与えられた語句から remember to ～「～するのを覚えている，忘れずに～する」で表す。　It is important to remember to be kind.

⑷「出かけようとした」は be about to ～「(まさに)～しようとしている」を使って表せる。「知っている女性」は目的格の関係代名詞を省略した‘名詞＋主語＋動詞’の形で the woman he knew とする。「通り過ぎる」は pass by で表せる。　When the boy was about to leave, the woman he knew passed by.

Ⅶ〔条件作文〕

問１．I wish で文が始まっているので，‘現在の現実に反する願望’を表す‘I wish＋主語＋動詞の過去形…’の形で表す(仮定法過去)。

問２．‘go to＋場所’で「〈場所〉に行く」なので to を忘れないこと。文の後半は前に to があるので‘目的’を表す to不定詞の副詞的用法と考え，動詞の原形で始める。

数学解答

1 (1) 1990　(2) $\frac{2\sqrt{3}}{9}$

(3) ①　$y=\frac{3}{2}x+2$　②　$y=-3x$

(4) A＝3，B＝17，C＝26

(5) $14\sqrt{2}$ cm　(6) $3+\frac{\sqrt{3}}{2}$ cm²

2 (1) $(-8,\ 16)$　(2) $\frac{11}{2}$

(3) $y=2x+5$　(4) 8，$4\pm2\sqrt{14}$

3 (1) $9\sqrt{3}$ cm　(2) $12\sqrt{3}$ cm

(3) 81倍　(4) $288\sqrt{3}$ cm²

4 (1) $288\sqrt{2}$ cm³　(2) $36-t$ cm

(3) 8　(4) $\frac{34\sqrt{2}}{3}$ cm³

5 (1) $\frac{1}{216}$　(2) $\frac{5}{72}$　(3) $\frac{5}{216}$

(4) $\frac{5}{54}$

1 〔独立小問集合題〕

(1)＜数の計算＞$2025=a$ とすると，$2024=2025-1=a-1$，$4047=4050-3=2\times2025-3=2a-3$，$2031=2025+6=a+6$，$2019=2025-6=a-6$ となるから，与式＝$(a-1)^2-(2a-3)\times a+(a+6)(a-6)=a^2-2a+1-2a^2+3a+a^2-36=a-35=2025-35=1990$ である。

(2)＜数の計算―連立方程式の解＞$2\sqrt{3}a+\sqrt{3}b=5$……①，$\sqrt{3}a+2\sqrt{3}b=-3$……②とする。①×2－②より，$4\sqrt{3}a-\sqrt{3}a=10-(-3)$，$3\sqrt{3}a=13$　$\therefore a=\frac{13}{3\sqrt{3}}$　①－②×2より，$\sqrt{3}b-4\sqrt{3}b=5-(-6)$，$-3\sqrt{3}b=11$　$\therefore b=-\frac{11}{3\sqrt{3}}$　よって，$a+b=\frac{13}{3\sqrt{3}}+\left(-\frac{11}{3\sqrt{3}}\right)=\frac{2}{3\sqrt{3}}=\frac{2\times\sqrt{3}}{3\sqrt{3}\times\sqrt{3}}=\frac{2\sqrt{3}}{9}$ である。

≪別解≫①＋②より，$(2\sqrt{3}a+\sqrt{3}b)+(\sqrt{3}a+2\sqrt{3}b)=5+(-3)$，$3\sqrt{3}a+3\sqrt{3}b=2$，$3\sqrt{3}(a+b)=2$，$a+b=\frac{2}{3\sqrt{3}}$ となる。$\frac{2}{3\sqrt{3}}=\frac{2\times\sqrt{3}}{3\sqrt{3}\times\sqrt{3}}=\frac{2\sqrt{3}}{9}$ だから，$a+b=\frac{2\sqrt{3}}{9}$ である。

(3)＜関数―直線の式＞①右図1で，2点A，Bは放物線 $y=\frac{1}{2}x^2$ 上にあり，x 座標はそれぞれ-1，4だから，$y=\frac{1}{2}\times(-1)^2=\frac{1}{2}$，$y=\frac{1}{2}\times4^2=8$ より，$\mathrm{A}\left(-1,\ \frac{1}{2}\right)$，B(4，8)である。直線 l は2点A，Bを通るので，傾きは $\left(8-\frac{1}{2}\right)\div\{4-(-1)\}=\frac{3}{2}$ となり，その式は $y=\frac{3}{2}x+b$ とおける。点Bを通ることより，$8=\frac{3}{2}\times4+b$，$b=2$ となるから，直線 l の式は $y=\frac{3}{2}x+2$ である。　②

図1

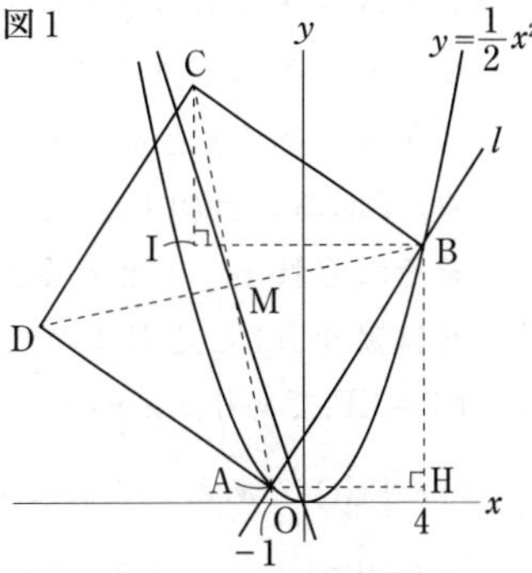

図1で，正方形ABCDの対角線AC，BDの交点をMとすると，正方形ABCDは点Mを対称の中心とする点対称な図形だから，原点Oを通り正方形ABCDの面積を2等分する直線は点Mを通る。点Aを通り x 軸に平行な直線と点Bを通り y 軸に平行な直線の交点をH，点Bを通り x 軸に平行な直線と点Cを通り y 軸に平行な直線の交点をIとする。∠AHB＝∠CIB＝90°であり，四角形ABCDが正方形より，AB＝BCである。また，∠HBI＝∠ABC＝90°だから，∠ABH＝∠HBI－∠ABI＝90°－∠ABI，∠CBI＝∠ABC－∠ABI＝90°－∠ABIとなり，∠ABH＝∠CBIである。よって，△ABH≡△CBIだから，BH＝BI，AH＝CIとなる。$\mathrm{A}\left(-1,\ \frac{1}{2}\right)$，B(4，8)より，$\mathrm{BH}=8-\frac{1}{2}=\frac{15}{2}$，$\mathrm{AH}=4-(-1)=5$ だから，$\mathrm{BI}=\frac{15}{2}$，CI＝5である。これより，点Cの x 座標は $4-\frac{15}{2}$

$=-\dfrac{7}{2}$，y座標は$8+5=13$となり，$\mathrm{C}\left(-\dfrac{7}{2},\ 13\right)$である。点Mは線分ACの中点だから，$x$座標は$\left\{-1+\left(-\dfrac{7}{2}\right)\right\}\div 2=-\dfrac{9}{4}$，$y$座標は$\left(\dfrac{1}{2}+13\right)\div 2=\dfrac{27}{4}$となり，$\mathrm{M}\left(-\dfrac{9}{4},\ \dfrac{27}{4}\right)$である。したがって，直線OMの傾きは$\left(0-\dfrac{27}{4}\right)\div\left\{0-\left(-\dfrac{9}{4}\right)\right\}=-3$となるので，求める直線の式は$y=-3x$である。

(4)＜データの活用＞8つの数なので，第1四分位数は，小さい方4つの数の中央値，つまり小さい方から2番目と3番目の平均値となり，第3四分位数は，大きい方4つの数の中央値，つまり小さい方から6番目と7番目の平均値となる。小さい方から2番目がA，3番目が6より，第1四分位数は$\dfrac{\mathrm{A}+6}{2}$であり，小さい方から6番目が21，7番目がCより，第3四分位数は$\dfrac{21+\mathrm{C}}{2}$である。四分位範囲が19より，$\dfrac{21+\mathrm{C}}{2}-\dfrac{\mathrm{A}+6}{2}=19$が成り立ち，$(21+\mathrm{C})-(\mathrm{A}+6)=38$，$\mathrm{C}-\mathrm{A}=23$……①となる。また，大きい方4つの数B，21，C，30の平均値から小さい方4つの数1，A，6，12の平均値をひいた差が18であることより，$\dfrac{\mathrm{B}+21+\mathrm{C}+30}{4}-\dfrac{1+\mathrm{A}+6+12}{4}=18$が成り立ち，$(\mathrm{B}+\mathrm{C}+51)-(\mathrm{A}+19)=72$，$\mathrm{B}+\mathrm{C}-\mathrm{A}=40$……②となる。①を②に代入すると，$\mathrm{B}+23=40$より，$\mathrm{B}=17$となる。これより，小さい方から4番目が12，5番目が17だから，8つの数の中央値は$\dfrac{12+17}{2}=\dfrac{29}{2}$である。8つの数の平均値と中央値が等しいので，平均値も$\dfrac{29}{2}$であり，8つの数の和は$\dfrac{29}{2}\times 8=116$となる。よって，$1+\mathrm{A}+6+12+17+21+\mathrm{C}+30=116$が成り立ち，$\mathrm{A}+\mathrm{C}=29$……③となる。①，③を連立方程式として解くと，①－③より，$-\mathrm{A}-\mathrm{A}=23-29$，$-2\mathrm{A}=-6$，$\mathrm{A}=3$となり，これを①に代入して，$\mathrm{C}-3=23$，$\mathrm{C}=26$となる。

(5)＜空間図形—長さ＞右図2で，直方体ABCD-EFGHを3点A，P，Qを通る平面で切断するとき，この平面は辺BF，辺DHと交わる。その交点をそれぞれR，Sとすると，切り口の図形は五角形ARPQSとなるので，周の長さは，$\mathrm{AR}+\mathrm{RP}+\mathrm{PQ}+\mathrm{AS}+\mathrm{SQ}$である。直線PQと，辺EFの延長，辺EHの延長との交点をそれぞれI，Jとすると，点Rは線分AIと辺BFの交点，点Sは線分AJと辺DHの交点である。点Pは辺FGの中点より，$\mathrm{FP}=\mathrm{GP}$であり，$\angle\mathrm{FPI}=\angle\mathrm{GPQ}$，$\angle\mathrm{PFI}=\angle\mathrm{PGQ}$だから，$\triangle\mathrm{PFI}\equiv\triangle\mathrm{PGQ}$である。これより，$\mathrm{FI}=\mathrm{GQ}$となる。点Qは辺GHの中点なので，$\mathrm{FI}=\mathrm{GQ}=\dfrac{1}{2}\mathrm{GH}=\dfrac{1}{2}\times 4=2$である。また，$\angle\mathrm{ARB}=\angle\mathrm{IRF}$，$\angle\mathrm{ABR}=\angle\mathrm{IFR}$より，$\triangle\mathrm{ABR}\backsim\triangle\mathrm{IFR}$だから，$\mathrm{BR}:\mathrm{FR}=\mathrm{BA}:\mathrm{FI}=4:2=2:1$となる。よって，$\mathrm{BR}=\dfrac{2}{2+1}\mathrm{BF}=\dfrac{2}{3}\times 6=4$，$\mathrm{FR}=\mathrm{BF}-\mathrm{BR}=6-4=2$である。$\mathrm{BA}=\mathrm{BR}=4$であり，$\mathrm{FP}=\mathrm{GP}=\dfrac{1}{2}\mathrm{FG}=\dfrac{1}{2}\times 4=2$より，$\mathrm{FR}=\mathrm{FP}=2$となるから，$\triangle\mathrm{ABR}$，$\triangle\mathrm{RFP}$は直角二等辺三角形である。したがって，$\mathrm{AR}=\sqrt{2}\mathrm{BR}=\sqrt{2}\times 4=4\sqrt{2}$，$\mathrm{RP}=\sqrt{2}\mathrm{FR}=\sqrt{2}\times 2=2\sqrt{2}$である。同様にして，$\mathrm{AS}=4\sqrt{2}$，$\mathrm{SQ}=2\sqrt{2}$となる。$\mathrm{GP}=\mathrm{GQ}=2$より，$\triangle\mathrm{PGQ}$も直角二等辺三角形だから，$\mathrm{PQ}=\sqrt{2}\mathrm{GP}=\sqrt{2}\times 2=2\sqrt{2}$である。以上より，切り口の周の長さは，$\mathrm{AR}+\mathrm{RP}+\mathrm{PQ}+\mathrm{AS}+\mathrm{SQ}=4\sqrt{2}+2\sqrt{2}+2\sqrt{2}+4\sqrt{2}+2\sqrt{2}=14\sqrt{2}\,(\mathrm{cm})$である。

図2

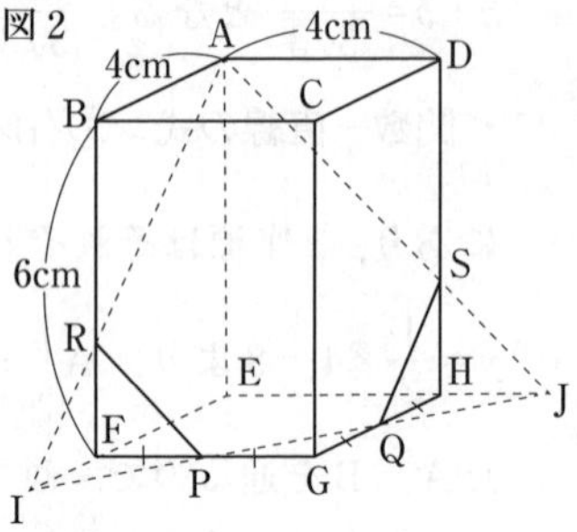

(6)＜平面図形—面積＞次ページの図3のように，4点A，B，C，Dを定め，点Aと点Cを結ぶと，〔四角形ABCD〕$=\triangle\mathrm{ABC}+\triangle\mathrm{ACD}$である。$\angle\mathrm{ABC}=90^\circ$だから，$\triangle\mathrm{ABC}=\dfrac{1}{2}\times\mathrm{AB}\times\mathrm{BC}=\dfrac{1}{2}\times 2\times 3$

$=3$ である。また，△ABC で三平方の定理より，$AC^2=AB^2+BC^2=2^2+3^2=13$ となる。点 A から辺 CD の延長に垂線 AH を引くと，$\angle ADH=180^\circ-\angle ADC=180^\circ-150^\circ=30^\circ$ となるから，△ADH は 3 辺の比が $1:2:\sqrt{3}$ の直角三角形となる。よって，$AH=\frac{1}{2}AD=\frac{1}{2}\times\sqrt{3}=\frac{\sqrt{3}}{2}$，$DH=\sqrt{3}AH=\sqrt{3}\times\frac{\sqrt{3}}{2}=\frac{3}{2}$ である。△ACH で三平方の定理より，$CH=\sqrt{AC^2-AH^2}=\sqrt{13-\left(\frac{\sqrt{3}}{2}\right)^2}=\sqrt{\frac{49}{4}}=\frac{7}{2}$ となるから，$CD=CH-DH=\frac{7}{2}-\frac{3}{2}=2$ となり，$\triangle ACD=\frac{1}{2}\times CD\times AH=\frac{1}{2}\times2\times\frac{\sqrt{3}}{2}=\frac{\sqrt{3}}{2}$ である。以上より，四角形 ABCD の面積は $3+\frac{\sqrt{3}}{2}$ cm^2 である。

図 3

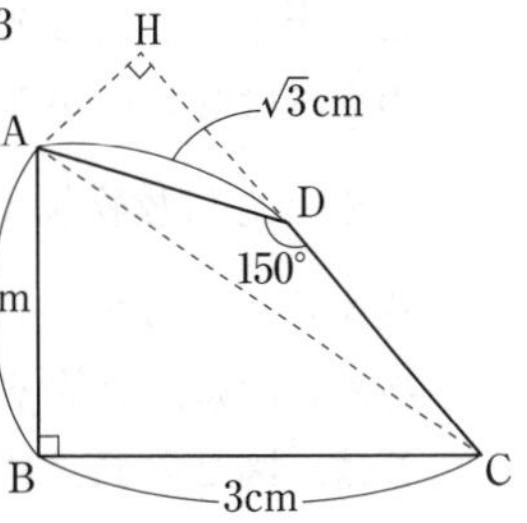

2 〔関数―関数 $y=ax^2$ と一次関数のグラフ〕

≪基本方針の決定≫(2)　点 A を含む方の台形の面積を k を用いて表す。　(4)　直線 l より下側と上側で分けて考える。

(1)**＜座標＞**右図 1 で，四角形 ABCD は正方形であり，2 点 B，C は x 軸上にあるから，辺 AD は x 軸に平行である。また，2 点 A，D は放物線 $y=\frac{1}{4}x^2$ 上にあるので，y 軸について対称な点となる。よって，点 D の x 座標を t とすると，点 A の x 座標は $-t$ となり，$AD=t-(-t)=2t$ となる。点 A の y 座標は $y=\frac{1}{4}\times(-t)^2=\frac{1}{4}t^2$ であり，$A\left(-t,\ \frac{1}{4}t^2\right)$ だから，$AB=\frac{1}{4}t^2$ である。よって，AB＝AD より，$\frac{1}{4}t^2=2t$ が成り立ち，$t^2-8t=0$，$t(t-8)=0$　$\therefore t=0,\ 8$　$t>0$ だから，$t=8$ となり，$-t=-8$，$\frac{1}{4}t^2=\frac{1}{4}\times8^2=16$ となるから，$A(-8,\ 16)$ である。

図 1

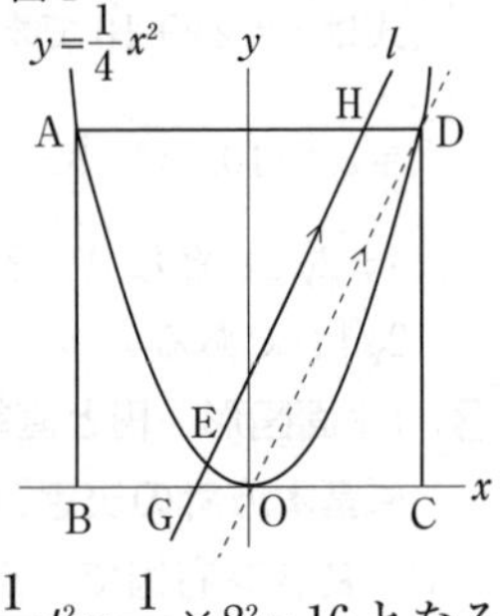

(2)**＜k の値＞**右上図 1 で，直線 l と辺 AD の交点を H とすると，点 A を含む方の台形の面積と点 C を含む方の台形の面積の比は 19：13 だから，〔台形 ABGH〕：〔台形 CDHG〕＝19：13 である。$A(-8,\ 16)$ より，正方形 ABCD の 1 辺の長さは AB＝16 だから，〔正方形 ABCD〕$=16\times16=256$ となり，〔台形 ABGH〕$=\frac{19}{19+13}$〔正方形 ABCD〕$=\frac{19}{32}\times256=152$ となる。また，OD // GH，HD // GO より，四角形 ODHG は平行四辺形である。$BG=k$，$OB=8$ だから，$OG=OB-BG=8-k$ となる。これより，$DH=OG=8-k$ となり，$AH=AD-DH=16-(8-k)=k+8$ となる。よって，〔台形 ABGH〕$=\frac{1}{2}\times(AH+BG)\times AB=\frac{1}{2}\times(k+8+k)\times16=16k+64$ と表せるから，$16k+64=152$ が成り立つ。これを解いて，$16k=88$，$k=\frac{11}{2}$ となる。

(3)**＜直線の式＞**右上図 1 で，$A(-8,\ 16)$ より，$D(8,\ 16)$ だから，直線 OD の傾きは $\frac{16}{8}=2$ である。l // OD より，直線 l の傾きも 2 だから，直線 l の式は $y=2x+b$ とおける。(2)より，$OG=8-k=8-\frac{11}{2}=\frac{5}{2}$ だから，$G\left(-\frac{5}{2},\ 0\right)$ である。直線 l が点 G を通ることより，$0=2\times\left(-\frac{5}{2}\right)+b$，$b=5$ となるから，直線 l の式は $y=2x+5$ である。

(4)**＜t の値＞**次ページの図 2 で，直線 $y=2x+5$ より下側で △OEF＝△PEF となる点 P を P_1 とする。

底辺をEFと見ると，$\triangle OEF=\triangle P_1EF$ より，この２つの三角形の高さは等しいから，$EF /\!/ OP_1$ となる。$EF /\!/ OD$ だから，２点D，P_1 がともに放物線 $y=\frac{1}{4}x^2$ 上にあることより，点 P_1 は点Dと一致する。よって，点Dの x 座標が８より，点 P_1 の x 座標は８である。次に，直線 $y=2x+5$ より上側で $\triangle OEF=\triangle PEF$ となる点Pは，図２の P_2，P_3 の２通り考えられる。直線 $y=2x+5$ と y 軸の交点をQとすると，切片が５より，Q(0，5)であり，OQ＝5である。y 軸上の点Qより上に QR＝OQ＝5 となる点Rをとると，$\triangle REQ=\triangle OEQ$，$\triangle RFQ=\triangle OFQ$ となり，$\triangle REQ+\triangle RFQ=\triangle OEQ+\triangle OFQ$ だから，$\triangle REF=\triangle OEF$ となる。$\triangle OEF=\triangle P_2EF=\triangle P_3EF$ だから，$\triangle P_2EF=\triangle P_3EF=\triangle REF$ となり，底辺をEFと見ると，この３つの三角形は高さが等しいから，３点 P_2，R，P_3 は一直線上にあり，$P_2P_3 /\!/ EF$ となる。よって，直線 P_2P_3 の傾きは２となる。点Rの y 座標は $5+5=10$ より，直線 P_2P_3 の切片は10だから，直線 P_2P_3 の式は $y=2x+10$ である。２点 P_2，P_3 は，放物線 $y=\frac{1}{4}x^2$ と直線 $y=2x+10$ の交点となるから，$\frac{1}{4}x^2=2x+10$，$x^2-8x-40=0$ より，$x=\frac{-(-8)\pm\sqrt{(-8)^2-4\times1\times(-40)}}{2\times1}=\frac{8\pm\sqrt{224}}{2}=\frac{8\pm4\sqrt{14}}{2}=4\pm2\sqrt{14}$ となり，２点 P_2，P_3 の x 座標は $4\pm2\sqrt{14}$ である。以上より，求める t の値は，$t=8$，$4\pm2\sqrt{14}$ である。

図２

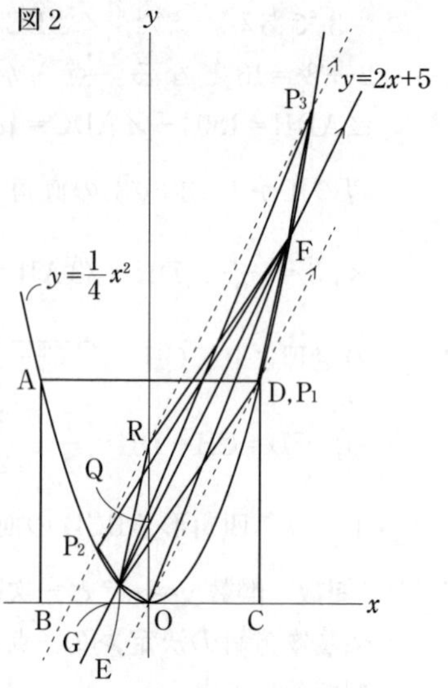

3〔平面図形―円と直線〕

≪基本方針の決定≫(1)　△BRPに着目する。　(2)　四角形ABRQは長方形である。

(1)**＜長さ＞**右図で，点Bと３点P，R，Sを結ぶと，直線 l，m が円Bとそれぞれ点R，Sで接していることより，∠BRP＝∠BSP＝90°である。また，BP＝BP，BR＝BSだから，△BRP≡△BSPとなり，$\angle BPR=\angle BPS=\frac{1}{2}\angle SPR=\frac{1}{2}\times60^\circ=30^\circ$ となる。よって，△BRPは３辺の比が $1:2:\sqrt{3}$ の直角三角形となるので，$PR=\sqrt{3}BR=\sqrt{3}\times9=9\sqrt{3}$ (cm)である。

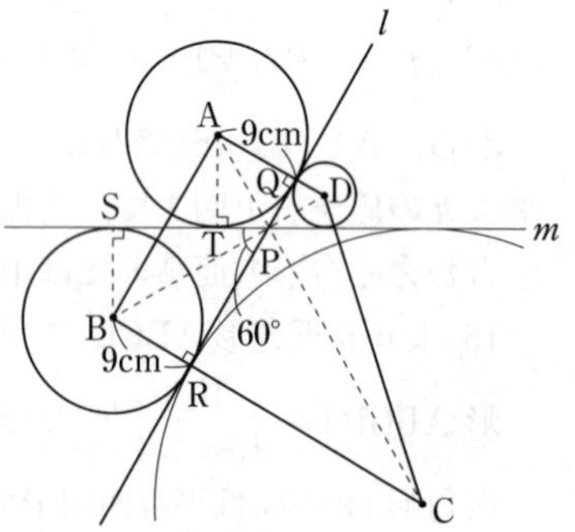

(2)**＜長さ＞**右図で，点Aと点Qを結ぶと，∠AQP＝90°となる。よって，∠AQP＝∠BRP＝90°となり，AQ＝BR＝9だから，四角形ABRQは長方形である。これより，AB＝QRである。円Aと直線 m の接点をTとし，点Aと２点P，Tを結ぶと，(1)と同様にして，△AQP≡△ATPとなり，$\angle APQ=\angle APT=\frac{1}{2}\angle QPT$ である。∠QPT＝180°－∠SPR＝180°－60°＝120°だから，$\angle APQ=\frac{1}{2}\times120^\circ=60^\circ$ となる。よって，△AQPは３辺の比が $1:2:\sqrt{3}$ の直角三角形となるので，$PQ=\frac{1}{\sqrt{3}}AQ=\frac{1}{\sqrt{3}}\times9=3\sqrt{3}$ である。(1)より，$PR=9\sqrt{3}$ だから，$AB=QR=PQ+PR=3\sqrt{3}+9\sqrt{3}=12\sqrt{3}$ (cm)である。

(3)**＜面積比＞**右上図で，点Pと２点C，D，点Dと点Qを結び，(2)と同様に考えると，∠CPR＝60°，(1)と同様に考えると，∠DPQ＝30°となるから，△CRP，△DQPは３辺の比が $1:2:\sqrt{3}$ の直角三角形である。よって，円Cの半径は $CR=\sqrt{3}PR=\sqrt{3}\times9\sqrt{3}=27$，円Dの半径は $DQ=\frac{1}{\sqrt{3}}PQ=$

$\frac{1}{\sqrt{3}}\times3\sqrt{3}=3$となる。円Cと円Dは相似であり，半径の比がCR：DQ＝27：3＝9：1より，相似比は9：1だから，面積の比は〔円C〕：〔円D〕＝9^2：1^2＝81：1であり，円Cの面積は円Dの面積の81倍となる。

(4)＜**面積**＞前ページの図で，AQ⊥l，DQ⊥lより，3点A，Q，Dは一直線上にある。同様に，3点B，R，Cも一直線上にある。四角形ABRQは長方形なので，AQ∥BRであり，四角形ABCDはAD∥BCの台形となる。AD＝AQ＋DQ＝9＋3＝12，BC＝BR＋CR＝9＋27＝36であり，∠BAQ＝∠ABR＝90°より，台形ABCDの高さはAB＝$12\sqrt{3}$となるから，〔四角形ABCD〕＝$\frac{1}{2}\times$(AD＋BC)×AB＝$\frac{1}{2}\times(12+36)\times12\sqrt{3}=288\sqrt{3}$(cm^2)となる。

4 〔空間図形―正四角錐〕

≪基本方針の決定≫(3)　四角形PQSRの面積をtを用いて表す。　(4)　体積が求めやすいいくつかの立体に分ける。

(1)＜**体積**＞右図1で，点Oから面ABCDに垂線OHを引くと，立体O-ABCDは正四角錐だから，点Hは底面の正方形ABCDの対角線AC，BDの交点と一致する。OA＝BA，OC＝BC，AC＝ACより，△OAC≡△BACだから，対応する線分より，OH＝BHとなる。△ABDは直角二等辺三角形であり，BD＝$\sqrt{2}$AB＝$\sqrt{2}\times12=12\sqrt{2}$だから，BH＝$\frac{1}{2}$BD＝$\frac{1}{2}\times12\sqrt{2}=6\sqrt{2}$となり，OH＝BH＝$6\sqrt{2}$である。

図1

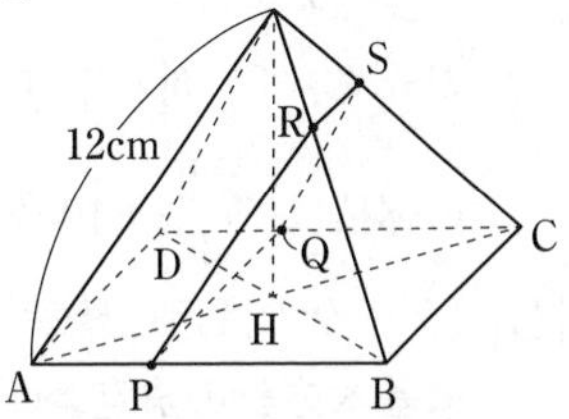

よって，〔正四角錐O-ABCD〕＝$\frac{1}{3}\times$〔正方形ABCD〕×OH＝$\frac{1}{3}\times12^2\times6\sqrt{2}=288\sqrt{2}$(cm^3)である。

(2)＜**長さ**＞右上図1で，4点P，Q，R，Sの速さは毎秒1cmだから，AP＝DQ＝OR＝OS＝1×t＝tである。AP＝DQより，四角形APQDは長方形となるから，PQ＝AD＝12である。△OBCは正三角形だから，∠ROS＝60°，OR＝OSより，△ORSも正三角形なので，RS＝OR＝tとなる。次に，PB＝AB－AP＝12－tとなり，同様にして，QC＝RB＝SC＝12－tとなる。△OABが正三角形より，∠PBR＝60°，PB＝RBだから，△PBRも正三角形であり，PR＝PB＝12－tとなる。同様にして，QS＝12－tである。以上より，四角形PQSRの周の長さは，PQ＋PR＋RS＋QS＝12＋(12－t)＋t＋(12－t)＝36－t(cm)と表せる。

(3)＜**tの値**＞右上図1で，PB＝QCより，PQ∥BCであり，OR：OB＝OS：OC＝t：12より，RS∥BCだから，PQ∥RSである。よって，四角形PQSRは，右図2のような台形である。図2で，2点R，Sから辺PQに垂線RI，SJを引くと，四角形RIJSは長方形となるから，IJ＝RS＝tである。さらに，RI＝SJとなり，∠RIP＝∠SJQ＝90°，PR＝QSだから，△PRI≡△QSJである。これより，PI＝QJ＝(PQ－IJ)÷2＝(12－t)÷2＝$\frac{12-t}{2}$となる。△PRIは，∠RIP＝90°，PI：PR＝$\frac{12-t}{2}$：(12－t)＝1：2だから，3辺の比が1：2：$\sqrt{3}$の直角三角形である。したがって，RI＝$\sqrt{3}$PI＝$\sqrt{3}\times\frac{12-t}{2}=\frac{\sqrt{3}(12-t)}{2}$となるので，四角形PQSRの面積は，$\frac{1}{2}\times$(PQ＋RS)×RI＝$\frac{1}{2}\times(12+t)\times\frac{\sqrt{3}(12-t)}{2}=\frac{\sqrt{3}(12+t)(12-t)}{4}$と表せる。四角形PQSRの面積が$20\sqrt{3}$cm^{2}のとき，$\frac{\sqrt{3}(12+t)(12-t)}{4}=20\sqrt{3}$が成り立ち，$(12+t)(12-t)=80$，

図2

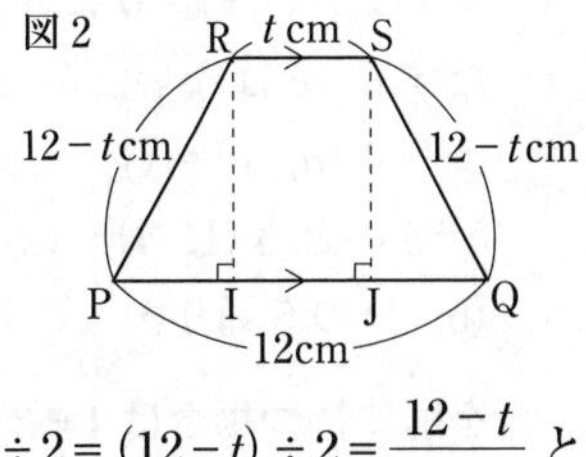

$144-t^2=80$，$t^2=64$，$t=\pm8$となる。$0<t<12$だから，$t=8$(秒)である。

(4)＜体積＞右図3のように，点R，Sを通り辺BCに垂直な平面と辺BC，線分PQの交点をそれぞれI，J，K，Lとすると，6点B，C，P，Q，R，Sを頂点とする立体は，四角錐R-BIJP，三角柱RIJ-SKL，四角錐S-CKLQの3つの立体に分けられる。$t=10$のとき，RS$=t=10$だから，IK$=$RS$=10$となり，図形の対称性から，BI$=$CK$=$(BC$-$IK)$\div2=(12-10)\div2=1$となる。また，PB$=$RB$=12-t=12-10=2$だから，JI$=$PB$=2$である。さらに，点Rから面ABCDに垂線RMを引くと，点Mは線分BD上の点となる。△RBM∽△OBHだから，RM：OH$=$RB：OB$=2:12=1:6$となり，RM$=\frac{1}{6}$OH$=\frac{1}{6}\times6\sqrt{2}=\sqrt{2}$となる。四角形BIJPは長方形なので，〔四角錐R-BIJP〕$=\frac{1}{3}\times$〔長方形BIJP〕$\times$RM$=\frac{1}{3}\times2\times1\times\sqrt{2}=\frac{2\sqrt{2}}{3}$であり，同様にして，〔四角錐S-CKLQ〕$=\frac{2\sqrt{2}}{3}$である。IJ$=PB=2$だから，〔三角柱RIJ-SKL〕$=$△RIJ$\times$IK$=\frac{1}{2}\times2\times\sqrt{2}\times10=10\sqrt{2}$となる。以上より，求める立体の体積は$\frac{2\sqrt{2}}{3}+10\sqrt{2}+\frac{2\sqrt{2}}{3}=\frac{34\sqrt{2}}{3}$(cm^3)となる。

図3

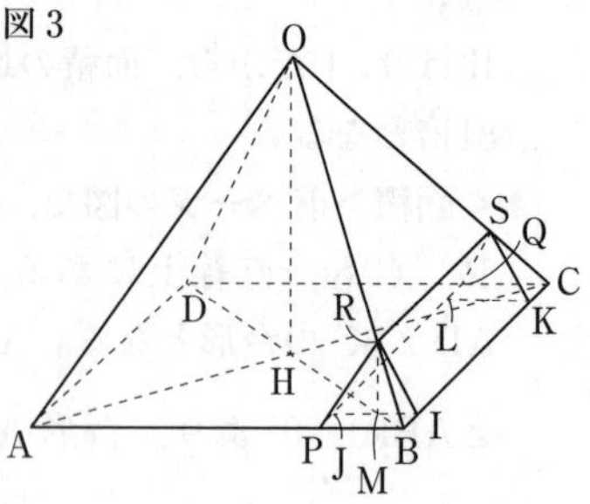

5 〔データの活用―確率―さいころ〕

≪基本方針の決定≫(1) 2つの解が$x=-2$，-3である二次方程式を考える。 (2) 方程式に解を代入して，a，b，cの関係を導く。 (3)，(4) 解の公式の根号の部分の値に着目する。

(1)＜確率＞さいころを3回続けて投げるとき，目の出方は全部で$6\times6\times6=216$(通り)あるから，a，b，cの組は216通りある。また，2つの解が$x=-2$，-3となる二次方程式は，$(x+2)(x+3)=0$より，$x^2+5x+6=0$である。二次方程式$ax^2+bx+c=0$の解が$x=-2$，-3となるとき，$x^2+5x+6=0$と同じ方程式であればよいから，a，b，cの組の1つは$(a,\ b,\ c)=(1,\ 5,\ 6)$である。a，b，cは6以下だから，両辺を2倍した$2x^2+10x+12=0$などは適さない。よって，2つの解が$x=-2$，-3となる場合は$(a,\ b,\ c)=(1,\ 5,\ 6)$の1通りだから，求める確率は$\frac{1}{216}$である。

(2)＜確率＞二次方程式$ax^2+bx+c=0$が$x=-1$を解に持つとき，解を方程式に代入して，$a\times(-1)^2+b\times(-1)+c=0$より，$a-b+c=0$，$a+c=b$が成り立つ。$b=1$のとき，$a+c=1$より，これを満たす$a$，$c$はない。$b=2$のとき，$a+c=2$より，$(a,\ c)=(1,\ 1)$の1通り，$b=3$のとき，$a+c=3$より，$(a,\ c)=(1,\ 2)$，$(2,\ 1)$の2通り，$b=4$のとき$(a,\ c)=(1,\ 3)$，$(2,\ 2)$，$(3,\ 1)$の3通り，$b=5$のとき$(1,\ 4)$，$(2,\ 3)$，$(3,\ 2)$，$(4,\ 1)$の4通り，$b=6$のとき$(1,\ 5)$，$(2,\ 4)$，$(3,\ 3)$，$(4,\ 2)$，$(5,\ 1)$の5通りある。よって，216通りの$a$，$b$，$c$の組のうち，二次方程式$ax^2+bx+c=0$が$x=-1$を解に持つ場合は$1+2+3+4+5=15$(通り)だから，求める確率は$\frac{15}{216}=\frac{5}{72}$である。

(3)＜確率＞二次方程式$ax^2+bx+c=0$の解は，$x=\frac{-b\pm\sqrt{b^2-4ac}}{2a}$である。この解が1つになるとき，$\sqrt{b^2-4ac}=0$，つまり，$b^2-4ac=0$である。これより，$4ac=b^2$となり，$4ac$が偶数だから，$b$は偶数である。$b=2$のとき，$4ac=2^2$より，$ac=1$となるから，$(a,\ c)=(1,\ 1)$の1通りある。$b=4$のとき，$4ac=4^2$より，$ac=4$となるから，$(a,\ c)=(1,\ 4)$，$(2,\ 2)$，$(4,\ 1)$の3通り，$b=6$のとき，$4ac=6^2$より，$ac=9$となるから，$(a,\ c)=(3,\ 3)$の1通りある。よって，216通りの$a$，$b$，$c$の組のうち，二次方程式$ax^2+bx+c=0$の解が1つになる場合は$1+3+1=5$(通り)だから，求める確

率は$\dfrac{5}{216}$である。

(4)＜**確率**＞二次方程式$ax^2+bx+c=0$の解$x=\dfrac{-b\pm\sqrt{b^2-4ac}}{2a}$が有理数になるとき，$\sqrt{b^2-4ac}$が有理数である。$b^2-4ac$は整数であり，$b^2$は最大で$6^2=36$だから，$b^2-4ac=0$，1，4，9，16，25が考えられる。また，$4ac$は偶数だから，$b$が奇数のとき，$b^2-4ac$は$b^2$より小さい奇数，$b$が偶数のとき，$b^2-4ac$は0か$b^2$より小さい偶数である。$b=1$のとき，$b^2-4ac=1^2-4ac=1-4ac$であり，考えられる$b^2-4ac$の値の中に1より小さい奇数はないので，適さない。$b=2$のとき，$b^2-4ac=2^2-4ac=4-4ac$だから，$4-4ac=0$が考えられ，$ac=1$となるので，$(a,\ c)=(1,\ 1)$の1通りある。$b=3$のとき，$b^2-4ac=3^2-4ac=9-4ac$だから，$9-4ac=1$が考えられ，$ac=2$となるので，$(a,\ c)=(1,\ 2)$，$(2,\ 1)$の2通りある。$b=4$のとき，$b^2-4ac=4^2-4ac=16-4ac$だから，$16-4ac=0$，4が考えられる。$16-4ac=0$より，$ac=4$となり，$16-4ac=4$より，$ac=3$となるので，$(a,\ c)=(1,\ 4)$，$(2,\ 2)$，$(4,\ 1)$，$(1,\ 3)$，$(3,\ 1)$の5通りある。以下同様にして，$b=5$のとき，$25-4ac=1$，9が考えられる。$25-4ac=1$より$ac=6$，$25-4ac=9$より$ac=4$となるので，$(a,\ c)=(1,\ 6)$，$(2,\ 3)$，$(3,\ 2)$，$(6,\ 1)$，$(1,\ 4)$，$(2,\ 2)$，$(4,\ 1)$の7通りある。$b=6$のとき，$36-4ac=0$，4，16が考えられる。$36-4ac=0$より$ac=9$，$36-4ac=4$より$ac=8$，$36-4ac=16$より$ac=5$となるので，$(a,\ c)=(3,\ 3)$，$(2,\ 4)$，$(4,\ 2)$，$(1,\ 5)$，$(5,\ 1)$の5通りある。以上より，216通りの$a$，$b$，$c$の組のうち，解が有理数となる場合は$1+2+5+7+5=20$(通り)あるから，求める確率は$\dfrac{20}{216}=\dfrac{5}{54}$である。

＝読者へのメッセージ＝

座標を発明したのは，フランスの哲学者，数学者のルネ・デカルト(1596〜1650)です。ふだん使っている，x軸とy軸が垂直に交わる座標系は，デカルト座標系といわれています。

2024年度／立教新座高等学校

国語解答

一　問一　イ　禍　ロ　迎　ハ　跳
　ニ　監視　ホ　覆

問二　〔Ⅰ〕　A　自分の身体を再び自然的なものに近づける
　B　免疫を高める
　C　自分の社会的価値
〔Ⅱ〕　D　リスクや汚染
　E　科学技術

問三　ほんもの

問四　相性良く自己を位置づけられる

問五　マークは人

二　問一　A…エ　B…ア　C…イ　D…オ

問二　先人たちが～て導入する

問三　エ

問四　（インター）ネットで調べれば何でもわかる［と考えるようになる。］

問五　高〔たか〕

問六　Ⅰ　あたりをつける
　Ⅱ　調べればわかる

問七　ア…×　イ…○　ウ…×　エ…×　オ…○

三　問一　イ　朽　ロ　柄　ハ　賢
　ニ　猛暑　ホ　無尽蔵

問二　お金がなくても，旅をして広い世界を知ることができる(25字)

問三　何日か後に～いなかった［から。］

問四　ウ　　問五　そうすれば

問六　D→B→A→C→E

一　**〔論説文の読解―自然科学的分野―科学〕**　出典：福永真弓「弁当と野いちご――あるいは『ほんもの』という食の倫理」（「現代思想」2022年２月号）。

≪本文の概要≫わたしの顔見知りだったシェフのマークは，食材が本物の野生であることを大事にしていた。一方，細胞農業の潜在顧客のローザは，化学汚染やマイクロプラスチックを気にして，天然物が食べられず，細胞農業のサーモンを心待ちにしていた。二人に共通するのは，食，身体，自己の関係性に関する特定の思考と，それに基づく本物らしさの診断基準を持っていることである。マークにとって，野生という純粋な自然を身体に入れることは，身体を自然的なものに近づけることだった。また，野生にこだわった食を展開することで，人的ネットワークを広げ，自分の社会的価値を高めることもできる。他方，ローザは，よりよく健康的に生きたいと考えた結果，科学技術によってつくられる人工的な食品に，純粋さを感じるようになった。マークは，野生を生み出し，人間を位置づけるに足るものとして地球を見出し，ローザは，地球にとらわれない超越的な科学技術に，意味を見出したのである。だが，二人の選んだ道は，それほど違わないかもしれない。ローザが理解したように，地球は人間活動によって荒廃しており，マークが求めるような，野生を生み続ける地球であるためには，科学技術による補完と強化が必要だからである。

問一＜漢字＞イ．「禍」は，災いのこと。　ロ．音読みは「送迎」などの「ゲイ」。　ハ．他の訓読みは「と(ぶ)。」音読みは「跳躍」などの「チョウ」。　ニ．「監視」は，相手の行動を注意して見張ること。　ホ．音読みは「覆面」などの「フク」。

問二＜文章内容＞〔Ⅰ〕マークにとって，人工物化されていく日常の世界で，野生のものを身体に取り入れることは，「自分の身体を再び自然的なものに近づけること」であり(…A)，野生という自然のものを取り入れることで，「免疫を高める」こともできる(…B)。また，野生にこだわった食を展開することで，「人的ネットワーク」が広がり，「自分の社会的価値」を高めることにもなる(…

C）。　〔Ⅱ〕現代は地球のあらゆる所に「汚染物質は到達」していて，「リスクや汚染から逃れる術はほぼない」が（…D），「科学技術」によってつくられた食品なら（…E），化学汚染などを気にせずに「安心してちゃんと食べられる」と，ローザは考えている。

問三＜文章内容＞マークは，「純粋な自然」である「ほんものの野生」が大事だと述べ，ローザは，人工的につくられた「純粋」で「ちゃんと食べられる」ものが大事だと述べている。一見すると対照的であるが，二人とも「ほんもの」であることを求め，それぞれ「ほんものらしさの診断基準」を持っているという点で，共通している。

問四＜表現＞科学技術による安全な食品を求めるローザは，「生物多様性」や「サステナビリティ」といった「他の道徳プロジェクト」と自己をたやすく「連関させること」ができる。一方，食品に「野生」を求めるマークもまた，「生物多様性」や「サステナビリティ」などの「どの道徳プロジェクト」とも，「相性良く自己を位置づけられる」のである。

問五＜文章内容＞マークは，人工物化される日常の世界の中で，「野生という純粋な自然」を求め，ローザは，汚染物質から逃れるために，科学技術を利用して「自分が納得した人工物」を求める。端的にいえば，「マークは人工物化から離れ，ローザは人工物化していくことを選んだ」のである。

二〔**論説文の読解―社会学的分野―情報**〕出典：大澤聡『教養主義のリハビリテーション』。

問一＜接続語＞A．先人たちの蓄積を利用して「一歩でも二歩でも前に進めたほうがよっぽど有益」であるが，言うまでもなく，「立ち止まったり，議論を意識的に巻き戻したりすることも大事」である。　B．東浩紀さんは，『弱いつながり』で，「キーワードを探す旅に出る」こと，言い換えれば「ネットからときには離れて外側のリアルの世界に身をさらす重要性」を強調した。　C．デジタルの世界では，「無価値にしか思えない」情報も，「未来では貴重なもの」になる可能性があるから「判断抜きでとにかく保存しておき，文脈や価値は後世の人間が必要に応じて発見すればいい」のだが，その反面，「適切にタグ付けされていない膨大な情報たち」は，「将来的にも使えないんじゃないか」ともいえてしまう。　D．「東日本大震災以降，古い文献に何気なく記載された地震の情報ががぜん機能しはじめた」ことは，「先人たちが代々註釈を連鎖的に残してくれた」成果の例である。

問二＜文章内容＞「先人たちが時間と労力と資金をかけて導き出した解や失敗」について知り，その知識を「補助線として導入」して，「課題解決や議論の前進」のために使うのが，有益な方法であるといえる。

問三＜文章内容＞日本では，「個々の意見を尊重する相対主義的な教育」が単なる形式的なものとなり，加えて，「知識蓄積型」から「意見発信型」への転換の必要性がいわれすぎてしまった。結果として，自分の意見を発信することばかりが重視され，意見の裏づけとなる知識を欠いた「薄っぺらな意見発信」ばかりになってしまったのである。

問四＜文章内容＞私たちは，世の中は「ネットに保存されないもの」の方が多いという事実をつい忘れてしまう。そして，どのような知識でも，全てネット上に存在していて「いつでも調べられるのだから，自分はもう知っているも同然だ」と考えてしまいがちなのである。

問五＜慣用句＞「高《たか》をくくる」は，大したことはないと甘い予測をする，という意味。

問六＜文章内容＞知識や情報を「ある程度知って」いて，「関連ワードやジャンルの見取図」が頭に入っている状態でなければ，物事を調べるときに必要なキーワードの「あたりをつける」ことはできない(…Ⅰ)。何かを調べるためのキーワードを推測できない人間が,「調べればわかる」と言ってしまうのは,「滑稽」である(…Ⅱ)。

問七＜要旨＞これまでの「『歴史』のリソースを素どおり」して議論を行っても,「歴史上のあまりに凡庸なパターン」の意見が出てくることが多く,「非効率」である(ア…×)。「未来予想を可能にする」ためには,「先人たちが最終的に示した結論」や「そこにいたる思考のプロセス」を「読書によって」知る必要があり,その際には書物を「解読する力」が必要になる(イ…○)。「新しいメディア環境における教養のあり方の一つ」は,「書籍とネット,現場とデジタル」の「構造的なちがいを把握」して使い分け,「有機的に組み合わせる」ことである(ウ…×)。「そこにある」と「知っている」の間には,「無限の懸隔」があるにもかかわらず,テクノロジーの発達は,ネット上に蓄積された膨大な知識について「いつでも調べられるのだから,自分はもう知っているも同然だ」と,私たちに錯覚させる(エ…×)。「情報を解読するためのコードやコンテキストやシステムは時間とともに変化」するため,「無限にアーカイブすることが可能なデジタルの世界」でも,時代に合わせて「註釈や装置をアップデート」し続けなければならない(オ…○)。

三 〔小説の読解〕出典:パウロ・コエーリョ『アルケミスト　夢を旅した少年』。

問一＜漢字＞イ．音読みは「不朽」などの「キュウ」。　ロ．「柄」は,手で持つために,器などにつける細長い部分のこと。　ハ．音読みは「賢明」などの「ケン」。　ニ．「猛暑」は,非常に激しい暑さのこと。　ホ．「無尽蔵」は,いくら取ってもなくならないほどたくさんあること。

問二＜文章内容＞少年は,「小さい時から,もっと広い世界を知りたい」と思っており,そのために「旅がしたい」と願っていた。その願いを聞いた父親が,旅人たちは「とてもたくさんお金を持っているから」旅をできるのであり,「私たちの仲間で,旅ができるのは羊飼いだけだ」と言ったため,旅をする手段として,少年は羊飼いになった。

問三＜文章内容＞少年は,「他の場所にも少女はいる」のだから「平気」だと言っている。だが,少年は,これまで「多くの女たちに出会って」いるけれども,「何日か後に会うことになっている少女に匹敵する者はいなかった」ため,その少女に会ってからは「他の女の人のことを考えたことも」なくなっていた。だから,もし少女が少年のことを忘れてしまっていたら,少年は,平気ではいられないのである。

問四＜心情＞父親は,「旅がしたい」という少年に反対して説得しようとしたが,少年は,他の土地や生活を見たいと答えて,「旅ができるのは羊飼いだけ」ならば羊飼いになるとまで断言した。少年の態度から,父親は,息子の意志が固く,変えようがないことを悟った。

問五＜文章内容＞少年は,見捨てられた教会で横になったとき,厚い本であれば,「もっと長く楽しめるし,もっと気持ちのいいまくらになるだろう」と考えて,「この次はもっと厚い本を読むことにしよう」と独り言を言った。

問六＜文章内容＞「もっと広い世界を知りたい」と思っていた少年は,父に「旅がしたい」と言った(…D)。そして,少年は羊飼いになり,旅をして回っていたが,去年,ある村を訪れて,「羊の毛を売りたいのです」と商人に言った(…B)。一年後,少年は,少女の住む村を目指して旅をして,「あと四日で到着する」という夜,見捨てられた教会で「一夜を過ごす」ことに決めた(…A)。夜が明け始めると,少年は,「羊を追って太陽の方向」へ進み出した(…C)。「朝日が昇る」頃,少年は太陽を眺めながら,「タリファの町には正午前に着けるだろう」と計算した(…E)。

2023年度 立教新座高等学校

【英　語】（60分）〈満点：100点〉

注意　Ⅰ・Ⅱはリスニング問題です。放送中にメモを取ってもかまいません。

Ⅰ　リスニング問題(1)

これから流れる長めの会話を聞き，その後の問いの答えとなるものをそれぞれ選び，記号で答えなさい。会話と問いは２回ずつ流れます。

1　ア　The kind that you can buy drinks from with your face.
　イ　The kind that has an AED and emergency programs.
　ウ　The kind that you can buy drinks from with your smartphone.
　エ　The kind that has universal design features.

2　ア　In factories and big companies.
　イ　In a theme park.
　ウ　In a place that doesn't let people bring their own things.
　エ　In a place that has universal design goods.

3　ア　When there is an AED.　イ　When you show your face.
　ウ　When you can't use your smartphone.　エ　When there is an emergency.

4　ア　To a place that has the latest vending machines.
　イ　To an amusement park.
　ウ　To a universal design park.
　エ　To a place that has a collection of old-style vending machines.

Ⅱ　リスニング問題(2)

これから放送でアメリカ独立記念日についてのニュースが流れます。それぞれの(　)内に入る５語以上の英語を聞き取り，解答欄に書きなさい。文章は２回流れます。

What's (　1　) events in the United States? It's the Fourth of July! It is also called Independence Day. The Declaration《宣言》 of Independence was accepted on that date in 1776. Thomas Jefferson was its main writer.

At the time, America belonged to Great Britain. People felt they were treated unfairly. By June 1776, Americans (　2　) to write the Declaration of Independence. On July 8, 1776, the first celebration took place in Philadelphia. The declaration was read aloud, city bells rang, and bands played.

Hundreds of years later, the national holiday is still important. Many communities hold parades. People hang American flags from their homes. Buildings are decorated in red, white, and blue. At night, fireworks (　3　) parks. They light up the night sky with American colors, too.

So, how can you show your American pride this Fourth of July? You (　4　) red, white, and blue clothes. You can also go to the park, or stay at home in front of the TV to watch those amazing fireworks!

※**<リスニング問題放送台本>**は英語の問題の終わりに付けてあります。

Ⅲ　次の英文を読んで，各設問に答えなさい。

The government of *Tanzania has set up a high-speed internet service on *Mount Kilimanjaro. The government says the climbers will now have safety with this service. But it will also allow people to post *selfies as they ①work their way up Africa's tallest mountain.

At 19,300 feet (5,895 meters), Mount Kilimanjaro is the highest mountain in Africa. It's also the world's tallest mountain that's not part of a mountain range. It was created by volcanoes, so it simply rises out of a large, open area in Tanzania and Kenya.

The mountain is part of Kilimanjaro National Park in the northeast of Tanzania. Around 50,000 people visit the park each year. Most of these people — about 35,000 — are trying to climb Mount Kilimanjaro.

But climbing such a tall, *glacier-covered mountain isn't easy. About one-third of the people who try to climb it have to (　　②　　). Nape Nnauye, Tanzania's *Information Minister, said that in the past, "It was a bit dangerous for visitors . . . without internet."

The new internet service ③[make / reach / for / easier / it / climbers / to / should] the top of the mountain. They'll be able to use the internet to check maps and find their way. They'll also be able to use the internet to ④(a　　) for help if they need it.

At this moment, the new service reaches more than halfway up the mountain. The government says that by the end of the year, climbers will be able to get internet even at the very top of Mount Kilimanjaro.

The government says safety is the main reason for setting up the internet service on the mountain. But Tanzania ⑤(d　　) heavily on tourists. In 2019, tourists were responsible for about 17% of all the money produced in Tanzania.

If people post pictures and videos on social media while they climb Mount Kilimanjaro, the spot will certainly be even more popular with tourists.

Some people in Tanzania are (⑥) that the government is focusing on internet for tourists instead of the people who live in the country. One study in 2020 showed that only about 83% of the people who live in Tanzania can get cell phone service where they live.

Last year, the government decided on a $72 million plan to build a cable car on Mount Kilimanjaro. The idea was for tourists who weren't climbers to enjoy the mountain. But the project made climbers and guides angry.

People were also worried about how the project might ⑦(a　　) the environment on the mountain. Scientists have already pointed out that the glaciers on top of Mount Kilimanjaro may melt in the next 10 years or so. So far, the cable car project doesn't seem to be making much progress.

In 1987, Mount Kilimanjaro was named by the United Nations as a World Heritage site. ⑧That means that it's a place which is important to protect.

出典：rewriting of *NEWS FOR KIDS.net*

*注　Tanzania　タンザニア　　Mount Kilimanjaro　キリマンジャロ山　　selfies　自撮り写真
glacier-covered　氷河で覆われた　　Information Minister　情報通信大臣

問1　下線部①とほぼ同じ意味になる語句を選択肢から選び，記号で答えなさい。

ア　search　　イ　go down　　ウ　climb　　エ　get to

問2　(②)に入る語句を選択肢から選び，記号で答えなさい。

ア　stay away　　イ　give up　　ウ　go up　　エ　make out

問3　下線部③を内容に沿って並べかえなさい。

問4　本文の内容に合うように④⑤⑦にそれぞれ適切な動詞を入れなさい。なお，(　)内の文字で始めること。

問5　(⑥)に入る語を選択肢から選び，記号で答えなさい。

ア　selfish　　イ　glad　　ウ　kind　　エ　upset

問6　下線部⑧の内容を表すものを選択肢から選び，記号で答えなさい。

ア　Mount Kilimanjaro became a World Heritage site in 1987.
イ　Mount Kilimanjaro may melt in the next 10 years.
ウ　Mount Kilimanjaro is not an easy mountain to climb.
エ　Mount Kilimanjaro is a place all tourists can enjoy.

問7　本文の内容に合うように以下の文の(　)内に入る語を本文から抜き出して答えなさい。

The government provides the internet service not only for safety but also for (　　) from tourists.

Ⅳ　次のSF物語を読んで，1～11の書き出しに続くものとして適切なものを選び，番号で答えなさい。

〔編集部注…課題文は著作権上の問題により掲載しておりません。作品の該当箇所につきましては次の内容を参考にしてください〕

Learn English：British Council「First star I see tonight – B2/C1」(改変あり)
https://learnenglish.britishcouncil.org/general-english/story-zone/b2-c1-stories/first-star-i-see-tonight-b2/c1

＊注　universe　宇宙　　particle accelerator　荷電粒子を加速する装置　　laboratory　研究所
firefly　蛍　　trial　裁判　　prosecution　検察　　photon　光子(素粒子の一つ)
existence　存在　　theory　理論　　prison　刑務所　　punishment　処罰
telescope　望遠鏡　　astronomer　天文学者　　physics　物理学　　galaxy　銀河系
calculation　計算　　Alpha Centauri　ケンタウルス座α星(太陽系に最も近い恒星系)

1　The purpose of Tomas' research was
1　to know what the universe was made of.
2　to understand the way the universe was created.
3　to check how the earth was developed.
4　to report how the earth's environment was hurt.

2　The newspaper said Tomas
1　discovered a certain star.
2　made some stars darker.
3　got all the stars to shine more brightly.
4　took all the stars from the sky.

3　The lawyer thought
1　taking the stars from the sky was next to nothing.
2　Tomas' hiding the sun from the sky was not fair.
3　taking all the stars in the sky was a serious matter for the people.
4　almost all people could understand why Tomas changed the universe.

4 Tomas said to the lawyer that
  1 he didn't do anything to take away the stars from the sky.
  2 he probably succeeded in removing the stars.
  3 nothing he did made the stars shine.
  4 he wanted to do anything to hide the stars.
5 Tomas' theory
  1 was very easy, so anyone was able to understand it quickly.
  2 needed such a long time to show that it was true.
  3 was accepted by many scientists and became popular.
  4 turned out to be clear enough for everybody to appreciate.
6 After the trial,
  1 Tomas was sent to prison for the wrong thing he did.
  2 Tomas became a guide for people who wanted to see stars in the sky.
  3 Tomas was forced to work as an astronomer in Chile.
  4 Tomas was made to work hard to recover the stolen universe.
7 Tomas thought that
  1 there was no way to get back the absence of lights.
  2 the darkness he created would travel at the same speed as usual lights do.
  3 everyone could understand the thing he believed about his theory.
  4 he changed the truth of nature, so it would not recover.
8 When Tomas watched the setting sun in Chile, it reminded him of
  1 the time which he played with his friends at.
  2 the song his parents sang for him.
  3 the laboratory he worked for.
  4 the day which the sun disappeared on.
9 If the things Tomas believed were right,
  1 the stars would never come back to the sky.
  2 the wave of darkness would continue to cover the earth forever.
  3 they could see the sun again after 1,596 days and nights.
  4 stars' lights would get to the earth again someday.
10 When people saw Alpha Centauri after a long while,
  1 they were too bothered to know what to do.
  2 they prayed for better luck.
  3 they looked back on their lost time and they became very sad.
  4 they were frightened and tried to run away from the disaster.
11 It took almost four and a half years for the darkness to pass
  1 Alpha Centauri.　　2 the sun.
  3 the edge of our galaxy.　　4 the earth.

V　次の各組の文がほぼ同じ意味になるように，(　)内に適語を入れなさい。

1 { Do you know how many people live in Canada ?
  { Do you know (　　) the population of Canada is ?

2 (I like both pairs of shoes.
( ) of the two pairs of shoes is fine with me.

3 (Why did you come here ?
What ( ) you here ?

4 (My brother runs fastest of all members in his club.
My brother runs faster than ( ) ( ) member in his club.

5 (I was greatly relieved to hear the news that they returned safely.
I was greatly relieved at the news of their ( ) ( ).

Ⅵ　日本語の意味に合うように〔　〕内の語句を並べかえて意味の通る英語にしなさい。解答の際はＡとＢに入るものを記号で答えなさい。ただし，文頭に来る語も小文字で示してあります。

1 「ケンの誕生日会に何名の人々が招待されるのでしょうか。」
〔ア people　イ be　ウ birthday　エ how　オ invited　カ to　キ party　ク will　ケ Ken's　コ many〕?
____ ____ ____ ____ __A__ ____ __B__ ____ ____ ____ ?

2 「遅刻するなといつも言う先生が授業に間に合わなかったので驚いた。」
I〔ア to　イ was surprised　ウ be late　エ was always　オ who　カ not　キ telling us　ク because　ケ our teacher　コ on time　サ wasn't　シ for〕the lesson.
I ____ ____ ____ __A__ ____ ____ __B__ ____ ____ ____ ____ ____ the lesson.

Ⅶ　会話の流れに合うように空欄に入る英語のセリフを自分で考えて４語以上で書きなさい。

Tom : Happy birthday, John ! How was your birthday ?
John : It was great ! My parents [　　　　　　].
I really wanted it, so it'll be my treasure.
Tom : Good for you !

<リスニング問題放送台本>

Ⅰ　リスニング問題(1)

Tom : Hi, Sally. What are you reading ?
Sally : Hi, Tom. I'm reading an article about a company that invented a vending machine using new technology. Did you know that there is a vending machine that you don't need anything to buy a drink with ?
Tom : I've seen ones that you can buy with your smartphone or electronic money, but I've never heard of a machine that doesn't even need those things. How does it work ?
Sally : Well, according to this article, all you need is your face and a pass code. It says you have to register beforehand though.
Tom : Wow ! That's really amazing ! So where can we find that kind of machine ?
Sally : It says that they are put in factories and research centers, places that don't let people bring their personal belongings in, such as a purse or a smartphone.
Tom : Oh, I see. That's probably the newest type of vending machine. I know a lot of them have

a lot of useful features and are also made with universal design. Like I see some vending machines with AED or ones that you can get free drinks from when there is an emergency, like an earthquake.

Sally : Oh, yes, I know universal design machines that have a bigger hole to put in money, or the drinks come out from the center so you don't have to bend your knees to get the drinks out.

Tom : Yes, the progress in technology in Japan is great. They also have vending machines from quite a long time ago, don't they ? I heard that old-fashioned machines are popular now. There's a place where the owner has his collection of old vending machines that customers can use and it's like a theme park now.

Sally : I saw that on social media before, too. Like the ones that make ramen or hot hamburgers, right ? They even sell toys and hot toast !

Tom : Yes, that's the place. It sounds like lots of fun. How about visiting the place next weekend ? We can take a lot of great photos and post them on Instagram !

Sally : Sure. Japan's recent technology is surprising but we can always enjoy the good old days too.

1. What kind of vending machine is Sally reading about in the article ?
2. Where can you find the vending machines that Sally read in the article ?
3. When can you get a free drink from a vending machine ?
4. Where will Sally and Tom go this weekend ?

Ⅱ リスニング問題(2)

What's one of the most celebrated events in the United States ? It's the Fourth of July ! It is also called Independence Day. The Declaration《宣言》 of Independence was accepted on that date in 1776. Thomas Jefferson was its main writer.

At the time, America belonged to Great Britain. People felt they were treated unfairly. By June 1776, Americans were tired of it and decided to write the Declaration of Independence. On July 8, 1776, the first celebration took place in Philadelphia. The declaration was read aloud, city bells rang, and bands played.

Hundreds of years later, the national holiday is still important. Many communities hold parades. People hang American flags from their homes. Buildings are decorated in red, white, and blue. At night, fireworks can be seen at several parks. They light up the night sky with American colors, too.

So, how can you show your American pride this Fourth of July ? You can start by putting on red, white, and blue clothes. You can also go to the park, or stay at home in front of the TV to watch those amazing fireworks !

【数　学】 (60分) 〈満点：100点〉

注意　1．答はできるだけ簡単にし，根号のついた数は，根号内の数をできるだけ簡単にしなさい。また，円周率はπを用いなさい。

2．直定規，コンパスの貸借はいけません。

3．三角定規，分度器，計算機の使用はいけません。

1　以下の問いに答えなさい。

(1)　$\dfrac{24}{a^2+4a+3}$ が自然数となるような整数aは何個ありますか。ただし，a^2+4a+3は0ではないものとします。

(2)　a，bは定数とします。太郎君は連立方程式$\begin{cases}3x-7y=16\\ax+by=1\end{cases}$を解き，花子さんは連立方程式$\begin{cases}bx-ay=-38\\4x+y=-7\end{cases}$を解きました。このとき，花子さんが求めた$x$の値は，太郎君が求めた$y$の値の4倍で，花子さんが求めた$y$の値は，太郎君が求めた$x$の値の3倍でした。$a$，$b$の値を求めなさい。

(3)　OA＝2cm，OB＝6cm，∠AOB＝60°である△OABにおいて，点Aから辺OBに引いた垂線とOBとの交点をD，点Dから辺ABに引いた垂線とABとの交点をEとします。次の長さを求めなさい。

①　辺AB

②　線分AE

(4)　図のように，円周を6等分した点にそれぞれ1から6までの数字がついています。さいころを3回投げて，出た目と同じ数字の点を結んでできる図形を考えます。すべて異なる目が出た場合は三角形となり，同じ目が2回出た場合は線分となり，同じ目が3回出た場合は点となります。このとき，次の確率を求めなさい。

①　三角形にならない確率

②　直角三角形になる確率

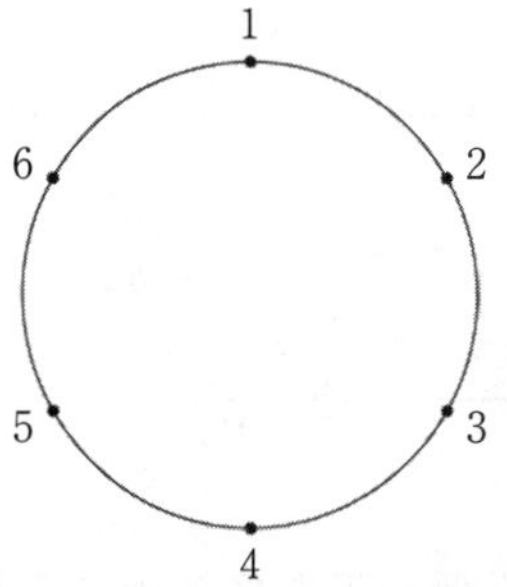

(5)　座標平面上において，2つの直線$y=-2x-1$，$y=x+2$をそれぞれl，mとし，lとmの交点をAとします。また，l上の点Pのx座標をt，m上の点Qのx座標を$2t$とし，3点A，P，Qを結んで△APQをつくります。P，Qのx座標がともにAのx座標よりも大きく，△APQの面積が54となるようなtの値を求めなさい。

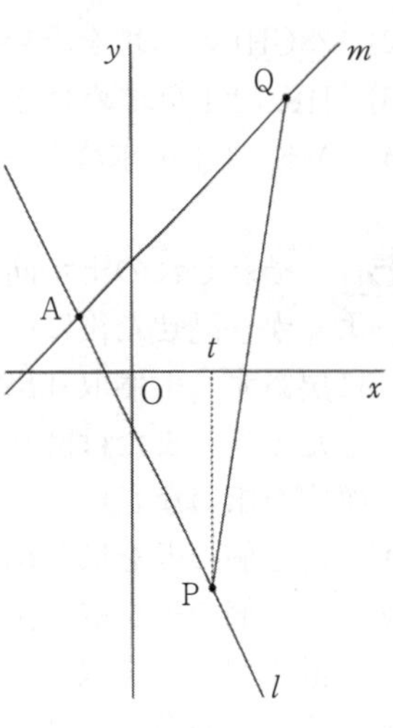

2　放物線 $y=\frac{1}{4}x^2$ 上に３点A，B，Pがあります。図の四角形ABPQは長方形で，点A，Bの x 座標はそれぞれ -3，１です。次の問いに答えなさい。

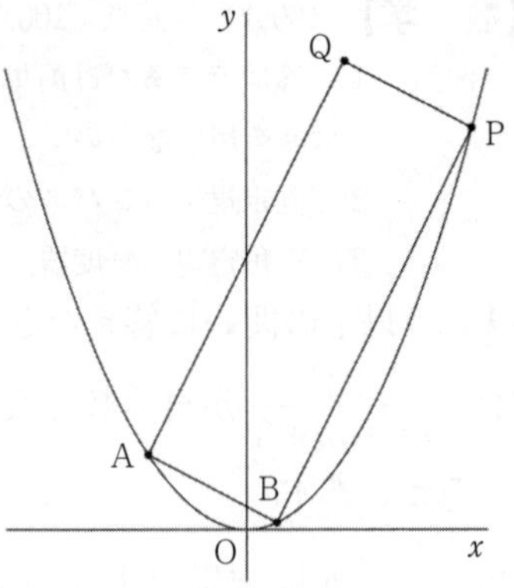

(1)　直線ABの傾きを求めなさい。

(2)　点Pの座標を求めなさい。

(3)　点Qから直線APに引いた垂線と，直線APとの交点をHとするとき，線分QHの長さを求めなさい。

(4)　△APQを，直線APを回転の軸として１回転させてできる立体の体積を求めなさい。

3　図のように，底面の半径が5 cmの円錐の中に球Aがあり，円錐の底面と側面に接しています。また，球Bは球Aに接し，かつ円錐の側面にも接しています。球Aが円錐の側面と接している部分は円であり，その円周の長さは 4π cmです。この円をOとすると，球Aの中心と円Oの中心との距離は $\frac{3}{2}$ cmです。球Aの中心，球Bの中心，円Oの中心，円錐の頂点の４つの点が一直線上にあるとき，次の問いに答えなさい。

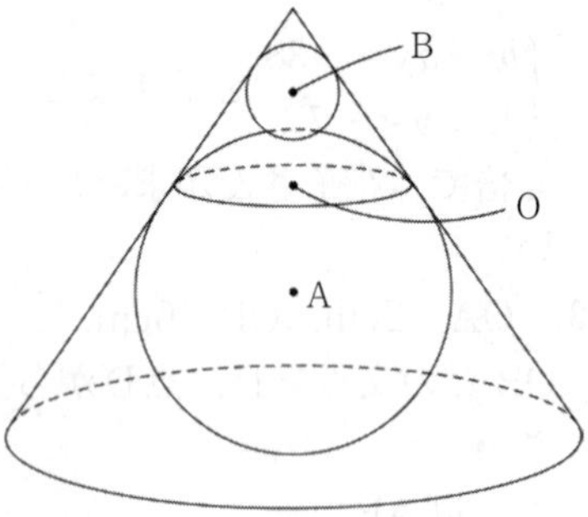

(1)　球Aの半径を求めなさい。

(2)　円錐の体積と表面積をそれぞれ求めなさい。

(3)　球Bの半径を求めなさい。

4　１辺の長さが10cmの正六角形ABCDEFがあります。図のように，正六角形の辺上にAG：GF＝BH：HC＝DI：IE＝２：３となるように点G，H，Iをとり，△GHIをつくります。また，辺CD上にCJ：JD＝３：２となるように点Jをとり，GとJを結び，HIとの交点をKとします。さらに，BとEを結び，GH，GJ，GIとの交点をそれぞれL，M，Nとします。このとき，次の問いに答えなさい。

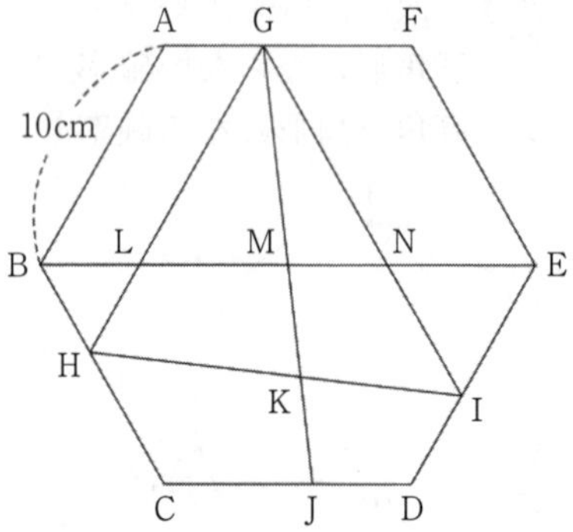

(1)　BN：NEを求めなさい。

(2)　△GHIの面積を求めなさい。

(3)　HK：KIを求めなさい。

(4)　MK：KJを求めなさい。

5　それぞれの玉が同じ大きさである赤玉２個，白玉２個，青玉２個の計６個の玉を袋の中に入れ，よくかき混ぜた後にその袋の中から玉を１個ずつ取り出す作業を行います。一度取り出した玉は元に戻さず，１個取り出すごとに玉の色を調べていきます。そして，２個連続で同じ色の玉を取り出したとき，または計６個の玉を袋からすべて取り出したときに作業が終了します。このとき，次の確率を求めなさい。

(1)　計２個の玉を取り出したときに作業が終了する確率

(2)　計３個の玉を取り出したときに作業が終了する確率

(3)　計４個の玉を取り出したときに作業が終了する確率

(4)　すべての玉を取り出して作業が終了する確率

意識が否定されそうになって傷ついている。

問五　空欄 ⑤ に当てはまる表現として適当なものを次の中から選び、記号で答えなさい。

ア　力むのやめや　　イ　凜は真面目やなぁ

ウ　凜は頑固やなぁ　　エ　なんや怖いなぁ

問六　傍線部⑥「父さんが分かってくれてよかった」とあるが、凜のこの気持ちが具体的に表現されている形式段落を探し、最初の五字を抜き出しなさい。

問七　傍線部⑦について。「父親は物憂げな表情になった」のはなぜか。京都へのそれぞれの思いを明らかにしながら説明しなさい。

問八　本文全体から、両親の凜に対するどのような心情がうかがわれるか。適当なものを次の中から選び、記号で答えなさい。

ア　父は凜の思いを理解する姿勢があるが、両親ともに凜の将来を心配しており、家族仲良く暮らしてきたこの親子関係を保っていきたいと思っている。

イ　両親は娘たちを大人扱いしようとし、特に母は放任の傾向があるが、まだ社会に出ていない凜に対しては一人前と認めず、独立を認めない考えでいる。

ウ　生まれた時から京都で過ごしており、皆がこの土地を愛しているはずだと思っている両親は、京都を愛せないという凜の気持ちが少しも理解できないでいる。

エ　京都で慎ましやかに暮らしてきた両親は、大学院で勉強したことを生かして東京で働きたいという凜のことが腹立たしく、冷静になってほしいと感じている。

様たちがほんまに存在して京都を守ってるとまでは思わへんけど、なんや昔の人が言いたかったことは分かるわ。あれは多分、昔の人が編み出した上手《うま》い〝たとえ〟や。あえて言うならああいう神様に近いもんが京都を守ってるんや。都を作るときに風水を参考にしたから土地に力が宿った、ってことになってるけど実は逆で、もともと力の宿りやすい地形のこの場所が、風水の教えとうまくぴったり合ったんとちゃうんかなぁ。人の力以上のもんを感じるわ」

「私、幽霊とか見たことないよ。変なこわい夢はときどき見るけど」

「父さんも一回もないわ。霊やなくて、もっと土地に根付いてるもんや。地縛霊っていう言葉があるけど、京都にひっついてるのは〝地縛〟の方や」

「⑥父さんが分かってくれてよかった。今は破れ目みたいな穴が開いててそこからはなんとか抜け出せそうなんやけど、年々その穴がどんどん小さくなっていくのが分かるねん。もう急いで飛び出さな完全に閉じて、穴があったかどうかさえ分からなくなるほど継ぎ目なく、どんどん閉まっていく気がするんよ」

⑦凜の口調が段々熱を帯びてきたのとは反対に、父親は物憂《ものう》げな表情になった。

「凜の気持ちは分からんでもないけど、やっぱり諸手《もろて》を上げて賛成はできひんわ。いまは出ていきたくてしょうがなくても、もういくらかすればこの土地の色んな部分が平気になってくると思うねん。年齢的なところは大きいはずや。いい意味で受け入れられるようになってくるさかいな。それまで待たれへんか」

「待たれへん。待ったら、私のなかの大切ななにかが死ぬ気がする」

もとから自分の考えをわかってもらえるとは思ってなかったという風に、父は凜の言葉を特に顔色も変えずに受け止め、頷いた。

「まあ、しゃあないな。この件に関しては、なかなかすぐに分かり合うのはむつかしいわ。今日はいっぱい話してお互い疲れたな。とりあえずそろそろ寝よか」

分かった、と返事した凜だったが、気持ちが高ぶっているし、まだ時間も早いしで眠れそうになかった。

（綿矢りさ『手のひらの京《みやこ》』）

問一　傍線部①「今日はあらかじめ自分がどう答えるか想定して両親は用意しているのだと気づき」とあるが、凜は両親がどのような答えを想定していたと捉えているのか。その内容がわかる一文を探し、最初の五字を抜き出しなさい。

問二　空欄 ② に当てはまる表現を、文中から十字で抜き出しなさい。

問三　傍線部③について。

〔Ⅰ〕「京都の魔法」とあるが、今の凜はそれをどのように感じているか。その内容がわかる部分を文中から四十五字以内で探し、最初と最後の五字を抜き出しなさい。

〔Ⅱ〕父の方はその「京都の魔法」をどのように表現しているか。文中から漢字二字で抜き出しなさい。

問四　傍線部④「親と子の関係は年齢とは違う軸で成り立っているのだろう」とあるが、この時の凜の思いを説明したものとして適当なものを次の中から選び、記号で答えなさい。

ア　私は母が自分を子供扱いしてくれなくなったことに不満を持っているが、一方で父や母は子供扱いするなという私の言い分に腹を立てている。

イ　夕ご飯のことでは自分を子供扱いしてほしいという気持ちが残っていたけれど、就職のことでは大人扱いしてほしいと主張しているのは、決して矛盾ではない。

ウ　私は母さんにいつまでも母親らしくしてほしいという気持ちを捨ててしまったが、両親には私にいつまでも自分のかわいい子供でいてほしいという気持ちがある。

エ　いつまでも母さんの子供だという意識が否定されて私が傷ついたと同様に、両親はいつまでも私が自分たちの子供だという

もう大人なのに、という反論はきっと無意味だ。④親と子の関係は年齢とは違う軸で成り立っているのだろう。

凜は言い返さずに居間を飛び出した。腹が立つのと同時に不安が押し寄せてきた。教授が口利きをしてくれるといっても、企業の求める新入社員のラインに自分が全然達していなければ、確かに今回は残念ですが……となるだろう。上京のこともあるし、両親に応援してほしいとまでは願わなかったが、まさか試験に対して余計不安な気持ちにさせられるとまでは思わなかった。いつも何かを本気でやりたい、と自分が言い出したとき、「　⑤　」ともらしつつも最終的には味方してくれていた父が、今回に限っては母親より口数は少ないものの、明らかに最後まで自分の側に立つつもりが無さそうなのもこたえた。

洗面台で顔を洗い、タオルで拭いていたら、いつの間にか後ろに父が立っているのが鏡に映っていた。

「三人で話してたらついついお母さんも凜も興奮してしまうやろ。やから今ここでちょっと聞きたいんやが、お父さんにはどうしても分からへんことがあるんや。お前はなんでそこまで東京へ行きたいんや？」

確かに三人で話しているとケンカ腰になり、思っていたよりもどんどん話が過激な方向へ行くなとは思っていた。父と二人だけで話せるのは良いかもしれない。でもここは洗面所で、そばの洗濯機は稼働《かどう》中で、水の渦巻く音が響き渡っている。母がいないからってこんな場所で大事な話を始めるところが、いかにも父らしい。

「もちろん、私が働きたいと思ってる企業っていうのは、関東圏に拠点が集中しているから、っていうのが第一の理由としてあるで。でもそやな、ほかに理由があるとすれば……。なんか、今を逃したら京都から一生出られへん気がしてて、それが息苦しいねん。家族に止められるから出られへんと思ってるわけじゃないで。私は山に囲まれた景色のきれいなこのまちが大好きやけど、同時に内へ内へとパワーが向かっていって、盆地に住んでる人たちをやさしいバリアで覆って離さない気がしてるねん」

訳の分からないことを言い出すな、と言われるかと思ったら、父は特に驚きもせず頷いた。

「凜は京都の歴史を背負ってゆくのに疲れたんちゃうか。この家のあたりの土地も、長い年月のなかでほんま色々あった場所やし。お前はお姉ちゃんたちより敏感なところがあったからなぁ、子どものころから。確かに京都は、よく言えば守られてるし、悪く言えば囲まれてる土地や」

父が当たり前のように自分の言った言葉の意味を理解して返答してくる事実に、凜は驚きを隠せなかった。こんな話は、いままで親子間で一度もしたことがなかったのに。自分でもうまく伝わるか自信がないほど抽象的な言葉を並べているのに、ちゃんと意思疎通ができている。

「東京なんてもちろん、ほかのどの県だって、電車か新幹線に乗ればすぐに行けるやんか。道路が封鎖されてるわけでもない、旅行だろうが引っ越ししようが、動こうと思えばいつでも動けるやん。でも私は旅行でなら他の土地に行けても、いざ完全に出て行くって決めたときは、簡単にはここから出られへんって感じがする。見えない力で、出ようとしても、やさしく押し戻される。もしくはちょっと出て行けても〝そろそろ帰ってき〟っていうメッセージを乗せた不思議な優しい風が京都方面から吹いてきて、ハッと気が付いたら舞い戻ってる予感がする」

「確かに父さんも、長年住んでる京都独特の力は感じることはあるな。出張で別の場所からここへ帰ってくると、妙に清々《すがすが》しい気分になる。自分の故郷に帰ってきたからほっとしてる、だけが理由やない、京都の風に身体を洗われる感覚があるな。父さんはユーレイなんか見えたことないし、オカルトとかスピリチュアル的なもんもよう分からんタイプやけどな。あんまり詳しくないけど、京都には平安京の時代から、東西南北に守り神がいるっていうやんか。あの神

ている。時代錯誤というより、個人の生き方の差の部分が大きいので、うまく反論できないが、とにかく私は働きたいんだと訴えたい。
「あんた、この地域が嫌なんやったら、家族みんなで引っ越すさかい、はっきり言いや」
凛の涙を見て母がつらそうに言った。
「はあ？」
凛は涙を流しながら、東京と京都の話から、もっとミニマムな話に突然移り変わったことにびっくりして、目を白黒させた。
「あんた小さいころ、恐い夢ばっかり見てたとき、このへんは嫌やから引っ越したい、引っ越したいて言うてた時期あったやないの。まだここに苦手意識あるんやったら、この家も古うなってきたさかい、別の地域に新しいとこ買ってもええねんで。土地も家も売ったら良いお金になるから、引っ越しなんかなんぼでもできる」
「あんなん、子どものころ思ってただけやで」
遠い過去を引っ張り出してきた母のずれ具合に空恐ろしくなり、凛は勢いを殺《そ》がれた。家族全員で引っ越しても自分を東京へ行かせたくない母の思いが想像していた以上に重い。
「一体なんでそこまで京都から出したくないん？」
何度聞いても、遠すぎるとか人の住むところやないとか結婚して戻ってこない可能性があるという答えしか返ってこない。自分は京都の盆地から出たら溶けてゲル状になるか、または風に吹かれた途端白骨化して粉になり舞う体質であるのを、両親がいままでひた隠しにして育ててきたのかと段々思えてくるほどだった。京都から出ればなにか奥沢家の魔法が解かれてしまうのだろうか？　いや、そんなことはない。両親はただただ心配しているのだろう。どちらかと言えば、両親が③京都の魔法にかかっている。
「まあまあ、落ち着こうや。まだ採用試験に受かってもいないうちからモメる必要はないわ」
父がのんびりした口調で仲裁する。
「そりゃ口約束やから、必ずしも受かるとは限らないけど。これから普通に採用試験も面接も受けるんやし、凛に受かる実力があるかどうか、まだ分からへんわ」
母親になぜか勝ち誇ったように言われて、いままでの大学院での努力をむげにされたようで凛はむっとした。
「まるで落ちればいい、みたいな言い草やな」
「そこまでは思ってへんけど、もうちょっと冷静になってあんたは考える必要があるわ。東京うんぬんの前にまず就職試験に受かるかどうかに焦点を当てなさい。せっかく教授に口利きしてもらっても、トーキョートーキョー言うて足元が浮っついていたら、試験も落ちるで」
確かに正論で言い返せない。まじめに就職試験のことを考えろと言われるのはもっともだが、そもそも受かっても東京行きを許してもらえるのだろうか。そのあたりクリアにならないと、すごく精神的に不安定なままの試験になる。
「分かった。とりあえず今は採用試験に向けての勉強をがんばる。でも受かったら、それからは自分の人生なんやから、好きにさせてもらうからな」
両親は明らかにぐっと詰まり、動揺したそぶりを見せたが、
「勝手にしなさい」
と母親が売り言葉に買い言葉のように吐き捨てる。
でも母さんは私の夕ご飯さえもう作ってくれへんやん、と思わず叫びそうになるのを、なんとか押しとどめる。反論としてはあまりに子どもっぽい。というか、なんでいきなり夕飯のことで母を責めたくなったんだろう。そうか私、けっこう傷ついてたんや、ご飯作ってくれなくなったことに。家族なのに、母さんなのに、という思いがこの歳になっても残っていた。子どものころは当然のように手作りのご飯を食べさせてもらっていたから。逆を考えれば、私を自分たちの子どもとしてずっと一緒に家に住んでいた両親は、いきなり家を出ると私に切り出されて、どれほど傷つき動揺しているか。

ウ　言葉の上では「先生」と呼ばないが、「先生」に強制された呼び方のため権力関係はより強固なものになっている。

エ　言葉の上では「先生」と呼んではいるが、「先生」が協力を求めたため両者は対等な関係となっている。

三　次の文章を読んで、後の問に答えなさい。

帰ってきた凜を居間で迎えたのは、表面上ほがらかに笑顔を作りながらも、荒れる娘と対峙《たいじ》する緊張感を体外に放っている両親の姿だった。

「まあ座りいや」

一方の凜は、親に何を言われるかびくついているのを必死に隠しつつ、自分の意志は曲げないつもりだと相手に伝わるよう、奥歯をがっちり嚙《か》みしめた表情を崩さずに、対面のソファに腰かけた。

「とりあえずさ、凜はどんな仕事に就きたいの？」

「食品系の会社に業種をしぼってる。大学院で専門のバイオの知識を生かしたいから。食品系のメーカーは東京に集中してるねん」

うなずいた母親は腰とソファの間に挟んでいた鞄から、京都と大阪の企業案内をプリントアウトした紙を取り出してきた。

「京都でもええとこが近くにあるで。ネットでお母さん探してきたよ。ちょっと大手やし受かるの難しいやろけど、凜ちゃんやる気あるんやったら挑戦してみたら」

知らんけど、と今回は言わない母だった。ゼミの教授に勧められた企業を自分で調べていたときに検索に引っかかった企業だった。どちらも関西圏なので資料請求さえしなかったが。話を進める手際の良さから、①今日はあらかじめ自分がどう答えるか想定して両親は用意しているのだと気づき、凜は唸《うな》った。

「なんで受けたいって言った企業とはちゃうところを、わざわざ勧めるん」

「就職するんやったら、どこの会社に勤めるかよりどんな仕事をするかの方が重要やろ。凜ちゃんは東京に行きたい気持ちが強すぎて、肝心のどんな仕事をするかっていう点を考えるのがおろそかになってるんちゃうかと、お母さん思ってんねん。東京に住みたいから就職先を見つける、なんて動機が不純やろ」

「大阪とか京都ばっかり勤め先に勧める母さんたちも、動機が不純ちゃう」

居間に気まずい沈黙が降りた。一言も発していない父はじっとしているだけで、まだしゃべり出す気配はない。

「ただ二、三年おるだけで終わらへん可能性の方が高いやろ。就職したら何年勤めるか分からへんし、勤め先で出会った人と結婚して、その人が関東の人やったら引き続きあっちで住む可能性も出てくるし」

「たとえば私の夫になる人が転勤を言い渡されたらどうなるの」

「それはしょうがないやん、家族になった後やねんから」

「なんか理不尽やわ」

「凜はほんまにその菓子メーカーで働きたいんか」

父がようやく口を開く。

「当たり前やん、研究してる知識も生かせるし、全国のどこのお店でも売ってる大手のメーカーやし。自分にはもったいないほど良い就職先やと思ってる」

「ほんまか？［　②　］の方が強いんちゃうか。その企業の本拠地がもし京都やったとしても行きたいんか？」

凜が言葉につまる。いつか突かれたら困ると思っていた弱点だ。教授にも就職先を相談したとき、いつも「できれば東京都内のメーカーを」と希望していた。

「やけど京都にも大阪にもいくつかええとこがあるやろ。会社の大きさも仕事内容もそんなに違うとは思えへん」

言葉が出てこずに涙が出た。自分でも説得力に欠ける言葉しか思いつけない。父の考えもあながち間違いではなく、同年代のなかには就職しなかった女の子もいるし、地元でちょっと勤めて辞めた子はとても多いし、結婚して専業主婦になった子たちも幸せそうにし

かし、そのときに私が望んだ仕方で私たちのあいだの力の不均衡は弱められているのだろうか？　いやむしろ、私が要求をおこない、学生が従った結果、より強固なものになっているのではないか？　それなのに言葉のうえでだけ「先生」という呼び方が消え去り、不均衡な関係が強められつつも、表面的にはそれが見えづらくなるというだけではないだろうか？

　自己紹介の場面ひとつ取っても、どうにもこんなふうにあれこれと気になってしまって、ままならない。ただでさえもともと人見知りな性格(母によると、公園デビューでさえ怖がって失敗したらしい！)が、年々悪化しているような気がする。とはいえ、うだうだしていても仕方がないことでもある。とにかく要求という言語行為を成立させて強制力を持たせるのはよくない、けれども教える者と教わる者という不均衡な関係を固定したくはない、というわけで、「そのほうがよければそれでもいいのですが、私としては『先生』呼びでなくてもいいというか、いえ、本当にどのように呼んでくださってもいいのですが……」などとむやみに言葉を連ねたり、あるいは何もうまく言えずに単に黙り込んだりと、なんともホアイマイなことをして日々を過ごしている。

（三木那由他『言葉の展望台』）

問一　傍線部イ～ホのカタカナを漢字に直しなさい。

問二　傍線部①「そういう考え」とはどういう考えか。**適当でない**ものを次の中から一つ選び、記号で答えなさい。

ア　教員と学生の関係であっても、教える者と教わる者の非対称的な関係にしたくない。

イ　私の方が情報やノウハウを持っているが、私と学生はともに哲学という営みに携わっている。

ウ　出版関係のひとは専門的な技能を持ち、私とともに学術の発展に協力しあっている。

エ　教員と学生は、教える者としての師匠と教わる者としての弟子という関係で慣例化している。

問三　傍線部②について。

〔Ⅰ〕「地上から離れがちだった哲学者たちの思考」とはどういうことか。それを説明した次の一文の空欄に当てはまる表現を、文中から三十字以内で抜き出しなさい。

言語を［　　　　］と考えていたこと。

〔Ⅱ〕「大地へと引きずりおろそうという試み」とはどういうことか。それを説明した次の一文の空欄に当てはまる表現を、文中から三十字以内で抜き出しなさい。

言語を［　　　　］と考えようとしたこと。

問四　傍線部③「依頼とは別の行為」とはどういう行為か。文中から十字以内で抜き出しなさい。

問五　傍線部④「間接言語行為」の例として**適当でない**ものを次の中から一つ選び、記号で答えなさい。

ア　「今ひま？」と声をかけたら、Aさんは「これから塾があるんだ」と答えた。

イ　「急がないと遅刻しない？」と言ったら、Bさんは急いで出かける準備をした。

ウ　「この部屋、なんだか寒くない？」と尋ねたら、Cさんが暖房をつけてくれた。

エ　「雪たくさん降ってる？」と聞いたら、Dさんは「ずいぶん積もってるよ」と答えた。

問六　傍線部⑤「学生がその通りにする」とあるが、その場合の言語行為の説明として適当なものを次の中から選び、記号で答えなさい。

ア　言葉の上では「先生」と呼ばないことで、本来の不均衡な関係を表面的には否定しようとしている。

イ　言葉の上でも「先生」と呼ぶことはせず、「先生」との関係を不均衡なものにならないように意識している。

が認められているはずだ。

　私から学生に「『先生』呼びはやめてください」と言うとき、私はこれよりも大きな強制力をこの学生に及ぼしているように思える。私は、自分がそう言いさえすれば相手が基本的に断れないということを自覚している。そして、おそらくはその力を発揮しようとしている。これは③依頼とは別の行為だ。

　言語行為論のなかでよく語られるテーマのひとつに、④間接言語行為というものがある。ある言語行為をすることによって別の言語行為をもするときに、そのふたつめの言語行為のほうを「間接言語行為」と呼ぶ。例えば私がカフェで「お砂糖ありますか?」と訊けば、これ自体は(疑問文を使っているという点に照らしても)質問という言語行為にイガイトウすることになるのだが、たいていの場合において、私の真の目的はそのお店に砂糖があるかどうかの情報を得ることではなく、砂糖を自分のところに持ってきてもらうということであるはずだ。私は、「お砂糖ありますか?」と言い、それによって直接的には質問をしているだけなのだが、間接的には依頼をしている。これが間接言語行為という現象の例だ。

　言語行為を包括的に研究した古典的業績として、ケント・バックとロバート・M・ハーニッシュの『言語コミュニケーションと言語行為』という著作がある。それによると、依頼という言語行為においては、話し手は(1)聞き手にあることをしてほしいという願望と(2)話し手がそうした願望を持っているということを理由に聞き手に実際にそれをさせようという意図のふたつを表明しているとされている。

　私は例の学生に、「『先生』と呼ばれたくない」という願望を表明していたのだろうか?　そしてそうした願望を表明することで、「本人がそう望むなら……」と学生が呼び方を変えることを意図し、そうした意図があると表明したのだろうか?　学生が私の願望を叶えてあげたいと思ってくれた場合には叶えるようにするし、そうでなければそうしない、といったことを思いロエガいていたのだろうか?　その場合には、学生の側から「そちらはそう望むのだろうけれど、私は気が進まないので」と断られる可能性も想定しているはずだ。おそらく私は、「『先生』呼びはやめてください」と言うときに、(それを望んだかはともかく)もっと強いことをしていることになるはずであって、やはり私がしているのは依頼という言語行為だけではなさそうだ。

　『言語コミュニケーションと言語行為』の同じページをハナがめてみると、要求という言語行為についての説明に行き当たる。それによると、要求の場合には、話し手は(1)自分の発言が、自身が聞き手に対して持つ権威ゆえに、聞き手があることをするための十分な理由となるという信念と、(2)話し手がそうした発言をしたということを理由に聞き手に実際にそれをさせようという意図のふたつを表明しているとされる。

　私がそれを望むか否かにかかわらず、私は例の学生が私のもとを訪れてきたときに、私たちのあいだに慣例に従って不均衡な権力関係があるということ、そしてその学生がそれを認識しているということに気づいているはずだ。そして私は、その解消を望んでいて、だからこそまずは「先生」呼びをやめさせようとした。この権力関係から生まれる、一定の強制力とともに。「『先生』呼びはやめてください」と言うとき、私は直接的には依頼をしていながら、間接的にはそれよりも強制力の強い、要求という言語行為をすることになってしまうのではないだろうか?　そしてそれを見越しているからこそ、⑤学生がその通りにするだろうと確信できるのではないか?

　そうすると、奇妙なことになる。私は教える者と教わる者との不均衡な関係をできるだけ弱めたいのだった。しかし、それを弱めるために言う「『先生』呼びはやめてください」は、まさにその不均衡な関係を梃子《てこ》にして強制力を伴うようになりかねないのだった。言っていることとやっていることがちぐはぐだ。

　このちぐはぐに目をつぶって私が「やめてください」とニカカンにも言ったとしたら、例の学生はきっとその通りにするだろう。し

例に従って、私に普通に話しかけたにすぎない。

ただ、私は私で、その現在は慣例となっている非対称な関係を、私とその学生のあいだでは、どうにか解体できないか、そこまで行かずとも、せめていくらか弱められないか、と考えている。そんななかで私は自己紹介をし、自分の名前や立場を明らかにする。さて、その次に私はどうすべきなのだろうか？

すぐ思いつくのは、その場で「ところで『先生』呼びはやめてください」と言うことだろう。それを聞けば、その学生はきっと今後「先生」呼びを控えることになるはずだ。何せ、「先生」の言うことには従うしかないのだから……。

そう、このことにいつもひっかかるのだ。私がそのようなお願いをすれば、きっとそれはその学生との関係のもとでは、単にお願いであることを超えて、一定の強制力を持つ命令として機能してしまうのではないか、そしてそのような強制力を自身の発言に持たせてしまうのは、私がいままさに弱めたいと考えている教える者と教わる者との非対称な関係ゆえではないか、と。

言語行為（「発話行為」と呼ぶこともある）という考えかたがある。これはジョン・L・オースティンというイギリスの哲学者に由来するアイデアで、それによると、私たちが日常のコミュニケーションにおいて発言するときには、ただ単に何か抽象的な仕方で言語表現をその場に提示しているのではなく、発言をすること自体が、もっと積極的な力を伴った行為となっているとされる。

これは哲学者にとっては斬新な考えかただったのだが、それ以外のひとたちにとっては当たり前のことを言っているだけに聞こえるかもしれない。このアイデアが出てくる以前の哲学者たちは、言語を私たちの普段の活動から切り離された抽象的な記号体系と見なし、その記号体系が世界とどう関わっているのか、世界のありかたをどのように反映しているのか、といったことを考えていた。オースティンはそれに対し、「いや言語というのはそのような宙に浮いたものではなく、私たちの日々の活動のなかで、私たちの行為に結びついたものなのだ」と言ったのであり、要するにこれは、②地上から離れがちだった哲学者たちの思考を、その足を摑《つか》んで大地へと引きずりおろそうという試みなのだった。

ともあれ、言語行為というアイデアにおいては、例えば「今夜は雨が降る」という文は単に抽象的な記号体系に属す表現ではなく、私たちが予測をしたり、賭けをしたり、報告をしたりするために使われる、私たちの具体的な活動と結びついたものとされる。空を覆いつつある雨雲を見て「今夜は雨が降る」と言ったなら、私はきっと天気の移り行きを予測しているのだろうし、「賭けをしよう。今夜は星空か雨か？」と問われて「今夜は雨が降る」と応じたのなら、私はきっと賭けをしているのだろう。精度一〇〇%の天気予報マシーンから情報を得て「今夜は雨が降る」と言ったなら、私は予測をしているというより、これから起こるとわかっていることの報告をしているはずだ。言葉は人間の手を離れ、天空のイデア界に住まう何かではない。それは、私たちの行為と結びつき、私たちの日々の生活のなかに息づいている。言語行為論の基本的な発想は、こうしたものだ。

さて、私が「『先生』呼びはやめてください」と学生に言ったとしたら、私はどういう行為をしていることになるのだろう？ この言葉を見ると、それはすでに述べたように、お願いのために使われる表現であるように思える。言語行為論的には、「『先生』呼びはやめてください」という文には、依頼という言語行為と慣習的に結びついた形式（「ください」）が備わっている、といった言い方がなされる。ただ気になるのは、この状況で、私の行為は単純に依頼で終わるのかということだ。

一般的に、依頼というものについては、気が進まなければ断ることができる。私が恋人に「この手紙、ポストに出しておいてくれない？」と依頼をしても、それがわがままだと感じたなら恋人は「そのくらい自分でおやりよ」などと断るだろう。原稿依頼などもその手のもので、普通は依頼された側にそれを実行するかどうかの裁量

なさい。

問四　空欄 ③ ～ ⑤ に当てはまる語を次の中から選び、それぞれ記号で答えなさい。

ア　多様　　イ　客観　　ウ　優越　　エ　無限　　オ　公平

問五　傍線部⑥「社会における行為者」とは何か。文中の語句を用いて十字程度で答えなさい。

問六　傍線部⑦「その表現方法」とは何か。文中から一語で抜き出しなさい。

二　次の文章を読んで、後の問に答えなさい。

　連載というものを始めることになった。以前にひとつ文章が載っただけで、小躍りしながら両親に、弟に、友人たちにとＬＩＮＥを飛ばし、所属大学の事務員さんに見せて回った私である。「そんな立派な場所に呼んでいただいてよいのでしょうか……？」と恐縮しつつも、いそいそと引き受けて、改めて小躍りした。

　私は哲学者で、普段は大学で授業をしたり、論文や本を読んだり、あるいは書いたり、大学の会議に参加したり、書類をつくったり、書類の不備を指摘されて謝ったりして過ごしている（あまり知られていないかもしれないが、哲学者も事務仕事はする）。「哲学者」というと大げさに響くだろうが、大学、大学院で哲学について学び、いまも哲学という分野で研究しているひと、くらいの意味合いだ。そして、「哲学者」と聞くと世界や存在や善悪についてさぞや深遠な思考を巡らせているのだろうと期待するかたには申し訳ないが、私は言語やコミュニケーションという、もう少し身近な事柄を研究テーマにしている。

　この連載でも、言語やコミュニケーションに関して、ふと気になったことを紹介し、私の目線からそれを捉えてみたらどういうことになるのか、というような話をするつもりだ。

　さて、いま私は自己紹介をしたわけだ。自己紹介というものをするにあたって、最近少し悩んでいることがある。いや、「悩んでいる」は言い過ぎで、「もやもやしている」くらいだろうか。

　何かというと、「先生」という敬称についてだ。大学の教員になったのがつい数年前のことという身であるために、単に慣れていないのもあるのだろう。ただそれを抜きにしても、私はあまりほかのひとと、「先生」と「教えを受ける者」という関係をつくりたくはないと思っている。教員と学生の関係であっても、私が「先生」、すなわち師匠となって、弟子たる学生に教えを授けるといったものではなく、ともに哲学という営みに携わる仲間であり、ただ私のほうがこの営みに携わってきた時間が長い分、いくらかの情報やノウハウを蓄積しているからそれを共有している、くらいの関係でありたいのだ。また出版関係のひとにも「先生」と呼ばれることが多いのだが、出版に携わる人々に至っては私が持っていない専門的な技能を持って、ともに学術の発展に向けて協力しあっている関係なのであって、そこに教える者と教わる者の非対称な関係があると考えるのは、むしろ不思議な気もする。

　それはいい。私が単に①そういう考えの持ち主であるというだけで、周りがそれに合わせる必要もない。もやもやしているのは、こういう考えの持ち主であるのに、「『先生』と呼ばないようにしてください」とうまく伝える方法がわからないためだ。

　ひとりの学生が初めて私のもとを訪れる状況を考えてみよう。その学生は、おそらくたいていの場合は、まず私を「先生」と認識して、「先生」と呼び掛けるだろう。とすると、そこにはすでに教える者と教わる者の非対称な関係が何らかの仕方で前提されているように思える。そうでなければ、初めからその呼び方はしなかったはずだ。

　もちろんそれはその学生がおかしなことをしたわけではなく、現在の少なくとも日本の大学、あるいはもっと限定すると私が見てきた限りでの大学の環境においては、そうした非対称な関係の存在がひとつの慣例となっているように思える。その学生は、単にその慣

ことなのである。

実は、主体としての個人の位置づけが明確になっていくのは、人々の暮らしが地域的な共同体という形態から社会という形態に移行していく時期と重なっている。そして共同体というものは、そのままであり続けようとすれば、一定の規模以上になることはできないが、社会にはそうした限界がないため、どんどん大きくなり、人口を増やすことが可能だ。そしてこの社会の変化が、大規模な近代国家が形成される時に起こったことなのである。近代国家はこのようにして、それ以前の地域的な共同体の寄せ集めだった国家に取って代わったのだ。

こうしてできた大規模な個人社会においては、高級官僚による運営と役人による管理が必須であり、その実行のためにはどうしても統計を手段として用いることが必要になる。したがってここで強調しておきたいのは、統計が人間の世界で占めている地位というのは、圧倒的な科学の発展の結果生じたのではなく、むしろ人間が社会を形成する時の新しい手法によって生じたということである。数値による統計が躍進したのも、非常に重要なものになったのも、人間の活動の結果なのである。そして、統計がなぜそれほど重要なのかと言えば、おびただしい数の個人の行動が積み重なって社会の現状が形成されるのだが、統計はその実態を把握する手段を提供してくれるからだ。また、細分化されてしまった⑥「社会における行為者」と、膨大な数ゆえに大きな影響力を持つ大衆との橋渡しをしてくれるからでもある。さらに、個人の主体的な行動を数量化することで全体像を示すことができる。これらが、今日統計が私たちと切っても切れない関係にある理由である。

しかしながら、主観性を大切にする人々はそれを嫌がり、「統計は現実の微妙な差異を無視している」「状況の細部に無頓着だ」「主観が排されて個性がない」と文句を言う。人は、いっぽうでは統計に対して、事実を客観的かつ公平に叙述することを求め、もういっぽうでは、統計は感度が低く、計量可能なものしか対象にせず、そのために本質を見逃している、と非難するのだ。収集される情報の数が多いほど、調査対象はその特徴や行動との一体感が薄れ、超越した存在である自己と⑦その表現方法の間の溝がさらに深まると言うのである。

統計に対する反感の理由は他にもある。それは、多数の人間からなる世界が一人の個人の欲求を妨害しているということを、統計が絶えず思い出させるからだ。つまり、近代化は一人一人を解放することにより、皆を――何百万、何千万、何億という人々を――解放した。その個々人の行動が絡み合い、非常に堅固な世界ができあがった。それが社会なのだ。古い統治は消え去り、あるいはほとんど効力を失ったが、社会の制約も消え去ったわけではなく、それはただ形を変えたに過ぎない。そして大数《たいすう》の法則(数多くの試行を重ねると、事象の出現確率が一定値に近づくという法則)に従って、再び個人に降りかかってくるのだ。いくら自由になったとはいえ、個人は社会の制約に対して無力であり、大衆の中の単なる一人にすぎない。自分以外の大勢の人間に比べて、自分は価値がゼロの人間、あるいはゼロではないにしても、どんどんゼロに近づいていく存在なのだ、という強迫観念に苦しめられることになるのである。

(オリヴィエ・レイ『統計の歴史』)

問一 傍線部イ~ホについて。カタカナは漢字に直し、漢字は読みをひらがなで記しなさい。

問二 傍線部①「新しい問題」とはどのようなことか。適当なものを次の中から選び、記号で答えなさい。

ア 個人が絶対的に特別な存在になったこと。
イ 個人が承認欲求を社会に向けるようになったこと。
ウ 人々が統計を批判的に捉えるようになったこと。
エ 人々が社会に対して公平性を求めるようになったこと。

問三 傍線部②「数を数えるのだ。重さを量ってはならない」とあるが、その根拠となっている一文を探し、最初の五字を抜き出し

二〇二三年度 立教新座高等学校

【国語】（六〇分）〈満点：一〇〇点〉

一 次の文章を読んで、後の問に答えなさい。

人と数字全般との関係、特に、人と数値で表示される統計との関係には、相反する二つの面がある。つまり、社会全体としてはイ貪欲に利用し続けたいという欲求があるが、個人としてはロ嫌悪感を拭い去ることができないということである。この両面性は、現代社会と個人の成り立ちに由来する。というのも、個人というのは誰でも、絶対的に特別な存在であるとみなされているからだ。人は卓越した尊厳を有することにより、大勢の中の単なる一人ではなく、唯一無二の一人の人間になるのだ。この唯一無二の考え方は、各人が神に対して個人的に向き合うということを通じて、キリスト教がハツチカってきた考え方である。デンマークの哲学者セーレン・キエルケゴール（一八一三～一八五五）はこのように言う。「完全に自分自身であろうとすること、個人であろうとすること、他の誰かと同じようにではなく、無限の努力と責務の中で、神の前にただ一人きりになること。それこそがキリスト教の英雄的精神である」。

キエルケゴールは、そうした英雄的精神が実際には稀なものであることを知っていたが、そうであるにもかかわらず、新しい時代の人々の意識には、それが理想としてニスり込まれたわけである。神のあり方に疑義が生じようが人々はその理想を捨てず、共同生活や思考様式における宗教的な枠組みが崩壊しようが、個人のそれぞれの意識は周囲の世界を超越するという考え自体は変わらなかった。さらに、神のホミチビきを失ったことにより、その考え方はむしろ急進化した。そしてそのことが①新しい問題を生み出した。というのも、独自性を認められたいという欲求がすべて社会に向いてしまったからだ。しかし、残念ながら社会というものは、もともとそうした欲求を満足させることはできないものなのだ。いったいどのようにしたら、社会が個人の絶対的な独自性を認めることができるというのだろうか？

社会が承認欲求を満たすことができないので、人々は社会に対して、今度はせめて自分たちが公平に扱われることを要求するようになった。しかし、独自性の承認を求めていたのに、今度は公平性を要求するとは、いったいどういうことなのだろうか？　この二つは、本来、同列に並べられない性質のものだ。公平に扱うというのであれば、個人の独自性については区別も差別もせず、一括《ひとくく》りの人間の集まりとして見なすしかないのだ。アレスの議員のトゥサン・ギロデがフランス革命が始まった一七八九年にこう言った。「頭数を数えよ。②数を数えるのだ。重さを量ってはならない」。数字に関する両面性というのは、この考え方から生じている。つまり、個人の独自性というものはそもそも同じ基準では計ることができない。そのことが社会を計算に向かわせているのである。人は頭数をそろえるために存在するのではないという基本原則が、数の支配を必要とし続けているということなのだ。頭数を数えるだけではないからこそ、数字が必要とされるのである。

社会というものは一体性を必要とする。だが、各個人の意識や特性は計測不可能であるため、公平を期そうとすれば客観的な基準に従わざるを得なくなる。すなわち、これまでの経験に基づいて現実の世界で個人の［③］性を重視し、その主体性を尊重しようとすれば、［④］性と両立させるためには、ますます［⑤］性が必要とされる。言いかえれば、各人の独自性を尊重するからこそ、評価が可能となる方法を取らざるを得なくなるのだ。そして全員を平等に扱えという要求に応えようとすれば、最終的にはすべての人を同等に扱う手段を取らざるを得ない（そしてその手段というのが、統計によって提供されるものだった）。つまり平等というのは、倫理的な面からだけではなく、実利的な面からも必要とされたという

英語解答

Ⅰ　1　ア　2　ウ　3　エ　4　エ

Ⅱ　1　one of the most celebrated

2　were tired of it and decided

3　can be seen at several

4　can start by putting on

Ⅲ　問1　ウ　問2　イ

問3　should make it easier for climbers to reach

問4　④　ask　⑤　depends

⑦　affect

問5　エ　問6　ア　問7　money

Ⅳ　1…2　2…4　3…3　4…1

5…2　6…3　7…2　8…2

9…4　10…2　11…1

Ⅴ　1　what　2　Either

3　brought〔brings〕

4　any other　5　safe return

Ⅵ　1　A…イ　B…カ

2　A…オ　B…カ

Ⅶ　（例）bought me a nice bike

Ⅰ・Ⅱ〔放送問題〕解説省略

Ⅲ〔長文読解総合―説明文〕

≪全訳≫❶タンザニア政府は，キリマンジャロ山に高速インターネットのサービスを開始した。政府は，このサービスによってこれからは登山者の安全が確保されると言う。ところでこのサービスは，人々がアフリカで最も高い山を上がっていく際に自撮り写真を投稿することも可能にする。❷標高が1万9300フィート(5895メートル)で，キリマンジャロ山はアフリカで最も高い山だ。それはまた，山脈の一部でない山としては世界で一番高い山だ。それは火山によってつくられたので，タンザニアとケニアにある開けた広大な土地にただそびえ立っている。❸その山はタンザニア北東部にあるキリマンジャロ国立公園の一部だ。毎年約５万人がその公園を訪れる。その人々のほとんど――約３万5000人はキリマンジャロ山に登ろうとする。❹しかし，これほど高く，氷河に覆われた山に登るのは容易ではない。それに登ろうとする人の約３分の１は断念せざるをえない。タンザニアの情報通信大臣であるナペ・ヌナウイェは「観光客にとって少し危険でした…インターネットなしでは」と過去に語っている。❺新しいインターネットサービスは，登山者たちがもっと簡単に山頂に到達することを可能にするだろう。彼らがインターネットを使って地図を調べて，道を見つけることが可能になる。また，必要ならば助けを求めることも可能になる。❻現時点では，この新しいサービスは山を半分以上上がった所まで到達している。政府は，年末までにはキリマンジャロのまさに頂上であっても登山者たちはインターネットが使えるようになると言う。❼政府は，安全性こそが山でインターネットサービスを開始する主な理由だと言う。しかしタンザニアは観光客に大きく依存している。2019年には，タンザニアで生み出される全ての金額の約17%は観光客によるものだった。❽人々がキリマンジャロ山に登る間に写真や動画をソーシャルメディアに投稿すれば，きっとその場所は観光客の間ではるかに人気が上がるだろう。❾タンザニアの人々の中には，政府が国内に住む人々ではなく，観光客向けのインターネットに重点を置いていることに立腹している人もいる。2020年のある調査によれば，タンザニアに住んでいる人の約83%しか携帯電話のサービスを住んでいる場所で受けられない。❿昨年，政府はキリマンジャロ山にケーブルカーを建設する7200万ドルの計画を決定した。そのアイデアは，登山者ではない観光客にも山を楽しめるようにというものだ。だがこのプロジェクトは登山者やガイドを怒らせた。⓫人々はまた，この計画が山の環境にどのように影響するかにも不安を抱いた。科学者たちは，キリマンジャロ山の上の氷河が今後10年程度で解けるかもしれないとすでに指摘している。今のところ，このケーブルカーのプロジェクトにさほどの進展はないようだ。⓬1987年にキリマンジャロ山は国連から世界遺産に指定された。それが意味するのは，そこが保護すべき重要な場所だということだ。

問1＜熟語＞work ～'s way「(～が)徐々に進む」に前置詞 up「上に」がついた形。山を「上に進む」とは「登る」ということ。この熟語を知らなくても文脈から判断できる。 'allow＋人＋to ～'「〈人〉が～することを可能にする」

問2＜適語句選択＞前文にキリマンジャロ登頂は容易でないとあるので，登ろうとする人たちの約3分の1が「断念する」と考えられる。

問3＜整序結合＞'make it ～ for … to —'「…が—することを～にする」の形式目的語を用いた構文をつくる。助動詞 should は make の前に置く。なお，この should は「たぶん～だろう」という'推量'を表す。

問4＜適語補充＞④ask for ～「～を求める」　⑤depend on ～「～に頼る」　⑦affect「～に影響する」

問5＜適語選択＞次の文より，タンザニアでは携帯電話を使えない地域も相当あるとわかる。自国の国民よりも観光客を優先する政府の態度は，人々にとって腹立たしいものだと考えられる。upset「取り乱している，腹を立てている」　instead of ～「～ではなく」

問6＜指示語＞That が前文の内容を指すと考えると，保護の重要性を説いた that 以下の内容にうまくつながる。前文の内容に一致するのはア.「キリマンジャロ山は1987年に世界遺産となった」。

問7＜内容一致＞「政府がインターネットサービスを提供するのは，安全のためだけではなく，観光客のもたらす(　　)のためでもある」—「金」　第7段落参照。 'not only *A* but also *B*'「*A*だけではなく*B*も」

Ⅳ〔長文読解—内容一致—物語〕

≪全訳≫❶トーマス・ストレイヤー博士は，制御室で科学者やエンジニアからなる彼のチームを見回していた。彼は冷静であろうとしたが，興奮と恐怖の両方を感じていた。次の数分間が，宇宙がどのように始まったのかという秘密を解明するための長い年月の研究の出発点になるだろう。❷彼は窓から美しい夏の青空を眺め，深く息を吸った。❸「レディ」と彼は言い，最初のボタンを押した。コンピューターと機械が動き出した。❹「セット」と彼は言って，2番目のボタンを押した。それは，スイスの町や野原の地下深くにある巨大な研究所に置かれた巨大な粒子加速器のスイッチを入れた。❺「ゴー」と彼は12時ちょうどに言って，最後のボタンを押した。❻一瞬，全てが真っ暗になった。トーマスは驚いて声を上げたが，すでに再び明かりはついていた。そんなことが起こるはずはなかった。❼「みんな，システムを調べろ！」と彼は命じたが，システムには何も問題はなさそうだった。粒子加速器は順調に機能していた。❽「外を見てください」と助手がおびえながら言った。❾5分前に存在した完璧な夏の日とはうって変わり，空は最も暗い夜よりも暗くなっていた。太陽は消え，星さえもなかった。❿人々は叫び，泣き，家族に電話をかけていた。トーマスは彼らの立てる音など気にとめなかった。彼はメインコンピューターの前に座り，実験から得たデータを読み始めた。しかし，何が起きたのかを説明するものはそこには何もなかった。彼は急いで出口に走り，チームは彼のあとを追い，全員が研究所の建物の外に出た。**11**研究所にいた他の人々も皆，外に出た。彼らは皆パニックを起こし，自分の携帯電話の画面やライトを使って，自分たちがどこに向かっているのかを知ろうとした。彼らは巨大な蛍のように携帯電話を振り回した。何人かは車に乗り込み，ヘッドライトをつけた。彼らは入り口まで乗りつけて，皆が集まれるように暗闇の中に小さな明るい場所をつくった。街灯がつくと，歓声を上げる人もいたが，ほとんどの人たちはいまだにおびえていた。**12**そして，トーマスが実験を始めてから20分ほどたった頃，突然，空に太陽が現れ，黒かった空が再び青くなった。皆が笑って踊りはじめ，トーマスもほっとため息をついた。**13**だがその後，何時間か後，再び本当の夜になると，もう誰も祝ってはいなかった。月はいつもどおり昇ったが，見える星は１つもなかったのだ。**14**誰もトーマスの研究のことなど知りたくはなかった。彼らが気にかけていたのは，何が起こったかということだけだった。彼は全ての星を盗んだ――それが新聞に書かれていたことだ。そして彼らは彼を裁判にかけ，星を盗んだ罪で告発した。**15**彼は「無罪だ」と主張した。**16**「ストレイヤー博士，星を盗んでいないとしたら」と検察側の弁護士が言った。「あなたは何をしたのですか？」**17**「私の実験は何もしていないように思います。機械が動いていた，ただそれだけです」とトーマスは言った。**18**「空から星を奪うのは，あなたにとってどうでもいいことのようですが？」　その弁護士は，法廷の聴衆を見回した。「この場にいる誰も同意しないでしょう。この世界の誰もが」**19**「そういうことを言ったのではありません」とトーマスは言った。「私が知っているのは，実験が始まったとき，突然，実験室で光子がなくなったということだけです」**20**「何だって？　光子？　ここにいる皆が科学者だというわけではないんだ！　はっきりしたわかりやすい英語で話してください，ストレイヤー博士！」**21**「光です」とトーマスは言った。「つまり，私たちの実験室から一瞬だけ光がなくなった，そしてその後，日光が正常に戻るまで，外が暗くなったのが見えた，ということです」**22**「正常ですって，ストレイヤー博士？　太陽がちょうど16分40秒消えたときを除けばですか？　そう，その日の残りはごく正常でした。一方で，夜は全く正常ではありませんでした」**23**トーマスは悲しげにうなずいた。「わかっています。でも，信じてください。私のしたことが星を消し去ったなんてどうしたってありえない！」**24**「ではあなたもあなたの実験も，私たちから星を盗んだわけではない」と弁護士は言った。「あなたは私たちがもう星を見ることができないようにしただけだと」**25**長い沈黙の後，トーマスはため息をついた。「そうです」**26**弁護士は眉をつり上げた。「それはどう違うのですか？」**27**トーマスには，誰もが理解したり，信じたりするであろう答えがなかった。彼には理論があったが，それが正しいことを示すには何年もかかるだろう。**28**答える代わりに，彼は自分が有罪であることに同意した。**29**その裁判によって，世界はその恐ろしい喪失の責めを負うべき者を得たが，トーマスを何年も刑務所に送っても何も変わらないだろう。その代わりに，象徴的な裁判の終わりに，彼らは彼に象徴的な罰を与えた。**30**トーマスは，チリの超大型望遠鏡で働くよう命じられた。今や誰も夜空を見ることはない。星を見るために高い山に登る観光客もいなければ，何もない空を研究するために資金を求める科学者もいない。夜空を通り過ぎるのは，孤独な月と惑星だけだった。見上げると，人々は悲しくなり落ち込んだ。**31**トーマスはそれに納得していた。彼が罰を受けるのは妥当であり，天文学者として働くのは刑務所とほとんど同じことになった。数年後，世界は彼のことを忘れた，いや，彼を放っておくことにしたのだ。彼は毎晩，沈む太陽を眺めた。それが水平線の下に沈むのは，地球が描く曲線と重なってからぴったり８分20秒後だった。物理の法則は変わらないままだ。光はいまだにいつもと同じ速さで進む。現実はそんなに変わっていない。光がある一定の速度で進むのなら，光のない状態も同じ速度で進むと彼は考えた。しかし，彼の理論が正しいことを証明する方法はない。トーマスは一人きりで，それを伝える相手もいなかった。[32]チリの山の高い場所で，トーマスは夜を見続けていた。彼の大きな望遠鏡は，空のある特別な一点に向けられていた。もっとも，他のあらゆる場所と同じように，いつだろうとそこには何もなかったのだが。そして毎日，太陽が沈んでいくとき，子どものとき両親が彼に歌ってくれた歌を思い浮かべた。「星の光，星の輝き，今夜の一番星，かないますように，かないますように，今夜の私の願いをかなえてください」[33]1596回の黒い夜――ほぼ４年半の間，夜空には何も変化がなかった。だが，それでいいのだ。それはトーマスの理論が間違いだと示したのではない。それは裏づけたのだ。トーマスは，彼がつくった光のない状態について考え，それは波のようだと想像していた。それは太陽を通り過ぎ，我々の銀河系の端とそのさらに先へと動き続ける。最も近い星を通り過ぎるまで1596日かかり，その星の光が再び地球に到達するまでさらに1596日かかるだろう。もちろん，暗闇の波が存在すればの話だ。もし彼の計算が正しければの話だ。もし彼が間違っていたら，星々は本当に永遠に消え去る。[34]そしてさらに1596の夜が過ぎた後，あの災難からほぼ９年後のある夜，トーマスが望遠鏡から顔を上げると，ケンタウルス座α星が瞬く光を彼に返してくるのが見えた。[35]一番星だ。[36]彼は目から涙を拭きながら願い事をした。そのすぐ後に，何十億という他の人々の願いが続いた。

＜解説＞１.「トーマスの研究の目的は(　　)だった」―２.「宇宙がどのようにしてつくられたかを知ること」　第１段落最終文参照。　２.「新聞はトーマスが(　　)と書いた」―４.「全ての星を空から奪った」　第14段落第３文参照。　３.「弁護士は(　　)と思った」―３.「空の星を全て奪ったことは人々にとって深刻なことだ」　第18段落参照。弁護士は星が見えなくなったことについて，トーマスにとってはどうでもいいことかもしれないが他の人にとってはそうではないと言ってトーマスを責めている。be nothing to ～で「～にとって何でもない」という意味。ここでは be動詞ではなく seem like「～のように見える」が用いられている。　４.「トーマスは弁護士に(　　)と言った」―１.「自分は空から星を奪うようなことは何もしていない」　第23段落参照。　５.「トーマスの理論は(　　)」―２.「それが正しいことを示すのにとても長い時間を必要とした」　第27段落最終文および第33，34段落参照。彼の理論が正しいことが証明されるまでに，約９年もの年月がかかった。　６.「裁判の後，(　　)」―３.「トーマスはチリで天文学者として働くことを強いられた」　第30段落第１文参照。　be forced to ～「～することを強いられる」　７.「トーマスは(　　)と考えた」―２.「彼がつくった暗闇は通常の光と同じ速さで移動するだろう」　第31段落最後から３文目参照。　８.「トーマスがチリで沈む太陽を見ていたとき，それは彼に(　　)を思い出させた」―２.「彼の両親が彼に歌ってくれた歌」　第32段落第３文参照。　９.「もしトーマスの信じたことが正しければ，(　　)」―４.「星の光はいつか再び地球に到着する」　第33段落後半参照。　10.「人々が長い時間がたった後ケンタウルス座α星を再び見たとき，(　　)」―２.「彼らは幸運を祈った」　第34～36段落参照。　11.「暗闇が(　　)を通り過ぎるまで，ほぼ４年半かかった」―１.「ケンタウルス座α星」　第33段落最後から４文目より1596日(≒４年半)かかるのは最も近い星までであること，そして第34段落からそれがケンタウルス座α星であることがわかる。

V 〔書き換え―適語補充〕

1.「カナダにはどのくらい多くの人が住んでいるか知っていますか」→「カナダの人口はどのくらいか知っていますか」　population「人口」を尋ねる疑問詞は what。なお，how large でも同様の意味を表せるが，ここは空所が１つしかないので不可。

2.「僕はどちらの靴も好きです」→「僕はその２つの靴のどちらでもいいです」　上は 'both A and B'「A と B のどちらも」の形。下では動詞が is であることから，単数扱いの 'either of＋複数名詞'「～のうちどちらでも」を使う。

3.「あなたはどうしてここに来たのですか」　What brought〔brings〕 you here? は相手がその場所に来た理由やきっかけを尋ねる定型表現（直訳は「何があなたをここに連れてきたのですか」）。

4.「私の兄〔弟〕は彼の部の全員の中で一番速く走る」→「私の兄〔弟〕は彼の部のどの部員よりも速く走る」　'比較級＋than any other＋単数名詞'「他のどの～より…」は，最上級と同様の意味を表す。

5.「彼らが無事帰ってきたという知らせを聞き，私はとても安心した」→「彼らの無事の帰還の知らせに，私はとても安心した」　前置詞（ここでは of）の後なので，they returned safely を名詞句に書き換える。

Ⅵ〔整序結合〕

1. '数' を尋ねる疑問詞の 'How many＋複数名詞' で文を始める。'未来の出来事' なので助動詞 will を用いた疑問文にすればよいが，疑問詞が主語なので '疑問詞＋will＋動詞 ...' の語順になる。'動詞' に当たる「～に招待される」は be invited to ～と受け身形で表す。　How many people will be invited to Ken's birthday party?

2.「～ので（私は）驚いた」は was surprised の後に '理由' を表す because ～「～なので」を置く。「遅刻するなといつも言う先生」は，who を主格の関係代名詞として使って関係詞節をつくり，our teacher の後に続ける。「遅刻するなといつも言う」は「私たちに遅刻するなといつも言っている」と考え，'tell＋人＋not to ～'「〈人〉に～するなと言う」を進行形にして表す。「遅刻する」は be late。残りの「～に間に合わなかった」は on time「時間どおりに」を否定形とともに使う。　I was surprised because our teacher who was always telling us not to be late wasn't on time for the lesson.

Ⅶ〔条件作文〕

≪全訳≫トム：誕生日おめでとう，ジョン！　どんな誕生日だった？／ジョン：すばらしかったよ！　両親が(例)僕にすてきな自転車を買ってくれたんだ。本当に欲しかったから，僕の宝物になるよ。／トム：よかったね。

＜解説＞両親が子どもの誕生日にしてあげたことが入る。次の文に「宝物になる」とあるので，何かをプレゼントしたと考えられる。また，ジョンは「（それが）本当に欲しかった」と言っているので，単に present「プレゼント」とせずに具体的な品物名を入れる。「〈人〉に〈物〉を買ってあげる」は解答例の 'buy＋人＋物' の形のほか，'buy＋物＋for＋人' の形でも表せる。

数学解答

1 (1) 6個　(2) $a=2,\ b=5$

(3) ① $2\sqrt{7}$ cm　② $\dfrac{3\sqrt{7}}{14}$ cm

(4) ① $\dfrac{4}{9}$　② $\dfrac{1}{3}$　(5) $\dfrac{7}{2}$

2 (1) $-\dfrac{1}{2}$　(2) $\left(7,\ \dfrac{49}{4}\right)$　(3) $3\sqrt{2}$

(4) $60\sqrt{2}\,\pi$

3 (1) $\dfrac{5}{2}$ cm

(2) 体積…$\dfrac{500}{9}\pi$ cm^3

表面積…$\dfrac{200}{3}\pi$ cm^2

(3) $\dfrac{5}{8}$ cm

4 (1) 7：3　(2) $56\sqrt{3}$ cm^2

(3) 21：16　(4) 19：18

5 (1) $\dfrac{1}{5}$　(2) $\dfrac{1}{5}$　(3) $\dfrac{2}{15}$

(4) $\dfrac{2}{5}$

1〔独立小問集合題〕

(1)<数の性質>$\dfrac{24}{a^2+4a+3}=\dfrac{24}{(a+1)(a+3)}$となり，$a$が整数より，$a+1$，$a+3$は整数である。また，$(a+3)-(a+1)=2$だから，$(a+1)(a+3)$は，差が2である2つの整数の積を表している。$\dfrac{24}{a^2+4a+3}=\dfrac{24}{(a+1)(a+3)}$が自然数になることより，$(a+1)(a+3)$は24の約数だから，$(a+1)(a+3)=1\times3$，$2\times4$，$4\times6$，$(-3)\times(-1)$，$(-4)\times(-2)$，$(-6)\times(-4)$が考えられる。よって，$a+1=1$，2，4，$-3$，$-4$，$-6$だから，$a=0$，1，3，$-4$，$-5$，$-7$となり，求める整数$a$の個数は6個である。

(2)<連立方程式―解の利用>$3x-7y=16$……①，$ax+by=1$……②，$bx-ay=-38$……③，$4x+y=-7$……④とする。①，②の連立方程式を解いた太郎君の解を$x=p$，$y=q$とすると，③，④の連立方程式を解いた花子さんの解は，xの値は太郎君のyの値の4倍，yの値は太郎君のxの値の3倍だから，$x=4q$，$y=3p$と表せる。①に$x=p$，$y=q$を代入すると，$3p-7q=16$……⑤となり，④に$x=4q$，$y=3p$を代入すると，$4\times4q+3p=-7$，$3p+16q=-7$……⑥となる。⑤，⑥を連立方程式として解くと，⑤－⑥より，$-7q-16q=16-(-7)$，$-23q=23$，$q=-1$となり，これを⑤に代入して，$3p+7=16$，$3p=9$，$p=3$となる。よって，①，②の連立方程式の解は$x=3$，$y=-1$だから，②に代入して，$a\times3+b\times(-1)=1$より，$3a-b=1$……⑦となる。また，$4q=4\times(-1)=-4$，$3p=3\times3=9$より，③，④の連立方程式の解は$x=-4$，$y=9$だから，③に代入して，$b\times(-4)-a\times9=-38$，$-9a-4b=-38$……⑧となる。⑦，⑧を連立方程式として解くと，⑦×3＋⑧より，$-3b+(-4b)=3+(-38)$，$-7b=-35$，$b=5$となり，これを⑦に代入して，$3a-5=1$，$3a=6$，$a=2$となる。

(3)<平面図形―長さ>①右図1で，∠AOD＝60°，AD⊥OBだから，△AODは3辺の比が$1:2:\sqrt{3}$の直角三角形である。これより，$\mathrm{OD}=\dfrac{1}{2}\mathrm{OA}=\dfrac{1}{2}\times2=1$，$\mathrm{AD}=\sqrt{3}\mathrm{OD}=\sqrt{3}\times1=\sqrt{3}$となり，DB＝OB－OD＝6－1＝5となる。よって，△ABDで三平方の定理より，$\mathrm{AB}=\sqrt{\mathrm{AD}^2+\mathrm{DB}^2}=\sqrt{(\sqrt{3})^2+5^2}=\sqrt{28}=2\sqrt{7}$(cm)となる。　②図1の△ADEと△ABDにおいて，∠DAE＝∠BAD，∠AED＝∠ADB＝90°より，2組の角がそれぞれ等しいから，

図1

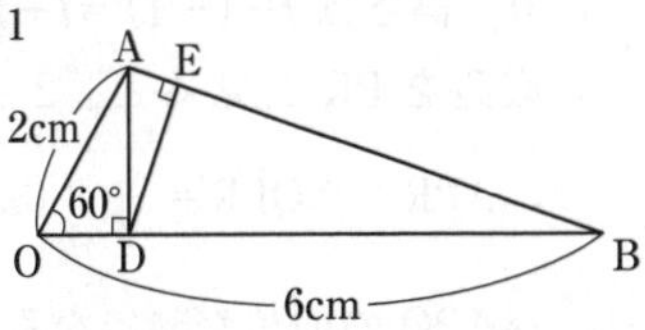

△ADE∽△ABDである。よって，AE：AD＝AD：ABより，AE：$\sqrt{3}=\sqrt{3}:2\sqrt{7}$が成り立つ。これより，AE×$2\sqrt{7}=\sqrt{3}\times\sqrt{3}$，AE＝$\frac{3\sqrt{7}}{14}$(cm)となる。

(4)＜**確率—さいころ**＞①さいころの目の出方は6通りだから，さいころを3回投げるとき，目の出方は全部で$6\times6\times6=216$(通り)ある。このうち，三角形ができる場合は，3回の出る目が全て異なるときだから，1回目の目の出方が6通り，2回目の目の出方が1回目に出た目以外の5通り，3回目の目の出方が1回目，2回目に出た目以外の4通りより，$6\times5\times4=120$(通り)ある。よって，三角形にならない場合は$216-120=96$(通り)あるから，求める確率は$\frac{96}{216}=\frac{4}{9}$である。　②直角三角形となるのは，三角形の1つの辺が円の直径となる場合だから，1と4の目が出て三角形ができる場合，2と5の目が出て三角形ができる場合，3と6の目が出て三角形ができる場合である。1と4の目が出て三角形ができる場合，もう1つの目は2，3，5，6である。もう1つの目が2のとき，(1回目，2回目，3回目)＝(1，2，4)，(1，4，2)，(2，1，4)，(2，4，1)，(4，1，2)，(4，2，1)の6通りあり，もう1つの目が3，5，6のときも同様にそれぞれ6通りだから，1と4の目が出て三角形ができる場合は$6\times4=24$(通り)ある。2と5の目が出て三角形ができる場合，3と6の目が出て三角形ができる場合もそれぞれ24通りとなるので，直角三角形ができる場合は$24\times3=72$(通り)あり，求める確率は$\frac{72}{216}=\frac{1}{3}$となる。

≪①の別解≫三角形にならない場合は，線分か点になる場合である。線分になる場合，同じ目が2回出るので，出る目は2種類である。出る目が1と2の2種類のとき，(1回目，2回目，3回目)＝(1，1，2)，(1，2，1)，(1，2，2)，(2，1，1)，(2，1，2)，(2，2，1)の6通りあり，出る目が1と3，1と4，1と5，1と6，2と3，2と4，2と5，2と6，3と4，3と5，3と6，4と5，4と6，5と6の2種類のときもそれぞれ6通りだから，線分となる目の出方は$6\times15=90$(通り)ある。また，点となる場合は，同じ目が3回出るので，3回とも1，3回とも2，3回とも3，3回とも4，3回とも5，3回とも6の目が出る6通りある。以上より，三角形にならない目の出方は$90+6=96$(通り)だから，求める確率は$\frac{96}{216}=\frac{4}{9}$である。

(5)＜**関数—tの値**＞右図2で，点Pを通りy軸に平行な直線と直線$y=x+2$の交点をRとすると，△APQ＝△APR＋△QPRとなる。点Pは直線$y=-2x-1$上にありx座標がtだから，y座標が$y=-2t-1$より，P$(t,\ -2t-1)$である。点Rは直線$y=x+2$上にありx座標がtだから，y座標が$y=t+2$より，R$(t,\ t+2)$である。よって，PR＝$(t+2)-(-2t-1)=3t+3$と表せる。また，点Aは2直線$y=-2x-1$，$y=x+2$の交点だから，2式からyを消去して，$-2x-1=x+2$より，$-3x=3$，$x=-1$となり，点Aのx座標は-1である。これより，△APRは，底辺をPRと見ると，2点P，Aのx座標より，高さは$t-(-1)=t+1$となる。点Qのx座標は$2t$だから，△QPRは，底辺をPRと見ると，2点Q，Pのx座標より，高さは$2t-t=t$である。以上より，△APQ＝△APR＋△QPR＝$\frac{1}{2}\times(3t+3)\times(t+1)+\frac{1}{2}\times(3t+3)\times t=3t^2+\frac{9}{2}t+\frac{3}{2}$となる。したがって，△APQの面積が54になるとき，$3t^2+\frac{9}{2}t+\frac{3}{2}=54$が成り立ち，$2t^2+3t-35=0$より，解の公式を用いて，$t=\frac{-3\pm\sqrt{3^2-4\times2\times(-35)}}{2\times2}=\frac{-3\pm\sqrt{289}}{4}=\frac{-3\pm17}{4}$となるので，$t=\frac{-3+17}{4}=\frac{7}{2}$，$t$

図2

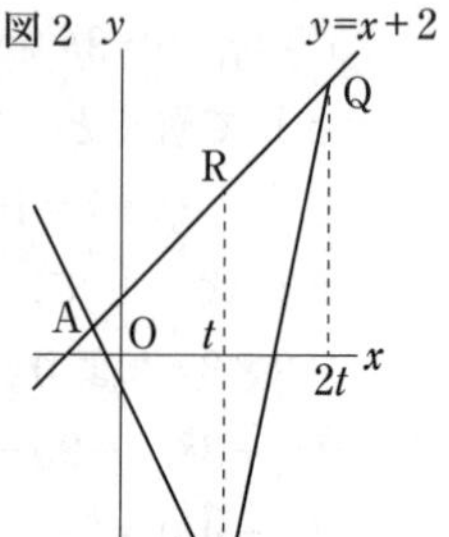

$=\dfrac{-3-17}{4}=-5$ である。2点P，Qの x 座標が点Aの x 座標より大きいことより，$t>-1$，$2t>-1$ だから，$t=\dfrac{7}{2}$ である。

2 〔関数―関数 $y=ax^2$ と一次関数のグラフ〕

≪基本方針の決定≫(3)　△APQの面積を利用する。

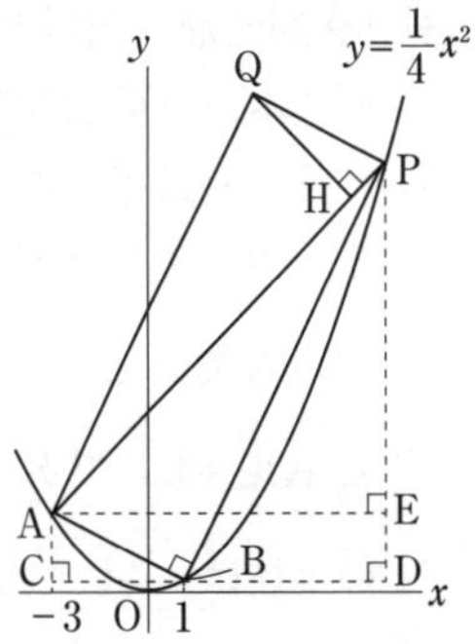

(1)<**傾き**>右図で，2点A，Bは放物線 $y=\dfrac{1}{4}x^2$ 上にあり，x 座標がそれぞれ -3，1だから，点Aの y 座標は $y=\dfrac{1}{4}\times(-3)^2=\dfrac{9}{4}$，点Bの y 座標は $y=\dfrac{1}{4}\times1^2=\dfrac{1}{4}$ であり，$\mathrm{A}\left(-3,\ \dfrac{9}{4}\right)$，$\mathrm{B}\left(1,\ \dfrac{1}{4}\right)$ となる。よって，直線ABの傾きは，$\left(\dfrac{1}{4}-\dfrac{9}{4}\right)\div\{1-(-3)\}=-\dfrac{1}{2}$ である。

(2)<**座標**>右図で，点Bを通り x 軸に平行な直線と，点A，点Pを通り y 軸に平行な直線の交点をそれぞれC，Dとすると，$\angle\mathrm{ACB}=\angle\mathrm{BDP}=90^\circ$ である。また，△ACBで，$\angle\mathrm{CAB}=180^\circ-\angle\mathrm{ACB}-\angle\mathrm{ABC}=180^\circ-90^\circ-\angle\mathrm{ABC}=90^\circ-\angle\mathrm{ABC}$ であり，四角形ABPQが長方形より $\angle\mathrm{ABP}=90^\circ$ だから，$\angle\mathrm{DBP}=180^\circ-\angle\mathrm{ABP}-\angle\mathrm{ABC}=180^\circ-90^\circ-\angle\mathrm{ABC}=90^\circ-\angle\mathrm{ABC}$ である。これより，$\angle\mathrm{CAB}=\angle\mathrm{DBP}$ となる。よって，△ACB∽△BDPだから，AC：CB＝BD：DPである。(1)より，直線ABの傾きが $-\dfrac{1}{2}$ だから，$-\dfrac{\mathrm{AC}}{\mathrm{CB}}=-\dfrac{1}{2}$ であり，AC：CB＝1：2となる。したがって，BD：DP＝AC：CB＝1：2となるので，直線BPの傾きは $\dfrac{\mathrm{DP}}{\mathrm{BD}}=\dfrac{2}{1}=2$ となる。直線BPの式を $y=2x+b$ とおくと，$\mathrm{B}\left(1,\ \dfrac{1}{4}\right)$ を通ることから，$\dfrac{1}{4}=2\times1+b$，$b=-\dfrac{7}{4}$ となり，直線BPの式は $y=2x-\dfrac{7}{4}$ である。点Pは放物線 $y=\dfrac{1}{4}x^2$ と直線 $y=2x-\dfrac{7}{4}$ の交点であるから，$\dfrac{1}{4}x^2=2x-\dfrac{7}{4}$，$x^2-8x+7=0$，$(x-1)(x-7)=0$ より，$x=1$，7となり，点Pの x 座標は7である。y 座標は $y=\dfrac{1}{4}\times7^2=\dfrac{49}{4}$ となるので，$\mathrm{P}\left(7,\ \dfrac{49}{4}\right)$ である。

(3)<**長さ**>右上図で，(1)より，$\mathrm{A}\left(-3,\ \dfrac{9}{4}\right)$，$\mathrm{B}\left(1,\ \dfrac{1}{4}\right)$ であり，(2)より，$\mathrm{P}\left(7,\ \dfrac{49}{4}\right)$ だから，$\mathrm{AC}=\dfrac{9}{4}-\dfrac{1}{4}=2$，$\mathrm{DP}=\dfrac{49}{4}-\dfrac{1}{4}=12$，$\mathrm{CD}=7-(-3)=10$，$\mathrm{CB}=1-(-3)=4$，$\mathrm{BD}=7-1=6$ である。これより，〔台形ACDP〕$=\dfrac{1}{2}\times(\mathrm{AC}+\mathrm{DP})\times\mathrm{CD}=\dfrac{1}{2}\times(2+12)\times10=70$，$\triangle\mathrm{ACB}=\dfrac{1}{2}\times\mathrm{CB}\times\mathrm{AC}=\dfrac{1}{2}\times4\times2=4$，$\triangle\mathrm{BDP}=\dfrac{1}{2}\times\mathrm{BD}\times\mathrm{DP}=\dfrac{1}{2}\times6\times12=36$ となるので，△PAB＝〔台形ACDP〕－△ACB－△BDP＝70－4－36＝30となり，△APQ＝△PAB＝30である。よって，QH⊥APより，△APQの面積について，$\dfrac{1}{2}\times\mathrm{AP}\times\mathrm{QH}=30$ となる。点Aを通り x 軸に平行な直線とPDの交点をEとすると，AE＝CD＝10，$\mathrm{PE}=\dfrac{49}{4}-\dfrac{9}{4}=10$ となるので，AE＝PEであり，△AEPは直角二等辺三角形である。したがって，$\mathrm{AP}=\sqrt{2}\,\mathrm{AE}=\sqrt{2}\times10=10\sqrt{2}$ となるので，$\dfrac{1}{2}\times10\sqrt{2}\times\mathrm{QH}=30$ が成り立ち，$\mathrm{QH}=3\sqrt{2}$ となる。

(4)<**体積―回転体**>右上図で，QH⊥APだから，△APQを直線APを回転の軸として1回転させてできる立体は，△AQH，△PQH を１回転させてできる円錐を合わせた立体となる。△AQH，△PQH を１回転させてできる円錐は，底面の半径がともに QH で，高さがそれぞれ AH，PH だから，求める体積は，$\frac{1}{3}\times\pi\times QH^2\times AH+\frac{1}{3}\times\pi\times QH^2\times PH=\frac{1}{3}\pi\times QH^2\times(AH+PH)=\frac{1}{3}\pi\times QH^2\times AP=\frac{1}{3}\pi\times(3\sqrt{2})^2\times10\sqrt{2}=60\sqrt{2}\pi$ となる。

3 〔空間図形─円錐と球〕

≪基本方針の決定≫(1)　三平方の定理を利用する。

(1)**＜長さ─三平方の定理＞**右図１のように，円Ｏの周上の点をＣとする。円Ｏの周の長さが 4π cm なので，$2\pi\times CO=4\pi$ が成り立ち，$CO=2$ である。$AO=\frac{3}{2}$ であり，直線 AB は円Ｏに垂直になるから，$\angle AOC=90^\circ$ である。よって，△CAO で三平方の定理より，球Ａの半径は，$AC=\sqrt{AO^2+CO^2}=\sqrt{\left(\frac{3}{2}\right)^2+2^2}=\sqrt{\frac{25}{4}}=\frac{5}{2}$(cm) となる。

図１

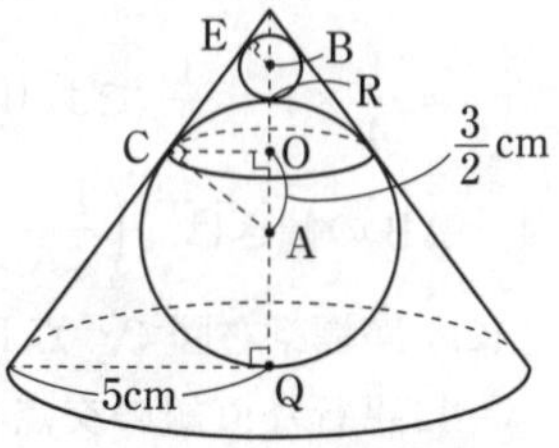

(2)**＜体積，面積＞**右上図１で，円錐の頂点をＰ，底面の円の中心をＱ，点Ｃを通る母線と底面の交点をＤとする。$\angle CPO=\angle DPQ$，$\angle POC=\angle PQD=90^\circ$ より，△PCO∽△PDQ だから，PO：PQ＝CO：DQ である。$PO=x$(cm) とすると，$AQ=AC=\frac{5}{2}$ より，$PQ=PO+AO+AQ=x+\frac{3}{2}+\frac{5}{2}=x+4$ である。よって，$x:(x+4)=2:5$ が成り立ち，$x\times5=(x+4)\times2$，$5x=2x+8$，$3x=8$，$x=\frac{8}{3}$ となるので，円錐の高さは $PQ=x+4=\frac{8}{3}+4=\frac{20}{3}$ となる。底面の円Ｑの面積は $\pi\times5^2=25\pi$ だから，円錐の体積は，$\frac{1}{3}\times25\pi\times\frac{20}{3}=\frac{500}{9}\pi$ (cm³) となる。次に，△PDQ で三平方の定理より，$PD=\sqrt{DQ^2+PQ^2}=\sqrt{5^2+\left(\frac{20}{3}\right)^2}=\sqrt{\frac{625}{9}}=\frac{25}{3}$ となるから，円錐を右図２のように展開すると，側面を展開したおうぎ形 PDD′ の半径は $\frac{25}{3}$ cm となる。おうぎ形 PDD′ の中心角を y とすると，$\overset{\frown}{DD'}$ の長さと底面の円Ｑの周の長さは等しいから，$2\pi\times\frac{25}{3}\times\frac{y}{360^\circ}=2\pi\times5$ が成り立つ。これより，$\frac{y}{360^\circ}=\frac{3}{5}$ となるので，〔おうぎ形 PDD′〕$=\pi\times\left(\frac{25}{3}\right)^2\times\frac{y}{360^\circ}=\pi\times\left(\frac{25}{3}\right)^2\times\frac{3}{5}=\frac{125}{3}\pi$ である。したがって，円錐の表面積は，〔おうぎ形 PDD′〕＋〔円Ｑ〕$=\frac{125}{3}\pi+25\pi=\frac{200}{3}\pi$ (cm²) となる。

図２

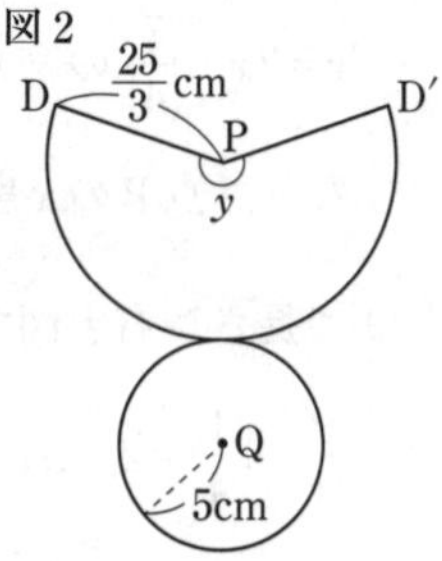

(3)**＜長さ─相似＞**右上図１で，球Ａと球Ｂの接点をＲとすると，点Ｒは線分 PQ 上の点となる。球Ｂと PD の接点をＥとすると，$\angle PEB=\angle PQD=90^\circ$，$\angle BPE=\angle DPQ$ より，△PBE∽△PDQ だから，BE：DQ＝PB：PD である。球Ｂの半径を r cm とすると，$BE=BR=r$ であり，$AR=AQ=\frac{5}{2}$ より，$PB=PQ-AQ-AR-BR=\frac{20}{3}-\frac{5}{2}-\frac{5}{2}-r=\frac{5}{3}-r$ となる。よって，$r:5=\left(\frac{5}{3}-r\right):\frac{25}{3}$ が成り立ち，$r\times\frac{25}{3}=5\times\left(\frac{5}{3}-r\right)$，$\frac{25}{3}r=\frac{25}{3}-5r$，$\frac{40}{3}r=\frac{25}{3}$，$r=\frac{5}{8}$(cm) となる。

4 〔平面図形─正六角形〕

≪基本方針の決定≫(3)　点H，点Ｉから GJ に垂線を引くと，HK：KI は，この垂線の長さの比になる。　(4)　△GHM と△MHK の面積の比を考えてみよう。

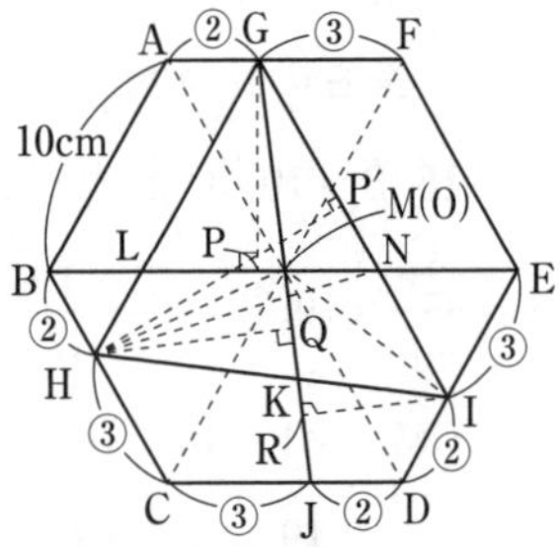

(1)＜長さの比＞右図で，正六角形 ABCDEF の対称の中心をＯとすると，点Ｏは線分 BE の中点である。また，AF＝CD であり，AG：GF＝2：3，CJ：JD＝3：2だから，AG＝DJ となる。これより，2点G，Ｊは点Ｏについて対称な点となる。よって，線分 GJ は点Ｏを通るので，点Ｏは点Mと一致し，点Mは線分 BE の中点であり，対称の中心でもある。2点A，D，2点C，Fをそれぞれ結ぶと，線分 AD，線分 BE，線分 CF は点Mで交わり，△MAB，△MBC，△MCD，△MDE，△MEF，△MFA は合同な正三角形となるから，ME＝MB＝AB＝10 である。さらに，AD∥FE となるから，AG：GF＝DI：IE＝2：3より，AD∥GI∥FE であり，MN：NE＝AG：GF＝2：3である。したがって，$MN=\frac{2}{2+3}ME=\frac{2}{5}\times10=4$ となり，BN＝MB＋MN＝10＋4＝14，NE＝ME－MN＝10－4＝6となるので，BN：NE＝14：6＝7：3である。

(2)＜面積＞右上図で，(1)より GI∥FE だから，∠LNG＝∠MEF＝60° である。同様にして，AB∥FC，AG：GF＝BH：HC＝2：3だから，AB∥GH∥FC であり，∠GLN＝∠ABM＝60° となる。よって，△GLN は正三角形である。また，AF∥BE，AB∥GH より，四角形 ABLG は平行四辺形だから，GN＝LN＝GL＝AB＝10 となる。点Gから LN に垂線 GP を引くと，△GLP は3辺の比が $1:2:\sqrt{3}$ の直角三角形になるので，$GP=\frac{\sqrt{3}}{2}GL=\frac{\sqrt{3}}{2}\times10=5\sqrt{3}$ となり，$\triangle GLN=\frac{1}{2}\times LN\times GP=\frac{1}{2}\times10\times5\sqrt{3}=25\sqrt{3}$ となる。次に，点Hと点Nを結ぶ。∠HBL＝60°，∠BLH＝∠GLN＝60° より，△BHL は正三角形であり，LH＝BL＝AG＝MN＝4，GH＝GL＋LH＝10＋4＝14 である。これより，△GLN：△GHN＝GL：GH＝10：14＝5：7だから，$\triangle GHN=\frac{7}{5}\triangle GLN=\frac{7}{5}\times25\sqrt{3}=35\sqrt{3}$ となる。同様にして，△NIE も正三角形より，NI＝NE＝6 となり，GI＝GN＋NI＝10＋6＝16 となる。したがって，△GHN：△GHI＝GN：GI＝10：16＝5：8となるから，$\triangle GHI=\frac{8}{5}\triangle GHN=\frac{8}{5}\times35\sqrt{3}=56\sqrt{3}$ (cm^2) である。

≪別解≫右上図で，点Hから GI に垂線 HP′ を引くと，∠LGN＝60° より，△GHP′ は3辺の比が $1:2:\sqrt{3}$ の直角三角形となる。よって，$HP'=\frac{\sqrt{3}}{2}GH=\frac{\sqrt{3}}{2}\times14=7\sqrt{3}$ となるので，$\triangle GHI=\frac{1}{2}\times GI\times HP'=\frac{1}{2}\times16\times7\sqrt{3}=56\sqrt{3}$ (cm^2) となる。

(3)＜長さの比＞右上図で，点H，点Ｉから GJ にそれぞれ垂線 HQ，垂線 IR を引くと，∠HQK＝∠IRK＝90°，∠HKQ＝∠IKR より，△HKQ∽△IKR となるから，HK：KI＝HQ：IR となる。また，点Hと点M，点Ｉと点Mをそれぞれ結ぶと，HQ，IR は，△GHM，△GIM の底辺を GM と見たときのそれぞれの高さとなる。よって，HQ：IR＝△GHM：△GIM となるから，HK：KI＝△GHM：△GIM である。LM＝LN－MN＝10－4＝6 だから，$\triangle GLM=\frac{1}{2}\times LM\times GP=\frac{1}{2}\times6\times5\sqrt{3}=15\sqrt{3}$ となり，△GLM：△GHM＝GL：GH＝5：7より，$\triangle GHM=\frac{7}{5}\triangle GLM=\frac{7}{5}\times15\sqrt{3}=21\sqrt{3}$ となる。また，$\triangle GMN=\triangle GLN-\triangle GLM=25\sqrt{3}-15\sqrt{3}=10\sqrt{3}$ であり，△GMN：△GIM＝

GN：GI＝5：8だから，$\triangle \mathrm{GIM}=\dfrac{8}{5}\triangle \mathrm{GMN}=\dfrac{8}{5}\times10\sqrt{3}=16\sqrt{3}$ となる。したがって，$\triangle \mathrm{GHM}:\triangle \mathrm{GIM}=21\sqrt{3}:16\sqrt{3}=21:16$ となるから，HK：KI＝21：16である。

(4)＜**長さの比**＞前ページの図で，(2)，(3)より，$\triangle \mathrm{MHI}=\triangle \mathrm{GHI}-\triangle \mathrm{GHM}-\triangle \mathrm{GIM}=56\sqrt{3}-21\sqrt{3}-16\sqrt{3}=19\sqrt{3}$ となり，$\triangle \mathrm{MHK}:\triangle \mathrm{MKI}=\mathrm{HK}:\mathrm{KI}=21:16$ だから，$\triangle \mathrm{MHK}=\dfrac{21}{21+16}\triangle \mathrm{MHI}=\dfrac{21}{37}\times19\sqrt{3}=\dfrac{21\times19\sqrt{3}}{37}$ となる。これより，$\triangle \mathrm{GHM}:\triangle \mathrm{MHK}=21\sqrt{3}:\dfrac{21\times19\sqrt{3}}{37}=37:19$ だから，$\mathrm{GM}:\mathrm{MK}=37:19$ であり，$\mathrm{MK}=\dfrac{19}{37}\mathrm{GM}$ と表せる。また，GM＝MJだから，$\mathrm{KJ}=\mathrm{MJ}-\mathrm{MK}=\mathrm{GM}-\dfrac{19}{37}\mathrm{GM}=\dfrac{18}{37}\mathrm{GM}$ と表せる。よって，$\mathrm{MK}:\mathrm{KJ}=\dfrac{19}{37}\mathrm{GM}:\dfrac{18}{37}\mathrm{GM}=19:18$ である。

5 〔データの活用―確率―色玉〕

≪**基本方針の決定**≫(2)　計2個の玉を取り出して作業が終了する場合も，3個の玉を取り出すものとする。　(4)　全ての玉を取り出さないで作業が終了する確率を考える。

(1)＜**確率**＞2個の赤玉をR_1，R_2，2個の白玉をW_1，W_2，2個の青玉をB_1，B_2とする。玉は全部で6個あるので，計2個の玉を取り出すとき，1個目の取り出し方は6通り，2個目の取り出し方は5通りだから，玉の取り出し方は，全部で$6\times5=30$(通り)ある。このうち，作業が終了するのは，2個とも同じ色の玉を取り出すときだから，(1個目，2個目)＝$(R_1,\ R_2)$，$(R_2,\ R_1)$，$(W_1,\ W_2)$，$(W_2,\ W_1)$，$(B_1,\ B_2)$，$(B_2,\ B_1)$の6通りある。よって，求める確率は$\dfrac{6}{30}=\dfrac{1}{5}$である。

(2)＜**確率**＞計2個の玉を取り出して作業が終了する場合も3個の玉を取り出すと考えると，計3個の玉の取り出し方は，1個目が6通り，2個目が5通り，3個目が4通りとなるので，全部で$6\times5\times4=120$(通り)ある。このうち，計3個の玉を取り出して作業が終了するのは，2個目，3個目ではじめて同じ色の玉を連続して取り出す場合である。2個目，3個目で赤玉を取り出すとき，1個目は赤玉以外だから，W_1，W_2，B_1，B_2の4通りあり，2個目，3個目の取り出し方は(2個目，3個目)＝$(R_1,\ R_2)$，$(R_2,\ R_1)$の2通りある。よって，このときの玉の取り出し方は，$4\times2=8$(通り)ある。2個目，3個目で白玉を取り出すとき，青玉を取り出すときも同様にそれぞれ8通りある。したがって，計3個の玉を取り出して作業が終了する場合は$8\times3=24$(通り)あるから，求める確率は$\dfrac{24}{120}=\dfrac{1}{5}$である。

(3)＜**確率**＞3個以下の玉を取り出して作業が終了する場合も計4個の玉を取り出すと考えると，計4個の玉の取り出し方は，1個目が6通り，2個目が5通り，3個目が4通り，4個目が3通りとなるので，全部で$6\times5\times4\times3=360$(通り)ある。このうち，計4個の玉を取り出して作業が終了するのは，3個目，4個目ではじめて同じ色の玉を連続して取り出す場合である。3個目，4個目で赤玉を取り出すとき，1個目，2個目は白玉と青玉が1個ずつだから，(1個目，2個目)＝$(W_1,\ B_1)$，$(W_1,\ B_2)$，$(W_2,\ B_1)$，$(W_2,\ B_2)$，$(B_1,\ W_1)$，$(B_1,\ W_2)$，$(B_2,\ W_1)$，$(B_2,\ W_2)$の8通りある。3個目，4個目の取り出し方は2通りだから，このときの取り出し方は$8\times2=16$(通り)ある。3個目，4個目で白玉を取り出すとき，青玉を取り出すときも同様にそれぞれ16通りある。よって，計4個の玉を取り出して作業が終了する場合は，$16\times3=48$(通り)あるから，求める確率は$\dfrac{48}{360}=\dfrac{2}{15}$である。

(4)＜**確率**＞全ての玉を取り出して作業が終了する確率は，1から，計5個以下の玉を取り出して作業が終了する確率をひけばよい。計2個，計3個，計4個の玉を取り出して作業が終了する確率は，(1)，(2)，(3)より，それぞれ$\frac{1}{5}$，$\frac{1}{5}$，$\frac{2}{15}$である。計5個の玉を取り出すときも同様に考えて，玉の取り出し方は，全部で$6\times5\times4\times3\times2=720$(通り)ある。このうち，計5個の玉を取り出して作業が終了するのは，4個目，5個目ではじめて同じ色の玉を連続して取り出す場合である。4個目，5個目で赤玉を取り出すとき，1個目～3個目は，白→青→白，青→白→青である。白→青→白となるのは，(1個目，2個目，3個目)=(W_1，B_1，W_2)，(W_1，B_2，W_2)，(W_2，B_1，W_1)，(W_2，B_2，W_1)の4通りあり，青→白→青となるのも同様に4通りだから，1個目～3個目の玉の取り出し方は$4+4=8$(通り)である。4個目，5個目の取り出し方は2通りだから，このときの取り出し方は$8\times2=16$(通り)ある。4個目，5個目で白玉を取り出すとき，青玉を取り出すときも同様にそれぞれ16通りある。よって，計5個の玉を取り出して作業が終了する場合は$16\times3=48$(通り)あるから，その確率は$\frac{48}{720}=\frac{1}{15}$である。したがって，計5個以下の玉を取り出して作業が終了する確率は$\frac{1}{5}+\frac{1}{5}+\frac{2}{15}+\frac{1}{15}=\frac{3}{5}$だから，求める確率は$1-\frac{3}{5}=\frac{2}{5}$となる。

＝読者へのメッセージ＝

関数$y=ax^2$のグラフは放物線です。放物線は，1つの点と1本の直線から等距離にある点の集まりでもあります。例えば，関数$y=\frac{1}{4}x^2$のグラフは，点(0，1)と直線$y=-1$から等距離にある点の集まりです。高校で学習します。

国語解答

一 問一　イ　どんよく　ロ　けんお

ハ　培　ニ　刷　ホ　導

問二　エ　問三　だが，各個

問四　③…ウ　④…オ　⑤…イ

問五　主体的な行動をする個人。

問六　統計

二 問一　イ　該当　ロ　描　ハ　眺

ニ　果敢　ホ　曖昧

問二　エ

問三　〔Ⅰ〕　私たちの普段の活動から切り離された抽象的な記号体系

〔Ⅱ〕　私たちの日々の活動のなかで，私たちの行為に結びついたもの

問四　要求という言語行為　問五　エ

問六　ウ

三 問一　食品系のメ

問二　東京に行きたい気持ち

問三　〔Ⅰ〕　内へ内へと～て離さない

〔Ⅱ〕　地縛

問四　エ　問五　ウ

問六　父が当たり

問七　凜は京都独特の力から逃れたがっているが，父親はその力を受け入れており，その違いがますますはっきりしてきたから。

問八　ア

一〔論説文の読解―哲学的分野―人間〕出典；オリヴィエ・レイ／池畑奈央子訳『統計の歴史』。

≪**本文の概要**≫人と統計との関係には，統計を利用し続けたいという社会全体としての欲求と，嫌悪感を拭えないという個人としての欲求の二つの面がある。個人を絶対的に特別な存在であるとみなす考え方はキリスト教が培ったが，新しい時代には，個人として独自性を認められたいという欲求は社会に向いた。だが，社会は承認欲求を満たさず，人々はせめて公平に扱われることを要求した。その要求に応えるため，客観的な基準に従って，全ての人を同等に扱う手段として提供されたのが，統計である。近代国家のような大規模な個人社会を管理運営するためには，統計は必要だが，主観性を大切にする人々はそれを嫌がる。統計に対して事実を客観的かつ公平に叙述することを求める一方で，統計は計量可能なものしか対象にせず，本質を見逃していると非難するのである。統計への反感の理由は，他にもある。近代化で多くの人々が解放されたが，社会の制約に対して個人は無力で，大勢の人間に比べて自分は価値がゼロか，ゼロに近づいていく存在だという強迫観念に苦しめられる。多数の人間からなる世界が個人の欲求を妨害していることを，統計は思い出させるのである。

問一＜漢字＞イ.「貪欲」は，非常に欲深く，多くのものを際限なく欲しがること。　ロ.「嫌悪」は，ひどく憎んで嫌うこと。　ハ. 音読みは「栽培」などの「バイ」。　ニ. 音読みは「印刷」などの「サツ」。　ホ. 音読みは「指導」などの「ドウ」。

問二＜文章内容＞宗教的な枠組みが崩壊したことにより，「各人が神に対して個人的に向き合う」ことで「唯一無二の一人の人間」であるという意識を得ていた人々は，「独自性を認められたいという欲求」を社会に向けたが，社会にはその欲求を満足させることができないため，人々は，今度は社会に「自分たちが公平に扱われることを要求」し始めたのである。

問三＜文章内容＞各人の「重さ」にはそれぞれ差異があるように，「各個人の意識や特性」もさまざまで，「同じ基準」では「計測不可能」である。したがって，人々の求める「公平性」を確保しよ

うとすると，個人の独自性を考えず，「客観的な基準」に従って，全員を同等に「頭数」として扱うしかなくなるのである。

問四＜表現＞現実の世界で，個人を絶対的で優れた存在としてみなすことを重視し，「その主体性を尊重しようと」した場合(…③)，全員を公平に扱ってほしいという人々の要求と「両立させるため」には(…④)，全員を平等に評価するための「客観的な基準」が必要とされる(…⑤)。

問五＜文章内容＞社会の現状は，「おびただしい数の個人の行動」の積み重ねによって形成される。統計は，その実態を把握する手段となり，細分化されてしまった「主体的な行動」をする個人を，社会形成に影響力を持つ大衆と関連づけることにもなる。

問六＜文章内容＞「統計」は，個々人の活動の実態を「表現」する方法であるはずだが，「収集される情報の数」が多くなるにつれて，「超越した存在である自己」の実態と，計量可能な情報に基づく「統計」の結果はかけ離れたものになり，両者の間の「溝がさらに深まる」と，主観性を大切にする人々は主張している。

二〔随筆の読解―芸術・文学・言語学的分野―言語〕出典；三木那由他『言葉の展望台』。

問一＜漢字＞イ．「該当」は，特定の条件に当てはまること。　ロ．音読みは「描写」などの「ビョウ」。　ハ．音読みは「眺望」などの「チョウ」。　ニ．「果敢」は，決断力があって勇ましく行動すること。　ホ．「曖昧」は，物事が不確かで，はっきりと定まらないこと。

問二＜指示語＞「私」は，学生との間に存在する，「教える者と教わる者の非対称な関係」を前提とした慣例を「どうにか解体できないか」と考えている(ア…○，エ…×)。「私」は，学生より「いくらかの情報やノウハウを蓄積している」が，それでも学生と「私」は「ともに哲学という営みに携わる仲間」であり，また，「出版関係のひと」は，「専門的な技能」を持っていて，「ともに学術の発展に向けて協力しあっている関係」であるという考えを持っている(イ・ウ…○)。

問三＜文章内容＞〔Ⅰ〕オースティン以前の哲学者たちは，言語を人間の活動から切り離された，「抽象的な記号体系」であるととらえたうえで，その「記号体系」と世界の関わりを考えていた。　〔Ⅱ〕オースティンは，従来の哲学者たちの考え方を，地に足のつかない，「宙に浮いたもの」ととらえたうえで，言語は「私たちの日々の活動のなかで，私たちの行為に結びついたもの」だと主張した。

問四＜文章内容＞「私」が学生に「『先生』呼びはやめてください」と言った場合，形としては「依頼」である。だが，実際には，「私」は「大きな強制力」を学生に及ぼしていて，学生は「基本的に断れない」ため，「私」の発言は，「依頼」とは別の「要求という言語行為」だといえる。

問五＜文章内容＞ア．「今ひま？」という言葉は，直接的にはＡさんが暇かどうかを問う質問だが，間接的には，予定を教えてほしいという依頼，または自分につき合ってほしいという依頼であり，Ａさんはその依頼を察して「これから塾があるんだ」と答えているので，「間接言語行為」の例といえる(…○)。　イ．「急がないと遅刻しない？」という言葉は，直接的には遅刻の可能性を問う質問だが，間接的には早く出かけられるようにしてほしいという提案であり，Ｂさんはその提案を察して急いで出かける準備をしているので，「間接言語行為」の例といえる(…○)。　ウ．「この部屋，なんだか寒くない？」という言葉は，直接的には室温についてＣさんの意見を問う質問だが，間接的には部屋を暖かくしてほしいという依頼であり，Ｃさんはその依頼を察して暖房をつけているので，「間接言語行為」の例といえる(…○)。　エ．「雪たくさん降ってる？」という，降雪量の程度についての質問に対して，Ｄさんはそのまま「ずいぶん積もってるよ」と直接的な返答をしているので，「間接言語行為」の例とはいえない(…×)。

問六＜文章内容＞「『先生』呼びはやめてください」という「私」の言葉は，「直接的には依頼」だが，「私」と学生の間には「不均衡な権力関係」があるため，間接的にはより強制力の強い「要求という言語行為」になってしまい，学生はその要求を断れない。したがって，「言葉のうえ」では「先生」という呼び方は消えるが，「不均衡な関係」はかえって「強固なもの」になるのである。

三 〔小説の読解〕出典；綿矢りさ『手のひらの京』。

問一＜文章内容＞凜を東京に行かせたくない両親は，「食品系のメーカーは東京に集中して」いるから東京の会社に就職したいという凜の答えを想定し，「京都でもええとこが近くにある」と凜をうまく説得できるように，「京都と大阪の企業案内」を用意していたのだと，凜は気づいた。

問二＜文章内容＞父は，「会社の大きさも仕事内容」も，京都や大阪の会社と変わらないのに，凜が東京のメーカーにこだわるのは，「その菓子メーカーで働きたい」気持ちよりも，「東京に行きたい気持ち」の方が強いからではないかと考えた。

問三〔Ⅰ〕＜心情＞凜は，父に改めて「お前はなんでそこまで東京へ行きたいんや？」と尋ねられたときに，京都が「内へ内へとパワーが向かっていって，盆地に住んでる人たちをやさしいバリアで覆って離さない」ように感じていて，今を逃すと京都から出られない気がすることが「息苦しい」と答えた。　〔Ⅱ〕＜表現＞凜が，京都という土地が住人を「やさしいバリアで覆って離さない」と言ったことに対して，父も「長年住んでる京都独特の力は感じることはある」と答えたうえで，その独特の力について，「地縛霊っていう言葉があるけど，京都にひっついてるのは“地縛”」だと表現した。

問四＜心情＞母がご飯をつくってくれなくなったことに対して，凜には「家族なのに，母さんなのに，という思い」があり，自分は年齢に関係なく母の子どもだという意識を否定されたと感じて，傷ついていた。だが，両親も凜から「家を出る」と言われたことで，凜はいつまでも「自分たちの子ども」だという意識を否定されて，「傷つき動揺している」のだと，凜は思い当たったのである。

問五＜文章内容＞「何かを本気でやりたい」と凜が言い出したときには，父は凜のことを，自分の意志を断固として曲げない頑固な子だと受け止めたうえで，「最終的には味方してくれて」いた。

問六＜表現＞凜が京都について「盆地に住んでる人たちをやさしいバリアで覆って」いると表現したことを受けて，父はうなずき，「確かに京都は，よく言えば守られてるし，悪く言えば囲まれてる土地や」と答えた。その父の反応に対して，凜は，「父が当たり前のように自分の言った言葉の意味を理解して」くれて，「ちゃんと意思疎通ができている」と，肯定的に感じた。

問七＜心情＞凜が「やさしいバリア」と表現している「京都独特の力」を，父は前向きに受け入れており，京都へ帰ってくると「妙に清々しい気分になる」と言った。だが，凜は反対に京都から出られないような気がして「息苦しい」と感じており，父との認識の違いが明確になってきたため，父は，凜の気持ちをある程度理解しながらも，「物憂げな表情」になったのである。

問八＜心情＞父は，「京都独特の力」から逃れて，東京へ行きたいという凜の気持ちについて「分からんでもない」と言っており，ある程度理解する姿勢を見せた。一方で，父も母も，凜の将来を「ただただ心配」し，また，今までどおり家族として同じ土地で仲良く過ごしていきたいと考えていたため，凜に家を出ると切り出されて「傷つき動揺」して，凜の東京行きに反対した。

Memo

Memo

2022年度 立教新座高等学校

【英　語】（60分）〈満点：100点〉

注意　Ⅰ・Ⅱはリスニング問題です。放送中にメモを取ってもかまいません。

Ⅰ　リスニング問題(1)

これから放送で，６つの対話が流れます。その最後の文に対する応答として最も適切なものをそれぞれA～Dから１つ選び，記号で答えなさい。対話は**２回ずつ**流れます。

1　A．I'm sorry to hear that.
　B．Way to go!　I'm really excited.
　C．It was very nice of you.
　D．I'm glad to hear that you made it.

2　A．You have to take a bus to get here.
　B．I wish I could go with you.
　C．No.　Don't worry about that.
　D．We can also buy nice suits here.

3　A．I just want to finish it by tomorrow.　B．That's the one I'd like to have.
　C．Thank you, that would be nice.　D．Really?　I hope you can.

4　A．About twenty minutes ago.　B．Every fifteen minutes.
　C．Five kilometers.　D．In half an hour.

5　A．OK.　I'll buy one tomorrow.
　B．Thank you.　I'll come by then.
　C．I'll wash the clothes now.
　D．Never mind.　I'll call and help you later.

6　A．After lunch.　B．On the table.
　C．Tomorrow afternoon.　D．It was my brother's.

Ⅱ　リスニング問題(2)

これから放送で，３つの英単語の定義が流れます。それぞれの定義が表す英単語を書きなさい。英語は**１回のみ**流れます。

※**＜リスニング問題放送台本＞**は英語の問題の終わりに付けてあります。

Ⅲ　次の英文を読んで，各設問に答えなさい。

〔編集部注…課題文は著作権上の問題により掲載しておりません。作品の該当箇所につきましては次の内容を参考にしてください〕

John Farndon「DO YOU THINK YOU ARE CLEVER ?」〈Icon Books Ltd〉

P.69 の下から 9 行目～P.73 の 13 行目（改変大）

＊注　worth　～に値する　　depression　うつ病　　psychologically ill-adjusted　心理学的にうまく順応できない
Ladakh　ラダック（インド北部の地方州）　　empathy　共感　　capitalism　資本主義

Development Commissioner　開発担当長官　philosopher　哲学者　well-spirited　良い魂の状態で
Aristotle　アリストテレス（古代ギリシャの哲学者）　accidentally　偶然に

問1　下線部①の表す意味に最も近いものを1つ選び，記号で答えなさい。

ア　raise　イ　mean　ウ　turn　エ　decide

問2　下線部②の文中での意味を表すものを1つ選び，記号で答えなさい。

ア　age of younger users　イ　age of many rich people

ウ　age of endless buying　エ　age of customer research

問3　空欄③に入る適切なものを1つ選び，記号で答えなさい。

ア　who want more things　イ　who respect each other

ウ　who care about the environment　エ　who love to share feelings

問4　以下の英語に対応する適切なものをそれぞれ1つ選び，記号で答えなさい。

1　Choose the item which does **NOT** agree with the content in paragraph 1 and 2.

ア　Most people hope to be happy.

イ　If you ask yourself what happiness is, it means you're not happy at the time.

ウ　Humans think they should be happy.

エ　If you try to find happiness, it is very difficult to catch.

2　In paragraph 2, the writer would like to say that . . .

ア　we often think about happiness when we don't have much material wealth to make us happy.

イ　when you buy things that bring you joy, you are able to achieve happiness.

ウ　though we are seeking happiness in this modern world, happiness is not easy to find.

エ　if you use such things as self-help books, TV programs, and websites, you will come to lose a sense of happiness in the future.

3　In paragraph 3, the writer would like to say that . . .

ア　as surveys show, most people see the present situation as the height of happiness.

イ　many people have things that bring us pleasure, but they alone don't satisfy our needs for happiness.

ウ　people don't laugh as often as we did 50 years ago, and this means we need to build more comfortable homes.

エ　they only look for material pleasures because the number of people with mental problems has increased.

4　In paragraph 4, "this search for happiness" is closest in meaning to . . .

ア　collecting good old memories when we were poor.

イ　looking for something lost in our mind a long time ago.

ウ　seeking true happiness that old philosophers talked about.

エ　trying to find joy in material pleasures.

5　Why are the people of Ladakh experiencing negative changes in their society now ?

ア　Because the Development Commissioner has announced so.

イ　Because the value system in their society has changed.

ウ　Because they have become poorer than before.

エ　Because they have started to search for happiness.

6　In paragraph 6, choose the idea which *Eudaimons* would **NOT** like.

ア　Loving your family has a good effect on your spirit.
イ　Passing an entrance exam is a good thing.
ウ　It is important to have a balanced meal to keep your family healthy.
エ　Technology is the only thing that makes you happy.

7　In paragraph 6 and 7, the writer would like to say that . . .
ア　happiness doesn't always come with material wealth, but it can be found in our memories.
イ　Aristotle was right because he regarded the world as the place that would bring pleasures.
ウ　emotional pleasures and material pleasures are equally important as both can lead to happiness.
エ　happiness is so difficult to find that we should keep the memory of material pleasures in the past.

Ⅳ　次の英文を読んで，各設問に答えなさい。

There's an Alien on the Internet

Andy's best friend is Joey, but they've never actually met. He met him on the Internet. He learned all the things about the solar system from Joey, so it made his *Star Wars* games fun. Joey doesn't go to school. He chooses to get his education at home. *I wish that Joey would come to our school here in Portland*, thought Andy.

Last week Andy's teacher, Mrs. Becker, put a big circle on the blackboard and said it was a pizza.

"Andy," she said, "if we divide the pizza, would you like one-third or one-tenth ?" Ten is the bigger number, so that's what he picked.

Kevin started waving his hand in the air and shouted that he chose one-third. Mrs. Becker drew lines on the circle and then, Kevin showed that his piece of the pizza was bigger than Andy's. "①Andy's gonna get hungry," Kevin joked.

Then the whole class was laughing. ②*I wish that the recess bell would ring*, thought Andy.

Mrs. Becker's loud and strong voice made the room quiet "Andy, do you see how the more you divide the whole pizza, the smaller the pieces become ?"

"Yes, Mrs. Becker," Andy lied. The recess bell didn't ring for another half hour, and by then Mrs. Becker gave twenty problems in the class math book. Each problem had two *fractions with an empty circle between the fractions. The students were supposed to put a sign, ＞ *(greater than)*, or ＜ *(less than)*, in each circle. Looking at all those fractions and circles made Andy dizzy. He decided he had a fifty-fifty chance of guessing which one is right, but he often guessed wrong.

After school, when Andy got online with Joey, he typed: "I failed my math quiz today. I don't understand fractions and how to tell which is bigger."

Joey typed back: "Here's a good trick." Then he went to his drawing board and showed Andy how.

The next week, when Mrs. Becker gave a fractions test, Andy was the only kid who got 100 percent. The class didn't think Andy was so stupid anymore, thanks to Joey.

One day Andy said they should trade pictures in the mail. Andy sent his picture; he was in his baseball uniform with his bat over his shoulder like he was going to hit a home run. Then, when

Andy asked Joey if he received his picture yet, Joey answered, “Your picture came, and it’s impressive. Thanks!”

“Great!” Andy replied. “Then I should be getting yours soon.” But Joey’s picture never came.

It was strange. No photo and no comment from Joey. He just changed the subject. Then one day when they were talking about stars and aliens, Andy asked him, “Do you think there are aliens *in disguise on earth?” ③It seemed like a long time before the screen lit up with his reply.

“Can you keep a secret?”

“I guess,” Andy answered.

“Promise? It’s really important!”

“Sure. I promise.”

“I’m an alien from another planet. That’s why I can’t send you a photograph. My image can’t be caught on film.”

Andy sat there, while he was staring at the computer, in shock. He thought, “*Was this one of Joey’s jokes? Then why didn’t he send a picture? Is this why he knows so much more than other kids about spaceships and outer space? Why is he not so open about himself?*”

At dinner, Dad announced, “Good news! My *transfer request was accepted. We’ll move to the head office in Denver at the end of this month. The company has found us a home. It’s close to a good school for Andy and large enough for Grandma to live with us.” Andy’s mom was happy because her mother lived in Denver and recently broke her leg, so she wanted Grandma to live with them. But Andy just felt confused.

That night in bed, Andy thought about being a new kid in a new school. *I remember how I felt when we moved here. It was hard to make new friends. The other kids treated me differently for a while until they got to know me.*

The next morning, as Andy was sitting at the kitchen table and eating breakfast, his mom was watching a show on TV. A newscaster was interviewing a lady in Florida. “Tell me about the role the Internet plays in Joey’s life,” the newscaster asked.

“Well, it has allowed him a freedom he’s never known before. He is not only able to have access to information from his wheelchair, but most importantly, he has made new friends.”

The newscaster then asked, “Tell us about your Internet friends, Joey.”

The camera shifted to the kid in a wheelchair, who was sitting in front of his computer. He was a little thin with disabled legs. His head hung to one side, and when he answered, his words were hard to understand. He had to make a big effort to say them. “When other kids see me, they just see that I’m different. It’s hard for me to talk and be understood. But when I’m on the Internet, they think I’m just another kid because they can’t see me. I’ve been making friends with lots of different people,” Joey explained.

All day at school, Andy’s mind was full of mixed thoughts. He wondered: *His Internet friend, Joey; Joey the alien; Joey the kid on TV; making new friends in Denver; Grandma.* As soon as he got home, he ran to his computer and switched it on.

He decided: *It doesn’t matter where Joey came from — another planet or Florida. It doesn’t matter what Joey looks like. I know who Joey is. Joey is my friend.*

Andy typed into the computer: “Joey, guess what? We’re moving to Denver. ④Boy, I am so glad to have a friend who goes with me everywhere I go.”

＊注　fractions　分数　in disguise　変装した　transfer　異動，転勤

問１　以下の問に答えなさい。

1　Why did Kevin say, ①Andy's gonna get hungry ?

ア　Because he wanted to make fun of Andy's mistake.

イ　Because Andy started moving his hand and shouting.

ウ　Because he thought Andy couldn't get his piece of pizza.

エ　Because Andy already ate the pizza he chose.

2　Why did Andy answer "one-tenth" to the teacher's question ?

ア　Because he wanted to divide the pizza among his ten classmates.

イ　Because Kevin answered one-third first, Andy chose the other.

ウ　Because he thought one-third is smaller than one-tenth.

エ　Because there were more than three classmates in his class.

3　Why did Andy think ②*I wish that the recess bell would ring* ?

ア　Because he easily finished solving all the problems.

イ　Because he felt embarrassed when his classmates laughed at him.

ウ　Because he wanted to play with other kids.

エ　Because he wanted to have lunch soon.

4　How are the problems done in the math book ?

ア　Draw 20 circles between fractions.

イ　Line up 20 fractions in order.

ウ　Do a guessing game that makes them dizzy.

エ　Tell which fraction is bigger in each problem.

5　What does Andy look like in his picture ?

ア　Andy has his team's uniform on and his name plate.

イ　Andy has his bat which he hit a home run with.

ウ　Andy looks like he can hit a home run.

エ　Andy is in his school uniform with his classmates.

6　下線部③It seemed like a long time before the screen lit up with his reply. について次の質問に答えなさい。

Why did it take so long for Joey to answer Andy's alien question ?

ア　Joey couldn't find a good answer to Andy's question right away.

イ　Joey's computer broke down.

ウ　Joey was taking a picture of himself.

エ　It took time for Joey to get messages from earth.

7　次の質問に対して**あてはまらない**ものをすべて選びなさい。

What were the roles the Internet played in Joey's life ?

ア　A tool to get a lot of information.

イ　A tool to connect with friends.

ウ　A tool to make his condition better.

エ　A tool to make him different from others.

8　下線部④<u>Boy, I am so glad to have a friend who goes with me everywhere I go</u>. からAndyのどのような気持ちが読み取れるか。次の書き出しに続くものを選びなさい。

Andy felt happy because he would be able to . . .

ア　always be with his best friend.

イ　make new friends at a new school.

ウ　start his new life in a city he would first visit.

エ　live with his grandmother again.

問2　本文の内容と**異なるもの**を3つ選び，番号順に答えなさい。

1　Andy has not met Joey directly.

2　Joey studies at his house instead of going to his local school.

3　Andy chose the smaller piece of pizza for the math quiz by Mrs. Becker.

4　Joey's picture came at last but his image was not clear and difficult for Andy to see.

5　Joey knows much more about outer space than other kids.

6　Andy's family planned to live with his grandmother.

7　When Dad announced his move to Denver, every member of Andy's family was happy.

8　Andy was worried if he could get along with new friends when he heard about them moving to Denver.

9　Andy knew Joey came from another planet from the beginning.

10　Andy decided he didn't mind what Joey looked like after he watched him on TV.

Ⅴ　日本語の意味に合うように〔　〕内の語句を並べかえて意味の通る英語にしなさい。解答の際はAとBに入るものを記号で答えなさい。ただし，文頭に来る語も小文字で示してあります。

1　私の家までの行き方を示している地図はここにあります。

〔ア　shows　イ　the map　ウ　here　エ　to　オ　the way　カ　is　キ　which〕 my house.

______ __A__ ______ ______ __B__ ______ ______ my house.

2　私がずっと探していた傘はこれです。

〔ア　is　イ　been　ウ　umbrella　エ　this　オ　looking　カ　I　キ　the　ク　have〕 for.

______ __A__ ______ ______ __B__ ______ ______ ______ for.

3　私は川端康成の著書を3冊持っています。

〔ア　have　イ　written　ウ　I　エ　books　オ　by　カ　three〕 Kawabata Yasunari.

______ __A__ ______ ______ __B__ ______ Kawabata Yasunari.

Ⅵ　次の会話が成り立つように空所に入る語句をア～エより1つ選び，記号で答えなさい。

1　A：When ________ Hokkaido？

B：Two years ago.

ア　have you visited　　イ　were you visited

ウ　did you visit　　エ　do you visit

2　A：I ________ my brother does.

B： You mean your brother has more CDs than you do.

ア have as many CDs as　　イ don't have as many CDs as

ウ have more CDs than　　エ don't have less CDs than

3 A： If I ______ his address, I would write a letter.

B： He said he moved. I don't know his address, either.

ア know　　イ have known　　ウ knew　　エ knowing

Ⅶ 会話の流れに合うように空欄に入る英語を自分で考えて書きなさい。

1 ハナとティムが趣味について話しています。

Hana： What do you like to do in your free time？

Tim： Well, I like exercising. I like going to the gym. And sometimes, I enjoy reading books.

Hana： I also enjoy reading books when I have time.

Tim： But these days, I often listen to books instead. I listen to audiobooks.

Hana： Oh, do you？

Tim： Yeah, I like listening to audiobooks.

Hana： Why？

Tim： Because [　　　　　　　　　　　　　　].

Hana： So, you mean you can do two things together.

Tim： Right. It is called "Multitasking." I love multitasking.

2 ケンジとジョンが昨日の出来事について話をしています。

Kenji： Hi, John. What's up？

John： Hey, Kenji. I went to a movie with Aya yesterday.

Kenji： That sounds fun. How was the movie？ Did you enjoy it？

John： Not really. I had an argument with her.

Kenji： I'm sorry to hear that. What [　　　　　　　　　　　　　　]?

John： Well, the movie was OK, but I said the main actor Bob Depp wasn't cool. But she was a big fan of him.

Kenji： Oh, you didn't know that she was a fan？ She is always talking about him with her friends.

John： Oh, no, I didn't know that.

＜リスニング問題放送台本＞

Ⅰ リスニング問題(1)

1 A： I heard about the accident yesterday.

B： Yeah, that was bad luck.

A： Does your wrist (still) hurt？

B： Yes, but now my elbow hurts too.

2 A： ABC restaurant, may I help you？

B： I'd like to make a reservation for Friday evening. There will be four of us. What time is available？

A： Is 7：00 OK？

B： Can we come in earlier？

A : Sure.

B : Do you require a jacket and tie ?

3 A : Have you finished your English homework yet ?

B : No, not yet. It's too difficult for me to understand.

A : Oh, is it ? I can help you if you like.

4 A : Excuse me. How can I get to the nearest station from here ?

B : The best way is to take a bus.

A : How often do the buses run ?

5 (電話の呼び出し音)

A : Hello. City Library. How can I help you ?

B : Hello. I'd like to know when you close today.

A : Well, it's Sunday today, so we are open until five.

6 A : What's the matter ?

B : I'm afraid I've lost my favorite cap.

A : That's too bad. When did you see it last ?

Ⅱ リスニング問題(2)

1 This is a machine that can be made to work for humans. In books and movies, this often looks like people and can speak and behave like people.

2 This is the thing which makes it possible for you to see things clearly. This comes from the sun during the day, but can also come from electricity.

3 This is a flat thing on the side of a bird's body or on the side of a plane that helps it to fly.

【数　学】（60分）〈満点：100点〉

注意　1．答はできるだけ簡単にし，根号のついた数は，根号内の数をできるだけ簡単にしなさい。また，円周率はπを用いなさい。

2．直定規，コンパスの貸借はいけません。

3．三角定規，分度器，計算機の使用はいけません。

1　以下の問いに答えなさい。

(1)　関数$y=ax^2$について，xの変域が$-6\leqq x\leqq 3$のとき，yの変域は$0\leqq y\leqq 24$です。また，xの変域が$b\leqq x\leqq 3$のとき，yの変域は$\frac{8}{3}\leqq y\leqq c$です。このとき，定数$a$，$b$，$c$の値を求めなさい。

(2)　図のような立方体OABC-DEFGと，A，B，C，D，E，F，Gの文字が1つずつ書かれた7枚のカードが入った袋があります。この袋の中から同時に2枚のカードを取り出します。取り出したカードに書かれている文字と同じ文字の立方体の頂点を選び，その2点を通る直線をlとします。次の確率を求めなさい。

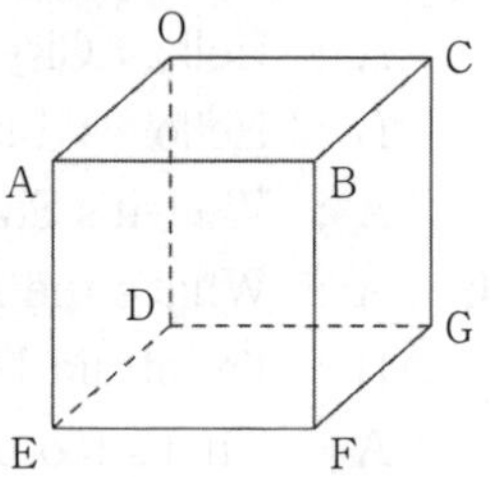

①　直線lと平面AEFBが垂直になる確率

②　直線lと直線OBがねじれの位置になる確率

(3)　底面の半径が6 cm，高さが8 cmの円錐の形をした容器の中に水が入っていて，図1のように，底面が水平になるように置きました。この容器に，図2のように球を入れたところ，水面の高さは容器の高さの半分になり，球は容器の側面および水面に接しました。図3は，図2を正面から見た図です。このとき，球の半径と容器の中に入っている水の体積を求めなさい。

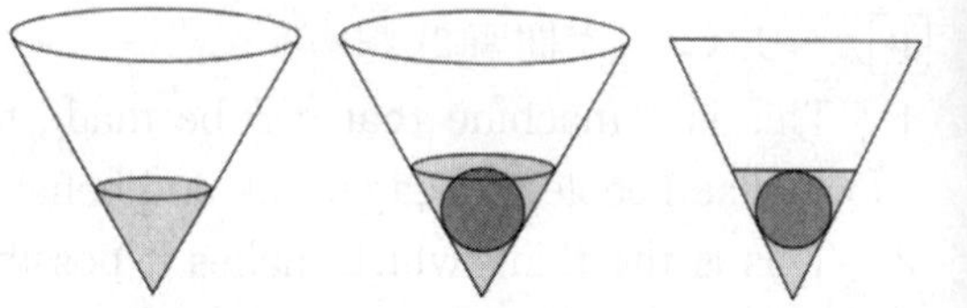

図1　図2　図3

(4)　正の数pがあり，その小数部分をbとします。例えば，$p=3.14$のとき，$b=0.14$です。ある正の数pが等式$p^2+b^2=44$を満たすとき，pの値を求めなさい。

2　図1のような平行四辺形ABCDがあり，辺CDを4等分した点のうち，頂点Dに最も近い点をEとします。また，辺BCをn等分し，そのn等分した点のうち，頂点Bに最も近い点をF，頂点Cに2番目に近い点をGとし，線分AGとEFの交点をPとします。図2は辺BCを4等分したものです。次の問いに答えなさい。ただし，nは4以上の整数とします。

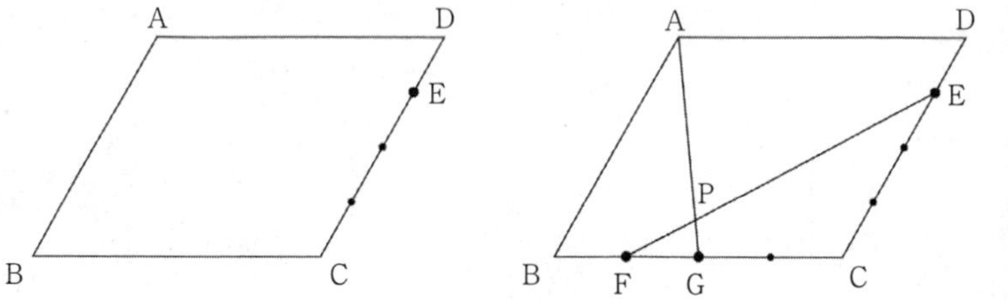

図1　図2

(1)　辺BCを4等分したときの図2について，

①　AP：PGを求めなさい。

②　FP：PEを求めなさい。

③　△PFGの面積と平行四辺形ABCDの面積の比を求めなさい。

(2)　辺BCをn等分したとき，AP：PG＝13：7になりました。nを求めなさい。

3　太郎君と次郎君は，0，1，2，4の数字が書かれた玉が1個ずつ入っている袋をそれぞれ持っています。太郎君と次郎君はそれぞれ自分が持っている袋から玉を1個取り出して，玉に書かれた数字の大小で勝敗を決め，その勝敗によって点数を加えるゲームを繰り返し行います。太郎君と次郎君の初めの点数は2人とも0点とします。取り出した玉は自分が持っている袋に毎回もとに戻し，どの玉を取り出すことも同様に確からしいものとします。1回ごとの勝敗は，取り出した玉に書かれた数字の大きい方が勝ち，数字が同じときは引き分けとし，加える点数は以下の通りです。

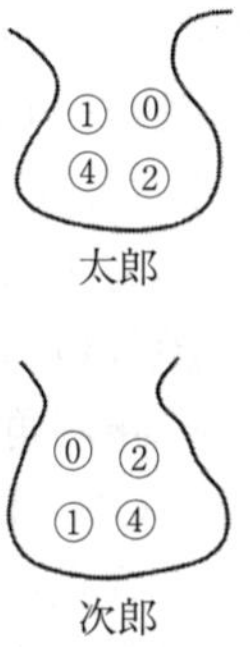

【勝ち】
・4が書かれた玉を取り出して勝ったときは，勝った人の点数に4点を加える。
・2が書かれた玉を取り出して勝ったときは，勝った人の点数に2点を加える。
・1が書かれた玉を取り出して勝ったときは，勝った人の点数に1点を加える。
【引き分け】
・引き分けたときは，お互いに0点を加え，これまでの合計点数は変わらない。
【負け】
・負けたときは，負けた人の点数に-1点を加える。

例えば，3回ゲームを行い，太郎君の勝敗が1回目は負け，2回目は引き分け，3回目は2が書かれた玉を取り出して勝ったとき，-1点，0点，2点を太郎君の点数に加えます。よって，3回目のゲームが終了したとき，太郎君の点数は1点となります。

次の確率を求めなさい。
(1)　1回目のゲームが終了したとき，太郎君の点数が2点になる確率
(2)　2回目のゲームが終了したとき，太郎君の点数が2点になる確率
(3)　3回目のゲームが終了したとき，太郎君の点数が2点になる確率

4　図のように，放物線$y=\frac{1}{4}x^2$…①，放物線$y=ax^2$…②，2直線l，mがあります。放物線①と直線lは2点A，Bで交わり，2点A，Bのx座標はそれぞれ-3，4です。放物線②，直線l，直線mは1点で交わります。その交点をCとすると，Cのy座標は6です。放物線①と直線mは原点O，点Dで交わります。また，四角形ABDEがAB//EDの台形となるように，放物線①上に点Eをとります。次の問いに答えなさい。

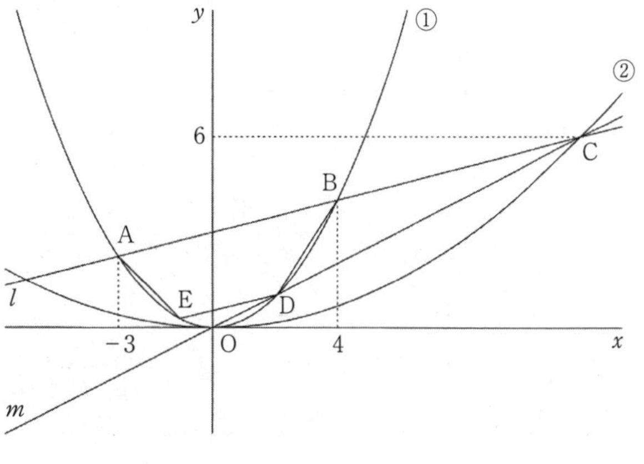

(1)　直線lの式を求めなさい。
(2)　aの値を求めなさい。
(3)　台形ABDEの面積を求めなさい。
(4)　点Dを通り，台形ABDEの面積を2等分する直線をnとします。直線nとy軸との交点のy座標を求めなさい。
(5)　(4)の直線nと直線lとの交点をFとします。△BDFを，y軸を回転の軸として1回転させてできる立体の体積を求めなさい。

5　図のように，各辺の長さがすべて12cmの正四角錐O-ABCDがあります。辺OA，OB上にOE：EA＝2：1，OF：FB＝2：1となる点E，Fをとります。正方形ABCDの対角線の交点をG，四角形CDEFと線分OGの交点をHとします。次の問いに答えなさい。

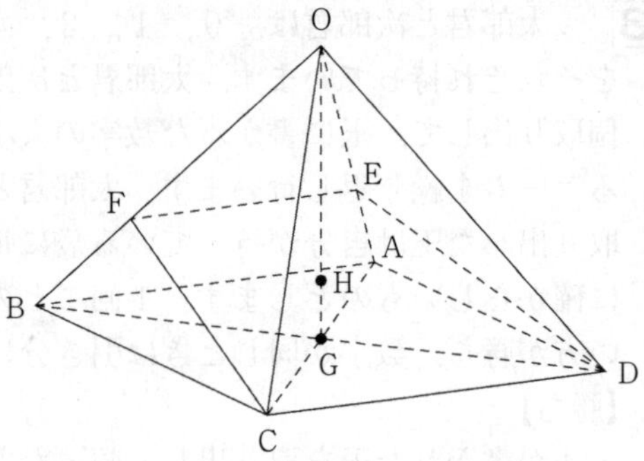

(1)　正四角錐O-ABCDの体積を求めなさい。

(2)　OH：HGを求めなさい。

3点O，B，Dを通る平面をP，3点O，A，Cを通る平面をQ，4点C，D，E，Fを通る平面をRとします。この正四角錐を，3つの平面P，Q，Rで同時に切断したところ，8個の立体に分かれました。

(3)　△OEFを1つの面とする立体の体積を求めなさい。

(4)　△BCGを1つの面とする立体の体積を求めなさい。

(5)　8個の立体の表面積の和を求めなさい。

また、歴史を記す者が人間である以上、有限の時間、有限の量の文字で記す。例えば、現在の情報環境では、昨日一日の出来事について、ネット上に厖大《ぼうだい》な記録やイトウコウがある。しかし、だからといってそれを全て寄せ集めてみたところで、世界の一日を完全に記述できるわけではない。そもそも何を記せば完全な記述になるのかさえ分からないわけだが。

使える材料、使える紙幅、書き手の知識や歴史観などの組み合わせによって、歴史が記述される。事の次第からして厖大な省略が生じることになる。だから過去は誰にも正確には分からない、という意味ではない。いつも私たちは、そのような条件の下で、それでも過去の出来事について探究し、こうであっただろうという像を提示し、検討の末に可能であれば合意するわけである。

後日、関連する新たな史料が出現したり、新たな見方が提示されたりすれば、何度でも④倦《う》むことなくこのプロセスを繰り返す。不完全ながら、ここまでは分かったと言えるという領域と、ここから先は分からないという領域を確認し直し続ける。歴史を探究する学問に歴史学がある。歴史学とは、そのつど終わりなき近似を目指す営みである。それは人びとのあいだで過去の記憶をいかに共有するかという試みでもある。

これは歴史学に限らない。日常人びとが交わす会話、戦没者をロツイトウし平和を祈念する日のような記念日の制定、儀式やハモヨオし、記念碑や記念館などのモニュメント、メディアによる報道、批評を含む各種の出版物、小説や詩、絵画、写真、映画をはじめとする創作物、過去に戦争や事故などの惨事が生じた土地をめぐるダークツーリズム、政治、教育など、日々の暮らしから国家の水準まで、多様な過去の捉え返しや表現がなされている。

また、日本では、歴史の見方について国家が少なからぬ役割を果たしている。教科書検定という仕組みがあり、なにを日本の歴史として教育することを認めるか、という共同の記憶について、その歴史教育を受ける人びとの歴史観についてコントロールを利かせており、これまでも論争の火種となってきた。

ここではそのニゼヒではなく、教育内容を通じて、共有すべき記憶が選定されているという事実に目を向けておこう。私たちの記憶のあり方について考える際、社会というエコロジーを考慮する必要があるのはこのためである。

（山本貴光『記憶のデザイン』）

（注）＊ジェノサイド…集団殺戮《さつりく》。

問一 傍線部イ～ニのカタカナを漢字に直しなさい。

問二 空欄 A ・ B に当てはまる語を次の中から選び、それぞれ記号で答えなさい。

ア だが　イ だから　ウ また　エ つまり

問三 傍線部①「私たちはそうした虚構を共有している」とあるが、「虚構」の説明として適当なものを次の中から選び、記号で答えなさい。

ア 皆が知っているわけではないが、この世界のどこかにあるもの。

イ 普段は隠されている、言葉の上で創造されただけのもの。

ウ 記憶の上にのみ存在するという、実在が危ぶまれるもの。

エ 目には見えないが、存在するものとして扱われているもの。

問四 傍線部②とあるが、筆者が「記憶にかんする社会のエコロジーを考え」ようとするのはなぜか。文中の表現を用いて答えなさい。

問五 傍線部③「例えば『平家物語』という物語が伝存している」とあるが、「『平家物語』」は何の例か。文中の語句を用いて十字以内で答えなさい。

問六 傍線部④「倦むことなく」とはどういう意味か。適当なものを次の中から選び、記号で答えなさい。

ア 飽きることなく　イ 休むことなく

ウ 諦めることなく　エ 疲れることなく

約によって、そのようなものがある、と設定されたなにものかなのだ。法律で認められた、そういってよければ言葉の上で創造された存在である。ハラリの言い方を借りれば、①私たちはそうした虚構を共有しているということになる。

ここでの私たちの関心に照らして言い換えれば、国家や法律や企業その他、人間がつくる組織は、人びとの頭のなか、記憶の上にのみ存在するものだと言えるだろう。といっても、それは幻想であって、意味のないものだ、ということではない。まったく逆で、むしろモノとしては存在していないのにもかかわらず、人間たちは共同して、そのような各種の組織や仕組みを存在するものとして扱い、運用している。これなども社会的な記憶のあり方と見ることができる。実際にそんなことは起きないだろうけれど、明日世界中の人びとの記憶から、日本という国にかんする記憶が消えたらどうか。それでも日本という国は存在していると言えるだろうか。

言語や歴史なども、個々人が勝手につくりだすものではない。言語は、長い時間をかけてその言語を使う人びとが、つくってきた語彙や表現を受け継いでいる。私たちが使う言葉は、そのほとんどが、過去に誰かがつくったものだ。また、言葉は他人に通じてこそ意味がある。他人に読まれたくない秘密の日記を書くために、自分専用の言語をつくるというケースは考えられるが、日常的には他人と共有してなんぼである。これなども、言葉とその意味や使い方についての記憶を、他人と共有している社会の記憶として捉えることができるだろう。

また、過去の歴史についても、いつなにが起きたのかという記録や遺物があり、それを誰かが観察・分析・記録して、「このようなことがあった」と記述してこそ、私たちもそれを学び、検討し、知ることができる。例えば、一八六七(慶應三)年に徳川慶喜が政権を朝廷に返して、大政奉還が成立した、という歴史の事実を、その目で見た人はすでにこの世にいない。当時の記録や遺物などの史料が伝える出来事とそれに対する解釈を、知識として私たちは自分の長期記憶に入れることで、そのような歴史を認識するわけだ。歴史もまた、社会的な記憶の一例である。

このように考えると、私たちの記憶は、そもそも他の人たちとのあいだでこそ成り立っているという次第も納得がゆくだろう。以下では、そうした②記憶にかんする社会のエコロジーを考えるいくつかの例を検討してみよう。

『記憶の暗殺者たち』という本がある。書き手はフランスの歴史家ピエール・ヴィダル＝ナケ。

この書名が雄弁に語っているように、過去の記憶を葬り去ろうとする人びとがいる。いわゆる歴史修正主義者だ。この本では、第二次世界大戦中のドイツで行われたユダヤ人に対する＊ジェノサイドをなかったことにしようとする者たちへの批判が行われている。

過去の歴史をめぐっては、日本でも争いが絶えない。特に先の戦争での日本軍による南京大虐殺や従軍慰安婦の問題については、いまもなお歴史修正主義的な見方が後を絶たない。戦争責任を巡っても意見が分かれている。

そこでは、過去の出来事に関わる史料やその学術的な解釈について、どの程度学んで理解しているか、いないかという各人の記憶の状態に加えて、過去がどのようなものであって欲しいかという願望も混ざりこむため、話はさらにややこしくなる。

過ぎ去った過去の出来事は、それを経験した人たちが存命であれば、その人たちの記憶のなかに、経験した人たちがもはや地上に残っていなければ、ただその痕跡だけがある。

③例えば『平家物語』という物語が伝存している。いくつかの写本があり、なかには書き写した人が分かっているものもある。だが、いつどこで誰がつくったのか分かっていない。

同じ過去の出来事を記述しても、人によって必ずしも一致しないのは、残された材料(史料や遺物など)が限られているのに加えて、それに対する解釈も人によって違うからだ。

最後に岡本太郎の《坐《すわ》ることを拒否する椅子》（一九六三）をとりあげよう。彼は巨大な壁画や屋外彫刻のように、公共空間に設置され、誰も所有しないアートを推進したが、これは題名通り、座面が丸かったり、ハート型だったり、顔がついているなど、座りにくい陶製の椅子である。もちろん、これは他者の排除を狙ったわけではない。生ぬるく快適に生きると人間が飼いならされてダメになるから、山の中の切り株のような椅子をつくり、大衆社会に送り込んだものだ。いわば反語的なメッセージである。座るな、ではなく、それでも果敢に［D］、と訴えるものだ。一方、彼は、弱者である病人や高齢者は座りやすい椅子を使うべきだと述べたという。当然、岡本の時代に排除アートは存在しなかった。「坐ることを拒否する椅子」は、モダニズムの機能主義に対する批判でもある。一方で排除アートは「～させない」という機能を担わされた造形だ。まずはわれわれが街に出かけ、他者の視点をもって、知らないうちに増えている排除アートを発見・体験し、都市の不寛容を知ることから、意識を変えていく必要がある。

（五十嵐太郎「排除アートと過防備都市の誕生。不寛容をめぐるアートとデザイン」）

（注）＊プロダクト…製品。
＊アフォード…与える。提供する。

問一 傍線部①「その意図」とはどのようなことか。解答欄の形式に合うように、文中から二十字以内で抜き出しなさい。

問二 空欄［A］・［B］に当てはまる語を次の中から選び、それぞれ記号で答えなさい。
ア つまり　イ なぜなら　ウ もっとも
エ しかし　オ だから　カ そして

問三 傍線部②について。この「風潮」によってどのような弊害があるか説明しなさい。

問四 空欄［Ⅰ］～［Ⅳ］について。「アーティスト」が当てはまる場合はア、「デザイナー」が当てはまる場合はイをそれぞれ答えなさい。

問五 空欄［C］に当てはまる漢字一字を答えなさい。

問六 空欄［D］に当てはまる表現を次の中から選び、記号で答えなさい。
ア 座らざるをえない　イ 座ることを拒否しろ
ウ 座ってみろ　エ 座れるはずがない

問七 筆者が最も強く主張していることを次の中から選び、記号で答えなさい。
ア 誰に対しても優しい都市になるように、排除アートを使わないようにすること。
イ ホームレスの立場に立って、都市に隠されている排除アートを作りかえること。
ウ 何気ないものにも気を配って、排除アートの存在に対して自覚的になること。
エ 自分以外の人が排除されていないかどうか、絶え間なくチェックすること。

三 次の文章を読んで、後の問に答えなさい。

記憶といえば、個人のものと思われがちである。［A］実際には、私たちは家族や友人、学校や職場やネットの知人たち、あるいは様々な他人とのあいだで記憶を共有している。同じ出来事を経験した者同士なら、そのときの記憶も共有している。ただし必ずしも一致するわけではなく、それぞれの人によって食い違いもある。

［B］、人びとが記憶を共有するからこそ成り立つものもある。これは歴史家のユヴァル・ノア・ハラリが『サピエンス全史』で挙げていた例だが、会社というものは、この世界のどこかに「これが筑摩書房です」という有形のモノとしてあるわけではない。

例えば、建物や仕事場の机やコンピュータといった会社の備品が会社なのではない。そこにいる社長が会社なのでもない。株主が会社なのでもない。会社とは、それらの人のあいだで取り結ばれた契

行為を＊アフォードするだろう。実際、数人が腰掛けていた。が、リング状に湾曲し、丸味を帯びているために、まったく平らな面がない。なるほど、これは座ることは可能なオブジェだが、もはや最初から寝そべるという行為をまったく想像させない。しかし、座ることさえ拒否する排除アートも存在する。公共の場所を物理的に占拠し、なんら身体のふるまいを働きかけない造形ならば、それが可能だ。これを機能なき純粋なアートと呼ぶべきなのか？　いや「〜させない」という否定形の機能はもつ。そもそも公共の空間は、さまざまな行為を許す自由な場なのだが、その可能性を部分的につぶすことに貢献している。とすれば、排除アートは、作者が表現を行うアートではなく、ネガティブな機能をもつデザインなのだ。

　実際、「排除アート」にあたる英語としては、やはり「Art」という言葉は使われておらず、「Hostile architecture（敵対的な建築）」や「Defensive urban design（防御的なアーバン・デザイン）」などが使われているという。筆者も表現としてのアートではなく、目的をもつデザインだと思うのだが、「アート」と呼ぶことが定着したのは、日本におけるアートの受容と関係があるかもしれない。②なんだかよくわからない、不思議なかたちをしたものを、とりあえず「アート」と呼ぶという風潮だ。例えば、今年オープンしたミヤシタパークには、通路に不定形のフォルムをもったベンチ、間仕切りはないが、途中に二つのリブが入るメッシュ状のベンチ、細い座板と細い天板をV字型の側面でつないだベンチ＋椅子が存在するが、いずれも長居したくない、あるいは寝そべることが難しいデザインである。が、これらを紹介しているネットのレポートなどを読むかぎり、「アートがたくさん！」という風に、目に楽しいオブジェ的なベンチとして受容されているようだ。座りにくいベンチが、アートという美名のもとにカモフラージュされている。

　排除アートを都市空間に設置されるパブリック・アートと比較しよう。戦後日本で増殖した裸婦像であろうと、抽象的な彫刻であろうと、パブリック・アートは、必ず作家の名前やタイトルを記したプレートが付いている。それに対し、排除アートは、制作者の名前がどこにも記されていない。すなわち、誰かがデザインしたものではあるが、［Ⅰ］の作品ではない、ということだ。かといって量産されるプロダクトでもなく、場所にあわせた一品物が少なくない。実際、ベンチのメーカーのホームページでも、機能を説明しづらい排除アートらしきものは販売していない。なるほど、［Ⅱ］の名前は意識されないが、同じものが複数つくられるプロダクトとも違い、環境を読み込んだ造形がなされる状況は、建築と似ていよう。とはいえ、［Ⅲ］の作品が、結果的に排除アートとして利用されることもありうる。開発者側が、戦略的に作品の位置やサイズを決めて、パブリック・アートの制作を依頼する場合だ。また物理的な排除機能がなくとも、目立つ場所に居づらいという雰囲気も醸成するだろう。ゆえに、他者の排除に貢献したくないならば、［Ⅳ］は慎重にならざるをえない。

　排除アートは、言葉によって禁止を命令しないが、なんとなく無意識のうちに行動が制限される、いわゆる環境型の権力である。現在、ＳＤＧｓやバリアフリーの目標が高らかにうたわれているが、実際に都市で進行しているのは、真逆の事態ではないか。ホームレスが使いにくいベンチは、実は一般人にとっても座りにくいベンチでもある。そして排除アートは、われわれが使えるはずだった場所を奪う。本来、広場や公園などの公共空間は、有料で入場するテーマパークと違い、未定義の部分があり、様々な可能性に開かれている。それをあらかじめつぶすのが、排除アートなのだ。いまや騒ぐ子供がうるさいということで、公園さえ迷惑施設とされているが、下手をすれば、将来、遊ぶ機能を失ったオブジェで埋めつくされるのかもしれない。アートだけではない。愛知万博の直前、公園のホームレスが強制的に排除された後、同じ場所には花が植えられ、緑を大切にという看板がかかげられていたが、どう考えても［C］には厳しい処置だった。他者を排除していくと、誰にもやさしくない都市になる。

わけではない。一六年前、すでに筆者は『過防備都市』（中公新書ラクレ、二〇〇四）を上梓《じょうし》した際、都市のフィールドワークを通じて、排除アートというべき物体が登場していることを確認した。有名な作品（？）としては、一九九六年に新宿西口の地下街でホームレスを排除した後に設置された先端を斜めにカットした円筒状のオブジェ群や、京王井の頭線渋谷駅の改札前において小さな突起物が散りばめられた台状のオブジェなどが挙げられるだろう。都築響一も、『ART iT』二号（アートイット、二〇〇四）において、こうしたオブジェに対し、「ホームレス排除アート」、もしくは「ギザギザハートの現代美術」と命名している。

　何も考えなければ、歩行者の目を楽しませるアートに見えるかもしれない。ときには動物を型取り、愛らしい相貌をもつケースさえあるから厄介で、ほのぼのとしたニュースとして紹介されることもある。しかし、①その意図に気づくと、都市は悪意に満ちている。排除される側の視点から観察したとき、われわれを囲む公共空間はまるで違う姿をむきだしにするはずだ。私見によれば、一九九〇年代後半から、他者への不寛容とセキュリティ意識の増大に伴い、監視カメラが普及するのと平行しながら、こうした排除アートは出現した。ハイテク監視とローテクで物理的な装置である。二一世紀の初頭、路上に増えだしたときはニュースにとりあげられたが、いまや監視カメラが遍在するのは、当たり前の風景になった。いち早く、マイク・デイヴィスの『要塞都市LA』（青土社、二〇〇一、村山敏勝・日比野啓原訳、原著一九九〇）も、セキュリティが最優先される都市の状況を指摘し、アメリカの公園において定期的に放水装置を作動させることで、浮浪者が居座れないようにするといった対策が施されていることを報告している。

　ベンチの真ん中に不自然な間仕切りをつけた排除系ベンチが目立つようになったのも、このころだった。言うまでもなく、ベンチは座るためにデザインされた＊プロダクトである。だが、通常は細長いことによって、その上で寝そべることも可能だ。これは本来、意図されていなかった機能かもしれないが、ホームレスにとっては地面の上で寝ないですむ台として活用できる。そこで座るという役割だけを残して、寝そべることを不可能にしたのが、間仕切り付きのベンチなのだ。当時、ベンチをよく観察すると、間仕切りは明らかに後から付加されたものが多く、行政や管理者の公共空間に対する考え方の変化が可視化されていた。すなわち、誰もが自由に使えるはずの公共空間が、特定の層に対しては厳しい態度で臨み、排除をいとわないものに変容している。おそらく、通常の生活をしている人は、間仕切りがついたことを深く考えなければ、その意図は意識されないだろう。言葉で「〜禁止」と、はっきり書いていないからだ。[A]、排除される側にとって、そのメッセージは明快である。

　排除系ベンチは「進化」し、最初から間仕切りを備えたプロダクトが登場した。ベンチのメーカーのホームページを調べると、こうした製品は様々に存在することが確認できる。背もたれがなく、座板が丸みを帯びたベンチは、さらに座るという機能だけに特化される。運動ができる健康増進ベンチという名前で、きわめて不自然な造形を正当化するものも認められた。もちろん、製品の説明にホームレスを排除するためとは書かれていない（はっきりと目的を記していれば、炎上案件だろう）。ともあれ、間仕切りが存在していれば、本来寝そべることは可能だが、それを拒否していることを想起させる。が、極端に座板が細かったり、座板の代わりに線状の部材を並べるようなプロダクトは、間仕切りが必要ない。最初からそこで寝そべることができるかもしれないという選択肢をあらかじめ奪う。だが、ベンチはベンチである以上、座るという機能は残る。ベンチはアートではなく、デザインされたプロダクトだからだ。これをさらに「進化」させると、排除アートになるだろう。

　[B]、アートはデザインと違い、直接的な機能が求められないからだ。青山のビル前でドーナツのような物体を初めて見たとき、次のステージに到達したと感じたことがある。全然、既存のベンチには似ていない。ただし、ほどよい高さなので、そこで座るという

「いえいえ、逆ですよ」教授は微笑《ほほえ》んだ。「小御岳火山が先。富士山の下にはね、より古い火山がいくつも埋まっているんです。まず先小御岳火山というのがあって、二十万年前頃から、その上に小御岳火山ができた。十万年前には小御岳の山腹で古富士火山が噴火を始める。今の富士山が生まれ始めたのは、一万数千年前。ごく最近です」
「最近、ですか」
「日本海が開いて日本列島の原型ができたのは千五百万年前。日本アルプスの山山が隆起を始めたのが二、三百万年前ですからね。富士山なんて、まったくの新参者ですよ」
聞こえました？　わたしは山頂のほうをちらりと見て、言ってやる。あなた、新参者ですって。少し胸がすっとした。
「ですから、数万年前に旧石器人がこの辺にいたとしたら、全然違う景色を見ていたはずです。逆にいうと、今の美しい富士は、ほんの束の間の姿ということになる」
そのあと美希が頼み込み、さっき撮っていた空撮動画を見せてもらった。画面の隅にほんの数秒だけ、手を振る美希とわたしの姿が小さく映っていた。
わたしはほんのちっぽけで、疲れて肩を落としていたけれど、ちゃんと山に立っていた。旧石器人が見ていた〝富士山〟のてっぺんに。
教授と別れてまた歩き出すと、美希が言った。
「来年の目標、富士山登頂にしようよ。美希&瑞穂の共同目標」
「——できるかな」
「いいんだよ。目標なんてのはね、達成できてもできなくても、人生に影響しないようなものにしときゃいいの。そうしとくべきなの、あたしたち人生の新参者は」
「新参者って、来年三十だけど」
「人生百年時代だよ。三十なんて、新参者同然じゃん。仕事だってまだこれから。結婚に至っては、まだまだまだまだこれから」
「まだが多いよ」思わず笑みがこぼれる。「でも——ほんとそうかもね」
頂上を仰ぎ、富士山に訊いてみる。あなた、日本一の山だそうですけど、こんな友だち、あなたにいますか？
富士山が初めて寂しげに微笑んだ気がして、急に愛《いと》しくなる。この美しい富士が束の間の姿だというのなら、ああきれいだなあ、と素直に思いながら眺めたほうがいい。
⑤ゴールはもうすぐそこだ。足は不思議なほど軽い。生まれて初めて、いつか富士山に登れそうな気がしていた。
（伊与原　新「新参者の富士」）

問一　傍線部イ〜ホのカタカナを漢字に直しなさい。
問二　傍線部①とあるが、美希は瑞穂の言葉をどのように解釈しているか。解答欄の形式に合うように二十字以内で答えなさい。
問三　二重傍線部A「せせら笑う」・B「嘲った」のように感じるのはなぜか。その前提となる一続きの二文を文中から探し、最初の五字を抜き出しなさい。
問四　傍線部②「山頂」とは何か。文中から二つ、七字と十九字で抜き出しなさい。
問五　空欄［③］に当てはまる語を答えなさい。
問六　傍線部④「振り回されて腹が立つこともある」とあるが、どのようなことがあったか。一続きの二文を文中から探し、最初の五字を抜き出しなさい。
問七　傍線部⑤「ゴール」とはどこか。文中から十一字で抜き出しなさい。

［二］　次の文章を読んで、後の問に答えなさい。
近年、排除アートが増えているというニュースが散見される。路上、あるいは公共空間において、特定の機能を持たない、作品らしきものが、その場所を占拠することによって、ホームレスが滞在できないようにするものだ。もっとも、こうした現象は最近始まった

「言ってた。どういう意味だろね」

三十分ほど歩き、泉ヶ滝というところで分岐を右に進む。道が細くなり、急に斜度が上がった。途端に息も上がる。

わたしは体力がない。子どもの頃から、人よりもずっと。ハショウモウすると、心まですぐ弱る。だから、お［③］もとで育ちながら、富士山に登ろうなどとは考えたこともない。

そもそもわたしは、ずっとこの山が苦手だった。そのニカンペキな美しさと威容でいつもこちらを見下ろし、わたしのひ弱さを笑っている富士山が。

頭痛がしてきた。高山病だろうか。前を元気に歩いていた美希が、山頂側の空を指差して「あ！」と声を上げる。

「ドローンだ！　さっきの人のじゃない？」

はるか上空を飛ぶ小さな機械に「おーい」と手を振る美希を見ながら、あらためて不思議な子だと思う。

わたしは県内の大学を出たあと、東京でホチュウケン飲料メーカーに就職した。美希はその同期だ。

今思えば、メーカーなど初めからやめておくべきだった。最初に配属されたマーケティング部はまだよかったが、四年目で営業部に異動になると、営業目標を達成するための激務とプレッシャーに耐えられなくなった。頻繁に体調を崩して上司に叱られ、先輩に嫌味を言われて、ストレスでまた寝込む。ひどい悪循環だ。

最後には異常な眠気で出社できなくなり、軽いうつ病と診断されて、退職。異動して一年ともたなかった。ワンルームマンションを引き払い、静岡に帰る新幹線から見えた富士山が、わたしをB嘲った。

ふっふっふ。やっぱりね――。

退職を決めたとき、同僚たちはいかにも思いやり深そうな顔をしながら離れていったが、美希だけは違った。「そっかあ。じゃあ、今度東京に出てきたときでいいからさあ」と、わたしと次の食事の約束をしようとしたのだ。

あれから三年。美希とはしょっちゅう電話やメールのやり取りをし、たまに上京すると必ず食事をする。④振り回されて腹が立つこともあるが、一緒にいて誰よりラクなのは、その文句をストレートに言えるからだと思う。

ぜえぜえ言いながらさらに三十分歩き、何とか六合目に着いた。山中湖を見下ろしながらコンビニで買ってきたおにぎりを食べているうちに、頭痛は消えてくれた。

帰りは少しコースを変え、途中まで吉田ルートを下りてから、スタート地点の富士スバルライン五合目へ向かう。

泉ヶ滝の分岐まであと少しというところに、ドローンの男性がいた。今度は一眼レフで山道脇の崖の写真を撮っている。

美希が立ち止まった。まさか、と思っている間に男性に声をかける。「何か面白いものでもあるんですか？」

「え？」男性が驚いて振り返る。「ああ、溶岩ですよ」

見れば確かに、傾いた板状の岩が何枚か重なっている。

「溶岩って、富士山のですか？」美希が言った。

「いえ、小御岳火山の」

「小御岳？　さっきの小御嶽神社の？」

美希が持ち前の無遠慮さで聞き出したところによると、男性は地元の大学で火山の研究をしている教授だという。ドローンを使っていたのは、火山の細かな地形を上空から撮影するためだそうだ。

教授は、北斜面の五合目付近を引きで撮った画像をタブレットで見せながら、解説してくれた。

「――ほらここ。斜面にポコッと小さな肩みたいなのがあるでしょ。小御岳火山の頭が飛び出てるんですよ。今我々は、ちょうどその上にいる。すぐそこのスバルライン終点も神社も、この肩の上に作られたわけです」

「そういうことかあ。だからさっき、ここが山頂だって」

納得顔の美希の横から、今度はわたしが訊《き》く。

「つまり、小御岳火山は、富士山の中腹にできた小さな火山ってことですか？」

二〇二二年度 立教新座高等学校

【国　語】〈六〇分〉〈満点：一〇〇点〉

一　次の文章を読んで、後の問に答えなさい。

ツアーの団体に混じって小御嶽《こみたけ》神社で参拝を済ませたあと、境内の脇にある展望台に上ってみた。広大な緑の裾野の先に、山中湖と富士吉田市街が見える。

「絶景だねえ。これが瑞穂の故郷かあ」美希がまた言った。

「だから、違うって。こっちは山梨側だって言ってるでしょ。うちは静岡。富士宮。反対側だよ」

①「またそうやって張り合っちゃって」美希はおどけて真顔を作る。

「富士山はみんなのものだよ。大昔から」

「誰もそんな話してないよ。だいたい、うちの地元が見たいなら、新幹線で新富士下車だよって言ったじゃん」

「だって、新宿からだとこっちのほうがラクだったんだもん」美希に悪びれる様子はない。

会うのは半年ぶりだが、この子は相変わらずだ。昨夜になって急に、待ち合わせ場所を新富士駅から河口湖駅に変更してほしいと言ってきた。おかげでこっちは四十分も余計に車を走らせる羽目になったのだ。

展望台を下り、色とりどりの大型バスがひしめく五合目ロータリーまで戻る。九月に入り、登山シーズンはもう終わりを迎えようとしているが、観光客、とくに外国人の多さは想像以上だった。

「あ！　ほら、見えたよ！」美希が頂上のほうを指差した。さっきまでかかっていた雲がきれいに取れている。

「ああ……よかったね」

「何その常連感」美希が口をとがらせた。「こっちは初富士山なんだから、もうちょっとテンション合わせてきて」

「わたしだって十年ぶりだよ。五合目まで来たの」

その言葉に、富士山が笑ったように見えた。

ふっふっふ。確かに珍しいですねえ、こんなそばまで来るなんて。しかも、リュックなんか背負って。もしかして、登ってくる気ですか――。

登りません、とわたしは心の中で答える。登山気分を味わいたいと美希が言うので、六合目までトレッキングするのに付き合うだけだ。富士山がまたAせせら笑う。

登らないんですか。まあ、多少は根性が要りますからねえ。何たって私、日本一の山ですから。ふっふっふ――。

山頂まで入れた自撮りに夢中の美希を、「もう行こう」と急《せ》かした。大きなザックを背負ったグループのあとについていく。たぶんそっちが登山口だろう。

舗装こそされていないが、道は広く平らに整備されている。両手にストックをイニギった登山者たち。Tシャツにサンダルロバきのカップル。土産物の紙袋を提げた外国人観光客。行き交う人々は様々だ。

山腹を横切る平坦な道を五分ほど行くと、路肩に中年男性がしゃがみ込み、タブレットを操作していた。その画面を横から老夫婦がのぞきこんでいる。

「――ですから、ちょうどこのあたりがですね」男性は周囲の地面を示して言った。「②山頂になるんですよ」

「へえ、ここが」「面白いわねえ」と老夫婦は感心したようにうなずき合っている。

「ねえ、あれ――」美希がささやいて、男性の足もとを指差した。

「ドローンじゃない？」

「ほんとだ」四本足にプロペラがついたシルバーの機体が置かれている。「富士山の空撮でもしてるのかな」

その横を通り過ぎたあと、美希が言った。「さっきの男の人、ここが山頂だ、みたいなこと言ってなかった？」

英語解答

Ⅰ　1　A　2　C　3　C　4　B
　5　B　6　A

Ⅱ　1　robot　2　light　3　wing

Ⅲ　問1　エ　問2　ウ　問3　ア
　問4　1…イ　2…ウ　3…イ　4…エ
　　5…イ　6…エ　7…ア

Ⅳ　問1　1…ア　2…ウ　3…イ　4…エ
　　5…ウ　6…ア　7…ウ，エ
　　8…ア
　問2　4，7，9

Ⅴ　1　A…カ　B…ア
　2　A…ア　B…カ
　3　A…ア　B…イ

Ⅵ　1　ウ　2　イ　3　ウ

Ⅶ　1　（例）I can read and exercise at the same time
　2　（例）was the problem

Ⅰ・Ⅱ〔放送問題〕解説省略

Ⅲ〔長文読解総合―説明文〕

≪全訳≫幸せになるとはどういうことか。❶ほとんどの人が同意することが1つあるとすれば，それは幸せになりたいということだ。しかし，幸せとは何かを特定するのは驚くほど難しい。幸せとは，一瞬の喜びでもあれば，持続的な気分の良さでもある。不思議なことに，幸せはあらゆるところで求められているのに，特に尋ねられなければ，ほとんどの人は幸せだと言うことはめったにないし，たとえ尋ねられても，それは私たちを立ち止まらせ，「私は幸せだろうか」としばらく考えさせてしまう。もちろん，それは幸せではないということでは決してなく，幸せであるときはそのことについて考えないということだ。❷この消費時代においても，私たちは幸せについて考えている。大量の自己啓発本，記事，テレビ番組，ウェブサイト，講座などが，私たちを個人的な喜びの楽園へと導く。私たちは皆，そのような気持ち良い瞬間を求めている。なぜなら私たちはそれに値するからだ。しかしそれを探しても，達成するのは難しいと気づく。❸個人的な満足について，ほとんどの人が調査の答えでは幸せだと言う。しかし，彼らは何かが足りないということを認めているようだ。欧米社会では，おいしい食事から快適な住まいまで，物質的な楽しみを以前より自由に享受しているが，多くの人は幸福感が低下しているようだ。実際，私たちは50年前の3分の1しか笑っていない。ますます多くの人たちがうつ病を患い，欧米では自分が心理的に適応不全だと考える人が非常に多い。❹「彼らは貧しかったが，幸せだった」という昔の表現がある。これには真実味がある。実は幸せとは消費社会がもたらしうる物質的な満足のあれこれではないと私たちは感じている。私たちがそれを経験しようと懸命に努力しているにもかかわらずだ。中にはこの幸せの追求によって，私たちは迷ってしまったと感じる人もいる。❺幸せはそれを探している人のもとにはこないのは確かかもしれない。心理学者のジョン・F・シューメーカーは，数十年前，ラダックというヒマラヤの共同体がいかに喜びに満ちた場所であったかを描いている。彼らの文化は，お互いや自然への敬意，共有への切望，そして生命への愛を生み出した。その価値観は，愛，共感，礼儀，そして環境保全をもたらした。しかしその後，1980年に消費者資本主義に見舞われ，価値観がすっかり変わってしまった。ラダックの新しい開発担当長官はこう告げた。「ラダックがもっと発展すれば，もっと物を欲しがる人が増えるだろう」　彼らは開発に成功したが，ラダックの人々は今，犯罪や人間関係における問題，うつ病，そして公害を経験している。❻もちろん，このどれも驚くようなことではないだろう。2500年以上前，ギリシャの哲学者たちは，幸福とは何かを議論し，単純な物質的満足を支持する者はほとんどいなかった。彼らの大多数はEudaimon「エウダイモン」と呼ばれた。エウダイモンは簡単に訳せない言葉だが，「良き魂の状態」というような意味だ。それは幸福で，質の高い生活をし，幸運に満ちているという感覚だ。アリストテレスによれば，それはその言葉のあらゆる意味における良い人生，すなわち，物質的に満足し，愛すべき家族，功成り名を遂げること，それに精神の健康といった良いことに満ちた人生ということだった。❼私が人生の中で最もいとおしく思い出される瞬間を考えてみると，それは最高に幸せな瞬間に違いない。私が長く心にとどめているのは，物質的な満足のみの経験ではない。友人の愛情に包まれたとき，創作が完成したとき，親切な行動で誰かを喜ばせたとき，ソフトボールの試合で見事な捕球をしたとき，水面に輝く太陽のような美しい瞬間に気づいたときだ。もちろん，そこに物質的な満足があることもあるが，これらの瞬間全てには，全く物質的な満足感だけでなく，別のもっと深い感情的な重要性がある。これらの瞬間には，実は私は全く幸せを求めていなかったと感じる。幸せとは，なかなか捕まえられない蝶々や風に乗った花の香りであり，ほとんど偶然にとらえられるものなのだ。

問1＜**熟語**＞ここでの pin down ～〔pin ～ down〕は「～をはっきりさせる，～に明確な定義を与える」という意味。この意味に近いのは decide「～かを決定する」。pin down の意味を知らなくても文脈から判断できる。

問2＜**語句解釈**＞下線部②の consumer は「消費者」，age は「時代」の意味。人間の消費者としての側面が強調される時代を意味するので，ウ.「終わりのない購買行動の時代」が適切。

問3＜**適語句選択**＞前文に ... in 1980 it all changed as the country was hit by consumer capitalism とあるのに注目。下線部③を含む文は消費者資本主義による発展により，価値観が変わった社会のことを具体的に述べたものなので，経済的な欲を表すア.「もっと物を欲しがる」が適切。

問4＜**英問英答・内容一致**＞1.「第1，2段落の内容と一致しないものを選べ」―イ.「幸せとは何かと自問しているなら，それはそのとき幸せではないということだ」　第1段落後半参照。　2.「第2段落で筆者が言いたいのは，(　　)」―ウ.「この現代社会で私たちは幸せを求めているが，幸せは簡単に見つかるものではない」　第2段落最後の2文参照。　3.「第3段落で筆者が言いたいのは，(　　)」―イ.「多くの人が満足をもたらす物を持っているが，それだけでは幸福への欲求は満たせない」　第3段落第2文参照。　4.「第4段落で，『この幸せの追求』は，(　　)に最も近い意味だ」―エ.「物質的な満足に喜びを見出そうとすること」　この語句は前文の終わりにある we try very hard to experience them の内容を指し，この them はその前にある material pleasures「物質的な満足」を指す。　5.「ラダックの人々はなぜ今，自分たちの社会の悪化を経験しているのか」―イ.「彼らの社会の価値観が変わったから」　第5段落参照。ラダックのかつての価値観は「愛，共感，礼儀，そして環境保全」をもたらしたが，資本主義の導入を経て価値観が変わり，社会に良くない現象が今起きている。　6.「第6段落で，エウダイモンが好まないであろう考えを選べ」―エ.「テクノロジーがあなたを幸せにする唯一のものだ」　エウダイモンの幸福とは「あらゆる意味での良い人生」であり，人生のさまざまな側面での幸福が列挙されている(第6段落最終文)。よって特定のものだけから幸福がもたらされるという考え方は適切ではない。　7．「第6，7段落で筆者が言いたいのは，(　　)」―ア．「幸せはいつも物質的な豊かさだとはかぎらず，記憶の中に見つかることもある」　第7段落第2，3文参照。記憶の中の幸福の具体例が記されている。なお第2文は‘It is ～ that …’「…なのは～だ」の強調構文である。　‘keep ～ in mind’「～を心にとどめる」

IV〔長文読解総合―物語〕

≪全訳≫インターネットに宇宙人がいる❶アンディの親友はジョーイだが，実際には一度も会ったことがない。彼はジョーイとインターネットで出会った。ジョーイから太陽系のことをあれこれ教えてもらったおかげで，スター・ウォーズのゲームが楽しくなった。ジョーイは学校に行っていない。彼は家で教育を受けることを選んでいる。ジョーイがポートランドの学校に来てくれれば，とアンディは思った。❷先週，アンディの担任のベッカー先生が黒板に大きな丸を描き，それがピザだと言った。❸「アンディ」　彼女は言った。「このピザを切るとしたら，3分の1か10分の1のどちらがいいですか？」10の方が大きい数字なので，それが彼の選ぶ数字となった。❹ケビンが手を挙げて振って，彼は3分の1を選ぶと叫んだ。ベッカー先生が丸の上に線を引くと，ケビンはアンディのピザの一切れより自分のピザの一切れの方が大きいことを示した。「アンディはおなかがすくよ」とケビンは冗談を言った。❺するとクラス中が笑いに包まれた。休み時間のベルが鳴ればいいのに，とアンディは思った。❻ベッカー先生の大きくて力強い声が，部屋を静かにさせた。「アンディ，ピザの全体を分ければ分けるほど，一切れは小さくなるのがわかる？」❼「はい，ベッカー先生」とアンディはうそをついた。休み時間のベルが鳴ったのはさらに30分たってからだったが，それまでにベッカー先生は算数の授業で使う問題集にあった20問を出題した。どの問題も分数が2つあり，その間に丸い空欄があった。生徒たちはそれぞれの丸の中に，「＞(より大きい)」，あるいは「＜(より小さい)」という記号を入れることになっていた。分数と丸を見ていると，アンディはくらくらした。どれが正しいか半々の確率で当たるだろうとアンディは考えたが，たいてい間違えていた。❽放課後，アンディはインターネットでジョーイとつながり，こう入力した。「今日，算数の質問でだめだった。分数がわからないし，どっちが大きいか見分ける方法がわからない」❾ジョーイが返事をした。「こつがあるのさ」　そして製図版の所に行き，やり方をアンディに教えてくれた。❿次の週にベッカー先生が分数のテストをすると，アンディは満点を取った唯一の生徒だった。クラスの皆はアンディのことをもうそんなにばかだとは思わなくなった。ジョーイのおかげだ。⓫ある日，アンディはメールで写真を交換しようと言った。アンディは写真を送った。野球のユニフォームを着て，ホームランを打とうとしているかのようにバットを肩にかけていた。アンディがジョーイに写真がもう届いたかと尋ねると，ジョーイは答えた。「写真は届いたよ。すごくいいね。ありがとう！」⓬「よかった！」とアンディは答えた。「じゃあ君のも僕にもうすぐ届くだろうね」　しかし，ジョーイの写真は決して届かなかった。⓭不思議だった。ジョーイからの写真はなく，コメントもなかった。彼はただ話題を変えただけだった。ある日，彼らが星や宇宙人の話をしているときに，アンディが彼に尋ねた。「地球には変装した宇宙人がいると思う？」　彼の返事で画面が明るくなるまで，長い時間があったような気がした。⓮「君は秘密を守れるかい？」⓯「できると思うよ」とアンディは答えた。⓰「約束する？　本当に大事なんだ！」⓱「もちろん。約束するよ」⓲「僕は別の星から来た宇宙人なんだ。だから写真を送れないのさ。僕の姿はフィルムに写らないんだ」⓳アンディはパソコンを見つめたまま，動揺してその場に座り込んでしまった。「これはジョーイの冗談なのか？　じゃあ，なぜ写真を送らなかったんだ？　他の子どもたちより宇宙船や宇宙についてずいぶん詳しかったのはそういうことだったのか？　なぜ彼は自分のことを明かしたがらないのだろう？」20夕食時に，父が告げた。「いい知らせがあるぞ！　転勤の希望がかなったんだ。今月の終わりにデンバーの本社に移ることになった。会社が私たちの家を見つけてくれたよ。アンディが通えるいい学校にも近いし，おばあちゃんが一緒に住めるだけの広さもある」　アンディの母は喜んだ。彼女の母はデンバーに住んでいて，最近足を骨折したので，おばあちゃんを一緒に住まわせたいと思っていたからだ。しかし，アンディは戸惑うばかりだった。21その夜ベッドの中で，アンディは新しい学校に通う転校生になることを思い浮かべた。僕はここに引っ越してきたときの気持ちを思い出した。新しい友達をつくるのは大変だった。他の子どもたちは僕のことをよく知るまで，しばらくの間は僕を皆と同じように扱ってはくれなかった。22次の朝，アンディが台所のテーブルで朝食を食べていると，母親がテレビで番組を見ていた。ニュースキャスターがフロリダの女性にインタビューしていた。「ジョーイの生活の中でインターネットが果たしている役割について聞かせてください」とそのニュースキャスターは尋ねた。23「そうですね，インターネットは彼が今まで知らなかった自由を与えてくれました。車椅子から情報に接することができるだけではなく，何よりも大切なことに，新しい友達ができたのです」24するとニュースキャスターが尋ねた。「ジョーイ，君のインターネット友達のことを教えてください」25カメラは，コンピュータの前に座っている車椅子の子どもに切りかわった。彼は少し痩せていて，足が不自由だった。頭が片方に垂れていて，答えるときの言葉もわかりづらかった。彼はとても苦労しながらこう伝えた。「他の子は僕を見ると，僕がみんなとは違うと思います。しゃべってわかってもらうのは大変です。でもインターネットでは僕のことは見えないので，みんな僕のことを他の子と同じだと思っています。いろいろな人と友達になりました」とジョーイは説明した。26学校でずっと，アンディの頭の中にいろいろな思いがあふれていた。彼はあれこれと思いを巡らせた。インターネットでの友達のジョーイ，宇宙人のジョーイ，テレビの中の子どものジョーイ，デンバーで新しい友達をつくる，おばあちゃん。家に帰ると，すぐにパソコンの所に走り，スイッチを入れた。27彼は決めた。ジョーイがどこから来たのか――別の星だろうが，フロリダだろうが――は重要じゃない。ジョーイがどう見えるのかは重要じゃない。僕はジョーイという人間を知っている。ジョーイは僕の友達だ。28アンディはコンピュータに入力した。「ジョーイ，あのね。僕たちはデンバーに引っ越すんだ。ねえ，僕が行くどこでも一緒に行ってくれる友達がいて，本当にうれしいよ」

問１＜英問英答・内容一致＞１．「なぜケビンは『①アンディはおなかがすくよ』と言ったのか」―ア．「アンディの失敗をからかいたかったから」　直後にjoked「冗談を言った」とあるのに注目。アンディが，どちらが大きいかわからず小さいピザを選んでしまったことをからかったのである。　**２**．「アンディが先生の質問に『10分の１』と答えたのはなぜか」―ウ．「10分の１より３分の１の方が小さいと思ったから」　第３段落最終文参照。(分子が同じなら)分母が大きい方が分数としては小さくなることを理解していなかった。　**３**．「アンディはなぜ『②休み時間のベルが鳴ればいいのに』と思ったのか」―イ．「クラスメートに笑われて恥ずかしかったから」　アンディをからかうケビンの冗談に，クラス中が笑っている。feel embarrassedは‘feel＋形容詞’「～の感じがする」の形で「恥ずかしく思う」という意味。　**４**．「算数の問題集にあった問題は，どのように解くのか」―エ．「各問題で，どちらの分数が大きいか判断する」　第７段落第３，４文参照。　**5**．「彼の送った写真で，アンディはどのように写っているか」―ウ．「ホームランを打てそうに見える」　第11段落第２文参照。　**6**．「アンディの宇宙人に関する質問にジョーイが答えるのに，なぜこんなに時間がかかったのか」―ア．「ジョーイは，アンディの質問への適切な答えをすぐには見つけられなかった」　第25段落より，ジョーイは自分の姿をアンディに見せたくなかったことがわかる。アンディに写真を送らない理由と結びつけた答えをつくろうとして時間がかかったのだと考えられる。　**7**．「ジョーイの生活の中で，インターネットが果たした役割はどれか」　第23〜25段落参照。ウ．「彼の体調を良くする道具」は，インターネットは彼の身体障がいそのものを改善するわけではないので誤り。また，第25段落最後から２文目より，インターネットは，エ．「彼を他と違う存在にする道具」とは真逆の役割を果たしたことがわかる。　**8**．「アンディが幸せだと思ったのは，彼が(　　)ことができるだろうからだ」―ア．「最高の友達といつも一緒にいる」　「僕が行くどこでも一緒に行ってくれる」とは，お互いどこにいてもインターネットで交流できるということである。

問２＜内容真偽＞１．「アンディはジョーイに直接会ったことはない」…○　第１段落第１文参照。　２．「ジョーイは地元の学校に行く代わりに自宅で勉強している」…○　第１段落最後から２文目参照。　３．「アンディはベッカー先生の算数の質問で，小さい方のピザを選んだ」…○　第３段落参照。　４．「最終的にはジョーイの写真は届いたが，彼の姿ははっきりとは写っておらず，アンディにはよく見えなかった」…×　ジョーイの写真が届いたという記述はない。　５．「ジョーイは宇宙について他の子どもたちよりずっと詳しい」…○　第19段落最後から２文目参照。　６．「アンディの一家は祖母と同居する予定だった」…○　第20段落参照。　７．「お父さんがデンバーに引っ越すと告げたとき，アンディの家族は誰もが喜んだ」…×　第20段落最終文〜第21段落参照。アンディは不安だった。　confused「困惑した」　８．「アンディは，一家がデンバーに引っ越すと聞いて，新しい友達とうまくやっていけるか心配した」…○　第21段落参照。　９．「アンディはジョーイが別の星から来たことを最初から知っていた」…×　第19段落第１文参照。ジョーイが別の星から来たと聞いて動揺している。　10．「アンディはテレビでジョーイを見てから，ジョーイの外見は気にしないことにした」…○　第27段落第２文参照。

Ⅴ〔整序結合〕

1．「〜はここにあります」は人に物を渡すときなどに使う Here is 〜「こちらが〜です」の形で表せる。「私の家までの行き方を示している地図」では which を関係代名詞として使うと考え the map「地図」の後に which を置くと，残りは shows the way to 〜 とまとまる。　Here is the map which shows the way to my house.

2．「私がずっと探していた傘」を関係詞節で表すと考えて，the umbrella「傘」の後に I have been looking for を続ける(目的格の関係代名詞は省略)。これは現在完了進行形の have been 〜ing「(現在まで)ずっと〜している」と look for 〜「〜を探す」を組み合わせた形。残りの「〜はこれです」は「これは〜です」と読み換え，This is 〜 とする。　This is the umbrella I have been looking for.

3．「私は〜を持っています」の I have 〜 で文を始め，have の目的語に three books を置く。残りは「川端康成に書かれた」と読み換えて written by Kawabata Yasunari とまとめて books を後ろから修飾する(過去分詞の形容詞的用法)。 I have three books written by Kawabata Yasunari.

Ⅵ〔対話文完成─適語(句)選択〕

1．A：いつ北海道に行ったの？／B：２年前だよ。∥過去の出来事を尋ねているので過去形が適切。受け身にする必要はない。なお，疑問詞の when は現在完了形とは一緒に使えないことに注意。

2．A：僕は兄〔弟〕ほど多くのCDを持っていない。／B：君のお兄さん〔弟〕は君よりたくさんCDを持っているということだね。∥'not … as〔so〕+原級+as ～'「～ほど…ない」の形だが，本問のように，この表現で'数'に関して述べる場合は as〔so〕以下が'as〔so〕many+複数名詞+as ～'という形になる。

3．A：彼の住所を知っていたら，手紙を書くのに。／B：彼は引っ越したと言っていたよ。僕も彼の住所は知らないんだ。∥Bの言葉は'～ not … either'「～も…でない」の形なので，Aは彼の住所を知らないとわかる。よって'if+主語+動詞の過去形～，主語+助動詞の過去形+動詞の原形…'「もし～なら…なのに」の形で現在の事実に反することを表す仮定法過去を用いる。

Ⅶ〔条件作文〕

1≪全訳≫❶ハナ(H)：あなたは空いた時間には何をするのが好きなの？❷ティム(T)：そうだなあ，運動するのが好きだよ。ジムに行くのが好きなんだ。それにときどき，本を読むのも楽しんでるよ。❸H：私も時間があるときは本を読むのが好き。❹T：でも，最近は本を読むかわりに聴くことが多いよ。オーディオブックを聴くのさ。❺H：へえ，そうなの？❻T：うん，僕はオーディオブックを聴くのが好きなんだ。❼H：どうして？❽T：「(例)読書と運動を同時にできるからさ」❾H：ということは，２つのことを一緒にできるってことね。❿T：そのとおり。「マルチタスク」っていうんだ。僕はマルチタスクが大好きなんだ。

＜解説＞直後でハナが「２つのことを一緒にできる」と言っているので，その具体例を挙げるとよい。 (別解例) you can understand a book while you are jogging「ジョギングをしている間に本の内容を理解できる」

2≪全訳≫❶ケンジ(K)：やあ，ジョン。元気かい？❷ジョン(J)：やあ，ケンジ。昨日，アヤと一緒に映画を見に行ったんだ。❸K：それは楽しそうだね。映画はどうだった？ おもしろかった？❹J：そうでもなかったよ。彼女とけんかしたのさ。❺K：それは残念だね。何が(例)問題だったの？❻J：う～ん，映画はまあまあだったんだけど，主役のボブ・デップはかっこよくないねと言ったんだ。でも，彼女は彼の大ファンだったのさ。❼K：えっ，彼女がファンだって知らなかったの？ いつも友達と彼の話をしているよ。❽J：えっ，僕は知らなかったよ。

＜解説＞'have an argument with+人'で「〈人〉と口論する」という意味。この後ジョンはけんかになったいきさつを話しているので，何が問題だったのか，けんかの理由は何だったのかといった内容にするとよいだろう。 (別解例) was the reason for the argument？「けんかの理由は何だったの？」

2022年度／立教新座高等学校

数学解答

1 (1) $a=\frac{2}{3}$，$b=2$，$c=6$

(2) ① $\frac{1}{7}$ ② $\frac{13}{21}$

(3) 球の半径…$\frac{3}{2}$cm

水の体積…$\frac{15}{2}\pi$cm^3

(4) $3+\sqrt{13}$

2 (1) ① 5：1 ② 2：7 ③ 1：48

(2) 10

3 (1) $\frac{1}{8}$ (2) $\frac{17}{256}$ (3) $\frac{63}{512}$

4 (1) $y=\frac{1}{4}x+3$ (2) $\frac{1}{24}$ (3) $\frac{25}{2}$

(4) $\frac{13}{6}$ (5) $\frac{190}{9}\pi$

5 (1) $288\sqrt{2}$cm^3 (2) 4：1

(3) $\frac{128\sqrt{2}}{5}$cm^3 (4) $\frac{168\sqrt{2}}{5}$cm^3

(5) $432+264\sqrt{3}$cm^2

1〔独立小問集合題〕

(1)＜関数—比例定数，変域＞関数 $y=ax^2$ について，x の変域が $-6\leqq x\leqq 3$ のときの y の変域が $0\leqq y\leqq 24$ なので，$a>0$ であり，x の絶対値が最大の $x=-6$ のとき，y の値は最大の $y=24$ である。これより，$24=a\times(-6)^2$ が成り立ち，$a=\frac{2}{3}$ となる。よって，関数の式は，$y=\frac{2}{3}x^2$ である。また，x の変域が $b\leqq x\leqq 3$ のとき，y の変域が $\frac{8}{3}\leqq y\leqq c$ であることより，$y=0$ になることがないので，x の変域には $x=0$ が含まれない。したがって，$0<b<3$ だから，x の絶対値が最小の $x=b$ のとき y は最小の $y=\frac{8}{3}$ であり，x の絶対値が最大の $x=3$ のとき y は最大の $y=c$ である。したがって，$\frac{8}{3}=\frac{2}{3}b^2$ より，$b^2=4$，$b=\pm2$ となり，$0<b<3$ だから，$b=2$ であり，$c=\frac{2}{3}\times3^2$ より，$c=6$ である。

(2)＜確率—カード＞①A～Gの７枚のカードの中から２枚のカードを順番に取り出すとすると，１枚目は７通り，２枚目は６通りの取り出し方があり，取り出し方は $7\times6=42$(通り)となるが，同時に取り出す場合は，１枚目，２枚目の順番が入れかわったものを同じ取り出し方とするので，同じ取り出し方が２通りずつある。よって，同時に取り出すときの取り出し方は，全部で $42\div2=21$(通り)となる。このうち，直線 l と平面 AEFB が垂直になるのは，BとC，DとE，FとGを取り出す３通りだから，求める確率は $\frac{3}{21}=\frac{1}{7}$ である。 ②直線と直線の位置関係は，平行になる，交わる，ねじれの位置にあるのいずれかである。21通りの取り出し方のうち，直線 l と直線 OB が平行になる場合は，DとFを取り出す１通りある。直線 l と直線 OB が交わる場合は，AとB，AとC，BとC，BとD，BとE，BとF，BとGを取り出す７通りある。よって，直線 l と直線 OB がねじれの位置になる場合は $21-1-7=13$(通り)だから，求める確率は $\frac{13}{21}$ である。

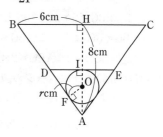

(3)＜空間図形—長さ，体積＞問題の図３において，右図のように，５点A～Eを定め，点Aから線分 BC に垂線を引き，線分 BC，線分 DE との交点をそれぞれH，Iとする。また，円の中心をO，円Oと線分 AD の接点をFとし，円Oの半径を r cm とする。円錐の容器を底面が水平になるように置いているので，BC∥DE となり，△ABC∽△ADE である。水面の高さは容器の高さの半分なので，

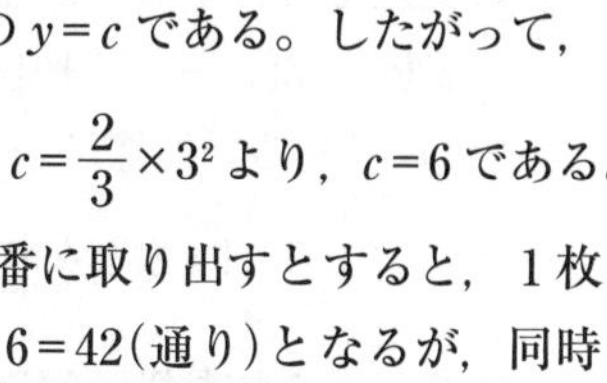

相似比は2：1であり，BH：DI＝2：1より，$DI=\frac{1}{2}BH=\frac{1}{2}\times6=3$となる。また，$AI=\frac{1}{2}AH=\frac{1}{2}\times8=4$である。△ADIで三平方の定理より，$AD=\sqrt{DI^2+AI^2}=\sqrt{3^2+4^2}=\sqrt{25}=5$となる。さらに，∠AFO＝∠AID＝90°，∠OAF＝∠DAIより，△AOF∽△ADIとなるから，OF：DI＝AO：ADである。OF＝OI＝r，AO＝AI－OI＝$4-r$となるから，$r:3=(4-r):5$が成り立ち，$r\times5=3\times(4-r)$より，$5r=12-3r$，$8r=12$，$r=\frac{3}{2}$となる。よって，球の半径は$\frac{3}{2}$cmである。次に，容器に入っている水の体積は，底面の円の半径が3cm，高さが4cmの円錐の体積から，球の体積をひくことで求められるから，$\frac{1}{3}\times\pi\times3^2\times4-\frac{4}{3}\pi\times\left(\frac{3}{2}\right)^3=12\pi-\frac{9}{2}\pi=\frac{15}{2}\pi\,(\mathrm{cm}^3)$である。

(4)＜**二次方程式の応用**＞bは正の数pの小数部分だから，$0\leqq b<1$である。これより，$0\leqq b^2<1^2$，$0\leqq b^2<1$だから，$p^2+b^2=44$を満たすとき，$43<p^2\leqq44$である。$6^2=36$，$7^2=49$より，$6^2<p^2<7^2$であるから，$6<p<7$であり，pの整数部分は6である。よって，$b=p-6$と表せる。これを$p^2+b^2=44$に代入して，$p^2+(p-6)^2=44$より，$2p^2-12p-8=0$，$p^2-6p-4=0$となり，解の公式より，$p=\frac{-(-6)\pm\sqrt{(-6)^2-4\times1\times(-4)}}{2\times1}=\frac{6\pm\sqrt{52}}{2}=\frac{6\pm2\sqrt{13}}{2}=3\pm\sqrt{13}$となる。$p>0$なので，$p=3+\sqrt{13}$である。

2 〔**平面図形—平行四辺形**〕

≪**基本方針の決定**≫(2)　$BF=\frac{1}{n}BC$，$CG=\frac{2}{n}BC$と表せる。

(1)＜**長さの比，面積比**＞①右図1で，辺ADの延長と線分FEの延長の交点をHとする。∠APH＝∠GPFであり，AH∥BCより∠PAH＝∠PGFだから，△PHA∽△PFGである。よって，AP：PG＝AH：GFである。同様にして，△DEH∽△CEFとなるので，DH：CF＝DE：CE＝1：3となり，$DH=\frac{1}{3}CF$である。また，$GF=\frac{1}{3}CF$だから，$DH=GF=\frac{1}{4}BC=\frac{1}{4}AD$である。これより，$AH=AD+DH=AD+\frac{1}{4}AD=\frac{5}{4}AD$と表せる。したがって，$AH:GF=\frac{5}{4}AD:\frac{1}{4}AD=5:1$となるから，AP：PG＝5：1となる。

図1

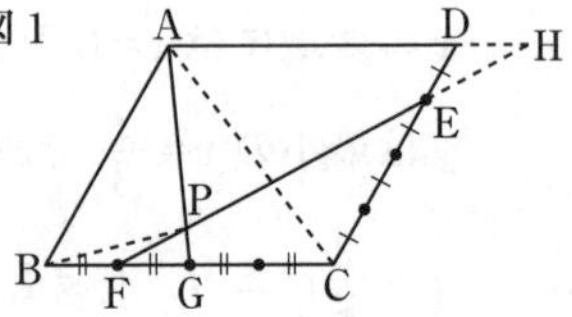

②図1で，①より△PHA∽△PFGだから，HP：FP＝AH：GF＝5：1であり，$FP=\frac{1}{5+1}HF=\frac{1}{6}HF$となる。また，△DEH∽△CEFだから，HE：FE＝DE：CE＝1：3であり，$FE=\frac{3}{1+3}HF=\frac{3}{4}HF$となる。よって，$PE=FE-FP=\frac{3}{4}HF-\frac{1}{6}HF=\frac{7}{12}HF$となるので，$FP:PE=\frac{1}{6}HF:\frac{7}{12}HF=2:7$である。

③図1で，点Bと点P，点Aと点Cをそれぞれ結び，△PFG＝Sとする。BF＝FGより，△PBF＝△PFGなので，△PBG＝2△PFG＝$2S$となる。①よりAP：PG＝5：1なので，△ABP：△PBG＝5：1であり，△ABP＝5△PBG＝$5\times2S=10S$となる。よって，△ABG＝△ABP＋△PBG＝$10S+2S=12S$である。さらに，BG＝GCより，△ABG＝△AGCなので，△ABC＝2△ABG＝$2\times12S=24S$となる。したがって，▱ABCD＝2△ABC＝$2\times24S=48S$となるので，△PFG：▱ABCD＝$S:48S$＝1：48である。

(2)＜n**の値**＞次ページの図2で，辺ADの延長と線分FEの延長の交点をIとする。△PIA∽△PFGだから，AI：GF＝AP：PG＝13：7である。点Fは辺BCをn等分する点のうち頂点Bに最も近い点，点Gは辺BCをn等分する点のうち頂点Cに2番目に近い点だから，$BF=\frac{1}{n}BC$，$CG=\frac{2}{n}BC$であり，$GF=BC-BF-CG=BC-\frac{1}{n}BC-\frac{2}{n}BC=\frac{n-3}{n}BC=\frac{n-3}{n}AD$ と表せる。また，$\triangle DEI \backsim \triangle CEF$ だから，DI：CF＝DE：CE＝1：3 である。これより，$CF=BC-BF=BC-\frac{1}{n}BC=\frac{n-1}{n}BC=\frac{n-1}{n}AD$ だから，$DI=\frac{1}{3}CF=\frac{1}{3}\times\frac{n-1}{n}AD=\frac{n-1}{3n}AD$ となり，$AI=AD+DI=AD+\frac{n-1}{3n}AD=\frac{4n-1}{3n}AD$ と表せる。よって，AI：GF＝13：7 より，$\frac{4n-1}{3n}AD:\frac{n-3}{n}AD=13:7$ が成り立つ。これより，$(4n-1):3(n-3)=13:7$，$(4n-1)\times7=3(n-3)\times13$，$28n-7=39n-117$，$11n=110$，$n=10$ となる。

図2

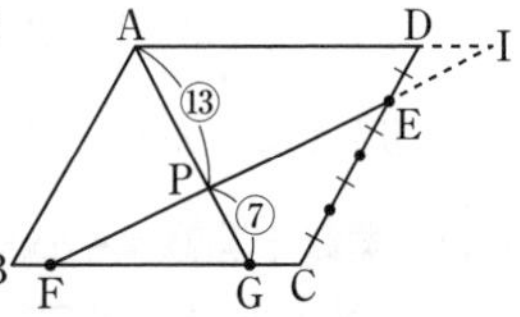

3 〔データの活用―確率―数字の玉〕

≪基本方針の決定≫(2)，(3)　太郎君に加わる点数の組を考える。

(1)**<確率>**太郎君，次郎君は4個の玉の中から1個の玉を取り出すので，ゲームを1回するとき，それぞれ4通りの取り出し方があり，2人の玉の取り出し方は全部で $4\times4=16$(通り)ある。このうち，太郎君の点数が2点になるのは，太郎君が2の玉を取り出して勝つときだから，2人の玉の取り出し方は(太郎君，次郎君)＝(2，0)，(2，1)の2通りある。よって，求める確率は $\frac{2}{16}=\frac{1}{8}$ となる。

(2)**<確率>**(1)より，ゲームを1回行うときの2人の玉の取り出し方は16通りだから，2回行うときの玉の取り出し方は全部で $16\times16=256$(通り)ある。このうち，太郎君の点数が2点となるのは，太郎君に，2点と0点が加わるときか，1点が2回加わるときのいずれかである。(1)より，2点が加わる場合が2通りあり，0点が加わる場合は，引き分けのときだから，(太郎君，次郎君)＝(0，0)，(1，1)，(2，2)，(4，4)の4通りある。これより，1回目に2点，2回目に0点が加わるのが $2\times4=8$(通り)，1回目に0点，2回目に2点が加わるのが $4\times2=8$(通り)だから，2点と0点が加わるときは $8+8=16$(通り)ある。また，1点が加わるのは，1の玉を取り出して勝つときだから，(太郎君，次郎君)＝(1，0)の1通りあり，1点が2回加わるときは $1\times1=1$(通り)ある。よって，太郎君の点数が2点となるのは $16+1=17$(通り)だから，求める確率は $\frac{17}{256}$ である。

(3)**<確率>**ゲームを3回行うとき，2人の玉の取り出し方は全部で $16\times16\times16$ 通りある。このうち，太郎君の点数が2点となるのは，太郎君に，4点が1回と－1点が2回加わるとき，2点と1点と－1点が加わるとき，2点が1回と0点が2回加わるとき，1点が2回と0点が1回加わるときのいずれかである。(1)，(2)より，1回のゲームで2点が加わる場合が2通り，1点が加わる場合が1通り，0点が加わる場合が4通りあり，4点が加わる場合は，太郎君が4の玉を取り出して勝つときだから，(太郎君，次郎君)＝(4，0)，(4，1)，(4，2)の3通り，－1点が加わる場合は，負けたときだから，(太郎君，次郎君)＝(0，1)，(0，2)，(0，4)，(1，2)，(1，4)，(2，4)の6通りある。4点が1回と－1点が2回加わるとき，[1回目，2回目，3回目]＝[4点，－1点，－1点]となるのが $3\times6\times6=108$(通り)あり，[－1点，4点，－1点]，[－1点，－1点，4点]となるのも同様にそれぞれ108通りあるから，$108\times3=324$(通り)ある。2点と1点と－1点が加わるとき，[1回目，2回目，3回目]＝[2点，1点，－1点]となるのが $2\times1\times6=12$(通り)あり，[2点，－1点，1点]，[1点，2点，－1点]，[1点，－1点，2点]，[－1点，2点，1点]，[－1点，1点，2点]となるのもそれぞれ12通りあるから，$12\times6=72$(通り)ある。以下同様に考えて，2点が1回と0点が2回加わるとき，$(2\times4\times4)\times3=96$(通り)あり，1点が2回と0点が1回加わるとき，(1

$\times1\times4)\times3=12$(通り)ある。以上より，太郎君の点数が2点となるのは $324+72+96+12=504$(通り)となるから，求める確率は $\frac{504}{16\times16\times16}=\frac{63}{512}$ である。

4 〔**関数—関数 $y=ax^2$ と一次関数のグラフ**〕

≪基本方針の決定≫(3)　2点D，Eを通り y 軸に平行な直線を引いて，3つの図形に分ける。

(1)＜**直線の式**＞右図で，2点A，Bは放物線 $y=\frac{1}{4}x^2$ 上にあり，x 座標がそれぞれ-3，4なので，$y=\frac{1}{4}\times(-3)^2=\frac{9}{4}$，$y=\frac{1}{4}\times4^2=4$ より，$\mathrm{A}\left(-3,\ \frac{9}{4}\right)$，B(4, 4)である。直線 l は2点A，Bを通るので，傾きは $\left(4-\frac{9}{4}\right)\div\{4-(-3)\}=\frac{7}{4}\div7=\frac{1}{4}$ となり，その式は $y=\frac{1}{4}x+b$ とおける。これが点Bを通るので，$4=\frac{1}{4}\times4+b$ より，$b=3$ となり，直線 l の式は $y=\frac{1}{4}x+3$ である。

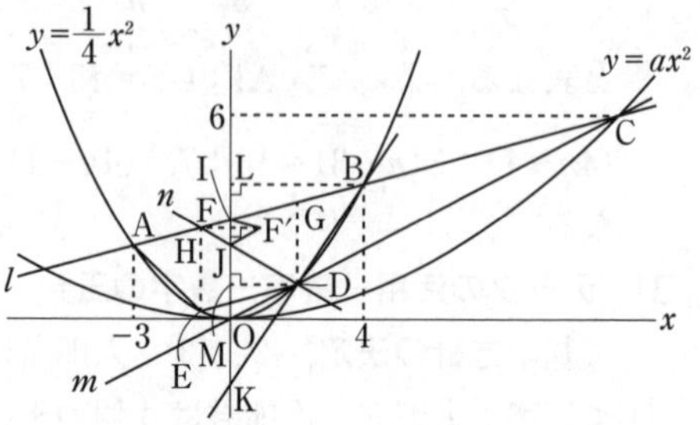

(2)＜**比例定数**＞右上図で，(1)より，点Cは直線 $y=\frac{1}{4}x+3$ 上の点となる。y 座標は6なので，$6=\frac{1}{4}x+3$ より，$x=12$ となり，C(12, 6)である。点Cは放物線 $y=ax^2$ 上の点でもあるので，$6=a\times12^2$ より，$a=\frac{1}{24}$ である。

(3)＜**面積**＞右上図で，直線 m は原点OとC(12, 6)を通るので，傾きは $\frac{6}{12}=\frac{1}{2}$ となり，その式は $y=\frac{1}{2}x$ となる。点Dは放物線 $y=\frac{1}{4}x^2$ と直線 $y=\frac{1}{2}x$ の交点となるから，$\frac{1}{4}x^2=\frac{1}{2}x$，$x^2-2x=0$，$x(x-2)=0$ より，$x=0$，2となり，点Dの x 座標は2である。よって，$y=\frac{1}{4}\times2^2=1$ より，D(2, 1)である。AB∥EDであり，(1)より直線 l の傾きは $\frac{1}{4}$ だから，直線EDの傾きも $\frac{1}{4}$ であり，その式は $y=\frac{1}{4}x+c$ とおける。これが点Dを通るので，$1=\frac{1}{4}\times2+c$ より，$c=\frac{1}{2}$ となり，直線EDの式は $y=\frac{1}{4}x+\frac{1}{2}$ である。点Eは放物線 $y=\frac{1}{4}x^2$ と直線 $y=\frac{1}{4}x+\frac{1}{2}$ の交点となるので，$\frac{1}{4}x^2=\frac{1}{4}x+\frac{1}{2}$，$x^2-x-2=0$，$(x+1)(x-2)=0$ より，$x=-1$，2となり，点Eの x 座標は-1である。次に，2点D，Eを通り y 軸に平行な直線と直線 l との交点をそれぞれG，Hとする。点Gの x 座標は2となり，点Gは直線 $y=\frac{1}{4}x+3$ 上にあるので，$y=\frac{1}{4}\times2+3=\frac{7}{2}$ より，$\mathrm{G}\left(2,\ \frac{7}{2}\right)$ である。よって，$\mathrm{DG}=\frac{7}{2}-1=\frac{5}{2}$ である。また，四角形DEHGは平行四辺形となるから，$\mathrm{EH}=\mathrm{DG}=\frac{5}{2}$ である。EHを底辺と見ると，2点A，Eの x 座標より，△AEHの高さは $-1-(-3)=2$ だから，$\triangle\mathrm{AEH}=\frac{1}{2}\times\frac{5}{2}\times2=\frac{5}{2}$ となり，2点D，Eの x 座標より，▱DEHGの高さは $2-(-1)=3$ だから，$▱\mathrm{DEHG}=\frac{5}{2}\times3=\frac{15}{2}$ となる。さらに，DGを底辺と見ると，2点B，Dの x 座標より，△BDGの高さは $4-2=2$ となるので，$\triangle\mathrm{BDG}=\frac{1}{2}\times\frac{5}{2}\times2=\frac{5}{2}$ である。以上より，台形ABDEの面積は，

△AEH＋▱DEHG＋△BDG＝$\frac{5}{2}+\frac{15}{2}+\frac{5}{2}=\frac{25}{2}$となる。

⑷**＜y座標＞**前ページの図で，⑶より，△AEH＝△BDGなので，点Dを通り台形ABDEの面積を2等分する直線は，▱DEHGの面積を2等分する直線である。よって，直線nは2点D，Hを通る直線となる。点Eのx座標が-1より，点Hのx座標は-1であり，点Hは直線$y=\frac{1}{4}x+3$上にあるので，$y=\frac{1}{4}\times(-1)+3=\frac{11}{4}$より，$\mathrm{H}\left(-1,\ \frac{11}{4}\right)$である。D(2, 1)なので，直線$n$の傾きは$\left(1-\frac{11}{4}\right)\div\{2-(-1)\}=-\frac{7}{12}$となり，その式は$y=-\frac{7}{12}x+d$とおける。これが点Dを通ることから，$1=-\frac{7}{12}\times2+d$より，$d=\frac{13}{6}$となり，切片が$\frac{13}{6}$となるので，直線$n$と$y$軸との交点の$y$座標は$\frac{13}{6}$である。

⑸**＜体積―回転体＞**前ページの図で，⑷より，直線nは点Hを通るので，点Fは点Hと一致する。直線l，線分DFとy軸との交点をそれぞれI，J，点Fとy軸について対称な点をF′とすると，点F′は四角形BDJIの内部の点となるから，△BDFをy軸を回転の軸として1回転させてできる立体は，四角形BDJIをy軸を回転の軸として1回転させてできる立体と同じである。直線BDとy軸の交点をKとし，点B，点Dからy軸に垂線BL，DMを引くと，できる立体は，△BLKがつくる円錐から，△BLI，△DMJ，△DMKがつくる円錐を除いた立体となる。B(4, 4)，D(2, 1)より，直線BDの傾きは$\frac{4-1}{4-2}=\frac{3}{2}$だから，その式は$y=\frac{3}{2}x+e$とおけ，$1=\frac{3}{2}\times2+e$より，$e=-2$となり，K(0, -2)である。よって，BL＝4，L(0, 4)よりKL＝$4-(-2)=6$となり，△BLKがつくる円錐の体積は，$\frac{1}{3}\times\pi\times4^2\times6=32\pi$となる。また，⑴より直線$l$の切片が3だから，I(0, 3)であり，IL＝$4-3=1$となるので，△BLIがつくる円錐の体積は，$\frac{1}{3}\times\pi\times4^2\times1=\frac{16}{3}\pi$となる。さらに，DM＝2，⑷より$\mathrm{J}\left(0,\ \frac{13}{6}\right)$，M(0, 1)よりJM＝$\frac{13}{6}-1=\frac{7}{6}$，KM＝$1-(-2)=3$より，△DMJ，△DMKがつくる円錐の体積は，それぞれ，$\frac{1}{3}\times\pi\times2^2\times\frac{7}{6}=\frac{14}{9}\pi$，$\frac{1}{3}\times\pi\times2^2\times3=4\pi$となる。以上より，求める立体の体積は，$32\pi-\left(\frac{16}{3}\pi+\frac{14}{9}\pi+4\pi\right)=\frac{190}{9}\pi$である。

5 〔空間図形―正四角錐〕

≪基本方針の決定≫⑵　点Gを通り線分DFに平行な直線を引いて考える。　⑶　点Hが線分CEと線分DFの交点になることに気づきたい。　⑸　切断したときに増える面を考える。

⑴**＜体積＞**右図で，立体O-ABCDは正四角錐であり，点Gは正方形ABCDの対角線BD，ACの交点だから，OG⊥〔面ABCD〕となる。また，OB＝CB，OD＝CD，BD＝BDより，△OBD≡△CBDとなるから，OG＝CGである。△ABCが直角二等辺三角形より，AC＝$\sqrt{2}$BC＝$\sqrt{2}\times12=12\sqrt{2}$なので，CG＝$\frac{1}{2}$AC＝$\frac{1}{2}\times12\sqrt{2}=6\sqrt{2}$となり，OG＝CG＝$6\sqrt{2}$である。よって，正四角錐O-ABCDの体積は，$\frac{1}{3}\times$〔正方形ABCD〕$\times$OG＝$\frac{1}{3}\times12\times12\times6\sqrt{2}=288\sqrt{2}$(cm³)である。

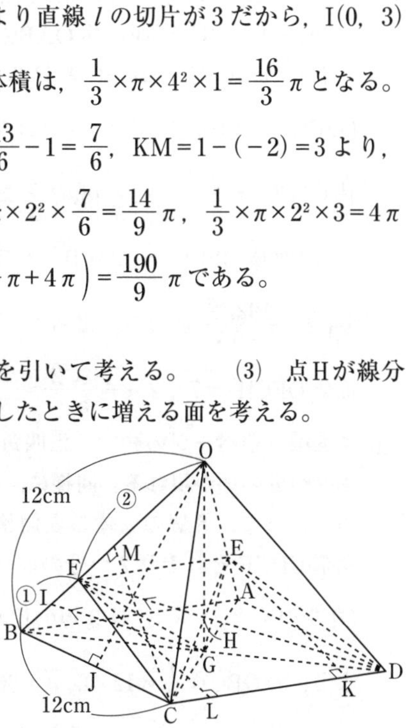

(2)＜**長さの比**＞前ページの図で，点Gを通り線分DFに平行な直線と辺OBの交点をIとすると，OH：HG＝OF：FIである。OF：FB＝2：1より，OF＝2FBであり，DF∥GI，DG＝BGより，FI＝BI＝$\frac{1}{2}$FBである。よって，OF：FI＝2FB：$\frac{1}{2}$FB＝4：1となるので，OH：HG＝4：1である。

(3)＜**体積**＞前ページの図で，点Hは，平面P，平面Q，平面Rのいずれの平面上にもあるので，線分CEと線分DFの交点とも一致する。これより，8個の立体のうち△OEFを1つの面とする立体は，四面体OEFHとなる。まず，〔四面体OABG〕＝$\frac{1}{4}$〔正四角錐O-ABCD〕＝$\frac{1}{4}\times288\sqrt{2}=72\sqrt{2}$である。点Gと2点E，Fを結び，四面体OEFG，四面体OABGの底面をそれぞれ△OEF，△OABとすると，この2つの四面体は高さの等しい三角錐と見ることができるので，〔四面体OEFG〕：〔四面体OABG〕＝△OEF：△OABとなる。OE：OA＝OF：OB＝2：(2＋1)＝2：3，∠EOF＝∠AOBより，△OEF∽△OABであり，相似比は2：3だから，△OEF：△OAB＝2^2：3^2＝4：9である。よって，〔四面体OEFG〕：〔四面体OABG〕＝4：9となり，〔四面体OEFG〕＝$\frac{4}{9}$〔四面体OABG〕＝$\frac{4}{9}\times72\sqrt{2}=32\sqrt{2}$である。次に，四面体OEFH，四面体OEFGの底面をそれぞれ△OFH，△OFGとすると，この2つの四面体も高さが等しい三角錐と見ることができるので，〔四面体OEFH〕：〔四面体OEFG〕＝△OFH：△OFGである。(2)よりOH：HG＝4：1だから，△OFH：△OFG＝OH：OG＝4：(4＋1)＝4：5となり，〔四面体OEFH〕：〔四面体OEFG〕＝4：5である。したがって，求める立体の体積は，〔四面体OEFH〕＝$\frac{4}{5}$〔四面体OEFG〕＝$\frac{4}{5}\times32\sqrt{2}=\frac{128\sqrt{2}}{5}$(cm^3)となる。

(4)＜**体積**＞前ページの図で，△BCGを1つの面とする立体は，五面体FBCHGである。五面体FBCHGは，四面体OBCGから四面体OFCHを除いた立体と見ることができる。まず，(3)より，〔四面体OBCG〕＝〔四面体OABG〕＝$72\sqrt{2}$である。次に，四面体OFCG，四面体OBCGの底面をそれぞれ△OFC，△OBCと見ると，この2つの四面体は高さが等しい三角錐だから，〔四面体OFCG〕：〔四面体OBCG〕＝△OFC：△OBC＝OF：OB＝2：3となり，〔四面体OFCG〕＝$\frac{2}{3}$〔四面体OBCG〕＝$\frac{2}{3}\times72\sqrt{2}=48\sqrt{2}$となる。また，(3)より△OFH：△OFG＝4：5だから，〔四面体OFCH〕：〔四面体OFCG〕＝△OFH：△OFG＝4：5となり，〔四面体OFCH〕＝$\frac{4}{5}$〔四面体OFCG〕＝$\frac{4}{5}\times48\sqrt{2}=\frac{192\sqrt{2}}{5}$となる。よって，求める立体の体積は，〔五面体FBCHG〕＝〔四面体OBCG〕－〔四面体OFCH〕＝$72\sqrt{2}-\frac{192\sqrt{2}}{5}=\frac{168\sqrt{2}}{5}$(cm^3)となる。

(5)＜**面積**＞前ページの図で，正四角錐O-ABCDを平面Pで切断すると，分けられた立体にその切断面2つ分の面が現れる。同様に，平面Q，平面Rで切断しても，それぞれ切断面2つ分の面が現れる。よって，8個の立体の表面積の和は，正四角錐O-ABCDの表面積と，△OBD，△OAC，四角形CDEFそれぞれ2つ分の面積の和となる。△OBCは正三角形だから，点Oから辺BCに垂線OJを引くと，△OBJは3辺の比が1：2：$\sqrt{3}$の直角三角形となり，OJ＝$\frac{\sqrt{3}}{2}$OB＝$\frac{\sqrt{3}}{2}\times12=6\sqrt{3}$より，△OBC＝$\frac{1}{2}\times12\times6\sqrt{3}=36\sqrt{3}$となる。〔正方形ABCD〕＝12×12＝144だから，正四角錐O-ABCDの表面積は，〔正方形ABCD〕＋4△OBC＝$144+4\times36\sqrt{3}=144+144\sqrt{3}$である。また，(1)より△OBD≡△CBDだから，△OBD＝△CBD＝$\frac{1}{2}\times12\times12=72$となり，同様にして，△OAC

$=72$である。次に，OE：EA＝OF：FBよりEF∥ABだから，AB∥DCより，EF∥DCとなり，四角形CDEFは台形である。ここで，△OAD≡△OBCであり，EA＝FBとなるから，ED＝FCである。よって，2点E，Fから辺CDに垂線EK，FLを引くと，四角形EFLKは長方形となり，EK＝FLであるから，△DEK≡△CFLである。これより，DK＝CLである。△OEF∽△OABより，EF：AB＝OF：OB＝2：3だから，$EF=\frac{2}{3}AB=\frac{2}{3}\times 12=8$となり，KL＝EF＝8，$DK=CL=(CD-KL)\div 2=(12-8)\div 2=2$となる。点Cから辺OBに垂線CMを引くと，点Mは辺OBの中点となるから，$OM=\frac{1}{2}OB=\frac{1}{2}\times 12=6$となる。$OF=\frac{2}{3}OB=\frac{2}{3}\times 12=8$だから，$MF=OF-OM=8-6=2$であり，$CM=OJ=6\sqrt{3}$となるから，△CMFで三平方の定理より，$FC^2=MF^2+CM^2=2^2+(6\sqrt{3})^2=112$である。さらに，△CFLで三平方の定理より，$FL=\sqrt{FC^2-CL^2}=\sqrt{112-2^2}=\sqrt{108}=6\sqrt{3}$となるので，〔四角形CDEF〕$=\frac{1}{2}\times(EF+CD)\times FL=\frac{1}{2}\times(8+12)\times 6\sqrt{3}=60\sqrt{3}$となる。以上より，8個の立体の表面積の和は，〔正四角錐O-ABCDの表面積〕+2△OBD+2△OAC+2〔四角形CDEF〕$=(144+144\sqrt{3})+2\times 72+2\times 72+2\times 60\sqrt{3}=432+264\sqrt{3}$ (cm^2)である。

国語解答

一 問一 イ 握 ロ 履 ハ 消耗
ニ 完璧 ホ 中堅

問二 ［瑞穂は］山梨側より静岡側の方が，景色がよい［と主張している。］

問三 そもそもわ

問四 ・小御岳火山の頭
・旧石器人が見ていた〝富士山〟のてっぺん

問五 膝〔ひざ〕 問六 昨夜になっ

問七 富士スバルライン五合目

二 問一 ホームレスが滞在できないようにする［という意図。］

問二 A…エ B…イ

問三 座りにくいベンチがアートとして受容されて，さまざまな行為の可能性をつぶしてしまう。

問四 Ⅰ…ア Ⅱ…イ Ⅲ…ア Ⅳ…ア

問五 人 問六 ウ 問七 ウ

三 問一 イ 投稿 ロ 追悼 ハ 催
ニ 是非

問二 A…ア B…ウ 問三 エ

問四 教育内容を通じて，共有すべき記憶が選定されているから。

問五 過去の出来事の痕跡

問六 ア

一〔小説の読解〕出典；伊与原新『新参者の富士』。

問一＜漢字＞イ．音読みは「把握」などの「アク」。 ロ．音読みは「履歴」などの「リ」。 ハ．「消耗」は，体力や気力を使い果たすこと。 ニ．「完璧」は，全く欠点がないこと。 ホ．「中堅」は，ここでは規模や質が中くらいであること。

問二＜文章内容＞「またそうやって張り合っちゃって」とおどける美希は，静岡県と山梨県が富士山の取り合いをしていると思っているのである。静岡出身の「わたし」が，静岡県側から見える景色の方が山梨県側から見える景色より美しいと主張していると美希は思ったのである。

問三＜文章内容＞人よりずっと体力がなく，消耗すると心まで弱る「わたし」は，ずっと富士山が「苦手」で，「その完璧な美しさと威容でいつもこちらを見下ろし，わたしのひ弱さを笑っている」ように思っていたのである。

問四＜文章内容＞富士山の下には，より古い火山がいくつも埋まっている。富士山の斜面にある小さな肩みたいなものは，下に埋まった「小御岳火山の頭」なのである。今の富士山が生まれ始めたのはごく最近のことで，小さな肩みたいな小御岳火山の山頂が，「旧石器人が見ていた〝富士山〟のてっぺん」なのである。

問五＜慣用句＞「おひざもと」は，高貴な人のそばのこと。「完璧な美しさと威容」を持つ富士山を，「わたし」は，高貴な人にたとえているのである。

問六＜文章内容＞同僚だった美希に会うのは半年ぶりだったが，美希は，「昨夜になって急に，待ち合わせ場所を新富士駅から河口湖駅に変更してほしいと言って」きた。美希に悪びれる様子はないが，おかげで「わたし」は振り回されて，「四十分も余計に車を走らせる」ことになった。

問七＜文章内容＞六合目までトレッキングした「わたし」たちは，「帰りは少しコースを変え，途中まで吉田ルートを下りてから，スタート地点の富士スバルライン五合目へ向かう」ことにした。ゴールの「富士スバルライン五合目」が近づいたとき，「わたし」の足は，不思議なほど軽くなっていたのである。

二〔**論説文の読解―社会学的分野―都市**〕出典；五十嵐太郎「排除アートと過防備都市の誕生。不寛容をめぐるアートとデザイン」。

≪本文の概要≫排除アートが増えている。路上や公共空間を，特定の機能を持たない作品らしきものが占拠して，ホームレスが滞在できないようにしている。何も考えなければ，歩行者の目を楽しませるアートに見えるかもしれない。しかし，排除される側の視点から観察したとき，我々を囲む公共空間は，まるで違う姿をむき出しにする。他者への不寛容とセキュリティ意識の増大に伴い，監視カメラが普及するのと並行して，排除アートは出現した。ベンチは，座るためにデザインされたプロダクトだが，ホームレスがその上で寝そべることを不可能にしたのが，間仕切りつきのベンチである。座ることさえ拒否する排除アートも存在する。誰もが自由に使えるはずの公共空間が，特定の層に対して厳しい態度で臨み，排除をいとわないものに変容している。排除される側にとって，そのメッセージは明快である。ホームレスが使いにくいベンチは，実は一般人にとっても座りにくいベンチである。広場や公共空間は，未定義の部分があり，さまざまな可能性に開かれているはずなのだが，それをあらかじめ潰すのが，排除アートなのである。私たちは，知らないうちに増えている排除アートを発見・体験し，都市の不寛容を知ることから，意識を変えていかなければならない。

問一＜文章内容＞「何も考えなければ，歩行者の目を楽しませるアートに見える」作品らしきものは，その場所を占拠することによって，「ホームレスが滞在できないようにする」という意図を隠し持っているのである。

問二＜接続語＞A．「寝そべることを不可能にした」ベンチを見て，通常の生活をしている人は，特定の層の「排除をいとわない」という行政や管理者の意図を意識することはできないが，「排除される側にとって，そのメッセージは明快」なのである。　B．寝そべることを拒否したベンチをさらに進化させると「排除アートになる」のは，アートであれば，デザインと違い，座るという「直接的な機能」さえ残す必要がなく，もはや最初から「なんら身体のふるまいを」はたらきかけなくてもいいからである。

問三＜文章内容＞「なんだかよくわからない，不思議なかたちをしたものを，とりあえず『アート』と呼ぶ」風潮は，座りにくいベンチなどの人を排除するという目的を持ったものが，「アートという美名のもとにカモフラージュ」され「目に楽しいオブジェ」として受容されて，公共空間の「さまざまな可能性」を「あらかじめつぶ」してしまうという弊害を生んでいる。

問四＜文章内容＞Ⅰ．パブリック・アートは，「必ず作家の名前やタイトルを記したプレートが付いている」が，排除アートには「制作者の名前」はどこにもない。排除アートは，アーティストの作品ではないのである。　Ⅱ．量産品ではなく，「場所にあわせた一品物が少なくない」排除アートは，デザイナーの名前が意識されることがないという点で，「建築」と似ている。　Ⅲ．開発者が戦略的に作品の位置やサイズを決めて「パブリック・アートの制作を依頼」した場合，アーティストの作品が意図せずに排除アートになってしまう可能性もある。　Ⅳ．都市空間に置かれたアート作品が，結果的に「他者の排除に貢献」してしまう危険もあるから，アーティストは，作品の制作に慎重にならざるをえない。

問五＜文章内容＞「公園のホームレスが強制的に排除」され，「同じ場所には花が植えられ」た。緑を大切にという看板が掲げられたが，人を排除するという厳しい処置が取られたのである。

問六＜文章内容＞岡本太郎は，「生ぬるく快適に生きると人間が飼いならされてダメになる」と考え，「坐ることを拒否する椅子」を大衆社会に送り込んだ。そこには，生ぬるい生き方や飼いならされることを拒否し，常識を覆して「坐ることを拒否する椅子」に座ってみろという岡本の挑発が，込められているのである。

問七＜主題＞排除アートは，「何も考えなければ，歩行者の目を楽しませるアートに見えるかもしれない」が，実は「ホームレスが滞在できないようにする」という意図を隠し持っている。通常の生活をしている人々は，「アートという美名のもとにカモフラージュ」されたネガティブな機能に気づくことがない。私たちは，「言葉によって禁止を命令しないが，なんとなく無意識のうちに行動が制限される」環境型の権力に自覚的になり，他者の排除や不寛容についての意識を変えていく必要があるのである。

三〔論説文の読解―社会学的分野―現代社会〕出典；山本貴光『記憶のデザイン』。

問一＜漢字＞イ．「投稿」は，掲載してもらうように原稿を送ること，または送られた原稿のこと。ここではウェブサイトなどへの掲載のために文章などを送信すること，またその内容のこと。
ロ．「追悼」は，死者をしのび，その死を悲しむこと。　ハ．音読みは「主催」などの「サイ」。
ニ．「是非」は，物事の良し悪しを論じること。

問二＜接続語＞A．記憶は，「個人のものと思われがち」であるけれども，実際には私たちは家族や友人，またさまざまな他人との間で「記憶を共有している」のである。　B．私たちは，家族や友人，さまざまな他人との間で「記憶を共有している」し，同時に，国家や法律や企業など，人間がつくる組織のように，人々が「記憶を共有するからこそ成り立つものもある」のである。

問三＜文章内容＞国家や法律や企業などの人間がつくる組織は，「人びとの頭のなか，記憶の上にのみ存在するもの」であり，記憶を共有する「人のあいだで取り結ばれた契約によって，そのようなものがある，と設定されたなにものか」である。「モノとしては存在していないにもかかわらず，人間たちは共同して，そのような各種の組織や仕組みを存在するものとして扱い，運用している」のである。

問四＜文章内容＞私たちが正しいと認識している歴史も，社会や国家によって「共有すべき記憶が選定」されたものなのである。日本に教科書検定の仕組みがあるように，個人の記憶と思っているものが，実は社会や国家の影響下にあることを，私たちは認識する必要がある。

問五＜文章内容＞『平家物語』は，作者は不明だが，源平の争いという過ぎ去った過去の出来事が記述されている。つまり，『平家物語』は，「過ぎ去った過去の出来事」の「痕跡」なのである。

問六＜語句＞「倦む」は，ここでは退屈する，嫌になる，という意味。同じ過去の出来事を記述したものでも，必ずしも一致するわけではない。資料や遺物は「限られている」し，出来事に対する「解釈も人によって違う」からである。しかし私たちは，過去は誰にも正確にはわからないとうんざりして飽きるのではなく，「不完全ながら，ここまでは分かったと言えるという領域と，ここから先は分からないという領域」を確認し直し続けて，「終わりなき近似」を目指さなければならないのである。

Memo

Memo

2021年度 立教新座高等学校

【英　語】（60分）〈満点：100点〉

注意 Ⅰ・Ⅱ・Ⅲはリスニング問題です。放送中にメモを取ってもかまいません。

Ⅰ　リスニング問題(1)

これから放送で２つの対話が流れます。(　)内に入る英語を聞き取り，解答欄に書きなさい。対話は**２回**ずつ流れます。

1　A：Mike, have you gone to see a doctor yet？（　1　）your knee for weeks.

B：Not yet. I've been busy practicing for the soccer game.

A：I know that, but there may be some trouble with your knee. If you wait, it may become serious.

B：I know, mom, but（　2　）. There's a big game tomorrow. I'll try to go this week.

A：OK. I want you to go as soon as it ends.

2　A：Hi, this is Tim. Is everything ready for your flight？

B：Yeah,（　3　）, as scheduled. I can't wait to see you.

A：Me, too. But listen, I'm sorry to tell you that（　4　）at the airport. So could you come to Sapporo station by yourself？ I'll meet you there in the evening.

B：OK. I'll try.

Ⅱ　リスニング問題(2)

これから放送で２つの対話が流れます。それぞれの最後の文に対する応答として適切なものを，対話の後に流れる(A)～(D)より１つ選び，記号で答えなさい。対話と選択肢はそれぞれ**２回**ずつ流れます。

Ⅲ　リスニング問題(3)

これから放送で２つの対話とそれぞれに対する質問が流れます。質問の答えを選択肢から１つ選び，記号で答えなさい。対話と質問は**２回**ずつ流れます。

1　(A)　He is going to buy some food for Alice.

(B)　He is going to help Alice write her report.

(C)　He is going to finish his science report with Alice.

(D)　He is going to meet Alice tomorrow.

2　(A)　Meeting with Emma and other friends.

(B)　Visiting his grandparents in a mountain area.

(C)　Traveling with his family.

(D)　Skiing with his classmates.

※＜**リスニング問題放送台本**＞は英語の問題の終わりに付けてあります。

Ⅳ　次の英文を読んで，各設問に答えなさい。

〔編集部注…課題文は著作権上の問題により掲載しておりません。作品の該当箇所につきましては次の内容を参考にしてください〕

「How 3D Printers are preparing students for life after high school」

September 05, 2018 投稿　執筆者 Bill Gates

URL:https://www.gatesnotes.com/Education/My-visit-to-the-Academy-for-Software-Engineering

出典：*GatesNotes* https://www.gatesnotes.com (Revised)

＊注　Manhattan　ニューヨーク州の地区　　curriculum　教育課程　　junior　三年生
lottery system　抽選システム　　attendance record　出席記録
modeling software　コンピュータソフトウェアの一種　　middle school　中等学校
senior　四年生　　freshmen　一年生　　wherever　どこに～しようとも

問1　下線部①と最も近い意味となる語を下から1つ選び，記号で答えなさい。
ア　disappointed　　イ　hit　　ウ　excited　　エ　surprised

問2　下線部②と最も近い意味となる文を下から1つ選び，記号で答えなさい。
ア　all students are required to become a programmer or a software designer
イ　programming and design classes are both required to graduate from the school
ウ　special programs of programming and design are scheduled during the year
エ　some students choose programming and the rest of the students choose design courses

問3　下線部③を意味が通るように並べかえなさい。

問4　下線部④と最も近い意味となる語を下から1つ選び，記号で答えなさい。
ア　impressed　　イ　flown　　ウ　exploded　　エ　centered

問5　次の質問に対する答えを文中から抜き出し，英語で答えなさい。
Why are English language learners and students with disabilities comfortable in this school ?
Because computer science __________________.

問6　次の質問に対する答えを下から1つ選び，記号で答えなさい。
Why do teachers use the shared information site when a student becomes a senior ?
ア　To check the students' mental condition.
イ　To prepare an oral presentation.
ウ　To help students to understand their progress.
エ　To support the students to enter AFSE.

問7　[A] に入る語を下から1つ選び，記号で答えなさい。
ア　put　　イ　set　　ウ　do　　エ　play

問8　下線部⑤と最も近い意味となるものを下から1つ選び，記号で答えなさい。
ア　no one is taken care of by the staff　　イ　no one is left behind
ウ　no one enjoys attending lessons　　エ　no one receives extra lessons

問9　[B] に**入らない文**を下から1つ選び，記号で答えなさい。
ア　How do you accomplish a task ?　　イ　Can you find a pattern ?
ウ　What data do you need ?　　エ　Can you build a computer ?

[V]　次の英文を読んで，各設問に答えなさい。

Pete belonged to Fred and Jane.　He was the happiest puppy in the world, and there was nothing he liked better than playing a game with them.　He enjoyed the two trying to catch him, and it was fun for him to run after a ball.　Of course, he loved to go for a walk with both of them.

So you can guess that the children loved him very much.　Mommy thought he was a nice little dog, too — and so did Daddy, until one day Pete started digging in the garden !

"Hey, get out of my garden !" shouted Daddy.　"You're damaging all the seeds I planted."

Pete stopped — but as soon as Daddy turned around, he was digging again!

Pete suddenly discovered that it was good fun to bury the bones he couldn't eat! Then when he felt hungry, he could dig them up and bite them again. But because he didn't have a very good memory, he couldn't always remember where he buried his bones, so he had to dig many places until at last he found them.

Daddy didn't like him digging everywhere, because it was Daddy's garden. Daddy planted the seeds and various kinds of flowers. Daddy loved the garden and spent all of his free time there. So when Pete dug everything up, Daddy got very angry!

Then there came a terrible week. Pete dug up the garden every day! He dug up the seeds Daddy planted the day before and the flowers that just came up. Worst of all, Pete thought he buried a bone under Daddy's best roses! So he even dug up the roses!

Daddy got angrier and angrier, and at last he said a terrible thing.

"Pete must go. I'm not going to spend all of my free time working to make the garden nice, just because Pete digs it all up every five minutes. If you children can't teach him to be good, I will give him to the postman. I know he wants a dog."

Jane and Fred were so shocked. How could Daddy think of giving their own puppy away to the postman? They loved him with all of their hearts because he was the nicest puppy in the world. They couldn't think of life without him.

"Please, Daddy, don't do that," said Jane, and her eyes were full of tears. "He doesn't mean to dig up your seeds."

"I don't care if he means to or not," said Daddy angrily. "He does it just the same. Anyway, he goes to the postman next week if he does any more damage."

Jane and Fred did their best to make Pete behave — but one evening when they went out to play with a friend, Pete dug a huge hole in the middle of Daddy's flowers which were just coming up.

"Give him to the postman on Monday," he said. "I'm tired of him, and I'm not going to waste my time doing things that Pete damages the very next minute."

The children knew it was no good saying anything. When Daddy spoke like that, he meant the thing that he said. But how unhappy they were! How wet their pillows were that night! They loved Pete so much! They wished he didn't dig up Daddy's garden. But it was too late. He did it too many times so now he had to go away.

Sunday came. Daddy took Mommy and the two children out for a bus ride to see the beautiful country view. Pete was left behind. So, in his doggy mind he thought, "Ha! A good time for digging! Now where's that bone I buried two days ago?"

He ran into the garden. He found a nice corner under a big old tree, and then he began to dig. He felt sure the bone was there. He was going to dig until he found it, anyway, even if he dug a hole as big as a house.

He *scraped and *snuffled again and again. Ah! Here was the bone at last! Scrape, scrape, scrape.

What a large bone! Pete didn't remember that it was so large when he buried it. He thought that it grew after he buried it.

Pete scraped and dug more, but he couldn't get that bone up. It was too big and too heavy. So he sat down for a rest until Daddy and the children came home.

"That dog was digging again!" cried Daddy. He ran up to the old tree, and Pete ran away. Daddy looked into the hole, and then he looked again.

"Is it one of Pete's bones?" asked Jane. She felt sorry that the puppy behaved badly again. "Oh, Daddy! It's not a bone! It's a funny old box! Look, Pete has got one end out — but it was too big for him to get right out! I expect he thought it was a big bone!"

"What is it?" asked Fred, excitedly. "Quick, Daddy, get it up!"

Daddy was excited, too. What could the box be? He began to dig it up. At last he and Fred lifted it up on to the grass — and then Jane cried out in surprise.

"Oh! It's got our name on it — look — it says 'PAGET'. That's our name, isn't it, Daddy? You're Mr. Paget and Mommy's Mrs. Paget. Why is it on this old box?"

"My dears," said Daddy, still excited, "I believe it must be the box of jewelry belonging to your great-grandmother. She lived in this same house. They were stolen and never found again. Probably the person who stole it buried it in the garden, and never had the chance to get it again."

Well, Daddy was right! In the box, there were many wonderful necklaces and rings that were once Great-grandmother's. Daddy said he would keep some for Mommy and Jane, and sell the others, and they would get a lot of money.

How the children clapped their hands! How Mommy cried out for joy to see the pretty things! What excitement to find treasure like that, hidden for so many years!

Pete found it by mistake, but nobody thought about it.

Pete heard the excitement and he joined in by putting his little nose around the door and saying "Bow wow!" in a small, quiet voice, because he thought Daddy was still angry with him.

But Daddy wasn't. Pete really did some good with his digging this time, so there was no scolding for him, only smiles and lots of biscuits.

"You won't give him to the postman now, will you, Daddy?" asked Jane, hugging the puppy tightly.

"No," said Daddy. "He's not a bad puppy. And besides, if he digs up the garden any more, we can ask a gardener to fix the damage, with all of the money that will come from this jewelry!"

"Bow wow!" barked Pete, happily. And surprisingly, he never in his life dug in the garden again! Jane said he was digging for the treasure all the time, so he stopped digging when he found it. Mommy said he dug enough and decided to be a grown-up dog. What do you think?

出典："The Dog Who Would Go Digging" *Summertime Stories* (Revised)

＊注　scrape　引っ掻いて掘る　　snuffle　くんくん臭いをかぐ

問1　本文の内容に合うように，質問の答え，あるいは書き出しに続く英語をそれぞれ1つ選び，記号で答えなさい。

1　Which is **NOT** true about the thing Pete liked to do?

ア　To run from Fred and Jane.　　イ　To catch a ball Fred and Jane threw.

ウ　To go out for a walk with Fred and Jane.　　エ　To go to bed with Fred and Jane.

2　Why did Pete dig many places in Daddy's garden?

ア　Because he didn't have a good ability to remember things.

イ　Because he was taught to bury the bones that he couldn't eat.

ウ　Because he enjoyed having a game with Fred and Jane in the garden.

エ　Because he liked to find the bones Fred and Jane threw away after meal.

3　Pete will be given to the postman if . . .

ア　the children cannot behave well.

イ　the children cannot stay with Pete all the time.

ウ　Pete cannot stop digging in the garden.

エ　Pete cannot play with the children.

4　Why did the children think "it was no good saying anything" ?

ア　Because they didn't want Pete to be given to the postman.

イ　Because they were always scared to say a word to their Daddy.

ウ　Because they were so unhappy that it was very difficult to think of what to say.

エ　Because they knew that Daddy wouldn't change his mind once he spoke like that.

5　"How wet their pillows were that night !" means . . .

ア　Fred and Jane were so sad and cried in bed that night.

イ　Fred and Jane gave their pillows to Pete as a gift that night.

ウ　Fred and Jane brought Pete to their beds to sleep together that night.

エ　Fred and Jane had a quarrel over their pillows all through that night.

6　The thing that Pete thought a large bone was actually . . .

ア　a bone he buried two days ago.

イ　a bone grown up bigger than it was before.

ウ　a lot of jewelry of their grandmother's.

エ　a heavy, old box with the family's name.

7　Why was the treasure in the garden ?

ア　Because Daddy wanted to make it a surprise.

イ　Because Pete found it and buried it again.

ウ　Because their great-grandmother wanted to hide it.

エ　Because someone buried it after he stole it.

8　In the end, . . .

ア　Daddy was very happy to get jewelry but he was still angry with Pete.

イ　Pete still continued to dig Daddy's garden to find treasures.

ウ　Daddy asked the gardener to fix his garden.

エ　Pete never damaged Daddy's garden again.

問2　本文中の波線部を下のように書きかえたとき，空所に入る適語を英語で答えなさい。

Jane and Fred (　A　) to make Pete a good dog but he didn't (　B　) to their order.

Ⅵ　各組の空所には同じ発音で，つづりが異なる英語が入ります。(＊)内に入る語を答えなさい。

1　Alex (　　) the entrance exam of the high school this year.
　 In the (　＊　), Mr. Maeda was a professional soccer player.

2　What day of the (　　) is it today ?
　 James is still (　＊　) after he came home from the hospital.

3　You, Chris, and (　　) are all fifteen years old.
　 Ms. Yamada has an (　＊　) for paintings.

Ⅶ　1は二文がほぼ同じ意味になるように空所に適語を入れなさい。2は二文の空所に共通に入る語を答えなさい。

1
Tom made his speech better than any other classmate.
Tom was the (　　　) (　　　) in his class.

2
Is this the (　　　) way to the station ?
You'll find the supermarket if you turn (　　　) there.

Ⅷ　日本語の意味に合うように〔　〕内の語句を並べかえて意味の通る英語にしなさい。解答の際はAとBに入るものを記号で答えなさい。ただし，文頭に来る語も小文字で示してあります。

1　そのチケットは，がんばっているだれかにあげたらどうかな。
〔ア　about　イ　giving　ウ　hard　エ　how　オ　someone　カ　the ticket　キ　to　ク　working〕?
_____ _____ _____ __A__ _____ __B__ _____ _____ ?

2　アメリカのテレビ番組が多数あるので，私たちはアメリカ英語に耳慣れています。
There are so〔ア　American English　イ　American TV shows　ウ　are used　エ　hearing　オ　many　カ　that　キ　to　ク　we〕.
There are so _____ _____ __A__ _____ _____ __B__ _____ _____.

3　どちらの時計を着けたらいいか，教えてくださいますか。
〔ア　could　イ　me　ウ　tell　エ　to　オ　watch　カ　wear　キ　which　ク　you〕?
_____ _____ _____ __A__ _____ _____ __B__ _____ ?

Ⅸ　次の質問に対して自身の考えを英語で書きなさい。その際，**理由を２つ**述べ，**40語以上50語程度で**書くこと。解答欄の１つのマスに１語を入れること。コンマ，ピリオド等は語数に含みません。

Where do you want to go on your next trip, a foreign country or a place in Japan ?

(記入例)	I'm	having	a	salad	and	sandwiches	for	lunch,	too.

＜リスニング問題放送台本＞

Ⅰ　リスニング問題(1)

これから放送で２つの対話が流れます。(　)内に入る英語を聞き取り，解答欄に書きなさい。対話は２回ずつ流れます。

1　A : Mike, have you gone to see a doctor yet ?　You've been complaining about your knee for weeks.
B : Not yet.　I've been busy practicing for the soccer game.
A : I know that, but there may be some trouble with your knee.　If you wait, it may become serious.
B : I know, mom, but the tournament hasn't finished yet.　There's a big game tomorrow.　I'll try to go this week.
A : OK.　I want you to go as soon as it ends.

2　A : Hi, this is Tim.　Is everything ready for your flight ?
B : Yeah, I'm leaving for Sapporo tomorrow, as scheduled.　I can't wait to see you.
A : Me, too.　But listen, I'm sorry to tell you that I can't pick you up at the airport.　So could you come to Sapporo station by yourself ?　I'll meet you there in the evening.
B : OK.　I'll try.

Ⅱ　リスニング問題(2)

これから放送で２つの対話が流れます。それぞれの最後の文に対する応答として適切なものを，対話の後に流れる(A)～(D)より１つ選び，記号で答えなさい。対話と選択肢はそれぞれ２回ずつ流れます。

1　A： Dad, I want a new dress to wear for Mary's wedding!

B： Don't worry. The wedding is going to be held online, so you don't need to dress up.

A： (A) But even so, I'd like a new dress to wear.

(B) But I'm free tomorrow.

(C) I have a better dress to wear.

(D) I can go with you.

2　A： Oh, what's that? Is it a cat-shaped cushion?

B： No. It's actually my bag, it's an eco-bag. When you fold it up, it becomes a little cat's face.

A： That is so cute! Nowadays, we definitely need eco-bags. I'd like one like that.

B： (A) Me, too.

(B) I found this at the shopping mall yesterday.

(C) Nobody has an eco-bag.

(D) Me, neither.

Ⅲ　リスニング問題(3)

これから放送で２つの対話とそれぞれに対する質問が流れます。質問の答えを選択肢から１つ選び，記号で答えなさい。対話と質問は２回ずつ流れます。

1　W： Hey Johnny, have you finished the science report? I haven't started it yet.

M： Hi Alice! Of course I've already finished it because we have to hand it in tomorrow!

W： Tomorrow! Wait, you said you finished it? So you're free today . . . Hey Johnny.

M： Alright Alice, I'll help you if you buy me lunch now!

Question： What will Johnny do?

(A) He is going to buy some food for Alice.

(B) He is going to help Alice write her report.

(C) He is going to finish his science report with Alice.

(D) He is going to meet Alice tomorrow.

2　W： Jason, your birthday is this weekend, right?

M： Yes, you have a good memory, Emma!

W： Well, you invited me and other classmates to a nice birthday party last year and I remember it was a snowy day. So the snow outside reminds me of your birthday!

M： Yeah, my birthday is mostly snowy these years. This year, my parents and I are going to have a weekend ski trip instead of having a party with school friends.

Question： What is Jason's birthday plan this year?

(A) Meeting with Emma and other friends.

(B) Visiting his grandparents in a mountain area.

(C) Traveling with his family.

(D) Skiing with his classmates.

【数　学】（60分）〈満点：100点〉

（注意）　1．答はできるだけ簡単にし，根号のついた数は，根号内の数をできるだけ簡単にしなさい。また，円周率はπを用いなさい。

2．直定規，コンパスの貸借はいけません。

3．三角定規，分度器，計算機の使用はいけません。

1　以下の問いに答えなさい。

(1)　2つの2次方程式$x^2+(5-2a)x-10a=0$，$x^2-ax-a-1=0$について，次の問いに答えなさい。

①　$a=-6$のとき，2つの2次方程式は共通の解をただ1つもちます。共通の解を求めなさい。

②　$x^2+(5-2a)x-10a$を因数分解しなさい。

③　2つの2次方程式が共通の解をただ1つもつとき，aの値をすべて求めなさい。

(2)　右の図は，ある高校の生徒40人の握力の記録を，15kg以上20kg未満を階級の1つとして，階級の幅5kgのヒストグラムで表したものです。次の問いに答えなさい。

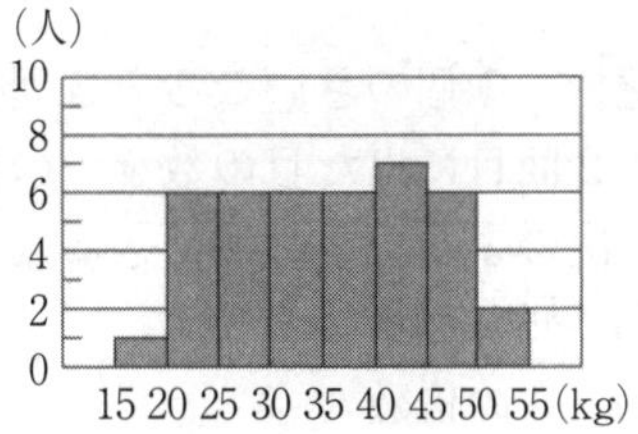

①　右のヒストグラムから，中央値が含まれる階級を答えなさい。

②　同じ記録を，階級の幅を4kgに変えたヒストグラムで表すと，次の(ア)～(エ)のいずれかになりました。その記号を答えなさい。

(ア)

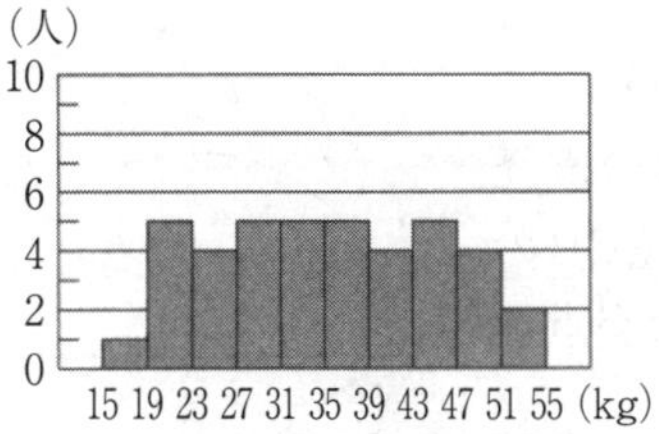

(イ)

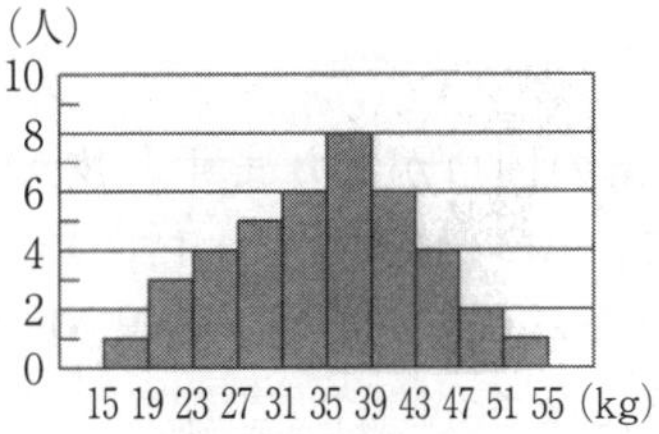

(ウ)

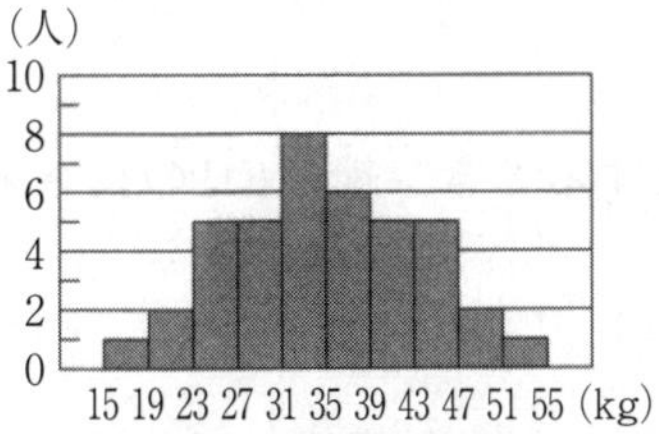

(エ)

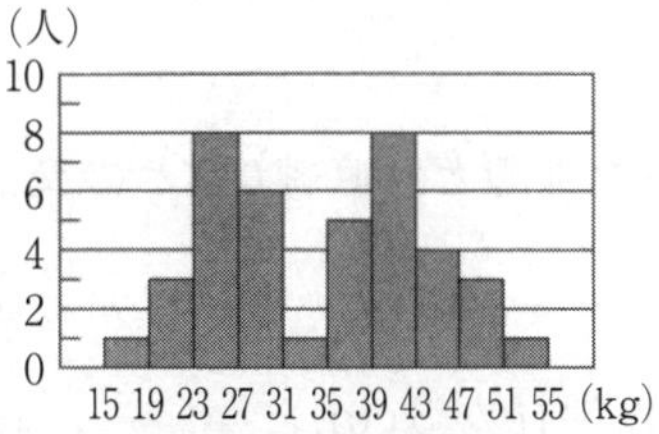

(3)　図のように，正方形ABCDの辺BC上の点をP，辺CD上の点をQとしたとき，△APQは正三角形となりました。正三角形APQの面積が$6\sqrt{3}\,\text{cm}^2$であるとき，正三角形APQの1辺の長さと，正方形ABCDの1辺の長さをそれぞれ求めなさい。

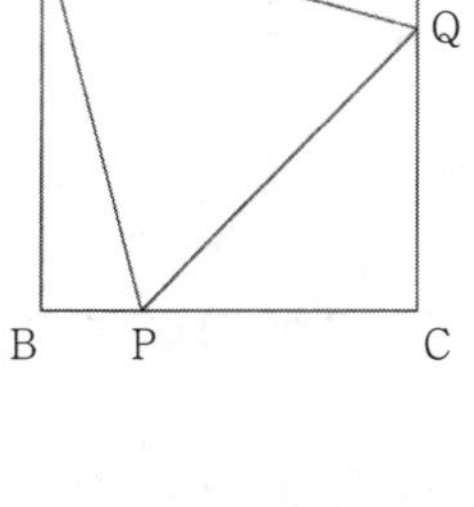

(4)　2直線l，mをそれぞれ$y=ax+2$，$y=bx-b$ $(b>1)$とします。直線lとy軸との交点をA，直線mとx軸との交点をBとするとき，次の問いに答えなさい。

①　点Bの座標を求めなさい。

②　図において，aの値が-2から1まで変化するとき，直線lの通過する部分のうち，xの値が0以上の部分をSとします。さらに，同じ図において，bの値がpから3まで変化するとき，直線mの通過する部分をTとします。このとき，SとTの重なった部分の面積が$\dfrac{27}{4}$となるようなpの値を求めなさい。ただし，$p<3$とします。

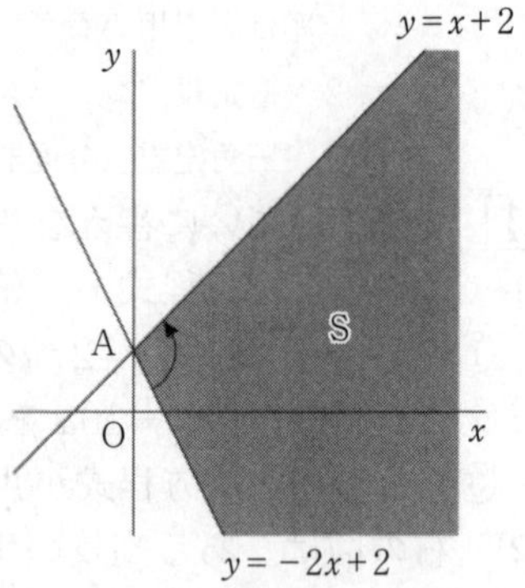

2　1個のさいころを3回投げて，1回目に出た目の数を百の位，2回目に出た目の数を十の位，3回目に出た目の数を一の位の数とする3けたの整数をつくるとき，次のような整数ができる確率を求めなさい。

(1)　450以上

(2)　4の倍数

(3)　各位の数の和が15

(4)　3の倍数

3　図のように，半径3cmの円Oがあります。弦ABは円Oの直径，点Cは円Oの円周上の点で，AC：BC$=\sqrt{2}$：1です。また，弦CBの延長上にCB：BD＝4：3となる点Dをとり，直線ADと円Oの交点をEとします。次の問いに答えなさい。

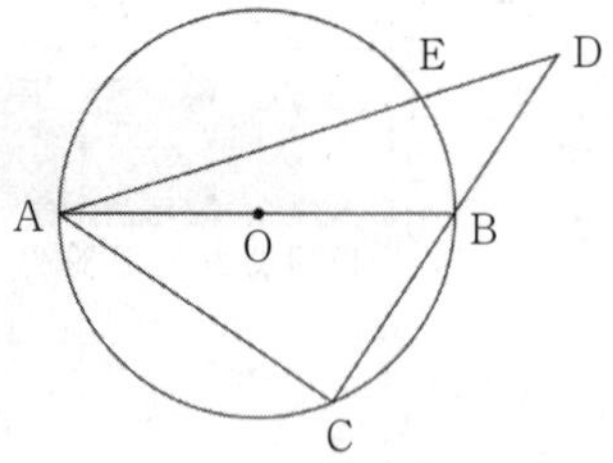

(1)　ACの長さを求めなさい。

(2)　ADの長さを求めなさい。

(3)　DB：DEを求めなさい。

(4)　点Eから直線CDにひいた垂線と，直線CDとの交点をHとするとき，線分EHの長さを求めなさい。

4　図1のように，底面の半径が3cm，母線の長さが5cmの円錐の中に半径の等しい2つの球P，Qがあります。2つの球P，Qは互いに接し，円錐の底面と側面に接しているとき，次の問いに答えなさい。ただし，2つの球の中心と，円錐の頂点と，円錐の底面の中心は同じ平面上にあるものとします。

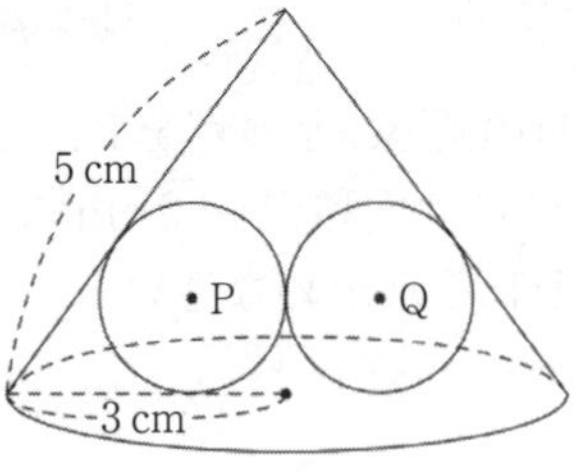

図1

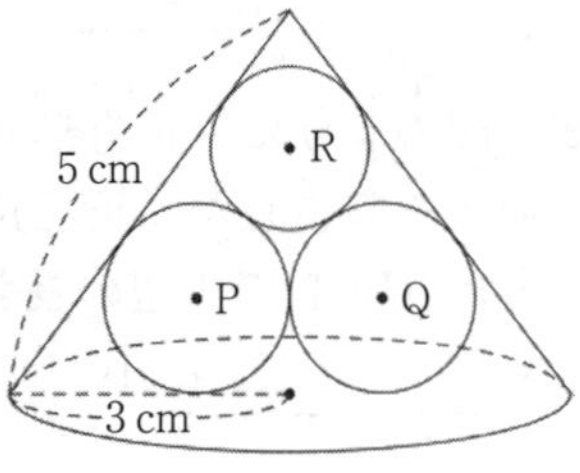

図2

(1)　球Pの半径を求めなさい。

(2)　円錐の体積は，球Pの体積の何倍ですか。

(3)　球Pと円錐の側面が接する点をAとします。点Aを通り，円錐の底面に平行な平面で球Pを切断するとき，球Pの切断面の面積を求めなさい。

(4)　図1の円錐の中に，球Pと半径が異なる球Rを図2のように入れます。3つの球は互いに接し，球Rは円錐の側面に接しています。3つの球の中心と，円錐の頂点が同じ平面上にあるとき，球Rの半径を求めなさい。

5 　図のように，放物線 $y=2x^2$ と直線 l が2点A，Bで交わっていて，点A，Bの x 座標はそれぞれ $-\frac{3}{2}$，1です。また，直線 $x=t$ と，放物線，直線 l との交点をそれぞれP，Qとします。次の問いに答えなさい。ただし，$t>1$ とします。

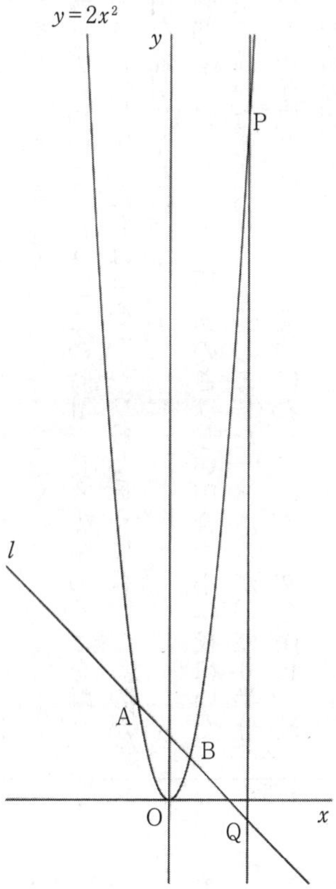

(1) 直線 l の式を求めなさい。

(2) $t=4$ のとき，△PABの面積を求めなさい。

(3) 直線OBとPQの交点をSとし，直線OPと l の交点をTとします。PS：SQ＝11：3となるとき，次の問いに答えなさい。

① t の値を求めなさい。

② OT：TPを求めなさい。

③ 四角形PTBSの面積を求めなさい。

見守っていました。

「みなさん、大きくなったら、どんな人になろうと思いますか」

彼は、生徒らに向かって、こういう問いを出したのでした。すると、あちらにも、こちらにも、かわいらしい手が上がって、先生！　先生！　と、争って呼ぶ声が聞こえたのでした。彼は、その中の一人を指すと、その子は立って、

「いい人間になります」と、答えた。

彼は、その子供に向かって、

「いい人間って、どんな人ですか?」と、たずねた。その子供は躊躇《ちゅうちょ》なく、りんごのようにほおをほてらして、

「世の中のために働く人になります」と、答えた。

彼は、子供の純情さに、覚えず感動した。同時に、夢から彼はさめたのであります。はね起きて床《とこ》の上にすわりました。そこで、すぐに十数年の昔になった、あの時分のことを思い出したのです。

「⑤ああ、おれは、いままでほんとうに、社会のために、どんなことをしておったか?」と、こう彼は思った。なお、カチカチいっている時計の音は、しばらくの間、無邪気な子供らの笑い声に聞こえていました。

（小川未明「小さい針の音」）

問一　空欄 A ～ E に当てはまる語を次の中から選び、それぞれ記号で答えなさい。

ア　いつしか　イ　かえって　ウ　けっして　エ　ことに

オ　ようやく　カ　さながら　キ　もはや

問二　傍線部①について。なぜ「この時計が長く先生のそばを離れないと思うと」、生徒たちは「心からうれしそうに喜」べるのか。その理由を説明しなさい。

問三　傍線部②「こうして彼は、あのさびしい田舎の小学校にいた時分、頭に描いた希望の半分を達しました」とあるが、残り半分の「希望」が達成されたことを端的に表している一文を探し、最初の五字を抜き出しなさい。

問四　傍線部③「これに暇をやってもわるくはあるまい」とあるが、このように考えた「彼」の心情として適当なものを次の中から選び、記号で答えなさい。

ア　生徒からの思いを振り切ろうとする気持ち。

イ　過去を捨てて心機一転しようとする気持ち。

ウ　長く使った時計に心から感謝しようとする気持ち。

エ　大事にしてきた時計に見切りをつけようとする気持ち。

問五　傍線部④「みんなが声をたてて笑いました」とあるが、なぜ笑ったのか。適当なものを次の中から選び、記号で答えなさい。

ア　今時、ごく旧式で大きい型の時計を持っていたことをおかしく思ったから。

イ　時計が正確だと言ったのに、急に恐縮してしまった様子をおかしく思ったから。

ウ　旧式で大きい型の時計が正確であるはずはないと、男の主張をおかしく思ったから。

エ　誰もが何かしら自分の時計に不満があることがわかって、おかしく思ったから。

問六　傍線部⑤「ああ、おれは、いままでほんとうに、社会のために、どんなことをしておったか?」とあるが、なぜ「彼」はこのように思ったのか。適当なものを次の中から選び、記号で答えなさい。

ア　「いい人間」とは出世した人間のことだと考え、わが身のことばかりを考えて行動していた今までの自分に気付いたから。

イ　教え子たちには勉強するように伝えていたのに、自分は出世のことばかり考え、勉強していなかったことに気付いたから。

ウ　教え子たちの純情さにふれることで、重役になった後、周囲の人間に対し尊大なふるまいをしていた自分に気付いたから。

エ　都会で純真さを忘れ、教え子たちの真心がこもった時計を売るという、無慈悲な行動をしてしまったことに気付いたから。

重役は、プラチナの時計を握ったまま、こういったものの方をながめました。しかし、彼の目は、どこやらに侮蔑を含んでいました。（標準時に合わせば、やはり狂っているのだ）と、心の中で笑ったからです。

このとき、彼は、それを言葉には表さずに、ものやさしく、

「どれ、君の時計を、ちょっと見せたまえ」といいました。

自分の時計を正確だといった男は、急に、恐縮してしまいました。

「私のは、ごく旧式で、大きい型のです」といって、頭をかくと、④みんなが声をたてて笑いました。

その男は、べつに、臆するところなく、自分の時計を重役の前に持っていって、テーブルの上においたのであります。

彼は、男の差し出した時計を手に取ってながめていました。そして、ふいに、裏側のへこみに目を止めると、驚きのためにその顔色は変わったのでした。

しかし、彼のこの微妙な心理の推移を、そばの人々がわかろうはずがありません。ただ、あまり重役が熱心に、つまらない時計を凝視しているのを不思議に思ったくらいでありました。

「君、僕のこのプラチナの時計と交換しようじゃないか」と、重役はいいました。

みんなは、重役が冗談をいうにしては、あまりまじめなので、どうしたことかと一図《いちず》に笑うこともできなかったのです。

「ほんとうに、君、交換してくれないか」と、今度は、重役のほうから頼むようにいいました。

みんなは、相手の男が、喜んで交換するものと思いました。なかには、一種うらやましそうな目つきをさえして、このようすをながめていたものもあります。

男は、さもその当時のことを思い出すように、しんみりとした調子で、

「この時計は、私にとっては忘れられない記念の品であります。私が労働をしていました時分に、やっとの思いで、露店でこの時計を求めたのでした。その日から、この時計は、今日まで苦労を私といっしょにしてきました。私は、この時計を売ったり、交換したりすることはできませんが、あなたが愛してくださるなら、あなたに差しあげます」といって、男は、この時計を重役に進呈しました。重役は、時計に対する奇遇と、この男の話に少なからず感動しましたが、彼は、ただちに、そのことを口に出していうほどの卒直《そっちょく》さをもっていませんでした。彼は、［ D ］、驚きの色をかくしながら、

「露店で買ったという、この時計は、狂わないかね」と、たずねました。

すると、男は、誇り顔に、重役を見つめて、

「一分も狂いません。おそらく、一秒も狂わないかもしれません。標準時に、毎日、きちんと合っています」と、答えました。

これを聞いて、この会社の中で、不思議に感じなかったものはありませんが、［ E ］重役は、あの村の子供たちが、自分のために贈ってくれた時計がそんなに正確なものであったかと、真に驚いたのでありました。

彼は、男の進呈した時計をもらって、自分の家へ帰りました。彼は、もしもこれが、昔、自身の持っていた時計でなかったら、けっして、この時計をもらわなかったにちがいありません。

その日、彼は、終日、その時計を前において、じっとながめていました。いままで忘れていた、過去のいろいろのことが、ありありと目に浮かんできました。そして、じっと見ているうちに、この時計の鈍い光の中から、自分の苦学時代がよみがえり、また、あの男の物語った、あの男の過去が幻となって、目に映るような気がしました。彼は、涙ぐましい気さえされて、眠る時分には、これをまくらもとにおいて、そのカチカチと秒を刻む音を聞きながら、いつになく安らかな眠りにはいったのでした。

彼は、風がすきまから吹き込んで、破れた障子のブウブウと鳴る寒村の小学校の教壇に立っているのでした。彼は、若く、そして、よれよれになった袴をはいています。しかし、熱心に、児童の顔を

数年の後、彼は、いままで勤めていた役所から、ある会社に移りました。しかもいい位置にすわるようになりました。

彼の服装は、いままでとは変わらなければなりませんでした。服装ばかりでなく、いっさいが変わらなければなりませんでした。彼は、旧型の大きな安時計を下げて、会社にいくことを気恥ずかしく感じました。

「ずいぶん長くこの時計も役にたったものだ。もうしかし、③これに暇をやってもわるくはあるまい。これほど使えばたくさんというものだ」と、彼は思いました。

彼は、その時計を古道具屋に売りました。そして、小さな新型の時計を求めました。さすがに新しい時計を求めて、時計屋から外に出て、にぎやかな往来を歩いたときは、彼は、昔、自分の教師をしていたあのさびしい田舎の小学校と、そのあたりの景色を思い出して、目に描かずにはいられなかったのでした。

けれど、彼にとって、いま、昔のみすぼらしい自分のことを考えることは、むしろ苦痛でありました。ほんとうに、そのことはくだらない。自らなにも厭世《えんせい》的にならなくともよさそうなものだ。すべて過去というものは、陰気なことでうまっていると、彼は思ったのであります。

さらに数年の後には、彼は、会社でもっともはばのきく重役でありました。だれが今日のようすを見るもので、その昔、青年時代を、田舎の小学校で、よれよれになった袴《はかま》をはいて、鼻たらし子供を教えていた、あのみすぼらしかった姿を想像するものがありましょう。

彼は、大きな、いかめしいいすにふんぞりかえっていました。頭髪はきれいに分けて、口ひげを短く刈り、金縁の眼鏡をかけています。そして、最新流行ふうの洋服を着て、プラチナの時計のくさりが、ガラス窓からはいる、灰色の空の光線に鈍い光を反射していました。

彼は、あの大きな旧型の時計を売ってから、その後いくたび時計を取り換えたでありましょう。

最近まで持っていた金時計は、彼が、ある夜のこと、ねじをすこし強く巻いたかと思うと、ぜんまいが切れてしまいました。さっそく、修繕はさしたものの、［　C　］、その故障の起こった時計をいつまでも持っている気にはなれなかったのです。

それで、彼は、プラチナの時計にそれを換えたのでありました。高価なプラチナの時計は、いま彼の持っている時計でありますが、やはり完全の機械ではないとみえて、標準時より一日に三分間おくれるのでありました。

彼には、なにより自分が、完全な最良な時計を持たないという不満がありました。しかし、この時計にかぎって、そんなことはないはずだと思っているので、当座、彼は、社にくると、給仕に気象台へ電話をかけさせて、時間を問い合わせたものです。給仕は、彼の顔を見ると、またかといわぬばかりの目つきをしました。しかし、後になっては、どうしても三分間遅れるということを確かめると、それでも自分の時計は正確だ、標準時のほうがまちがっているとはいわれなくなって、彼はどうしたら真に正確な時計が得られるかと、茫然《ぼうぜん》いすにもたれながら、べつに自分はすることもないので、そんなことを妄想していたのであります。

ある日、みんなの仕事の休み時間に、彼はポケットから、プラチナの時計を取り出して、どうして遅れるのだろうということを、ため息といっしょにだれに向かっていうとなく、歎《たん》じたのでありました。

これを聞いていた人たちは、口々に合いづちを打って、

「私どもの時計は、どうせ安物ですが、七分も進みます」と一人がいうと、また、一人は、

「私のは振り止まりがする……」といって、みんなを笑わせました。

「七分ならいいが、僕のは、十分も遅れる」と、あちらでいったものもあります。

このとき、やはり、彼らの中の一人で、

「僕の時計は、感心に正確です」と、いったものがありました。

ウ　具体例は取り上げず、一貫して抽象的な説明を続けることで、主張の展開を格調高いものにしている。

エ　想定される疑問や反論に言及したり、補足の説明をしたりすることで、主張に説得力を与えている。

三　次の文章を読んで、後の問に答えなさい。

ある田舎の小学校に、一人の青年の教師がありました。その青年は、真実に小さな子供たちを教えたのであります。

二年、三年と、青年は、そのさびしい変化のとぼしい田舎にいるうちに、［　A　］、都へ出て勉強をして、もっと出世をしたいと考えました。それで、ある日のこと、自分の平常《へいぜい》教えていた生徒たちを、自分の前に集めて、

「私は、もっと勉強をしたいと思いますから、せっかくみなさんと親しくなって、毎日、この学校へきていっしょに暮らしましたが、お別れをしなければなりません。どうか、みなさんも勉強をして、大きくなって、みんないい人間になってください」といいました。

これを聞いていた子供たちは、目に涙をためて、うなだれていました。みんなは、このしんせつな先生に別れるのを、心から悲しく思ったのであります。

生徒たちは、みんな寄り集まって、先生になにか記念品をさしあげたいということを相談しました。なにをあげたらいいだろう？　すると、

「先生は、まだ懐中時計を持っていなされない」と、一人がいいました。みんなは、先生のことは、なんでもよく知っていたからです。なるほど、そうだった。永く私たちを記念してもらうために、先生に時計を買ってあげよう、ということになりました。

みんなは、先生にあげるのだといって、喜んで、いくらかずつの金を出し合いました。そして代表された数人が、町へいって、一個の時計を求めてまいりました。生徒らは、代表者が求めてきた時計を一度ずつ、そのかわいらしい小さな手にとってながめました。そして、①この時計が長く先生のそばを離れないと思うと、心からうれしそうに喜びました。

年の若い先生は、みんなからのこの真心のこもった時計をもらって、どんなに喜ばしく思ったでありましょう。厚く礼をいって、彼は、このさびしい、都から遠く離れた村を、都に向かって、みんなに別れをつげて出発したのでありました。

彼は、都会に出ました。多年教師をしていて、積んでおいた金で、下宿屋の窓の下で勉強をしました。春、夏、秋、冬は、そこでたったのであります。それにつけて、彼は机の上においてあった時計が、たゆまず、休まずに、カチカチと時をきざんでいるのを見ながら、自分のいた、さびしい田舎のことを思い出しました。

「あの子供たちは、大きくなったろう。そして、やはり、あちらに林が見え、こちらに山が見える学校で、毎日勉強をしていることだろう……」と思うと、目の前に、かわいらしい、目のくるくるした顔がいくつも浮かび出てみえたのでありました。

彼は、［　B　］、それに鼓舞されたように、勉強をつづけました。そして、この社会に出る関門であった、むずかしい試験を受けたのでした。幸いに彼は、それに合格することができたのであります。

②こうして彼は、あのさびしい田舎の小学校にいた時分、頭に描いた希望の半分を達しました。その後、彼は、ある役所に勤めました。それから、もっといい下宿に移りました。毎日、彼は、朝出かける前に、時計のねじを巻くことを忘れませんでした。小学校の生徒の贈った時計は、いつも彼の身体からはなれなかったのであります。彼は、前の下宿にいる時分、ある日のこと、ちょっとしたはずみに、時計を落として机の角で、時計の裏側に小さなへこみを作ったのであるが、その後は毎日、ねじを巻くたびに、この傷は、彼の目にとまるのでした。

「惜しいことをしたもんだ」と、はじめは、そのたびごとに、傷痕《きずあと》を指さきで、なでていったのです。しかし、いつ忘れるということもなく、だんだんそのことが気にかからぬようになりました。

しれない。だが、「悪行」という語は判断する主体がその事実をどのように受けとめ、価値づけているかを表わしている。

しかも、それはその場かぎりの感情的反応ではない。善悪の判断を下すにはそれに応じた理由がある。その理由が「特定の人種に属しているというだけで人間を殺してはならない」というものであるとすれば、ホロコーストについて上の判断を下したひとは同じ理由があてはまる別のできごと（たとえば、ルワンダのツチ族虐殺）を、それぞれの事態の特殊性に留意しながらも、同様に悪行と呼ぶだろう。同じ論拠が成り立つすべての事態に同じ評価を下す。倫理的判断は③普遍妥当性要求——すなわち、「同様の事態なら、いつでもどこでも誰がすることでも、同じ判断があてはまる」という主張——を含んでいる。

ただし、それはあくまで要求であって、自然法則が、たとえば、重力加速度が地球上のどこでもあてはまるようには、他の可能性を排除することができない。いいかえれば、別の人間が同じ事態を別様に受け止める可能性を排除できない。だから、「倫理はひとによって違う」ともいわれる。

だが、この表現は粗忽《そこつ》である。反対の判断を下したふたりのどちらも自分の考えが相手にもあてはまると思っている点を看過しているからだ。ある特定の生き方を奉じているひとは他人にも同じ生き方を勧めるだろう。普遍妥当性要求のために、見解の相違は深刻な対立になりやすい。それゆえ、前述のように、各人が選択する生き方・考え方で同じ信条の人びとのあいだであてはまる倫理の次元と社会の構成員全員にあてはまる自他の選択の自由（この場合には信仰の自由）を尊重する道徳の次元とが区別される。

その道徳すら脅かされうる。たとえば、ある人種の絶滅が正しいと考える人間は今後も出現するかもしれない。しかも、その人間はそれを自分の生き方、倫理だと主張するかもしれない。しかし、その人間が自分の考えを主張することを許されているのは、道徳が他のひとと等しくその人間にも信条の自由や言論の自由を認めているからだ。それなのに、彼の考えの中身は自他に平等に権利を与える道徳を否定している。それゆえ、彼の考えは自分の立場を掘り崩す自己矛盾を犯している。だから、その主張を倫理として認めることはできない。

（品川哲彦『倫理学入門』）

問一 傍線部イ～ホについて。カタカナは漢字に直し、漢字は読みをひらがなで記しなさい。

問二 空欄 A ～ D について。「道徳」が当てはまる場合はア、「倫理」が当てはまる場合はイをそれぞれ答えなさい。

問三 空欄 ① に当てはまる漢字一字を答えなさい。

問四 傍線部②「他人の生き方への抑圧につながる」とあるが、ここでの「他人」を具体的に表している箇所を、文中から十字で抜き出しなさい。

問五 傍線部③「普遍妥当性要求」について、本文の内容に合致しているものを次の中から選び、記号で答えなさい。

ア　そもそも社会で生きている限り、事実の価値づけは他人と変わらないので、普遍妥当性要求は発生しない。

イ　普遍的な倫理と呼べるものは存在せず、人によって異なる倫理を尊重すべきなのだが、普遍妥当性要求がそれを難しくする。

ウ　普遍妥当性要求は理想であって常に成立するとは限らないので、自分は自分であるとして他人は関係ないという立場をとることになる。

エ　他人と自分の倫理はそれぞれ異なるので、普遍妥当性要求によって互いの生き方を調整しながら生きることになる。

問六 本文の表現に関する説明として適当なものを次の中から選び、記号で答えなさい。

ア　外国語を話題にすることで、外国と比較したときに日本文化が特殊であることを読み手に示している。

イ　逆説的な表現を随所に用いることで、読み手に注意深く読むことをうながし、独創性を強調している。

とは、力点が置かれる程度の差はあれ、二つの要素をニカねそなえたひとのことだからである。

たとえば、本人が選んだ生き方のせいで他人の不利益や危害を招くひとは、よいひとだとはとてもいえない。逆に、すべきことをきちんと果たしていても、その行為が正しいとか相手のためになると自分で判断してそうしたのではなく、他人の指示や非難や賞賛に動かされてしたのなら、よいひととはいいがたい。そういうひとは間違った対応はしなくても、故障していない機械をあてにする程度にしか信頼できない。

優れた哲学者たちもそう考えていた。古代と近代それぞれを代表する哲学者を例に引こう。アリストテレス(紀元前三八四—紀元前三二二)はなすべきことを無意識にではなく、みずから選択し、しかもそれがよいことと思うから行ない、そのうえいつでもふさわしいふるまいのできる構えのできたひとが善き人間であると説き、イマヌエル・カント(一七二四—一八〇四)は、なすべきことをそれがなすべきであるから行なうことを道徳性と呼んで、なすべきことをしているにしてもそれ以外の理由で行なう適法性から区別している。

以下、「倫理的かつ道徳的」といちいち記すのもホワズラわしいので、とくに両者の違いを注意しなくてはならない場合を除いて、両者を同時に含んでいるときには「倫理的」および「倫理」という表記で一貫することにしよう。

倫理は、「何々すべきだ/しなくてはならない/してもよい/してはならない」といった規範を含んだ判断や、「何々するのはよい/悪い」という価値を含んだ判断で言い表わされる。価値の表現は「卑怯《ひきょう》だ」「高潔だ」など多種多様だが、「よい」「悪い」で代表させておく。

他方、規範や価値を含む判断とは別に、「何々がある」「何々は何々である」という種類の判断がある。この種の判断はさらに二種類に分かれる。

そのひとつは、世界のなかにあるもの(「国際司法裁判所は国際紛争を法的に解決する機関である」)、あったもの(「カンブリア紀には三葉虫がいた」)、将来あるだろうもの(「永続的に使える人工臓器」)、世界のなかに起きていること(「平均気温が上昇しつつある」)、起きたこと(「一九三六年に二・二六事件が起きた」)、将来起こるだろうこと(「二〇五〇年、日本の人口は一億人を割るだろう」)を伝える判断である。

これらの判断については、判断の内容が現実のものやできごとと一致していることが観察や経験によって確証されれば、その判断は真である。どれほど複雑な推論や複雑な装置を介してであれ、究極的には目で見、手で触れるなど五感の働きで真偽が確証できる。こうした判断から成り立つ学問は実証科学と呼ばれる。自然科学のすべてと社会科学の多くの分野やその下位領域がここに属す。

もうひとつの種類は、「$x^2+1=0$には実数解はない。虚数iを用いてはじめて解を得る」というふうに、その学問の前提となるとりきめと論理規則だけでその真偽が決まる判断である。数学や幾何学や論理学はこうした判断から成り立っている。

倫理的判断は「がある」「である」のどちらの種類とも違う。論理的整合性だけにもとづく判断でもなければ、世界の現実を伝えもしない。というのは、倫理的判断は現実を伝えるのでなく、現実を創り出そうとする判断だからである。人間の行為によって世界をその判断が推奨するかたちに変えていこう、あるいはその判断が警告しているふうに世界がならないように抑止しようと呼びかけているのである。

「すべきだ/しなくてはならない/してもよい/してはならない」が呼びかけであることは明らかだ。これに比べて、「よい/悪い」は一見そうみえないかもしれない。「約六五〇万人のユダヤ人を殺害したホロコーストは世界史上まれにみる悪行である」という判断は「ナチズムは約六五〇万人のユダヤ人を殺害した」という判断と同じく過去のできごとを事実として伝えているように思われるかも

これにたいして、倫理は本人の生き方の選択に関わる。先に挙げたアスリートや芸術家の例にかぎらず、誰もが自分の人生を選んでいる。だから、倫理に含まれる教え(たとえば、「自分の能力を伸ばすべし」「自分の一生を大切にせよ」)もどのひとにもあてはまる。

「道徳と倫理のそういう使い分けは初耳だ」といわれるかもしれない。もっともだ。その違いはラテン語のmosとギリシア語のethosに由来する。どちらも慣習を意味するが、ethosのほうは気高い性格という意味も含意する。「道徳」という日本語はラテン語起源の、英語でいえばmoralの訳語にあてられる。「倫理」という日本語はギリシア語起源の、英語でいえばethicの訳語にあてられる。

だから、日本語の道徳と倫理という語に上のような区別はもともとないけれども、ラテン語とギリシア語のこの語源を反映させて、世間のきまりをハ遵守する生き方を道徳的、矜持《きょうじ》ある生き方を倫理的と呼び分けることができる。

上の説明では、世間のきまりに自分が従うか否かの倫理的決断が自由にできるように聞こえるかもしれない。その点を強調する思想もある。自分で自分の生き方を選ぶ決断を称揚する実存主義がそれであり、ひとえに自己に誠実であることを重視する。

けれども、私たちはたいてい生まれ育ってきた環境に影響されて自分の生き方を選んでいる。すると、生き方の選択に関わる倫理と世間のきまりという意味の道徳は、結局、同じことに帰着するのか。いやそうではない。道徳について説明したときに用いた「私たちが一緒に生きていく」という語句に注意しよう。日常に使う言語、生まれ育つなかで身につける習俗や文化の伝統、さらには宗教がほぼ一緒のひとたちからなる結びつきを共同体と呼ぶ。これにたいして、文化や伝統や宗教が違っていてもその違いから相手を否定することなく一緒に生きていけるようにする結びつきを社会と呼ぼう。

近代化とは、価値観を共有する者たちから成る共同体が価値観の異なる人びとに開かれてゆく過程である。現代の多くの国々は母語が異なる移民を受け容《い》れている。こうした価値多元社会では、誰でも自分がよいと思う生き方を追求してよいし、本人が選んだ生き方を尊重すべきだという考えが社会に共通の規範として認められている。この規範は[A]に属す。

これにたいして、多様な生き方の選択肢とその選択肢のなかから自分の生き方を実際に選ぶことは——自分が生まれ育った共同体のなかで身につけた生き方を選ぶ場合もあれば、あるいはそれに反発して社会のなかで見聞した別の生き方を選ぶ場合もある——[B]に属す。たとえば、「私はカトリックの教えにしたがって生きる」という決断は[C]に属し、「他のひとは別の宗教を信じてよいし、何の宗教も信じなくてもよい」という態度は[D]に属す。

先に道徳を世間のきまりと呼んだが、世間という語は共同体を連想させるかもしれない。正確にいえば社会のきまりである。だから、「[①]に入れば[①]に従え」や「長いものには巻かれろ」という教えは、同質性を好む共同体のなかで摩擦なく生きていくための実用的な知恵ではあっても、自分で考えることを放棄しているから上記の意味での倫理ではないし、②他人の生き方への抑圧につながる点で上記の意味での道徳でもない。

すると、こうした教えがいまだに力をもち、ギリシア語やラテン語に由来する区別がもともとない日本では、倫理も道徳も結局は「既存の慣習に順応せよ」という命令にすぎないのではないか。その点の検討は大切である。とはいえ、そういう疑念をもつことのできたひとは、これまで説明されてきたことを理解したからこそそう問うたわけだ。その説明は日本語でなされた。だから、倫理と道徳の違いや近代社会の価値多元主義を日本語で思い描くこともできるはずである。

さて、以上のように倫理と道徳は使い分けられるのだが、他方で、倫理と道徳はほぼ同じ意味でも使われている。というのも、よいひ

とまで辿り着いたとき、太陽は半分沈んでしまっていた。ふと丘の上を見上げると酋長が大きく手招きをしている。そうだ、丘の上にはまだ陽があるのだ。男は最後の力をふりしぼって丘を駆け上がった。

「間に合った」と男は思った。やっと土地を手に入れたのだ。幸福感にホヒタって男は死んだ。酋長はこの男を不憫《ふびん》に思って、自分の手に入れた土地に穴を掘って埋めてやった。この男には、自分の身体が入る広さの土地だけが必要だったのだ。

鴨長明には方丈が必要だった。世界の資本は1マイル四方のマンハッタン島で足りた。インディアンから土地を買った男には、墓穴だけが必要だった。⑧果たしてあなたには、どれだけの土地が必要だろうか。

（杉本博司『苔のむすまで』）

問一　傍線部イ～ホについて。カタカナは漢字に直し、漢字は読みをひらがなで記しなさい。

問二　空欄①に当てはまる時代を次の中から選び、記号で答えなさい。

ア　奈良　イ　平安　ウ　鎌倉　エ　室町　オ　戦国

問三　傍線部②「現し心」の意味として適当なものを次の中から選び、記号で答えなさい。

ア　慈悲　イ　正気　ウ　夢心地
エ　恐怖心　オ　覚悟

問四　傍線部③「長明は我が身の不幸をバネとして、ある種の悟りに至ったのだ」とは具体的にどういうことか。その内容を表している一文を探し、最初の五字を抜き出しなさい。

問五　傍線部④「執」とは何か。漢字二字の熟語で答えなさい。

問六　傍線部⑤「観念」とはどういうことか。適当なものを次の中から選び、記号で答えなさい。

ア　この世の望みを全てあきらめること。
イ　天地の広大さに思いをはせること。
ウ　死後の世界に思いをめぐらせること。
エ　死を覚悟して心静かに生きること。

問七　傍線部⑥「逆浦島になった気がした」とはどういうことか、分かりやすく説明しなさい。

問八　空欄⑦に当てはまる漢字一字を答えなさい。

問九　傍線部⑧「果たしてあなたには、どれだけの土地が必要だろうか」という問いに対して、筆者はどのような答えを想定しているか答えなさい。

二

次の文章を読んで、後の問に答えなさい。

「よいひと」とはどんなひとをいうのだろうか。

たいていの人間に期待できそうなことはきちんとしてくれるひと。そういうひとは信頼できる。よいひとと呼んでよい。他人のためになるが誰もがするとはかぎらないことに尽力するひと。それならますますそうだ。こういうひとはむしろ、立派なひと、尊敬すべきひとと呼べそうだ。そういうひとが大勢いれば助かるし、よいひと自身も他のよいひとに助けられ、みながその恩恵に浴する。だから、以上のタイプのよいひととは、私たちが一緒に生きていくのに役立つひとのことである。

ところで、私たちは別のタイプのひとも立派に思い、尊敬する。たとえば、自己イタンレンを怠らぬアスリート、創作に没頭する芸術家、つねに工夫を凝らす職人、などなど。自分の生き方をみずから選びとってロ精進している点に、私たちは感心する。

道徳と倫理は同じ意味で使われる場合もあれば、使い分けられる場合もある。使い分けられるときのその違いは大まかにいって「よいひと」の意味のこの二つの要素に対応している。道徳とは、私たちが一緒に生きていくために守るべき行為規範の体系である。私たちの共同生活の破綻を防いだり（たとえば、「ひとを傷つけてはいけない」）、共同生活をいっそう有意義にしたり（たとえば、「ひとには親切にすべし」）する教えがそこに含まれている。

り。林の木ちかければ、爪木《つまぎ》をひろふに乏しからず。名をと山といふ。まさきのかづら、跡埋《うづ》めり。谷しげけれど、西晴れたり。⑤観念のたより、なきにしもあらず。春は藤波を見る。紫雲のごとくして、西方に匂ふ。夏は郭公《ほととぎす》を聞く。語らふごとに、死出の山路を契る。秋はひぐらしの声、耳に満てり。うつせみの世をかなしむほど聞こゆ。冬は雪をあはれぶ。積り消ゆるさま、罪障にたとへつべし」

まず生きて行くために、必要な清らかな水がある。周りのロ雑木林で薪《たきぎ》にする爪木をひろうのに不自由はない。谷はつる草などが道を埋めるほどに茂っているが、西の方は開けて、西方浄土を観想することもできないことではない。春は藤の花が匂い、夏は郭公が鳴いて死出の旅路へ発つ時は、案内をしてくれると約束してくれる。秋はひぐらしの声、はかないこの世を悲しむほどに聞く。冬は雪、自分の心の迷いのように積もっては消えていく。

長明がここに住んでから800年余り。周りを見渡してもその通りで、石碑がある他は何の違いもない。私は、⑥逆浦島になった気がした。

ワールド・トレード・センターの建っていたマンハッタン島は、1626年にオランダ西インド会社総督ピーター・ミヌイットが、インディアンとの交渉によって、物品と交換したということになっている。交換された品物は、布地、やかん、ビーズ、短剣であった。当時のインディアンが、土地の所有意識を持っていたかどうかは疑わしい。オランダ人はここをニューアムステルダムと名づけ、今のウォール街の辺りが、インディアンの襲撃を防ぐための城壁になっていた。当時の人口約300人。その後、1664年の英蘭戦争の結果、統治権がイギリスに移り、この地はニューヨークと呼ばれるようになり現在に至る。

この島が大きく変貌をハトげるのは20世紀に入ってからである。たった1マイル四方ほどの土地に、世界中の資本が集まってしまったのだ。資本は商品を生むための血液である。私は今ではアーティストだが、大学時代は経済学部の学生だった。マルクスの資本論はこうはじまる。

「資本主義的生産様式の社会の富は、商品の集積として現れる」。そして商品には使用価値と交換価値があり、この交換価値を測るために貨幣が生まれた。このように、資本論は価値論からはじまる。どうして1枚の紙キレが1万円の価値を持つのか。一体、価値とは何なのか。私にとっては⑦から鱗の落ちるような本だった。その後、共産主義は実験に失敗し、この本もすっかり評判を落としてしまった。しかし、権力はいつの時代でも理想を悪用するものなのだ。ソクラテスは「悪法も法なり」と言って毒杯を呑《の》んだ。マルクスは晩年「私はマルキストではない」と言っていた。どんな理想も裏切られる運命にあるのだ。

〈中略〉

インディアンから土地を買う話を、もうひとつ思い出した。中学の国語の教科書で読んだ話で「人にはどれだけの土地がいるか」というタイトルだった。

ある男がインディアンから土地を買うことになった。見渡す限りの広大な大地だ。酋長《しゅうちょう》は「太陽が昇ったときに出発し、日没までに帰ってくる。歩けるだけ歩いて3箇所に目印の杭《くい》を打つ。その四辺で囲んだ土地がお前の土地だ。ただし、日没に間に合わなければ金は没収する」と言う。

男は次の日、勇んで丘の上からインディアンに見送られ、日の出とともに出発した。昼前に最初の杭を打ち、直角に方向を変える。2本目の杭を打とうとすると、ちょっと先にニコウサクに適した湿地帯が広がっていた。男は歩幅を広めて、湿地帯の向こう側まで廻ることにする。大分疲れてやっと3本目の杭を打とうとすると、今度は最高の牧草地が現れた。男はますます歩みを速めてこの牧草地を廻った。日は傾きかけている。男は焦り走った。やっと丘のふも

二〇二一年度 立教新座高等学校

【国語】（六〇分）〈満点：一〇〇点〉

一 次の文章を読んで、後の問に答えなさい。

〔現代芸術家である筆者は、二〇〇一年九月一一日の同時多発テロをマンハッタンにある自らのスタジオで目撃することになった。以下の文章はその経験に基づいたエッセーである。〕

私は気がつくと、あの［ ① ］末期の乱世を、生の実況放送のような文章で描き出した「方丈記」を思い出していた。

「火もとは、樋口富の小路とかや、舞人を宿せる仮屋より出で来たりけるとなん。吹き迷ふ風に、とかく移りゆくほどに、扇をひろげたるがごとく末広になりぬ。遠き家は煙に咽《むせ》び、近きあたりはひたすら焔《ほのほ》を地に吹きつけたり。空には灰を吹き立てたれば、火の光に映じて、あまねく紅なる中に、風に堪へず、吹き切られたる焔《ほのほ》、飛ぶが如くして一二町を越えつゝ、移りゆく。その中の人、②現《うつ》し心あらむや。或は煙に咽びて倒れ伏し、或は焔にまぎれてたちまちに死ぬ」（『日本古典文学大系・方丈記　徒然草』岩波書店より）

これは安元3年4月28日の夜、都の3分の1を焼失した大火の模様を伝える鴨長明によるレポートである。

長明は、名門と言える下鴨神社の社司の子として生まれ、自分も社司として任命されることを当然のこととして育った。またこの人は、多才な文化人でもあった。ところがその才能が、ちょっとしたことで裏目に出てしまう。長明は琴の名手だった。しかし和歌には和歌の家、蹴鞠《けまり》には蹴鞠の家があるように、琴には琴の家がある。ある日、宮中で門外不出の琴の秘曲が奏でられた。同席していた長明は、1回聴いただけでその曲を暗記してしまった。そしてあろうことか、ある夜、友の前でこの曲を披露してしまったのだ。噂は洩《も》れ伝わり、長明は訴えられることになる。こんなことから長明は、宮廷文化人サロンから追放同然の扱いを受けてしまう。

長明は好むと好まざるとに関わらず、世を捨てるという身の処し方を余儀なくされるが、そうなってしまえばしまったで、今度はそれを楽しもうという、逆説発想転換に及ぶこととなる。そしてその生き様が、名作「方丈記」を生むこととなるのだ。かの有名な冒頭部分。

「ゆく河の流れは絶えずして、しかも、もとの水にあらず。よどみに浮ぶうたかたは、かつ消えかつ結びて、久しくとゞまりたる例《ためし》なし。世の中にある人と栖《すみか》と、またかくのごとし」

ここには、日本文化のエッセンス「もののあわれ」と仏教的な諦《てい》観《かん》が短い文章の中に見事に凝縮されている。③長明は我が身の不幸をバネとして、ある種の悟りに至ったのだ。

長明は自分が生きていくためには、方丈（四畳半）の広さの仮小屋さえあればよい、「旅人の一夜の宿をつくり、老いたる蚕《かいこ》の繭《まゆ》を営むがごとし」と言う。心にかなわぬことがあれば、小屋をたたんで他の場所に移りゆく。財産があれば盗賊の難に遭うし、官禄《かんろく》があれば人がその地位を狙う。私にはもとより妻子もなければ何もない。「何に付けてか④執《しふ》を留めん」という、なかなかにいさぎよい思い切りである。

10年ほど前に私は、鴨長明の方丈跡を探し訪ねたことがある。京都の醍醐寺より南に下ると、日野富子の出生の地である日野という里がある。里はずれに、齢を重ねた公営住宅が並び、その裏手から山に入って行く。しばらくすると、現代文明の痕跡は見えなくなり、辺りはだいぶ深閑としてくる。イケイリュウというほどでもない小川に沿って登って行くと、川沿いに四畳半ほどの石畳が目に入る。傍らに石碑があり「鴨長明方丈跡」とある。「方丈記」の中に、長明自らがこの場所を描写した箇所がある。

「その所のさまをいはば、南に懸樋《かけひ》あり。岩を立てて、水を溜めた

英語解答

I　1　1　You've been complaining about

　　2　the tournament hasn't finished yet

　2　3　I'm leaving for Sapporo tomorrow

　　4　I can't pick you up

II　1　(A)　2　(B)

III　1　(B)　2　(C)

IV　問1　ウ　問2　エ

　問3　have no relation to their chances

　問4　ア

　問5　focuses more on numbers and less on language skills

　問6　ウ　問7　エ　問8　イ

　問9　エ

V　問1　1…エ　2…ア　3…ウ　4…エ

　5…ア　6…エ　7…エ　8…エ

　問2　A　tried　B　listen

VI　1　past　2　weak　3　eye

VII　1　best speaker　2　right

VIII　1　A…カ　B…オ

　2　A…カ　B…キ

　3　A…イ　B…エ

IX　(例)I want to go to a foreign country. I am particularly interested in English-speaking countries. I traveled to some famous places in Japan last year, but I have never been abroad. More importantly, I want to talk to local people in English. I hope I can make myself understood and enjoy talking with them. (54語)

I～III〔放送問題〕解説省略

IV〔長文読解総合─エッセー〕

≪全訳≫❶私がプログラミングに恋をしたのは13歳のときだった。私の学校は国で最初にコンピュータを得た学校の1つになった。その機械は大きくて遅く，画面さえなかったが，私は夢中になった。友人たちと私は何時間もかけて新しいプログラムを書いた。❷そうやってコンピュータ科学に出会ったことは私の人生の進路を変えた。最近私はニューヨークで若者たちのために同じことをしたいと考えている高校を訪れた。ソフトウェアエンジニアリングアカデミー(AFSE)はマンハッタンにある公立校だ。2012年の開校以来，生徒が大学教育に備える手助けをするために，コンピュータ科学の考え方を利用した大変すばらしい教育課程を持っている。最初の2年間で全ての生徒がコンピュータ科学の基礎を学ぶ。彼らが3年生になると，プログラミングかデザインのどちらかを専攻する。だが，AFSEを卒業する全ての生徒がプログラマーやソフトウェアエンジニアになるわけではない。だから彼らは(英語や社会科といった)非専門的な授業の全課程も履修する。❸ニューヨーク市の公立校に入りたい生徒たちは抽選システムに応募する。誰もがAFSEに通うために応募でき，彼らの出席記録や成績は彼らが選ばれる可能性にはいっさい関係がない。そのため市の至る所から来たさまざまな種類の生徒たちがいる。❹私はデザインの授業の1つに参加する機会があった。先生は生徒たちを小さな集団に分け，彼らのヘッドフォンを入れるものをつくるよう求めた。モデリング用ソフトウェアと3Dプリンターを使って，機能，丈夫さ，そして使いやすさを考慮したプロジェクトを企画しなくてはならない。取り組み方はチームによって違う。ヘッドフォンをテーブルの端にくっつける道具に取り組んでいるチームもあれば，机の上に置くスタンドに取り組むことを選んだチームもある。それぞれのデザインがいかによく考えられているかに私は感心した。❺その学校の独自のカリキュラムは中等学校で苦労した一部の生徒にはとりわけ効果的だ。英語学習者や障害を持つ生徒たちはAFSEに満足しているようだ。というのは，コンピュータ科学が言語の技術よりも数を重点的に扱うからだ。非専門的な授業さえもコンピュータ科学の考えに基づいているため，その生徒たちはより容易に学習できるのだ。例えば歴史の先生は生徒に対して，1812年の戦争について口頭での発表の代わりに，それに関するウェブサイトをデザインするよう求めるかもしれない。❻その学校の生徒は500人に満たないので，クラスの規模は小さく，個々の生徒に多大な配慮ができる。全員が一人ひとりのためにつくられた卒業計画を与えられている。先生たちは，特定の生徒の進捗状況を見守る共有情報のサイトに接続できる。生徒が４年生になると，まだ完全に修了していない分野を終わらせるために，学校はそのサイトを使って生徒に不足分を特定させる。このサイトはAFSEだけでなく，New Visions for Public Schools「公立学校の新展望」と呼ばれるニューヨークの学校のネットワーク全体でも利用される。❼１年生のときに生徒たちは，彼らが高校に適応して最終的には卒業後の計画を考え始めるよう手伝うアドバイザーの援助も受ける。そのアドバイザーたちは家族とつながる役割を持ち，どの生徒も学校にいる大人の１人によく知られているようにする。それは見過ごされる生徒がいないようにするのに資する，すばらしいシステムだ。こういった種類の個々への配慮は，小規模な高校について人々が語るときにまさに頭に浮かぶものだ。❽コンピュータ科学の基礎を学ぶことで誰もが強みを持てると私は思っている。人生でどこに進もうと，次の３つを問うのは役に立つ。どうやって仕事を完了させるか。パターンを見つけられるか。どんなデータが必要か。❾コンピュータ科学は世界に対する私の考え方を形づくるのに役立ってくれた。ソフトウェアエンジニアリングアカデミーで私が出会った生徒たちにも同じことをしてくれるよう私は願っている。

問１＜語句解釈＞次の文に何時間もプログラミングをしたとあることから推測できる。hooked は「夢中の，熱中した」という意味。

問２＜英文解釈＞specialize in ～ は「～を専門とする」，‘either *A* or *B*’ は「*A*と*B*のいずれか一方の」の意味だから，下線部②は「プログラミングかデザインのどちらかを専攻する」という意味になる。これに最も近いのは，エ．「一部の生徒はプログラミングを選び，残りの生徒はデザインのコースを選ぶ」が適切。　the rest of ～「残りの～」

問３＜整序結合＞直前の attendance records and grades「出席記録と成績」が文の主語と考えられるので，まず動詞 have を置く。その目的語となりうる名詞は chances か relation だが，前後の流れから「出席記録や成績は抽選結果に関係ない」という文意になると推測できるので，have relation to ～「～と関係がある」に no を加えて have no relation to ～「～と関係がない」とすると，残りは their chances of ～ing「彼ら(＝生徒たち)の～する可能性」の形にまとまる。

問４＜語句解釈＞この後にデザインが well-thought-out「よく考えられた」とあることから推測できる。この(was) blown away は，‘blow＋人＋away〔blow away＋人〕’「〈人〉を感激させる」の受け身形。　blow－blew－blown　impressed「感動した」

問５＜英問英答＞「英語学習者や障害を持つ生徒たちはなぜこの学校が心地よいのか」―「なぜなら

コンピュータ科学は言語の技術よりも数を重点的に扱うからだ」　第５段落第２文参照。ここでの since は‘理由’を表す接続詞。

問６＜英問英答＞「生徒が４年生になったとき，なぜ先生たちは共有情報サイトを使うのか」―ウ．「生徒たちが自分の進捗を理解するのを助けるため」　第６段落第４文参照。identify は「～を特定する」の意味。またここでの gap は「欠落」の意味で，生徒がまだ修了していない部分を指す。

問７＜適語選択＞play a ～ role「～な役割を果たす」

問８＜英文解釈＞crack は「割れ目，裂け目」という意味。fall through the cracks は「見過ごされる，無視される」という意味の慣用表現だが，前後の文脈と「誰も割れ目に落ちない」という直訳から意味は推測できる。下線部⑤を含む文の主語 It は，前文にある学校，家庭，生徒の緊密な関係を指す。それはイ．「誰も見捨てられない」つまり「落ちこぼれない」という結果につながると考えられる。be left behind は leave ～ behind「～を置き去りにする，見捨てる」の受け身形。　ensure「～を確実にする」　leave－left－left

問９＜要旨把握＞前文の内容から，空所Ｂにはコンピュータ科学で学べることが入る。文の始めに「どこへ行こうと」とあるから，「コンピュータをつくれるか」と特定の技能を問うエでなく，より一般的な技能であるア，イ，ウが入る。

Ｖ〔長文読解総合―物語〕

≪全訳≫❶ピートはフレッドとジェーンのものだった。彼は世界で一番幸せな子犬で，彼らとゲームをして遊ぶのが何より好きだった。２人が彼を捕まえようとするのが楽しく，ボールを追いかけるのが楽しかった。もちろん，彼は２人と一緒に散歩をするのが大好きだった。❷だから，その子どもたちも彼が大好きだったことは想像がつくだろう。お母さんも彼をいい子犬だと思っていたし，お父さんもそうだった。ある日ピートが庭に穴を掘り始めるまでは。❸「おい，庭から出ていけ！」とお父さんが叫んだ。「私が植えた種を全部だめにしているじゃないか」❹ピートはやめた。だがお父さんが背中を向けた途端，再び掘り始めていた。❺自分が食べられなかった骨を埋めるのが楽しいと突然気がついたのだ。そうすればおなかがすいたときにそれを掘り返してまたかじれる。だが彼は記憶力があまり良くなかったので，骨を埋めた場所をいつも思い出せるわけではなかった。だから彼はいろいろな場所を掘らねばならず，やっとのことでそれを見つけるのだ。❻お父さんは彼が至る所を掘るのが気に入らなかった。というのは，そこが自分の庭だったからだ。お父さんは種といろいろな種類の花を植えた。お父さんはその庭が大好きで，空いた時間は全てそこで過ごしていた。だからピートがみんな掘り起こしてしまうとお父さんはすごく怒るのだ。❼そしてひどい週がやってきた。ピートが毎日庭を掘り返したのだ。彼はお父さんが前日に植えた種と，ようやく芽を出してきた花を掘り出した。最悪なことに，ピートはお父さんの最高のバラの下に骨を埋めたと思っていた。それで彼はそのバラも掘り出してしまったのだ。❽お父さんの怒りはどんどん激しくなり，ついに恐ろしいことを言った。❾「ピートは出ていかないとだめだ。私は庭を良くするために空いた時間を全部使うようなことはもうしないよ。ピートが５分ごとにみんな掘り出してしまうのだから。君ら子どもたちが彼を良い子になるようしつけられなければ，彼を郵便配達人にあげてしまうぞ。彼は犬を欲しがっているからね」❿ジェーンとフレッドは大変なショックを受けた。なんでお父さんは彼女たちの犬を郵便配達人にあげてしまうなんてことを考えられるのだろう？　彼は世界で一番の子犬で，彼女たちは彼を心から愛していた。彼なしの人生は考えられなかった。11「お父さん，お願い。それはやめて」とジェーンは言った。彼女の目には涙があふれていた。「彼はお父さんの種を掘り返すつもりはなかったのよ」12「そうするつもりだったかどうかなんて，どうでもいい」とお父さんは怒って言った。「彼はとにかく同じことをする。いずれにしろ，これ以上悪さをしたら来週には郵便配達人のところに行くことになるよ」13ジェーンとフレッドはピートをしつけるために全力を尽くした。だがある夜彼女たちが友達と遊びに出かけたとき，ピートは芽が出たばかりのお父さんの花々のど真ん中に大きな穴を掘った。14「月曜日に彼を郵便配達人に渡せ」と彼は言った。「彼にはもううんざりだ。それにピートが次の瞬間にすぐにだめにしてしまうものに時間を無駄遣いするつもりはない」15何を言っても無駄だと子どもたちはわかっていた。お父さんがそういう言い方をするときは，本気なのだ。だが彼らはなんと悲しかっただろう。その夜彼らの枕はどれだけぬれただろう。彼らはピートが大好きだった。彼がお父さんの庭を掘り返さなければいいのにと願っていた。だが遅すぎた。彼はあまりに多くそうしすぎたために，今や去らねばならないのだ。16日曜日になった。お父さんはお母さんと２人の子どもたちを連れてバスに乗り，美しい田舎の景色を見に行った。ピートは残された。そこで，犬の頭で彼は考えた。「やった！　穴を掘るいい機会だ！　さて，僕が２日前に埋めたあの骨はどこだろう？」17彼は走って庭に入った。大きな古い木の下にちょうどいい片隅を見つけると，掘り始めた。骨は確かにそこにあるはずだと思った。彼はとにかくそれを見つけるまで掘り進むつもりだった。たとえ家と同じくらい大きな穴を掘ってでも。18彼は何度も引っかいて穴を掘り，クンクンとにおいをかいだ。ああ！　とうとう骨があった！　引っかいて，引っかいて，引っかいて穴を掘れ。19なんて大きな骨だろう！　埋めたときにそんな大きな骨だったとは覚えていなかった。埋めた後で大きくなったのだと彼は考えた。20ピートは土を引っかいてさらに掘り進んだ。だが骨を持ち上げられなかった。あまりに大きすぎ，重すぎた。だから彼はお父さんと子どもたちが帰ってくるまで，座り込んで休んでいた。21「あの犬がまた掘っているぞ！」とお父さんは叫んだ。彼がその古い木まで走っていくと，ピートは逃げ出した。お父さんは穴をのぞき込み，それからもう一度のぞき込んだ。22「それはピートの持っていた骨？」とジェーンは尋ねた。彼女は子犬がまた悪さをしたので申し訳なく思っていた。「まあ，お父さん！　それは骨じゃないわ！　変な古い箱よ！　見て，ピートが片側を取り出したわ。でも彼には大きすぎて全部は取り出せなかったのよ！　きっと大きな骨だと思ったのよ！」23「それは何だい？」とフレッドは興奮して尋ねた。「急いで，お父さん。それを取り出して！」24お父さんも興奮していた。その箱は一体何だろう？　彼はそれを掘り出し始めた。ついに彼とフレッドはそれを持ち上げて，芝の上に置いた。すると，ジェーンが驚いて叫んだ。25「あっ！　そこに私たちの名前があるわ。見て。『パジェット』って書いてある。私たちの名前でしょ，お父さん？　お父さんはパジェット氏だし，お母さんはパジェット夫人だわ。どうしてそれがこの古い箱についているの？」26「ああ，かわいい子どもたち」とお父さんは言い，なおも興奮していた。「これはお前たちのひいおばあさんの宝石箱に違いない。彼女はこの同じ家で暮らしていたんだ。それは盗まれてしまって二度と見つからなかった。おそらく盗んだやつは庭にそれを埋めて，また持ち出す機会がなかったんだ」27そう，お父さんは正しかった。箱の中には昔，ひいおばあさんのものだったたくさんのすばらしいネックレスや指輪があった。お父さんは，お母さんとジェーンのためにいくつかを取っておいて残りは売れば，彼らにはたくさんのお金が入ってくるだろうと言った。28子どもたちがどんなに手をたたいたことか。その美しい品々を見て，お母さんは喜びでどんなに叫んだことか。とても長い間隠されていたそのような宝物を見つけるのはなんと興奮することだろうか。29ピートは間違ってそれを見つけたのだが，誰もそんなことは考えなかった。30ピートは彼らが興奮するのを聞いてそれに加わったが，その小さな鼻をドアのあちこちにくっつけて「ワンワン！」とほえる声が小さく静かだったのは，お父さんがいまだに彼に怒っていると思っていたからだった。31だがお父さんは怒っていなかった。今回ピートは穴を掘って，実にありがたいことをしたので，叱られることはなく，笑顔とたくさんのビスケットがあっただけだった。32「これで彼を郵便配達人に渡したりしないでしょ，お父さん？」とジェーンは子犬をぎゅっと抱きしめて尋ねた。33「渡さないよ」とお父さんは言った。「彼は悪い子犬じゃない。それに，もし彼がまた庭を掘り起こしたら，だめになった所を直してもらうよう庭師に頼めるよ。この宝石で手に入るお金があるからね！」34「ワンワン！」とピートはうれしそうにほえた。そして驚くことに，彼が一生でその庭を掘ることは二度となかったのだ。彼はずっとその宝物を探していたのであり，それを見つけたから掘らなくなったのだとジェーンは言った。彼はもう十分に掘ったので，大人の犬になることにしたのだとお母さんは言った。あなたはどう思うだろうか。

問１＜英問英答・内容一致＞１.「ピートが好んでしていたことについて正しくないものはどれか」─エ.「フレッドとジェーンと一緒に寝ること」 第１段落後半参照。ア～ウについての記述はあるが，エは述べられていない。 ２.「ピートがお父さんの庭でたくさんの穴を掘ったのはなぜか」─ア.「あまり記憶力が良くなかったから」 第５段落最終文参照。 ３.「もし(　　)，ピートは郵便配達人に渡されてしまう」─ウ.「ピートが庭を掘るのをやめられなければ」 第12段落最終文参照。 ４.「なぜ子どもたちは『何を言っても無駄だ』と考えたのか」─エ.「お父さんは一度そう言い出すと決して考えを変えないと知っていたから」 下線部直後の文参照。ここでの mean は「(冗談などでなく)本気で言う」の意味。 It is no good ～ing「～するのは無駄だ」 ５.「『その夜彼らの枕はどれだけぬれただろう』は(　　)ということだ」─ア.「フレッドとジェーンはその夜とても悲しくてベッドで泣いた」 ピートを失うのが悲しくて pillow「枕」を涙でぬらしたと考えられる。 ６.「ピートが大きな骨だと考えたものは実は(　　)だった」─エ.「家族の姓が入った重くて古い箱」 第22～25段落参照。 ７.「なぜ宝物が庭にあったのか」─エ.「誰かがそれを盗んだ後に埋めたから」 第26段落最終文参照。 ８.「最後には，(　)」─エ.「ピートは二度とお父さんの庭に被害を与えなかった」 第34段落第２文参照。

問２＜書き換え─適語補充＞Ａ．波線部中の do ～'s best「～の全力を尽くす」に対応する部分。try to ～「～しようとする」で書き換えられる。 Ｂ．再び庭を掘ったピートは子どもたちの order「命令」に従わなかったと考える。直後に to があるので obey や follow は使えない。listen to ～ には「(忠告など)に従う」という意味がある。

Ⅵ〔適語補充─同音異義語〕

１．上：「～に合格する」を表す動詞 pass の過去形 passed。 下：「過去」を表す名詞 past。発音は[pæst]。 「アレックスは今年その高校の入学試験に合格した」／「過去に前田氏はプロのサッカー選手だった」

２．上：「週」を表す名詞 week。day of the week は「曜日」を表す。 下：「弱い」を表す形容詞 weak。発音は[wi:k]。 「今日は何曜日ですか」／「ジェームズは退院した後もいまだに弱っている」

3．上：「私は」を表す主格の代名詞 I。　下：「見る目，判断能力」を表す eye。発音は[ai]。have an eye for ～「～を見る目がある」　「あなた，クリス，私は皆15歳だ」／「山田さんは絵を見る目がある」

Ⅶ〔文法総合〕

1＜書き換え―適語(句)補充＞上は「トムは他のどのクラスメートよりも上手にスピーチをした」という文。これを下では「クラスで最も上手な話し手だった」と読み換え，the best speaker とする。

2＜適語補充―共通語＞上：「正しい」の意味の形容詞。　「これは駅までの正しい道ですか」　下：「右へ」を表す副詞。　「あそこで右に曲がるとスーパーが見えます」

Ⅷ〔整序結合〕

1．「～したらどうかな」は How about ～ing？で表せる。「～を…にあげる」は語群に to があるので‘give＋物＋to＋人’の形になる。‘人’にあたる「がんばっているだれか」は‘名詞＋現在分詞＋語句’の形で someone working hard とまとめる(現在分詞の形容詞的用法)。　How about giving the ticket to someone working hard？

2．‘so ～ that …’「とても～なので…」の構文にする。まず「アメリカのテレビ番組が多数ある」を‘There＋be動詞＋主語…’「～がいる〔ある〕」の形の‘主語’に so many American TV shows を置いて表し，その後に that を続ける。「アメリカ英語に耳慣れています」は「アメリカ英語を聞くことに慣れています」と考え，be used to ～ing「～することに慣れている」で表す。　There are so many American TV shows that we are used to hearing American English.

3．相手に対する‘依頼’を表す Could you ～？で文を始める。「～を(私に)教えて」は‘tell＋人＋物事’「〈人〉に〈物事〉を教える」の形で表す。また‘which＋名詞’は「どちらの～」を尋ねる疑問詞になるので which watch とし，「どちらの時計をつけたらいいか」は‘疑問詞＋to不定詞’の形で which watch to wear とまとめる。動詞 wear は服だけでなく「(時計や眼鏡)を身につける」という意味もある。　Could you tell me which watch to wear？

Ⅸ〔テーマ作文〕

与えられたテーマは「外国と日本のある場所，あなたは次の旅行でどこに行きたいか」。漠然とした「海外」や「日本のある場所」ではなく，具体的な外国名や日本国内の地名を挙げ，それと自分の興味や関心との結びつきを説明するとよいだろう。

数学解答

1 (1) ① $x=-5$ ② $(x+5)(x-2a)$

③ $-6,\ -\dfrac{1}{2},\ 1$

(2) ① 35kg 以上40kg 未満 ② (エ)

(3) 正三角形…$2\sqrt{6}$cm

正方形…$\sqrt{3}+3$cm

(4) ① (1, 0) ② $\dfrac{3}{2}$

2 (1) $\dfrac{7}{18}$ (2) $\dfrac{1}{4}$ (3) $\dfrac{5}{108}$

(4) $\dfrac{1}{3}$

3 (1) $2\sqrt{6}$cm (2) $\dfrac{9\sqrt{3}}{2}$cm

(3) 9：7 (4) $\dfrac{14\sqrt{6}}{27}$cm

4 (1) 1 cm (2) 9倍

(3) $\dfrac{16}{25}\pi\text{cm}^2$ (4) $\dfrac{27-9\sqrt{5}}{8}$cm

5 (1) $y=-x+3$ (2) $\dfrac{165}{4}$

(3) ① $\dfrac{11}{2}$ ② 1：21 ③ 135

1 〔独立小問集合題〕

(1)＜二次方程式の応用＞①$x^2+(5-2a)x-10a=0$……㋐，$x^2-ax-a-1=0$……㋑とする。$a=-6$のとき，㋐は，$x^2+\{5-2\times(-6)\}x-10\times(-6)=0$より，$x^2+17x+60=0$となるから，これを解いて，$(x+5)(x+12)=0$ $\therefore x=-5,\ -12$ ㋑は，$x^2-(-6)\times x-(-6)-1=0$より，$x^2+6x+5=0$となるから，これを解いて，$(x+1)(x+5)=0$ $\therefore x=-1,\ -5$ よって，共通の解は，$x=-5$である。②$x^2+(5-2a)x-10a=x^2+\{5+(-2a)\}x+5\times(-2a)=(x+5)(x-2a)$ ③②より，㋐は，$(x+5)(x-2a)=0$となるので，解は$x=-5,\ 2a$である。㋑は，$x^2-1-ax-a=0$，$(x+1)(x-1)-a(x+1)=0$として，$x+1=A$とおくと，$A(x-1)-aA=0$，$A(x-1-a)=0$，$(x+1)(x-a-1)=0$となるので，解は$x=-1,\ a+1$である。㋐，㋑が共通の解を持つので，$-5=a+1$，$2a=-1$，$2a=a+1$が考えられる。$-5=a+1$のとき，$a=-6$となり，①より，このとき共通の解はただ1つだから，適する。$2a=-1$のとき，$a=-\dfrac{1}{2}$となり，このとき，$2a=-1$，$a+1=-\dfrac{1}{2}+1=\dfrac{1}{2}$だから，共通の解は$x=-1$のただ1つであり，適する。$2a=a+1$のとき，$a=1$となり，$2a=2\times1=2$，$a+1=1+1=2$だから，共通の解は$x=2$のただ1つであり，適する。以上より，$a=-6,\ -\dfrac{1}{2},\ 1$である。

(2)＜資料の活用＞①生徒の人数が40人だから，中央値は，記録を小さい順に並べたときの20番目と21番目の平均値となる。35kg 未満が1+6+6+6=19(人)，40kg 未満が19+6=25(人)だから，20番目と21番目の記録はともに35kg 以上40kg 未満の階級に含まれる。よって，20番目と21番目の記録の平均値もこの階級に含まれるから，中央値が含まれる階級は35kg 以上40kg 未満の階級である。②階級の幅5kg のヒストグラムでは，30kg 以上35kg 未満の階級，35kg 以上40kg 未満の階級の度数はともに6人だから，階級の幅を4kg に変えたヒストグラムにおいて，31kg 以上35kg 未満の階級，35kg 以上39kg 未満の階級の度数が7人以上になることはない。よって，(イ)，(ウ)のヒストグラムにはならない。また，①より，35kg 未満は19人である。(ア)のヒストグラムは，35kg 未満が1+5+4+5+5=20(人)だから，(ア)のヒストグラムにもならない。階級の幅が5kg のヒストグラムにおける各階級の度数を，階級の幅を4kg にして，次ページの表のように度数を分けると，(エ)のヒストグラムになる。

階級の幅が5kgの階級	度数		度数		階級の幅が4kgの階級	度数
15kg 以上20kg 未満	1	19kg 未満	1	→	15kg 以上19kg 未満	1
		19kg 以上	0	→	19kg 以上23kg 未満	3
20kg 以上25kg 未満	6	23kg 未満	3	→		
		23kg 以上	3	→	23kg 以上27kg 未満	8
25kg 以上30kg 未満	6	27kg 未満	5	→		
		27kg 以上	1	→	27kg 以上31kg 未満	6
30kg 以上35kg 未満	6	31kg 未満	5	→		
		31kg 以上	1	→	31kg 以上35kg 未満	1
35kg 以上40kg 未満	6	39kg 未満	5	→	35kg 以上39kg 未満	5
		39kg 以上	1	→	39kg 以上43kg 未満	8
40kg 以上45kg 未満	7	43kg 未満	7	→		
		43kg 以上	0	→	43kg 以上47kg 未満	4
45kg 以上50kg 未満	6	47kg 未満	4	→		
		47kg 以上	2	→	47kg 以上51kg 未満	3
50kg 以上55kg 未満	2	51kg 未満	1	→		
		51kg 以上	1	→	51kg 以上55kg 未満	1

(3)**<図形—長さ>**右図1で，△APQ は正三角形だから，点Aから辺PQ に垂線 AH を引くと，△APH は3辺の比が $1:2:\sqrt{3}$ の直角三角形になる。$\mathrm{AP}=\mathrm{PQ}=x$(cm)とすると，$\mathrm{AH}=\frac{\sqrt{3}}{2}\mathrm{AP}=\frac{\sqrt{3}}{2}x$ となるので，△APQ の面積について，$\frac{1}{2}\times x\times\frac{\sqrt{3}}{2}x=6\sqrt{3}$ が成り立つ。これを解くと，$x^2=24$　$\therefore x=\pm2\sqrt{6}$　よって，正三角形 APQ の1辺の長さは $2\sqrt{6}$cm である。次に，AP＝AQ であり，四角形 ABCD が正方形より，∠ABP＝∠ADQ＝90°，AB＝AD だから，△ABP≡△ADQ である。これより，BP＝DQ だから，BC＝DC より，PC＝QC となり，△CPQ は直角二等辺三角形である。よって，$\mathrm{PC}=\frac{1}{\sqrt{2}}\mathrm{PQ}=\frac{1}{\sqrt{2}}\times2\sqrt{6}=2\sqrt{3}$ となるから，$\mathrm{AB}=\mathrm{BC}=y$(cm)とすると，$\mathrm{BP}=\mathrm{BC}-\mathrm{PC}=y-2\sqrt{3}$ となる。△ABP で三平方の定理 $\mathrm{AB}^2+\mathrm{BP}^2=\mathrm{AP}^2$ より，$y^2+(y-2\sqrt{3})^2=(2\sqrt{6})^2$ が成り立つから，$y^2+y^2-4\sqrt{3}y+12=24$，$y^2-2\sqrt{3}y-6=0$ となり，$y=\frac{-(-2\sqrt{3})\pm\sqrt{(-2\sqrt{3})^2-4\times1\times(-6)}}{2\times1}=\frac{2\sqrt{3}\pm\sqrt{36}}{2}=\frac{2\sqrt{3}\pm6}{2}=\sqrt{3}\pm3$ である。$0<y<2\sqrt{6}$ だから，正方形 ABCD の1辺の長さは $\sqrt{3}+3$cm である。

図1

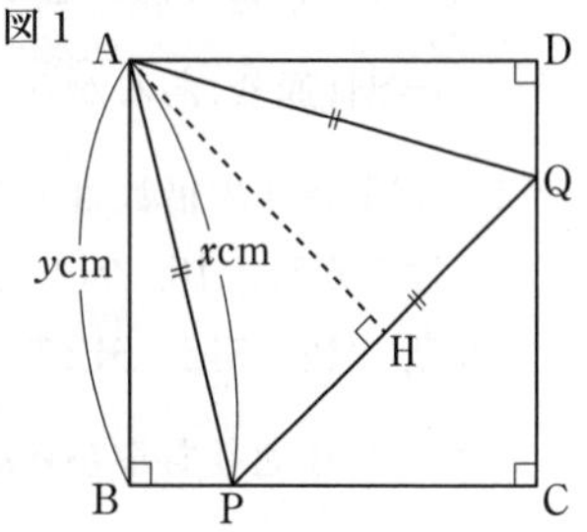

(4)**<関数—座標，*p* の値>**①点Bは直線 $y=bx-b$ と x 軸の交点だから，$y=0$ を代入して，$0=bx-b$ となり，両辺を b でわって，$0=x-1$，$x=1$ となる。よって，B(1，0)である。　②右図2で，直線 $y=-2x+2$，$y=x+2$ は，直線 $y=ax+2$ において，$a=-2$ のとき，$a=1$ のときをそれぞれ表している。$0=-2x+2$ より，$x=1$ となり，直線 $y=-2x+2$ は x 軸と点(1，0)で交わるから，点Bを通る。直線 $y=bx-b$ において，$b=p$ のとき $y=px-p$，$b=3$ のとき $y=3x-3$ となるから，直線 $y=px-p$，直線 $y=3x-3$ と直線 $y=x+2$ の交点をそれぞれP，Qとすると，SとTが重なった部分は△BPQ となる。よって，$\triangle\mathrm{BPQ}=\frac{27}{4}$ である。直

図2

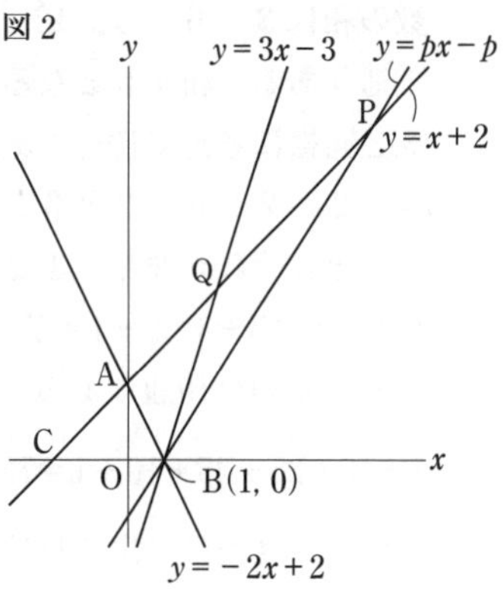

線$y=x+2$とx軸の交点をCとすると，$0=x+2$，$x=-2$より，C$(-2,\ 0)$である。また，$3x-3=x+2$より，$x=\frac{5}{2}$となり，$y=\frac{5}{2}+2=\frac{9}{2}$となるから，Q$\left(\frac{5}{2},\ \frac{9}{2}\right)$である。△BQCは，BC$=1-(-2)=3$を底辺とすると，高さは$\frac{9}{2}$だから，△BQC$=\frac{1}{2}\times3\times\frac{9}{2}=\frac{27}{4}$となる。したがって，△BPQ＝△BQCとなるから，PQ＝QCであり，点Qは線分PCの中点である。P$(s,\ t)$とおくと，点Qのx座標，y座標について，$\frac{s+(-2)}{2}=\frac{5}{2}$，$\frac{t+0}{2}=\frac{9}{2}$が成り立つので，$s=7$，$t=9$となり，P$(7,\ 9)$である。直線$y=px-p$が点Pを通るから，$9=p\times7-p$より，$p=\frac{3}{2}$となる。

2〔確率―さいころ〕

⑴＜確率＞1個のさいころを3回投げるとき，目の出方は全部で$6\times6\times6=216$(通り)あるから，3けたの整数も216通りできる。このうち，450より大きい整数は，百の位の数が4か5か6である。百の位の数が4のとき，十の位の数は5か6の2通り，一の位の数は6通りだから，$2\times6=12$(通り)ある。百の位の数が5のとき，十の位の数，一の位の数はともに6通りだから，$6\times6=36$(通り)ある。百の位の数が6のときも同様に，36通りある。よって，450より大きい整数は$12+36+36=84$(通り)あるから，求める確率は$\frac{84}{216}=\frac{7}{18}$である。

⑵＜確率＞4の倍数は下2けたが4の倍数だから，つくった3けたの整数が4の倍数になるのは，下2けたが12，16，24，32，36，44，52，56，64となるときである。下2けたが12のとき，112，212，312，412，512，612の6通りあり，下2けたが16，24，32，36，44，52，56，64のときも同様にそれぞれ6通りあるから，4の倍数は$6\times9=54$(通り)ある。よって，求める確率は$\frac{54}{216}=\frac{1}{4}$である。

≪別解≫4の倍数は下2けたが4の倍数だから，2回目と3回目の出た目の数で決まる。2回目，3回目の目の出方は全部で$6\times6=36$(通り)あるので，下2けたの数は36通りあり，このうち，4の倍数は12，16，24，32，36，44，52，56，64の9通りだから，求める確率は$\frac{9}{36}=\frac{1}{4}$である。

⑶＜確率＞各位の数の和が15となるとき，3つの数は，3と6と6，4と5と6，5と5と5である。3と6と6のとき，3けたの整数は，366，636，663の3通りある。4と5と6のとき，456，465，546，564，645，654の6通りある。5と5と5のとき，555の1通りある。以上より，各位の数の和が15になる場合は$3+6+1=10$(通り)だから，求める確率は$\frac{10}{216}=\frac{5}{108}$である。

⑷＜確率＞3の倍数は，各位の数の和が3の倍数である。$1+1+1=3$，$6+6+6=18$だから，各位の数の和は3，6，9，12，15，18が考えられる。各位の数の和が3となる3けたの整数は，111の1通りある。和が6となるのは，3つの数が1と1と4，1と2と3，2と2と2の場合があり，⑶と同様に考えて10通りある。和が9となるのは，3つの数が1と2と6，1と3と5，1と4と4，2と2と5，2と3と4，3と3と3の場合があり，1と2と6，1と3と5，2と3と4のときそれぞれ6通り，1と4と4，2と2と5のときそれぞれ3通り，3と3と3のとき1通りだから，$6\times3+3\times2+1=25$(通り)ある。同様にして，和が12となるのは25通りある。⑶より，和が15となるのは10通りある。和が18となるのは666の1通りある。以上より，3の倍数となる場合は$1+10+25+25+10+1=72$(通り)あるから，求める確率は$\frac{72}{216}=\frac{1}{3}$である。

≪別解≫3回目に出る目は1，2，3，4，5，6のいずれかだから，1回目，2回目で出るどの目においても，3回目にさいころを投げてできる3けたの整数は，111，112，113，114，115，116

のように一の位の数が1～6である連続する6個の整数のうちの1つである。連続する6個の整数の中には3の倍数は必ず2個含まれるので，3回目の目の出方6通りのうち，3けたの整数が3の倍数となるのは必ず2通りある。よって，求める確率は $\frac{2}{6}=\frac{1}{3}$ となる。

3 〔平面図形—円〕

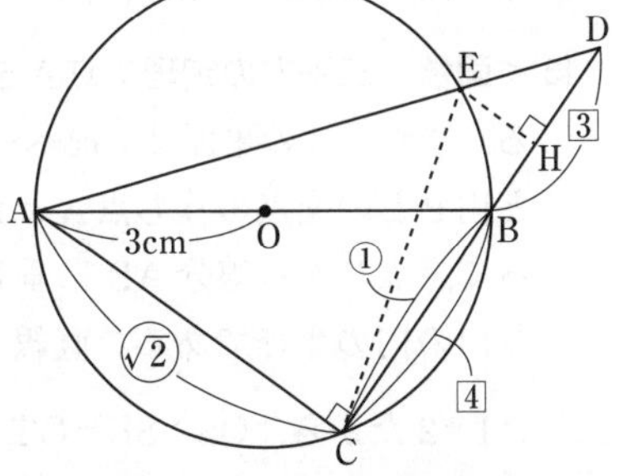

⑴**<長さ—三平方の定理>**右図で，AC：BC＝$\sqrt{2}$：1だから，AC＝$\sqrt{2}x$(cm)，BC＝x(cm)とおける。線分ABは円Oの直径だから，∠ACB＝90°である。また，AB＝2OA＝2×3＝6である。よって，△ACBで三平方の定理 $AC^2+BC^2=AB^2$ より，$(\sqrt{2}x)^2+x^2=6^2$ が成り立つ。これを解くと，$3x^2=36$，$x^2=12$　∴$x=\pm2\sqrt{3}$　$x>0$ だから，$x=2\sqrt{3}$ であり，AC＝$\sqrt{2}x=\sqrt{2}\times2\sqrt{3}=2\sqrt{6}$(cm)となる。

⑵**<長さ—三平方の定理>**右図で，⑴より，CB＝$2\sqrt{3}$ であり，CB：BD＝4：3だから，BD＝$\frac{3}{4}$CB＝$\frac{3}{4}\times2\sqrt{3}=\frac{3\sqrt{3}}{2}$，CD＝CB＋BD＝$2\sqrt{3}+\frac{3\sqrt{3}}{2}=\frac{7\sqrt{3}}{2}$ である。よって，△ACDで三平方の定理より，AD＝$\sqrt{AC^2+CD^2}=\sqrt{(2\sqrt{6})^2+\left(\frac{7\sqrt{3}}{2}\right)^2}=\sqrt{\frac{243}{4}}=\frac{9\sqrt{3}}{2}$(cm)となる。

⑶**<長さの比—相似>**右上図で，点Cと点Eを結ぶ。$\overset{\frown}{BE}$ に対する円周角より，∠DAB＝∠DCEであり，共通な角より，∠ADB＝∠CDEだから，△ABD∽△CEDである。よって，DB：DE＝AD：CD＝$\frac{9\sqrt{3}}{2}$：$\frac{7\sqrt{3}}{2}$＝9：7となる。

⑷**<長さ—相似>**右上図で，∠EHD＝∠ACD＝90°，∠EDH＝∠ADCより，△EHD∽△ACDである。よって，EH：AC＝DE：DAである。⑵よりDB＝$\frac{3\sqrt{3}}{2}$，⑶よりDB：DE＝9：7だから，DE＝$\frac{7}{9}$DB＝$\frac{7}{9}\times\frac{3\sqrt{3}}{2}=\frac{7\sqrt{3}}{6}$ である。また，⑵よりDA＝$\frac{9\sqrt{3}}{2}$ だから，DE：DA＝$\frac{7\sqrt{3}}{6}$：$\frac{9\sqrt{3}}{2}$＝7：27となり，EH：AC＝7：27である。⑴よりAC＝$2\sqrt{6}$ だから，EH＝$\frac{7}{27}$AC＝$\frac{7}{27}\times2\sqrt{6}=\frac{14\sqrt{6}}{27}$(cm)となる。

4 〔空間図形—円錐，球〕

図1

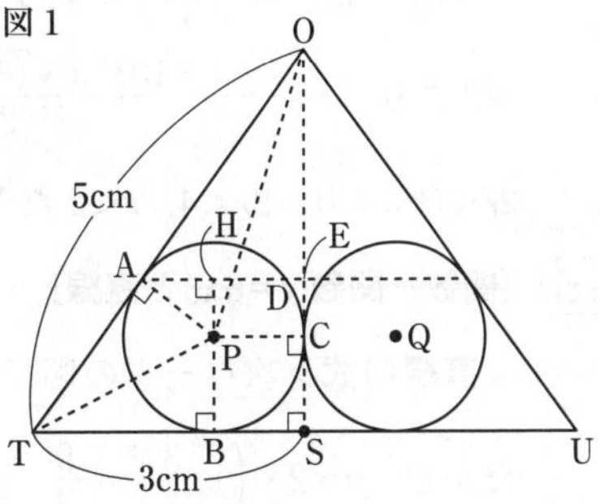

⑴**<長さ>**2つの球の中心P，Q，円錐の頂点，底面の中心を通る断面は，右図1のようになる。図1のように，4点O，T，U，Sを定め，点Oと点Sを結ぶと，円P，円Qはそれぞれ△OTS，△OUSの3辺に接する円となる。円Pと辺OT，辺TS，辺OSの接点をそれぞれA，B，Cとし，点Pと5点O，T，A，B，Cをそれぞれ結ぶ。∠PBS＝∠PCS＝∠BSC＝90°，PB＝PCより，四角形PBSCは正方形だから，円Pの半径を$p$cmとすると，BS＝CS＝PB＝p，TB＝TS－BS＝3－pとなる。また，△OTSで三平方の定理より，OS＝$\sqrt{OT^2-TS^2}=\sqrt{5^2-3^2}=\sqrt{16}=4$ だから，OC＝OS－CS＝4－pとなる。さらに，∠PAO＝∠PCO＝90°，OP＝OP，PA＝PCより，△POA≡△POCだから，OA＝OC＝4－pとなり，同様に，△PTA≡△PTBだから，TA＝TB＝3－pとなる。よって，OA＋TA＝OTより，$(4-p)+(3-p)=5$ が成り立ち，$p=1$ となるから，球Pの半径は

1 cm である。

(2)＜**体積比**＞円錐は，底面の半径が 3 cm で，(1)より高さが OS＝4 だから，円錐の体積は $\frac{1}{3}\times\pi\times3^2\times4=12\pi$ である。(1)より，球Pの半径は 1 cm だから，球Pの体積は $\frac{4}{3}\pi\times1^3=\frac{4}{3}\pi$ である。よって，$12\pi\div\frac{4}{3}\pi=9$ より，円錐の体積は球Pの体積の 9 倍である。

(3)＜**面積—三平方の定理**＞点Aを通り円錐の底面に平行な平面で球Pを切断すると，切り口は円となる。また，この平面は，前ページの図1では，点Aを通り辺 TU に平行な線分で表され，この線分と円Pとの交点のうち点Aと異なる点をDとすると，線分 AD が，切り口の円の直径となる。よって，点Pから線分 AD に垂線 AH を引くと，点Hは線分 AD の中点となるから，線分 AH が切り口の円の半径である。直線 AD と線分 OS の交点をEとする。AE∥TS であり，(1)より TA＝3－1＝2 だから，OS：SE＝OT：TA＝5：2 となる。これより，$\mathrm{SE}=\frac{2}{5}\mathrm{OS}=\frac{2}{5}\times4=\frac{8}{5}$ である。四角形 BSEH は長方形だから，$\mathrm{BH}=\mathrm{SE}=\frac{8}{5}$ となり，(1)より PA＝PB＝1 だから，$\mathrm{PH}=\mathrm{BH}-\mathrm{PB}=\frac{8}{5}-1=\frac{3}{5}$ となる。したがって，△APH で三平方の定理より，$\mathrm{AH}^2=\mathrm{PA}^2-\mathrm{PH}^2=1^2-\left(\frac{3}{5}\right)^2=\frac{16}{25}$ となるので，求める切り口の面積は，$\pi\times\mathrm{AH}^2=\pi\times\frac{16}{25}=\frac{16}{25}\pi\ (\mathrm{cm}^2)$ である。

(4)＜**長さ—相似，三平方の定理**＞3 つの球の中心P，Q，R，円錐の頂点を通る断面は右図 2 のようになる。円Rと辺 OT の接点をF，円Pと円Rの接点をGとして，点Rと点F，点Pと点Rをそれぞれ結び，RF＝RG＝r(cm) とする。∠OFR＝∠OST＝90°，∠ROF＝∠TOS より，△ORF∽△OTS だから，OR：OT＝RF：TS である。よって，OR：5＝r：3 が成り立ち，OR×3＝5×r，$\mathrm{OR}=\frac{5}{3}r$ となる。また，(1)より CS＝1 だから，$\mathrm{RC}=\mathrm{OS}-\mathrm{OR}-\mathrm{CS}=4-\frac{5}{3}r-1=3-\frac{5}{3}r$ となる。さらに，PG＝PC＝1 であり，PR＝PG＋RG＝1＋r となる。△PCR は∠PCR＝90° の直角三角形だから，三平方の定理 $\mathrm{PR}^2=\mathrm{PC}^2+\mathrm{RC}^2$ より，$(1+r)^2=1^2+\left(3-\frac{5}{3}r\right)^2$ が成り立つ。これを解くと，$1+2r+r^2=1+9-10r+\frac{25}{9}r^2$，$16r^2-108r+81=0$ より，$r=\frac{-(-108)\pm\sqrt{(-108)^2-4\times16\times81}}{2\times16}=\frac{108\pm\sqrt{6480}}{32}=\frac{108\pm36\sqrt{5}}{32}=\frac{27\pm9\sqrt{5}}{8}$ となる。$2r<\mathrm{OS}$ より，$2r<4$，$r<2$ だから，$r=\frac{27-9\sqrt{5}}{8}$ となり，求める球Rの半径は $\frac{27-9\sqrt{5}}{8}$ cm である。

図 2

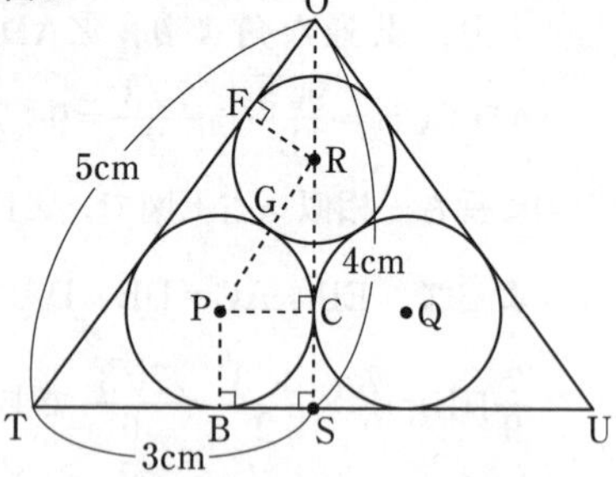

5〔**関数—関数 $y=ax^2$ と直線**〕

(1)＜**直線の式**＞次ページの図で，2 点A，Bは放物線 $y=2x^2$ 上にあり，x 座標がそれぞれ $-\frac{3}{2}$，1 だから，$y=2\times\left(-\frac{3}{2}\right)^2=\frac{9}{2}$，$y=2\times1^2=2$ より，$\mathrm{A}\left(-\frac{3}{2},\ \frac{9}{2}\right)$，B(1，2) である。これより，直線 l の傾きは $\left(2-\frac{9}{2}\right)\div\left\{1-\left(-\frac{3}{2}\right)\right\}=-1$ となるから，その式は $y=-x+b$ とおけ，点Bを通るので，$2=-1+b$，$b=3$ となる。よって，直線 l の式は $y=-x+3$ である。

(2)＜**面積**＞次ページの図で，$t=4$ のとき，2 点P，Qの x 座標は 4 である。点Pは放物線 $y=2x^2$ 上にあるから，$y=2\times4^2=32$ となり，P(4, 32)である。点Qは直線 $y=-x+3$ 上にあるから，$y=-4+3=-1$ となり，Q(4, -1)である。直線PQは y 軸に平行だから，PQ$=32-(-1)=33$ となる。辺PQを底辺と見ると，2点A，Bの x 座標がそれぞれ $-\frac{3}{2}$，1だから，△PAQの高さは $4-\left(-\frac{3}{2}\right)=\frac{11}{2}$，△PBQの高さは $4-1=3$ となる。したがって，△PAB＝△PAQ−△PBQ$=\frac{1}{2}\times33\times\frac{11}{2}-\frac{1}{2}\times33\times3=\frac{165}{4}$ である。

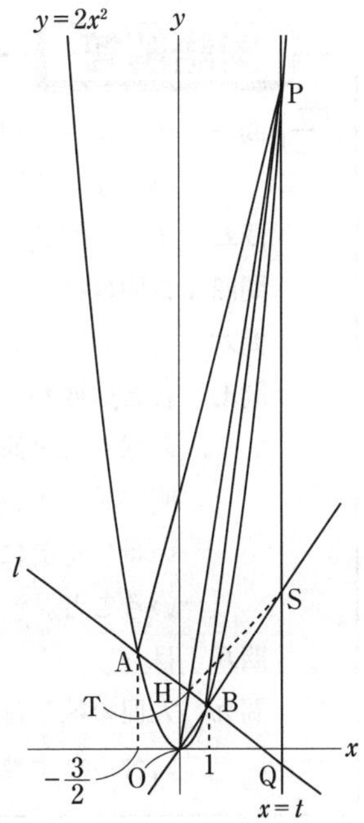

(3)＜**t の値，長さの比，面積**＞①右図で，点P，点Qはそれぞれ放物線 $y=2x^2$，直線 $y=-x+3$ 上にあり x 座標は t だから，P(t, $2t^2$)，Q(t, $-t+3$)となる。また，(1)よりB(1, 2)だから，直線OBの傾きは $\frac{2}{1}=2$ であり，直線OBの式は $y=2x$ となる。点Sは直線OB上にあり x 座標が t だから，S(t, $2t$)である。よって，PS$=2t^2-2t$，SQ$=2t-(-t+3)=3t-3$ となるので，PS：SQ＝11：3より，$(2t^2-2t):(3t-3)=11:3$ が成り立つ。これを解くと，$(2t^2-2t)\times3=(3t-3)\times11$，$6t^2-39t+33=0$，$2t^2-13t+11=0$ より，$t=\frac{-(-13)\pm\sqrt{(-13)^2-4\times2\times11}}{2\times2}=\frac{13\pm\sqrt{81}}{4}=\frac{13\pm9}{4}$ となり，$t=\frac{13+9}{4}=\frac{11}{2}$，$t=\frac{13-9}{4}=1$ である。$t>1$ だから，$t=\frac{11}{2}$ となる。　②上図で，①より $t=\frac{11}{2}$ だから，$2t^2=2\times\left(\frac{11}{2}\right)^2=\frac{121}{2}$，$-t+3=-\frac{11}{2}+3=-\frac{5}{2}$ より，P$\left(\frac{11}{2},\ \frac{121}{2}\right)$，Q$\left(\frac{11}{2},\ -\frac{5}{2}\right)$である。直線 l と y 軸の交点をHとすると，△OTH∽△PTQより，OT：TP＝OH：PQである。OH＝3，PQ$=\frac{121}{2}-\left(-\frac{5}{2}\right)=63$ だから，OH：PQ＝3：63＝1：21となり，OT：TP＝1：21である。　③上図で，点Tと点Sを結ぶ。OT：TP＝1：21より，OT：OP＝1：(1＋21)＝1：22だから，△TOS：△POS＝1：22となり，△TOS$=\frac{1}{22}$△POSである。また，△OBH∽△SQBより，OB：BS＝OH：SQである。①より，SQ$=3t-3=3\times\frac{11}{2}-3=\frac{27}{2}$ だから，OH：SQ$=3:\frac{27}{2}=2:9$ となり，OB：BS＝2：9である。これより，OB：OS＝2：(2＋9)＝2：11だから，△TOB：△TOS＝2：11であり，△TOB$=\frac{2}{11}$△TOSとなる。よって，△TOB$=\frac{2}{11}\times\frac{1}{22}$△POS$=\frac{1}{121}$△POSとなるので，〔四角形PTBS〕＝△POS−△TOB＝△POS$-\frac{1}{121}$△POS$=\frac{120}{121}$△POSである。次に，点Sの y 座標は $2t=2\times\frac{11}{2}=11$ より，S$\left(\frac{11}{2},\ 11\right)$である。P$\left(\frac{11}{2},\ \frac{121}{2}\right)$だから，PS$=\frac{121}{2}-11=\frac{99}{2}$ となる。辺PSを底辺と見ると，△POSの高さは $\frac{11}{2}$ だから，△POS$=\frac{1}{2}\times\frac{99}{2}\times\frac{11}{2}=\frac{1089}{8}$ となる。以上より，〔四角形PTBS〕$=\frac{120}{121}\times\frac{1089}{8}=135$ である。

2021年度／立教新座高等学校

国語解答

一 問一 イ 渓流 ロ ぞうきばやし
ハ 遂 ニ 耕作 ホ 浸

問二 イ 問三 イ

問四 長明は好む 問五 執着

問六 ウ

問七 昔とは変わってしまった風景に立ち尽くした浦島太郎とは逆に，長明が住んだ800年前から変わらない景色を前にしてぼう然としたということ。

問八 目

問九 人間の欲望は限りないが，身の丈に合った土地の広さがあればよい。

二 問一 イ 鍛錬〔練〕 ロ しょうじん
ハ じゅんしゅ ニ 兼 ホ 煩

問二 A…ア B…イ C…イ D…ア

問三 郷

問四 価値観の異なる人びと

問五 イ 問六 エ

三 問一 A…ア B…カ C…キ D…イ
E…エ

問二 自分たちのことを長く覚えていてもらえると思ったから。

問三 さらに数年 問四 エ

問五 ウ 問六 ア

一〔随筆の読解―哲学的分野―人生〕出典；杉本博司『苔のむすまで』。

問一＜漢字＞イ．「渓流」は，谷川の流れのこと。 ロ．「雑木林」は，種々の木が混じって生えている林のこと。 ハ．音読みは「遂行」などの「スイ」。 ニ．「耕作」は，田畑を耕して，穀物や野菜などをつくること。 ホ．「浸る」は，ある境地になる，という意味。

問二＜文学史＞鴨長明の著した『方丈記』は，平安時代末期から鎌倉時代初めにかけての世の中の混乱を描きながら，自己の内面を深く見つめた随筆文学である。

問三＜古語＞「現し心」は，正気，ふだんの理性ある心のこと。大火の中で，人々は正気を保つことができただろうか，いやどんなにか恐ろしく辛かったことだろうと，長明は，想像したのである。

問四＜文章内容＞長明は，琴の秘曲を奏でたことで，宮廷文化人サロンから追放同然の扱いを受け，「好むと好まざるとに関わらず，世を捨てるという身の処し方を余儀なくされるが，～今度はそれを楽しもうという，逆説発想転換に」及び，「もののあわれ」と「仏教的な諦観」が描かれている『方丈記』を著したのである。

問五＜文章内容＞長明は，「自分が生きていくためには，方丈(四畳半)の広さの仮小屋さえあればよい」と考えた。財産も官位もない，妻子もいない，何もない自分は，物事にとらわれる必要を感じないというのである。「執」には，こだわる，とりつく，という意味がある。

問六＜文章内容＞長明が方丈を置いた場所は，日野の山中で，生きていくために必要な清らかな水があり，薪にする木も十分あり，しかも西の方向は開けて，「西方浄土を観想することもできないことではない」のである。春は「藤の花」が匂い，夏はほととぎすの声が「死出の山路」の案内を約束し，秋にははかない「うつせみの世」を悲しむようにひぐらしの声が聞こえ，冬は雪が心の迷いのように積もるような場所で，長明は，死後の世界と親しみつつ生きていたのである。

問七＜文章内容＞長明が日野の山中に住んでから800年余りたって，「私」は，同じ場所を訪ねたのであるが，周りを見渡しても，そこは，長明自身が『方丈記』に描写したとおりの風景であった。全く変わり果ててしまった風景にぼう然とした浦島太郎とは反対に，「私」は，800年たっても変わらない風景を前にして，不思議な気持ちになったのである。

問八＜慣用句＞「目から鱗《うろこ》が落ちる」は，あることがきっかけとなって，それまでわからなかったことが急に理解できるようになる，という意味。マルクスの『資本論』は，「私」にとって，貨幣という一枚の紙切れがどうして価値を持つのか，価値とは何なのか，といった，資本というものを理解する大きなきっかけとなる本だった。

問九＜主題＞長明は，「自分が生きていくためには，方丈(四畳半)の広さの仮小屋さえあればよい」と，何にも執着することなく生きていく道を選んだ。世界の資本は，「たった１マイル四方ほどの土地」に集まった。そして，欲望に駆られて，結局は命を失い埋葬された男には，「自分の身体が入る広さの土地だけが必要」だった。人間に必要なのは，財産や地位に執着することなく，自分が暮らしていけるだけの，身の丈に合った広さの土地なのである。

二〔**論説文の読解―哲学的分野―倫理**〕出典；品川哲彦『倫理学入門　アリストテレスから生殖技術，AIまで』。

≪本文の概要≫道徳は，私たちが一緒に生きていくために守るべき行為規範の体系であり，倫理は，本人の生き方の選択に関わる。世間の決まりを遵守する生き方を道徳的，矜持ある生き方を倫理的と呼び分けてもよい。倫理と道徳は使い分けられると同時に，ほぼ同じ意味でも使われる。倫理的判断は，論理的整合性だけに基づく判断ではなく，現実を伝えるのでもなく，現実をつくり出そうとする判断である。人間の行為によって，世界をその判断が推奨する形に変えていこう，あるいは，世界がその判断が警告している姿にならないように抑止していこうという呼びかけなのである。主体の判断が含まれる倫理的判断は，いつでもどこでも誰でも同じ判断をするだろうという普遍妥当性を要求するが，誰か別の人間が同じ事態を別様に受け止めることもありうるし，ある特定の生き方を奉じる人間が，他の誰かにその生き方を強く勧めることもある。普遍妥当性要求のために，見解の相違は深刻な対立になりやすい。それゆえ，各人が選択した同じ信条の人々の間で当てはまる倫理の次元と，社会の構成員全員に当てはまる自他の選択の自由を主張する道徳の次元とが，区別されなければならないのである。今後も，誤った倫理観を持つ人間は，出現するかもしれない。しかしその人間が自分の考えを主張できるのは，道徳がその人間にも信条や言論の自由を認めているからである。もし彼の考えが自他に平等に権利を与える道徳を否定するならば，彼の考えは自己矛盾を犯しており，その主張を倫理として認めることはできないのである。

問一＜漢字＞イ．「鍛錬〔練〕」は，厳しい修行や練習を重ねて心身や技能を磨くこと。　ロ．「精進」は，一つのことに心を打ち込んで励むこと。　ハ．「遵守」は，規則や教えなどに従い，それをよく守ること。　ニ．音読みは「兼業」などの「ケン」。　ホ．音読みは「煩雑」などの「ハン」。

問二＜文章内容＞A．「私たちが一緒に生きていく」うえで守るべき行為規範として，誰でも自分がよいと思う生き方を追求してよいし，本人が選んだ生き方を尊重すべきだと，「自他に平等に権利を与える」共通規範は，道徳に属す。　B．生まれ育った共同体の中で身につけた生き方を選ぶにしろ，反発して別の生き方を選ぶにしろ，「本人の生き方の選択」は，倫理に属す。　C．自分の生き方を自分で決断する姿勢は，倫理に属す。　D．「誰でも自分がよいと思う生き方を追求してよいし，本人が選んだ生き方を尊重すべきだ」と考える姿勢は，道徳に属す。

問三＜慣用句＞「郷に入れば郷に従え」は，人はその住む土地の習慣や風俗に従うべきである，という意味。「同質性を好む共同体のなかで摩擦なく生きていくため」に，土地の習慣や風俗に従っておけばいいと，「自分で考えることを放棄している」から，その態度は，倫理的でもないし，また，相手に自分の価値観を強要しているから，道徳的でもないのである。

問四＜文章内容＞「郷に入れば郷に従え」などの教えは，同質性を好み，価値観を共有する者たちからなる共同体の中では，「価値観の異なる人びと」の生き方を，抑圧し否定してしまうので，「一緒に生きていくために守るべき行為規範」とはいえず，道徳ではないのである。

問五＜文章内容＞善悪の判断には，「同様の事態なら，いつでもどこでも誰がすることでも，同じ判断があてはまる」はずだという要求が含まれている。しかし，「別の人間が同じ事態を別様に受け止める可能性を排除できない」ことが問題である。反対の判断を下した二人のどちらも，「自分の考えが相手にもあてはまる」と思う場合もあるのである。いつでもどこでも誰にでも同じ判断が当てはまるはずだとする普遍妥当性要求が，「深刻な対立」を生むことにもなるのである。

問六＜表現＞「『道徳と倫理のそういう使い分けは初耳だ』といわれるかもしれない」，「結局，同じことに帰着するのか。いやそうではない」など，想定される読者の反応が挿入され，読者と問答するかのように論旨を補強している文章である。

三〔**小説の読解**〕出典；小川未明『小さい針の音』。

問一＜表現＞A．二年，三年とさびしい変化のとぼしい田舎にいるうちに，青年は，いつの間にか都へ出てもっと出世をしたいと考えるようになった。　B．時計が，たゆまず，休まずに時を刻んでいるのを見ると，「彼」は，あたかも子どもたちに鼓舞されたかのように思えたのである。
C．一度ぜんまいの切れてしまった時計を，「彼」はもう，いつまでも持っている気にはならなかったのである。　D．子どもたちが贈ってくれた時計の存在と男の話に感動したにもかかわらず，「彼」は逆に驚きを隠して男に質問した。　E．露店で買った時計が一秒も狂わないという話にみんなが驚いたが，とりわけ，「彼」は，子どもたちの贈ってくれた時計がそんなに正確なものであったことに，真に驚いたのである。

問二＜文章内容＞先生と別れるのを心から悲しんだ子どもたちは，「永く私たちを記念してもらうために，先生に時計を買ってあげよう」と思った。この時計が先生のそばにあるとき，先生は自分たちを思い出してくれるだろうと，子どもたちはうれしくなったのである。

問三＜文章内容＞もっと出世をしたいと勉強を続けた「彼」は，「社会に出る関門」であった難しい試験に合格することができた。「彼」は，ある役所に勤め，その数年後，ある会社に移った。そして「さらに数年の後には，彼は，会社でもっともはばのきく重役」となり，昔，「よれよれになった袴をはいて」いた，みすぼらしかった姿を想像することもできない様子になった。

問四＜心情＞だんだんと出世していく「彼」は，服装から何から「いままでとは変わらなければ」ならないと考え，安時計が恥ずかしくなった。ずいぶん長く大切にしてきた時計であるが，そろそろ新しい時計を買ってもいいのではないかと，「彼」は考えたのである。

問五＜文章内容＞みんなの持っている時計は，どれも進んだり遅れたりして困るというのに，「ごく旧式で，大きい型」の時計が「感心に正確」であるという主張が，冗談のように感じられて，みんなは声を立てて笑ったのである。

問六＜文章内容＞かつて「彼」は，村の子どもたちに「いい人間になってください」と言った。「彼」は，夢で，ある子どもが無邪気に，ためらわず，「世の中のために働く人」になりたいと答えるのを見て昔を思い出し，自分の目的が出世をすることだけになっていたと，気づいたのである。

2020年度 立教新座高等学校

【英　語】（60分）〈満点：100点〉

注意　Ⅰ・Ⅱ・Ⅲはリスニング問題です。放送中にメモを取ってもかまいません。

Ⅰ　リスニング問題(1)

これから放送で，対話が２つ流れます。対話を聞き，その最後の文に対する応答として適切なものをそれぞれア～エから１つ選び，記号で答えなさい。対話は<u>**2回**</u>ずつ流れます。

1　ア　Maybe not.　　イ　Yes, he is.
　ウ　No problem, I know him.　　エ　My father's name is James.

2　ア　That's right.　I'm good at making chocolate cakes.
　イ　OK.　Shall we go to that best chocolate cake store ?
　ウ　Yes, I really had enough of that chocolate cake now.
　エ　All right.　How about sharing the chocolate cake ?

Ⅱ　リスニング問題(2)

これから放送で，３つの説明文と１つの対話が流れます。それぞれの後に質問と選択肢が流れます。質問の答えをそれぞれA～Dから１つ選び，記号で答えなさい。英文と質問は<u>**2回**</u>ずつ流れます。

Ⅲ　リスニング問題(3)

これから放送で，ある物を説明する英語が２つ流れます。それぞれの説明があらわす英語を書きなさい。英文は<u>**1回**</u>のみ流れます。

※**＜リスニング問題放送台本＞**は英語の問題の終わりに付けてあります。

Ⅳ　次の英文を読んで，各設問に答えなさい。

As Tokyo celebrated the start of the one-year countdown to the 2020 Olympic and Paralympic Games with various events last week, traffic control tests on a very big scale were held to (　1　) traffic jams on *the metropolitan expressways which will serve as the main ①<u>means</u> for transporting athletes and Olympic staff.

Along with measures to keep athletes and visitors from Tokyo's severe summer heat, steps to decrease the traffic jams will be the key to success and smooth operation of the games.　Construction of event places and also finding volunteers to assist visitors must be done within one year.

In its long history, the Olympics have never been held in the center of a big metropolitan area with the large population and active economy of today's Tokyo.　Unlike in some past games, there will be no such facility as an Olympic park that has a lot of game sites.　Instead, they will be (　2　) all over the Kanto areas.

To make sure of the effective operation of the games, smooth transportation of athletes and staff will hold the key to success.　Plans for controlling traffic during the games will be needed.　We will also need efforts to (　3　) the cooperation and understanding of the people and businesses that will *be inconvenienced by the necessary traffic controls.

For the 1964 Tokyo Olympics, the metropolitan expressway network played the key role in the transportation of athletes and staff. Similarly, the metropolitan expressways in and around the capital are (4) to be the main roads for thousands of cars and buses carrying athletes and staff in the 2020 Games. The problem is that the usual traffic jams of the metropolitan expressway may become twice as serious with the addition of thousands more cars and buses for the games ②[steps / taken / to / no / if / are] reduce the traffic.

The traffic control tests started on Wednesday, and tried to cut the number of cars and buses coming into the metropolitan expressway. The tests were done by closing dozens of entrances to the network and greatly reducing the number of *toll gates which were open to traffic coming from other expressways into Tokyo. Plans to reduce the traffic on regular streets in central Tokyo were done by shortening the timing of green traffic lights on *the Kan-nana ring road.

Reports show that due to such controls, traffic jams in some of the key sections of the metropolitan expressways were reduced by 70 to 80 percent when they were (5) with those of the same day a year ago. During the games next year, the organizers hope to reduce the weekday traffic on the expressways by 30 percent — to a level observed on an average weekend day. However, the tests also showed that traffic coming into Tokyo on the Tomei and Tohoku expressways in sections connecting to the metropolitan expressway reached up to 15 km. Organizers are also considering introducing a "road pricing" system to *adjust expressway tolls that depend on the time of day to decrease traffic.

Large-scale traffic controls in big urban areas have been introduced in the past, including during *the Group of 20 summit (G20) in Osaka at the end of June. But while the G20 lasted four days, the Olympic and Paralympic Games will run for about a month in total, and the impact on local people of traffic controls for such events will be much greater.

Careful plans for traffic control need to be created from the result of the latest tests for the smooth operation of the Tokyo 2020 Olympics.

出典：*Japan Times 2019* (Revised)

＊注　the metropolitan expressways　首都高速道路　　be inconvenienced　不便を強いられる
toll(s)　通行料，料金　　the Kan-nana ring road　環状七号線（首都圏中心部を円状に走る幹線道路）
adjust　調整する　　the Group of 20 summit　主要20カ国・地域首脳会議

問1　下線部①の語と同じ意味で使われているものを下から１つ選び，記号で答えなさい。

ア　It means that traffic control will be the serious problem for us.
イ　It was mean of him to tell you a lie.
ウ　He was so mean with his money.
エ　Language is not the only means of communication.

問2　本文中の（１）～（５）に入る語を下から選び，必要に応じて形を変えて答えなさい。

compare / expect / prevent / spread / win

問3　下線部②を意味が通るように並べかえなさい。

問4　本文の内容に合うように，以下の質問の答えをそれぞれ１つ選び，記号で答えなさい。

1　What will be necessary for the Olympic Games to succeed ?
ア　Controlling traffic for smooth operation.
イ　Planning games that will make people excited.
ウ　Celebrating the construction of event places.

エ　Gathering as many cars or buses as possible in order to transport athletes.

2　Which was **NOT** done as the traffic control tests ?

ア　To open fewer toll gates.

イ　To count the number of cars coming out of Tokyo.

ウ　To close lots of entrances to the network.

エ　To change the timing of the traffic lights.

3　How much traffic do the Olympic organizers hope to have on weekdays during the Olympic Games ?

ア　They hope to have 70% of the usual weekday traffic.

イ　They hope to have 30% of the usual weekday traffic.

ウ　They hope to have 20% of the usual weekday traffic.

エ　They hope to have 0% of the usual weekday traffic.

4　What is the difference in traffic controls explained in this story between the Group of 20 summit in Osaka and the 2020 Olympic and Paralympic Games ?

ア　The cost for the success of the event.

イ　The number of people coming from other countries for the event.

ウ　The population of each city.

エ　The length of the event.

V　次の英文を読んで，設問に答えなさい。

～以下は西暦2157年，Margieという女の子を主人公としたSF物語です。～

Margie was surprised and shouted, "Tommy, what is it in your hand ?　I've never seen something like that before."

It was a very old book.　Their grandfather once said that when he was a little boy his grandfather told him that there was a time when all stories were printed on paper.

Margie and Tommy turned the yellow and dirty pages.　It was very funny to read words that remained there instead of moving in the way they should do on a screen, you know.　And then, when they turned back to the page before, it had the same words on it that the page had when they read it the first time.

"Wow," said Tommy.　"What a waste !　When you finish reading the book, you just throw it away, I guess.　Our television screen must have a million books on it and it's good for a lot more.　I won't throw it away."

"Same with mine," said Margie.　She was eleven and didn't have as many *telebooks as Tommy had.　He was thirteen.　She said, "Where did you find it ?"

"In the *attic."

Margie asked, "What's it about ?"　Tommy replied, "School."

Margie was in doubt.　"School ?　What's there to write about school ?　I hate school."　Margie always hated school, but now she hated it more than ever.　The mechanical teacher was giving her test after test in geography and she was doing worse and worse until her mother finally decided to ask for a repair.

The person who came to repair was a round little man with a red face and he carried a whole box of tools. He smiled at Margie and gave her an apple. Then he *took the teacher apart. Margie hoped he didn't know how to put it together again, but he knew how to do it all right, and, after an hour or so, the mechanical teacher was there again. It was large, black, and ugly, with a big screen, and on it, all the lessons were shown and the questions were asked. That wasn't so bad. The part Margie hated most was the *slot, and in there, she had to put homework and test papers.

The repair man smiled after he finished and said to her mother, "It's not because of your little girl. I think the geography part was out of order and worked too quickly. Those things happen sometimes. I've slowed it up to a regular ten-year level. Actually, her progress is better than average." Then he said good-bye to Margie.

Margie was disappointed. She was hoping he would take the teacher away. They once took Tommy's teacher away for nearly a month because the history section disappeared completely.

So she said to Tommy, "Why would anyone like to write about school ?"

Tommy looked at her with very *superior eyes. "Because it's not our kind of school, stupid. This is the old kind of school that they had hundreds and hundreds of years ago." He added proudly, and said the word carefully, "Centuries ago."

Margie was hurt. "Well, I don't know what kind of school they had all that time ago." She read the book over his shoulder for a while, and then said, "Anyway, they had a teacher."

"Sure they had a teacher, but it wasn't a regular teacher. It was a man."

"A man ? How can a man be a teacher ?"

"Well, he just told the boys and girls things and gave them homework and asked them questions."

"A man isn't smart enough."

"Sure he is. Our father knows as much as my teacher."

"He can't. A man can't know as much as a teacher."

"He knows almost as much, for sure."

Margie wasn't ready to argue that. She said, "I don't want a strange man in my house to teach me."

Tommy screamed with laughter. "You don't know much, Margie. The teachers didn't live in the house. They had a special building and all the children went there."

"And all the children learned the same thing ?"

"Sure, if they were the same age."

"But Mother says a teacher has to be able to fit the mind of each boy and girl it teaches and that each child has to be taught differently."

"They didn't do it that way then. If you don't like it, you don't have to read the book."

"I didn't say I didn't like it," Margie said quickly. She wanted to read about those funny schools.

They weren't even half-finished when their mother called, "Margie, Tommy ! School !"

Margie went into the schoolroom. It was right next to her bedroom, and the mechanical teacher was on and waiting for her. It was always on at the same time every day except Saturday and Sunday.

The screen started to say : "Today's mathematics lesson is . . .

Margie sat with a sigh. She was thinking about the old schools they had when her grandfather's grandfather was a little boy. All the children from the whole neighborhood came laughing and shouting in the schoolyard, sat together in the schoolroom, and went home together at the end of the day. They learned the same things, so [　　　　　].

Margie was thinking about how the children loved it in the old days. She was thinking about the fun they had.

出典：http://visual-memory.co.uk/daniel/funtheyhad.html (Revised)

＊注　telebooks　電子書籍のようなもの　　attic　屋根裏部屋　　take ～ apart　～を分解する
slot　挿入口　　superior　見下したような

問　本文の内容に合うように，以下の質問の答えをそれぞれ１つ選び，記号で答えなさい。

1　Why was Margie surprised when Tommy had a very old book in his hand ?
ア　Because it was Margie's book.
イ　Because Margie saw a paper book for the first time.
ウ　Because Tommy took their grandfather's book secretly.
エ　Because Tommy didn't like school very much.

2　Why did Tommy say, "When you finish reading the book, you just throw it away" ?
Because he thought . . .
ア　the paper book was used for reading only once.
イ　the pages of the paper book were easily destroyed.
ウ　paper recycling was not invented many years ago.
エ　his television screen had a million books and it was very heavy.

3　What happened when Margie wasn't able to do well in the tests of geography ?
ア　Her mother decided to tell Margie to change how to study geography.
イ　A person with a box took the teacher away, and put a new teacher there.
ウ　Margie's mother decided to ask for a repair of the mechanical teacher.
エ　The repair man made the geography part easier because Margie was bad at it.

4　Why didn't Margie like school ?
Because . . .
ア　there was nothing to write about school.
イ　she knew little about geography and the teacher got angry.
ウ　the teacher kept giving her geography tests and her grades were going down.
エ　her school didn't have paper books.

5　What was the problem of the mechanical teacher before the repair man fixed it ?
ア　It was running at a faster pace and Margie was getting lower scores.
イ　The order of the geography lesson suited the level of Margie.
ウ　The machine didn't give geography lessons, but instead, it gave history lessons.
エ　Margie used the machine too quickly, and it broke down.

6　What was a teacher to Margie ?
ア　A teacher was a strange man who came to a child's home to teach.
イ　A teacher was a man who was as smart as her father.
ウ　A teacher went to a special building and taught all children the same thing.
エ　A teacher was at each child's home and taught each of them differently.

7　How was Margie's schoolroom ?
ア　It was very near her house, and mechanical teachers taught children there.
イ　It was a room in her house, and Margie went there every day except Saturday and

Sunday.

ウ　It was in her bedroom, and there were lessons from Monday to Friday.

エ　It was in the neighborhood, and her mother sent her to lessons on Saturday and Sunday.

8　Which is correct for the blank [ ] ?

ア　they could help one another on the homework and talk about it

イ　they were able to turn in their homework in the mechanical slot

ウ　they had different homework to do for each of them

エ　they could choose their homework on their own

Ⅵ　次の各組の文がほぼ同じ意味になるように，(　)内に適語を入れなさい。

1 { The monkey used a stick to get a banana.
The monkey got a banana (　　) (　　) a stick.

2 { Tom never came late for the class.
Tom was always in (　　) (　　) the class.

Ⅶ　日本語に合うように，〔　〕内の語句を並べかえて意味の通る英語にしなさい。解答の際は，AとBに入るものを記号で答えなさい。ただし，文頭に来る語も小文字で示してあります。

1　彼らはまちがいを避けるために，たくさんの会議をおこなった。

They〔ア　a mistake　イ　avoid　ウ　had　エ　in　オ　lots of　カ　making　キ　meetings　ク　order　ケ　to〕.

They ＿＿ ＿＿ ＿A＿ ＿＿ ＿＿ ＿B＿ ＿＿ ＿＿ ＿＿.

2　東京から仙台までどれくらいあるか知っていますか。

〔ア　do　イ　far　ウ　how　エ　it　オ　is　カ　know　キ　you〕from Tokyo to Sendai ?

＿＿ ＿A＿ ＿＿ ＿＿ ＿＿ ＿B＿ ＿＿ from Tokyo to Sendai ?

3　このプログラムは私達の学校に導入される予定です。

This program〔ア　be　イ　going　ウ　into　エ　introduced　オ　is　カ　to〕our school.

This program ＿＿ ＿＿ ＿A＿ ＿＿ ＿B＿ ＿＿ our school.

4　1ヶ月以上もほとんど雨が降っていません。

〔ア　for　イ　had　ウ　have　エ　little　オ　more　カ　rain　キ　than　ク　we〕one month.

＿＿ ＿＿ ＿A＿ ＿＿ ＿B＿ ＿＿ ＿＿ ＿＿ one month.

Ⅷ　与えられた日本語に合うように，下線部に英語を書きなさい。

1　家で眠らずに勉強し続けることはトムには不可能だ。

It is ＿＿＿＿＿＿＿＿＿＿ at home.

2　日差しの中を歩いたので，ボブは何か冷たい飲み物を欲しがった。

Bob ＿＿＿＿＿＿＿＿＿＿ in the sun.

3　肉をよく食べる人は健康だと言う人もいる。

Some people ＿＿＿＿＿＿＿＿＿＿ are healthy.

＜リスニング問題放送台本＞

Ⅰ　リスニング問題(1)

これから放送で，対話が２つ流れます。対話を聞き，その最後の文に対する応答として適切なものをそれぞれア～エから１つ選び，記号で答えなさい。対話は２回ずつ流れます。

1　A： Did you see the new movie？
　B： The one that George Smith directed？
　A： Yes, I can't remember the title but I saw it last week with James.
　B： Really？ I saw the same movie with James two days ago. He never said that he saw the movie.
　A： Hmm. . . that's funny. Are we talking about the same James？

2　A： That was a delicious dinner. Thank you for taking me here.
　B： You're welcome. Would you like some dessert？ How about a piece of cake？
　A： Well, I'm quite full now. . .
　B： Oh, come on！ The chocolate cakes here are the best！

Ⅱ　リスニング問題(2)

これから放送で，３つの説明文と１つの対話が流れます。それぞれの後に質問と選択肢が流れます。質問の答えをそれぞれA～Dから１つ選び，記号で答えなさい。英文と質問は２回ずつ流れます。

1　Listen all students. I have an announcement. We are going to have a school festival this weekend, and we are expecting many visitors. Because we don't have enough parking space, please tell your parents and friends that they need to use public transportation. There is no school bus running that day.

Question： What did the speaker ask the students to do？

A　To take the school bus to school.
B　To tell their families to use public services to come to school.
C　To enjoy the festival.
D　To park the cars in the school parking.

2　Cascade Mountain is located in the Rocky Mountains in Canada. It was named in 1858 by James Hector. It is 2,998m high, so if you go on the top of the mountain and raise your hand, it will be 3,000m above the sea level. It will take you 3 to 4 hours to go up, and 2 to 3 hours to go down. There are some steep places, so you need to wear good mountain boots.

Question： Which is true about the mountain？

A　It was found in 1858.
B　It is higher than 3,000m.
C　You need 5 to 7 hours in total to go up and down the mountain.
D　It's not so tough so you can climb it with your mountain bike.

3　Have you ever heard of Greta Thunberg？ She is a Swedish girl aged 16, and is fighting for a better environmental world. She is holding a strike against climate changes on Fridays. She started this act all by herself, but now hundreds of people have come together to join this act. In September 2019, she made a speech at the United Nations Climate Action Summit in New York.

Question： Which is true about the story？

A　When Greta started the strike, she was alone.

B　Greta joined a strike which teachers started.

C　Greta wanted the climate in school to change.

D　Greta was invited to the United Nations to hold a strike.

4　A : What are you going to do this summer ?

B : I'm looking for a part time job that I can do for this summer. I need some money because I'm going to study abroad this winter.

A : I heard the convenience store near the station is looking for people who can work for this summer.

B : Really ? I didn't know that. I'll go check the store this afternoon.

Question : What will the man do this winter ?

A　He will get a job at the convenience store.

B　He will go to a foreign country to study.

C　He will go to the convenience store to find a job.

D　He will look for a job in a foreign country.

Ⅲ　リスニング問題(3)

これから放送で，ある物を説明する英語が２つ流れます。それぞれの説明があらわす英語を書きなさい。英文は１回のみ流れます。

1　This is a box that many people can get in at once, and it carries the people up and down in a building.

2　This is a long narrow piece of cloth that you wear around your neck.

【数　学】（60分）〈満点：100点〉

（注意）1．答はできるだけ簡単にし，根号のついた数は，根号内の数をできるだけ簡単にしなさい。また，円周率はπを用いなさい。

2．直定規，コンパスの貸借はいけません。

3．三角定規，分度器，計算機の使用はいけません。

1　以下の問いに答えなさい。

(1)　2次方程式$(x-\sqrt{2})^2+6(x-\sqrt{2})+7=0$を解きなさい。

(2)　下の図1において，円周上の点は円周を12等分した点です。$\angle x$，$\angle y$の大きさをそれぞれ求めなさい。

(3)　下の図2は，自然数をある規則に従って書き並べたものです。図の中の  のように上下に隣り合う2つの自然数の組 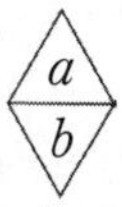 について，次の問いに答えなさい。ただし，$a<b$とします。

①　$ab=875$となるa，bをそれぞれ求めなさい。

②　aが8段目にあるとき，$ab=3780$となるa，bをそれぞれ求めなさい。

(4)　下の図3において，影のついた部分の図形を，直線lを軸として1回転させてできる立体の体積を求めなさい。

図1

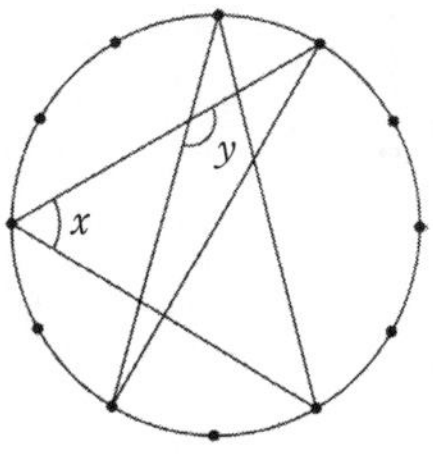

図2

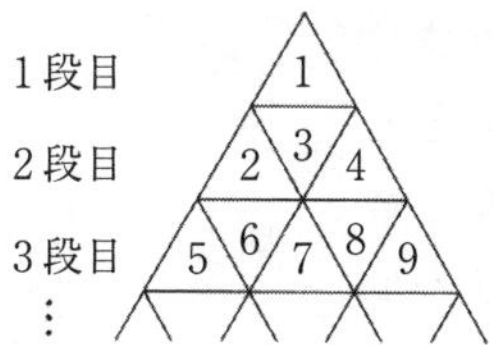

図3

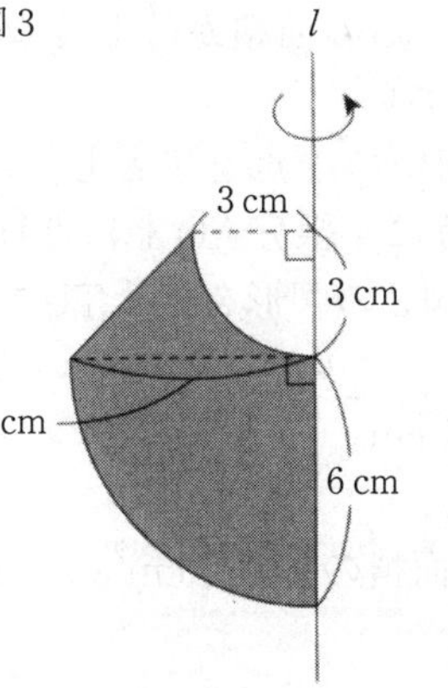

(5)　大小2個のさいころを投げ，出た目の数をそれぞれa，bとします。直線lの式を$y=ax-1$，直線mの式を$y=-bx+5$とするとき，次の問いに答えなさい。

①　2直線l，mの交点のx座標が整数になる確率を求めなさい。

②　2直線l，mとy軸で囲まれた部分の面積が整数になる確率を求めなさい。

(6)　右の図4のように，4点O(0，0)，A(6，0)，B$\left(\frac{16}{3}，4\right)$，C(2，6)を頂点とする四角形OABCがあります。次の問いに答えなさい。

①　点Bを通り，直線ACに平行な直線の式を求めなさい。

②　点Pは辺AB上にあります。△OPCの面積が四角形OABCの面積の$\frac{5}{8}$となるとき，点Pの座標を求めなさい。

図4

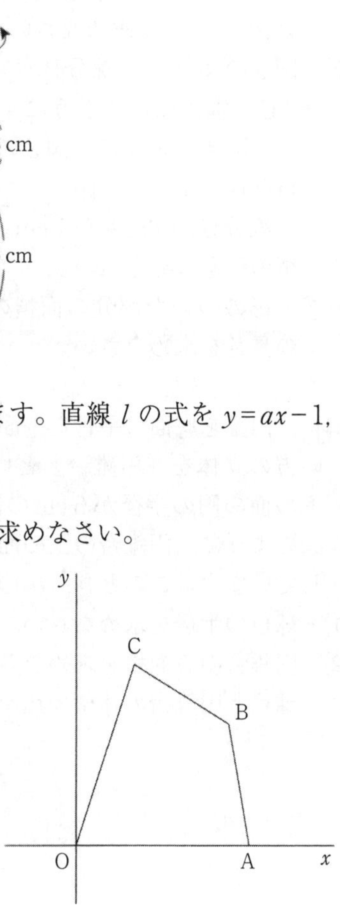

2　1個のさいころを4回続けて投げるとき，次の確率を求めなさい。

(1)　1回目，2回目，3回目，4回目の順に，出る目が大きくなる。

(2)　すべて異なる目が出る。

(3)　1の目と2の目がそれぞれ2回ずつ出る。

(4)　1回だけ異なる目が出る。

3　AB＝3cm，BC＝6cm，∠ABC＝90°の直角三角形ABCがあります。図1のように，辺BC上に点Pをとり，辺BCと線分PQが垂直になるように，辺AC上に点Qをとります。次に，図2のように，この三角形を線分PQを折り目として折り返しました。このとき，点Cが移る点をRとします。また，線分QRと辺ABとの交点をSとします。次の問いに答えなさい。ただし，線分BPの長さは3cm未満とします。

(1)　図2について，次の問いに答えなさい。

①　線分BPの長さが1.5cmのとき，△ASQと四角形BPQSの面積の比を求めなさい。

②　△ASQと四角形BPQSの面積が等しくなるとき，線分BPの長さを求めなさい。

(2)　図3のように，線分BPの中点をTとし，線分BPと線分TUが垂直になるように，線分AQ上に点Uをとります。次に，図4のように，図3の図形を線分TUを折り目として折り返しました。図4について，次の問いに答えなさい。

①　線分BTの長さが1cmのとき，影のついた部分の面積の和を求めなさい。

②　影のついた部分の面積の和が1 cm^2のとき，線分BTの長さを求めなさい。

図1

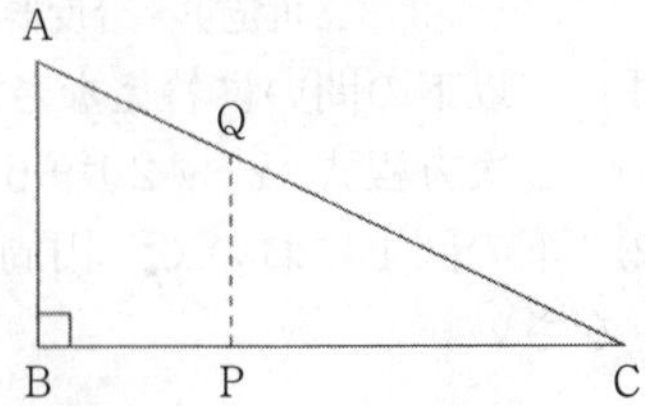

図2

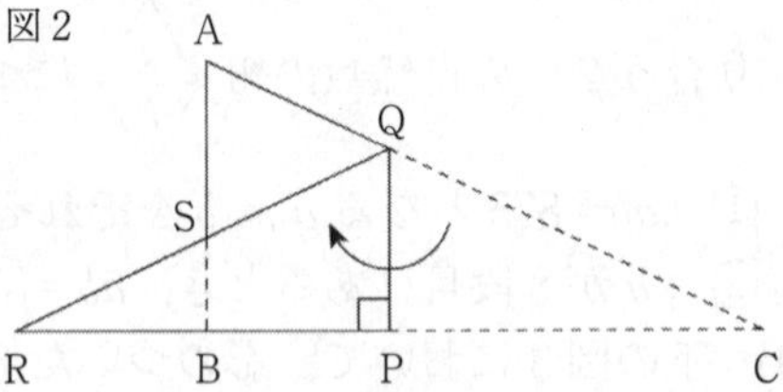

図3

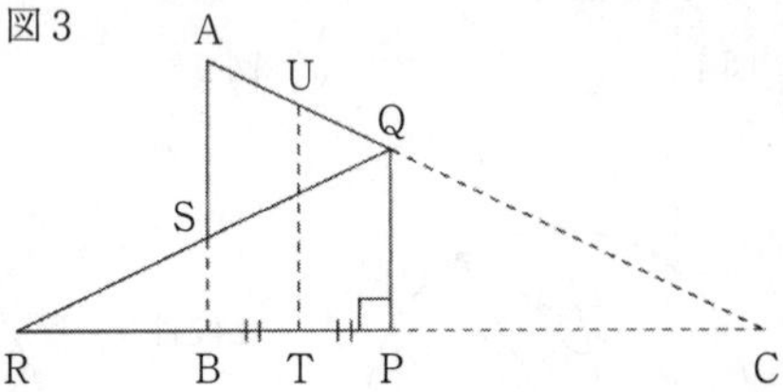

図4

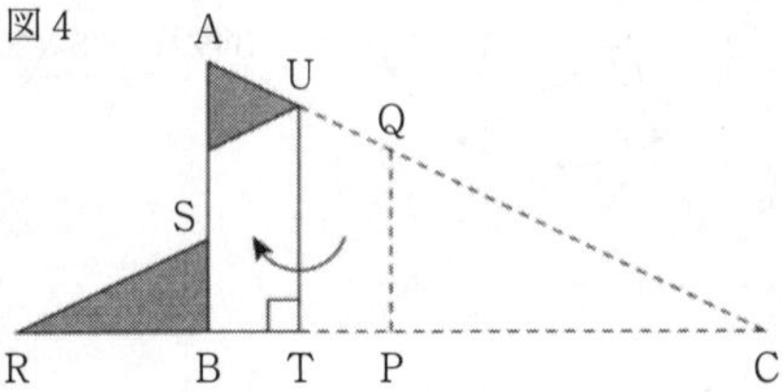

4　円錐を底面に平行な平面で切断したとき，円錐の頂点を含まない方の立体を「円錐台」といいます。上の面の円の半径が4cm，下の面の円の半径が6cmの円錐台の中に球Oがあります。球Oは，図のように，円錐台の上の面，下の面，および側面と，それぞれ接しています。このとき，次の問いに答えなさい。

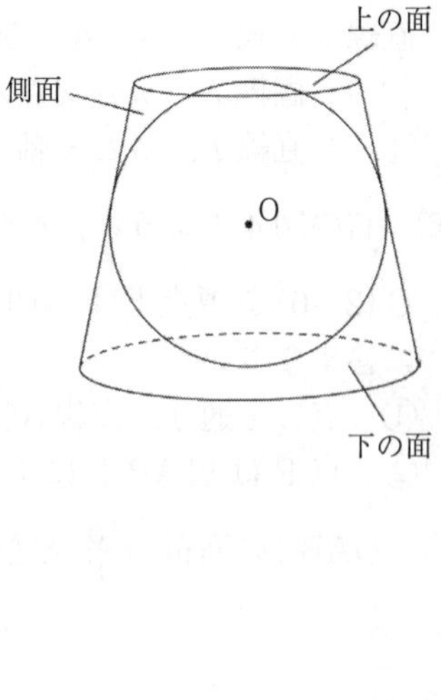

(1)　球Oの半径を求めなさい。

(2)　円錐台の表面積を求めなさい。

(3)　球Oと円錐台の体積の比を求めなさい。

5 図のように，２直線①，②は点Aで交わり，放物線 $y=ax^2$ は点Aを通るものとします。また，直線①と放物線との交点のうち点A以外の点をB，直線②と x 軸との交点をCとします。点Aの座標を(2, 2)，点B，Cの x 座標をそれぞれ -4，-2 とするとき，次の問いに答えなさい。

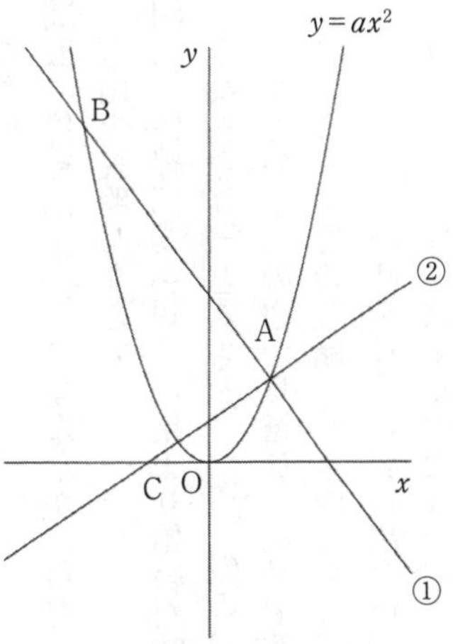

(1) 直線①の式を求めなさい。

(2) △ABCの面積を求めなさい。

(3) 直線①と y 軸との交点をDとするとき，点Dを通り，△ABCの面積を２等分する直線の式を求めなさい。

(4) 原点Oから直線②に垂線を引き，この垂線と直線②との交点をHとするとき，線分OHの長さを求めなさい。

(5) △ABCを，原点Oを回転の中心として360°回転移動させたとき，△ABCが通過した部分の面積を求めなさい。

すので、ちょっと時間がかかりますが、こちらから電話で連絡します。」

受話器を置いて、テレビの前に戻ると、ゲストの話を聞く第一部は終わっていて、第二部は、ローマ帝国、オスマン帝国、元朝など、今はもう存在しない帝国について専門家三人が長々と解説していた。

（多和田葉子『地球にちりばめられて』）

問一　傍線部イ〜ホのカタカナを漢字に直しなさい。

問二　傍線部①「テレビを見ていた」とあるが、「僕」はなぜテレビを見ようと思ったのか。五十字以内で説明しなさい。

問三　傍線部②「デンマークは世界で一番暮らしやすい国だと僕は信じている」のはなぜか。適当なものを次の中から選び、記号で答えなさい。

ア　食にこだわらないことと、マフィアや汚職が存在しないことの関連性を、人々が素直に認めているから。

イ　食にこだわりがないにもかかわらず、下手なグルメ番組をつくったりするようなおおらかさが人々にあるから。

ウ　食にこだわりがないことで、グルメや調理器具の権利をめぐる争いや汚職が起こらないと考えているから。

エ　食にこだわらないことと、支配欲や金銭欲がそれほど強くないことが、関係していると考えているから。

問四　空欄 ③ に当てはまる語を、文中から漢字二字で抜き出しなさい。

問五　傍線部④「僕はなんだかいらだってきた」のはなぜか。その理由を説明しなさい。

問六　傍線部⑤「観客が集まり始めた時の大道芸人みたいに気分は、うなぎ登り」とあるが、「僕」のこの時の気持ちの説明として適当なものを次の中から選び、記号で答えなさい。

ア　この女性の笑顔に惹《ひ》きつけられ、胸が高鳴っている。

イ　自分の興味をひく言語に出会い、興奮している。

ウ　この女性に会えるのだと確信し、はしゃいでいる。

エ　自分より人工語に詳しい女性が現れ、驚嘆している。

問七　傍線部⑥「空中にある複数の文法を吸い込んで、それを体内で溶かして、甘い息にして口から吐き出す」とはどういうことか。十五字以内で端的に答えなさい。

顔が似ている。彼女が話しているのは、もしかしたらアイスランドの言葉なのだろうか。出身地は島だと言っていた。アイスランドも島だ。でも位置的にはどうだろう。いくら地球の温暖化がひどくなって、溶けた氷が大洋に新しい海流をつくりだしていても、アイスランドが中国大陸とポリネシアの間まで流されていったという話は聞いてない。一体何語なんだ、この言語。番組司会者も同じことを考えていたようで、
「ところであなたが流暢にお話しになっているのは何語ですか」
と訊《き》くと、彼女は初めて笑顔を見せて、こう答えた。
「これは実は、手作り言語なんです。帰るところがなくなり、イェーテボリでの留学期間は延長できなかったので、トロンハイムに行きました。一年間、奨学金をもらいました。ところが、あっという間に春夏秋冬が過ぎてしまい、困っていたところ、オーデンセで仕事が見つかったので、また引っ越しました。最近の移民はほとんど流浪の民になっています。絶対受け入れないという国はなくなりましたが、ずっと暮らせる国もなくなりました。わたしの経験した国は、たった三つです。でも三つの言語を短期間で勉強して、混乱しないように使うのは大変です。脳の中にはそれほど広い場所がありません。だから、自分でつくっちゃったんです。スカンジナビアの人なら聞けばだいたい意味が理解できる人工語です。」
「英語ではだめなんですか。」
「最近は英語ができると強制的にアメリカに送られてしまうことがあります。それが恐いんです。わたしは持病があるので、保険制度の未発達な国では暮らせません。」
「あなたは、いつまでもデンマークにとどまりたいと思っていますか。」
「はい。この国が海に沈んでしまわない限りは。」
思いっきり怠惰に過ごそうと思っていた日曜日なのに、心臓はドラムの早打ち。⑤観客が集まり始めた時の大道芸人みたいに気分は、うなぎ登り。テレビの画面の下の方に「Ｈｉｒｕｋｏ，Ｊ．」と名前が出た。
随分変わった音の組み合わせだな。母音三つか。エンリコという名前はイタリアにあるが、男の名前だし。そう言えば、ハンガリーにあったな。エニクーという女性の名前が。彼女の国は、歴史的にハンガリーと繋がっていたのかも知れない。僕の頭の草原の中を、いろいろな思いが馬に乗ったフン族のように駆け巡る。
「あなたは今、オーデンセでどんな仕事をなさっているのですか。」
「メルヘン・センターで語り部をしています。昔の話を子どもたちにします。」
「でも、あなたはまだお若い。昔の話をする熟年の語り部の印象はありませんね。」
「昨日あったものが完全に消えたら、昨日だって遠い昔です。」
彼女の顔は⑥空中にある複数の文法を吸い込んで、それを体内で溶かして、甘い息にして口から吐き出す。聞いている側は、不思議な文章が文法的に正しいのか正しくないのか判断する機能が停止して、水の中を泳いでいるみたいになる。これからの時代は、液体文法と気体文法が固体文法にとってかわるのかもしれない。僕はどうしてもこの女性に会ってみたい。会うだけでなく、できれば近くにいて、この人がどこへ歩いていくのか見極めたい。こんな気持ちになったのは初めてだった。放送局に電話したのも初めてだ。問い合わせ電話の番号があることは知っていたが、まさか自分がその番号にかけることになるとは思わなかった。
「もしもし。コペンハーゲン大学の言語学科の院生なんですが、今テレビに出ているＨｉｒｕｋｏさんにお会いすることはできないでしょうか。移民言語学の研究のためにぜひ協力していただきたいんです。これは国家プロジェクトなんです」
と言ってみた。相手は全く警戒せずに、すぐに僕の希望を受け入れてくれた。
「番組が終わったら、会う気があるか本人に訊いてみます。お名前と研究室の正式な名前をお知らせください。番組が終わってからで

いのではないですか。」

「いいえ、わたしの暮らしていた国はなくなったんです。」

「でもそれをいうなら、西ドイツという国も消えたと言えませんか。どうして東ドイツだけが消えたとおっしゃるんですか。」

女性は、息を吸い込んで、マイクの中で何かが割れる音がするくらい大きな声でしゃべり出した。ボリュームを小さくしておいてよかった。

「西の人は統一後もそれまでと同じ生活を続けましたが、わたしたち東の人間の生活は激しく変化しました。学校の教材も、物の値段も、テレビ番組も、労働条件も、休日も、全部、西ドイツに合わせて変わりました。だから、わたしたちは自分の生まれ育った国で ③ になったようなものです。それに、わたしたち東の歴史学者は、これまでやってきた理論は無価値であると言い渡され、職を追われたのです。」

だらだらと時間を過ごすにはあまりにも重すぎる話題なので、チャンネルを変えようと思ったが、リモコンがいつの間にか手元から消えている。さっきバスルームに持って行って、そのまま洗面台の上に忘れてきた可能性がある。トイレに入っている間に家族がチャンネルを変えてしまわないようにリモコンを持って用を足しに行くのは、子どもの頃についた癖だ。特に自分が見たい番組があったというよりは、勝手にチャンネルを変えてしまう父に腹をたてて母が皿を床に叩きつけるのが恐ろしかったのだ。母は特に見たい番組があったわけではなく、夫に「いないも同然」の扱いを受けたことに腹を立てたのだった。両親が離婚したのは僕が十五歳の時で、一人暮らしを始めてからもうかなり年月が過ぎたのに今でもリモコンを持ってトイレに行く自分が情けない。

ソファーから起き上がってリモコンを取りに行くのは億劫《おっくう》だが、この番組を見続ける気にもなれない。迷っているうちに、旧ユーゴスラビアに住んでいた男性、旧ソ連に住んでいた女性などが次々出てきて、カメラの前で発言した。

④僕はなんだかいらだってきた。彼らはまるで、自分の国がなくなったことを自慢しているように聞こえる。国がなくなったから、自分たちは、特別な人間だと主張しているみたいだ。僕らだって昔のデンマーク王国に暮らしているわけじゃないんだから、彼らとそれほど違わないんじゃないのか。祖先はグリーンランドを含む雄大な王国で暮らしていたのに、僕はヨーロッパの端っこにある小さな国の住人になってしまっている。もちろん僕が生まれてからそうなったわけではないけれど、僕は自分の国を失った第二世代だと言うことはできないか。

〈中略〉

そんなことをあれこれ考えていると、急に全く違った種類の顔が大写しになり、僕は思わずソファーを降りて、テレビの真ん前にすわった。昔「雨の降らない宇宙」というアニメが流行《はや》ったが、主人公の女の子がこんな顔をしていた。彼女が生まれ育ったのは、中国大陸とポリネシアの間に浮かぶ列島らしい。一年の予定でヨーロッパに留学し、あと二ヵ月で帰国という時に、自分の国が消えてしまって、家に帰ることができなくなってしまったそうだ。それ以来、家族にも友達にも会っていない。僕はそれを聞いてレモン汁が口に流れ込んだようになり、思わずつばをのんだが、本人は淡々と語り続ける。彼女の顔の表情はまるで白夜の空みたいで、明るいのに暗い。僕を何よりひきつけたのは、彼女の話している言語だった。それは普通に聞いて理解できる言語だが、デンマーク語ではない。もっと歯切れのいい言葉だ。初めの数秒はノルウェー語かなと思ったが、それも違う。むしろスウェーデン語に近いが、スウェーデン語そのものでないことは確かだ。そのままじっと画面に大写しにされた彼女の口元を見つめていると、なんだか自分が接吻《せっぷん》の機会でも狙っているようで恥ずかしくなり、一度目をそらしてから、あらためて見ると、アイスランド出身のビョークという歌手の若い頃と少し

問五　空欄③に当てはまる漢字一字を答えなさい。

問六　傍線部④「風景の目ききの能力」を身につけるためには何が必要か。文中から抜き出しなさい。

問七　次のア～オそれぞれについて、本文の内容に当てはまるものには○、当てはまらないものには×をつけなさい。

ア　地域に環境資源が存在することで、その地域のコミュニティは崩壊してしまう。

イ　環境問題は資源をめぐる問題だけでなく、地域の盛衰にも関わってくる問題である。

ウ　地域が資源利用に同意すれば、その事業からの税収はほとんど地域にもたらされる。

エ　風景学は環境など人間生活全般を考えるのであり、個人の楽しみを追求するのではない。

オ　風景を観察し、そこで起きる出来事の本質を見分ける力を磨くことが大切である。

三

次の文章を読んで、後の問に答えなさい。

僕はその日、昼間からソファーに横になってクッションを抱いて、音を小さくして①テレビを見ていた。雨の音が心を和ませてくれる。特に僕の家の前は石畳の歩道の向こうが小さな公園になっているので、雨が石に当たる爽快な音と土に吸われる柔らかい音がちょうどいい具合に混ざりあって、いつまで耳を傾けていても飽きない。

雨が降っているから外に出ないというわけじゃない。水路に沿ってぶらぶら歩いていって途中でコーヒーを飲むのも楽しいし、昔のレコードを売っている店に立ち寄ったり、広場に出て、けばけばしい色のソーセージをはさんだホットドッグのスタンドに集まっている人たちの中に割り込んで、知っている顔を捜すのも楽しい。でも今日はとことん無意味なことをしながら、だらだらと過ごしたかった。ソファーの上で頭の位置をずらし、窓ガラスを通して、雲にイオオわれたコペンハーゲンの空を見ると、その奥にある銀色がそのまま胸の奥で光り始めた。

何もしないでいるのは結構むずかしい。何もしないでいることに耐えられなくなると、いつもならインターネットに逃げるのだが、今日はディスプレイの放つ光を思い出しただけでロケンオ感を覚えた。人を無理矢理、明るい舞台に引き出すようなあの光。スポットライトがまぶしくて何も見えない華やかな舞台の上で僕は虚構のスターになる。馬鹿馬鹿しい。そのくらいなら、テレビをつけた方がましだ。こちらが見られているという感じがないのでソファーに寝そべって、一方的に出演者の顔をハナガめていられる。全く笑えないお笑い番組、語彙の貧しい流行歌、一、二度使ったら飽きてしまいそうな台所器具を売ろうとする宣伝番組。その時僕がたまたまぶつかったのは、レストラン巡りの番組だった。

②デンマークは世界で一番暮らしやすい国だと僕は信じているが、それは食べ物にこだわらないからではないかと思う。美味しさをムキになって追いかけるようなグルメの国には必ずマフィアがいたり、汚職があったりする。デンマークならではの政治のニセイケツさと暴力の少なさは、食べ物にそれほど関心がないおかげであることを素直に認めて、下手なグルメ番組などつくらなければいいのに、何を間違えたのか「全国で一番おいしいホットドッグを求めて歩く」という退屈な番組をやっていた。僕はうとうとしていたようで、コマーシャルが終わって次の番組が始まったことにも気づかなかった。目をひらくとスタジオに数人のゲストがホマネかれていて、司会者がなにやら興奮した口調でしゃべりまくっている。自分が生まれ育った国がすでに存在しない人たちばかりを集めて話を聞く、という主旨の番組だということがだんだん分かってきた。

カメラはまず、コペンハーゲン大学で政治言語学を教えているドイツ人女性を大きく映し出した。彼女が生まれ育った「ドイツ民主共和国」という国はもう存在しない。みんなに「東ドイツ」と呼ばれていたあの国だ。番組司会者は首をかしげて質問した。

「二つの国が一つになったというだけの話であって、消えた国はな

風景学は、人間の生活環境をととのえるための技術的知識体系の一環として構想された。だが、同時に、風景を目ききする教養を磨き、風景への愛着を通じて生きる意味を問う、という学問のよろこびがそこにある。「それを知る者はそれを好む者に如《し》かず、それを好む者はそれを楽しむ者に如かず」という聖人のことばが、これほどあてはまる学問もあるまいと思っている。（中村良夫『風景学入門』）

この文章で中村は、風景と教養との関係を明確に述べている。それは、教養が風景を見分ける能力、「目きき」の力となるということである。教養によって見える風景が違ってくるのは、風景を見る目が違ってくるからである。さらに、風景への愛着をはぐくむことによって、自分の生きる意味を問うことができるという。中村は、本当の学問のよろこびはそこにあると考えている。しかも、この学問は、たんに知るだけの学問ではない。その学問を好み、さらに楽しむことのできる学問である。ただ、中村の「楽しむ」は、決して風景の魅力を個人として楽しむということではない。中村の風景学へのスタートが土木技術者であったことからも分かるように、風景学は、「人間の生活環境をととのえるための技術的知識体系の一環として構想された」ものでもあった。人間の生活環境をよりよいものにするという、行動する学問でもある。行動とともに楽しむことのできる学問、それが中村のいう風景学であったと思う。

中村は、風景との付き合い方について、つぎのようにも述べている。

人間は、自己をとりまく環境に対する愛惜と共感を研ぎすましつつ、その結果、自分が何者であるかを悟らされ、自己と環境の同時的倫理変容をとげてきた、といってよい。

現代の生態学的危機に対処するにあたって、自己は環境の恩沢によって初めて光り輝くという倫理的態度が環境制御に果たしてきた役割を再認識したい。環境形成にあたって、風景への愛着という環境に対する「共感」に根ざした倫理的気概が示されれば、それがわたしたちの生活様式を導き、ひいては環境を浪費することが避けられるかもしれない。（前掲書）

一人ひとりの人生は生まれてから死ぬまで風景とともにある。風景はその自己の一部といってもよい。ただ、風景がどのようなものとして立ち現れるかは、風景が立ち現れる人の自己が風景にどのように向かうかという、いわば態度にかかっている。この風景への態度のなかに、風景をどのようなものとして見ることができるかという能力、④風景の目ききの能力が潜んでいる。それだけではない。風景は人間の行為の選択によって現れる姿、相貌を変えてゆく。言い換えれば、風景がどのように変わってゆくかは、わたしたちの選択にかかっている。その意味で、わたしたちはわたしたちの見る風景に責任を負っているのである。

（桑子敏雄『何のための「教養」か』）

（注）＊近代テクノソフィア…科学技術。
＊フロネーシス…行為の選択を行う思慮深さ。

問一　傍線部イ～ホのカタカナを漢字に直しなさい。

問二　空欄 A ～ C に当てはまる語を次の中から選び、それぞれ記号で答えなさい。

ア　しかし　イ　たとえば　ウ　では
エ　あるいは　オ　なぜなら

問三　傍線部①「パラドクス」の意味として適当なものを次の中から選び、記号で答えなさい。

ア　皮肉　イ　誤解　ウ　反語
エ　逆説　オ　混乱

問四　傍線部②について。「人参」とは何を意味するか。文中から三十字以内で探し、最初と最後の五字を抜き出しなさい。

体に対して平等に配分しなければならない。エネルギーをめぐっては、ダム建設による水力発電においても、原発においても、同様の問題が引き起こされてきた。地域にエネルギー資源が存在していたため、かえってその地域は発展から取り残されてしまうという事態が起きたのである。

　こうした「資源の豊かな地域ほど経済発展から取り残され、民主主義が育たず、開発からも取り残される」という事態が「資源の呪い」である。リチャード・アウティがこの概念を提示したとき、当初考えられていたのは、枯渇する可能性のある石油や石炭資源をもつ途上国の直面するパラドクスであった。

　この「資源の呪い」は、わが国の地方にも当てはまる。また、化石資源だけではなく、再生可能エネルギーでも同じだということには、よく注意する必要がある。薪や水車による水力利用が地域社会のニゲンカクなルールのもとで活用されてきた近代以前とは異なり、近代テクノソフィアによる技術と資本による経営が介入すると、地域は地域の資源をみずからマネジメントすることができなくなり、事業主体からの補償金やあるいは税収による地域経済への貢献を期待するようになる。こうして地域は地域外の力への依存体質を深めてゆく。

　かりに再生可能エネルギーの利益が地域に落ちるとしても、その配分をめぐって生じるリスクに地域はつねに対応しなければならない。汗水たらして得た利益と違い、コモンズの資源は、地域にもともとホチクセキされていたものであり、そうした資源をめぐって人びとの間で起きる取り合いは、しばしば地域内に悲惨な対立・紛争を引き起こすからである。[B]、その利益だけで地域が潤うことができるようになると、それに依存したまま発展への努力を怠るようになる。

　地球環境問題は、グローバル・コモンズの問題だけでなく、ローカル・コモンズの問題とも深くつながっている。それは地域の衰退とも連動する問題である。原発が経済的な発展を望めない中小自治体の、かつ人口が疎《まばら》で豊かな水の得られる美しい海岸部で建設されたことは、そのような地域の問題と直結している。さらに、立地への協力によってつぎ込まれる資金は、地域の人びとの努力によって獲得されたものではない。こうした富をめぐる地域の内紛は、地域そのものを引き裂き、崩壊させてゆく。事業者がしばしば口にする「②人参をぶらさげる」というのは、地域の依存体質を徹底するための戦略である。

　「コモンズの悲劇」は、人類が一緒に生きていかなければならない空間としての地球というコモンズの問題であるとともに、地域社会のコモンズの問題とも直結していると考えるべきである。

　[C]、「コモンズの悲劇」を回避するためにはどうしたらよいのだろうか。「資源の呪い」を解くにはどうすればよいのか。わたしたちは、このような問題の解決のために知恵と思慮深さを求めなければならない。

「コモンズの悲劇」を回避し、「資源の呪い」を解く知こそ、現代に生きるわたしたちのもつべき「現代の＊フロネーシス」である。

「コモンズの悲劇」も「資源の呪い」も、人間の行為と地球環境の間で生じている。悲劇と呪いをどう見抜くかもわたしたち自身の選択であるから、わたしたちは、目の前に広がる風景の中にその兆候を察知しなければならない。風景をよく観察し、そこで起きている出来事の本質を推理しなければならないのである。

　そこで、風景学の創始者・中村良夫の『風景学入門』という本を紹介しよう。中村は、もともと土木技術者であったが、日本で初めての高速道路建設に携わった。彼は、名神高速道路の部分開通のとき、道路の優美な曲線の誕生に感動する一方で、それが山野の形相《すがた》をがらりと変えてしまうのを見て[③]筋の寒くなるのを覚えたと語っている。この経験から、中村は、景観工学から風景学へと学問研究を展開することになった。風景学について、中村はつぎのように述べている。

「音がする」という抽象的な言い方ではなく、「もの音がする」という言い回しを用いることになったのかもしれない。日本語の「もの音」は、もの同士が触れ合う現実感のある空間を想定させて、触覚的な空気の漂いを「気配」として発散している。同時に受け手の意識と周りの空間との境界線の曖昧性を露呈している。

（樋口桂子『日本人とリズム感』）

問一　空欄 ① に当てはまる語を、文中からひらがな二字で抜き出しなさい。

問二　傍線部②「そのように言うことを許す状況」の具体例として適当なものを次の中から選び、記号で答えなさい。

ア　誰もが予期していなかった客人がふいに訪れてきて、呼び鈴が鳴った。

イ　授業中に、誰かの机の中でスマートフォンの振動音がする。

ウ　夜半過ぎから風雨が強まった様子が、窓の音からうかがえる。

エ　二階の方で誰かが歩いているようで、みんな聞き耳を立てた。

オ　遠くの方から、祭りのお囃子《はやし》の音が風に乗って聞こえてきた。

問三　傍線部③「別の役割」とはどういう役割か。解答欄の形式に合うように、文中から二十五字以内で二箇所抜き出しなさい。

問四　傍線部④「そもそも『もの音－が－する』という日本語の文の構造が興味深い」とあるが、どのような点が興味深いのか。「文型」・「文意」の二語を用いて説明しなさい。

問五　空欄 ⑤ に当てはまる語を次の中から選び、記号で答えなさい。

ア　相対　イ　客観　ウ　具体

エ　絶対　オ　主観　カ　抽象

問六　本文からは次の一文が省かれている。どこに補うのが適当か。その直前の文の終わりの七字を、句読点も含めて抜き出しなさい。

> この違いが「物音がする」と「音がする」との違いに出てきている。

二　次の文章を読んで、後の問に答えなさい。

「コモンズの悲劇」とは、共有地、ひいては共有資源をめぐる合理的な獲得競争が結果として資源の枯渇や汚染をもたらすという、ギャレット・ハーディンによって示された考え方である。この「結果として」というところが重要であって、これは人類の選択の意図する目標としたものではないということを意味している。

資源をめぐっては、「コモンズの悲劇」とならんで、もう一つ大きな問題がある。資源の豊かな地域は、その資源ゆえにイハンエイから取り残されるという「資源の呪い」の①パラドクスである。

これらの問題が生じやすい地域は、日本の場合、伝統的入会《いりあい》管理によって維持されてきた山野であることも多く、伝統的なローカル・コモンズ管理と＊近代テクノソフィアによるエネルギー技術およびこの技術と結びついた大規模資本との軋轢《あつれき》が生じている。入会地は地域が共同で管理し、その資源を共有、利用してきた伝統的な空間であって、ここにエネルギー技術と企業経営の論理が突然介入してくると、そこに眠っていた資源をめぐって種々の対立が起きるのである。

A 、巨大地熱発電プラントの建設が入会空間に計画されるとき、事業者は入会管理の論理、すなわち、伝統的な社会システムについて十分な理解をもっていないことも多い。入会管理は、多数決による意思決定はとらず、全員一致のロテッソクを守るところがほとんどである。事業者は、そこに近代の民主主義の多数決原理をもちこみ、地域に異なった意見がある場合には、多数派工作を行って、地域を分断してしまう。こうなると、地域は、引き裂かれてしまい、コミュニティの崩壊をも引き起こす。そうなると、地域は発展から取り残されてしまう。

かりに地域が資源利用に同意し、エネルギー産出施設の建設を承認したとしても、その利益のほとんどは事業者のものとなる。事業者からの税収は地域の自治体にもたらされるが、ハギセイになった地域だけをこの税収で潤すことはできず、その地域を含む自治体全

いられる「ノイズ」がその例で、それらは耳障りで邪魔な余計なものので、その場を乱しにやってくる。ノイズは自己を主張して、その場で自己主張を始める。

　ところが日本語の「もの音」という語には、押しかけてきて自らを顕示しようとする異物であるというよりは、自分の背景にあるものを見せようとする色合いの方が濃い。「もの音」は自分の背後の何かの先ぶれとしての役割が強く、ノイズのように自分自身を訴えかけようとはしない。

　日本語の「もの音」は、まわりに溶け込んでいく物を物体として感じさせるすれすれのところにあって、ただ存在を語りかける語であるところがある。④そもそも「もの音－が－する」という日本語の文の構造が興味深い。つまりこれは、「もの音」＝「物の音」を主語＝動作主とし、「する」を述語の動詞としている。この文型はわれわれに、音を発する「もの」の存在を意識させる。「もの音がする」という、主語〈もの音が〉と、述語〈する〉の構文は、少なくともかたちの上では、「もの音」を主語とし、「する」を述語とする。ところが文型の示すところとは逆に、「もの音がする」は、物の正体が曖昧であることを告げる。つまり「もの音がする」は、何かが音を響かせ、音を耳に届けさせるものの、しかしその物体が何であるのか、定かでないという、未知の存在をイメージとして浮き立たせる。

　同時にこの言い回しを聞いた人はそこに、漠然と、何かの物音を聞くのに十分な静けさの広がりを感じ取る。「もの音－が－する」は、音の生じる場の静かな状況を聞き手の意識の表面に引き上げる。「音がする」とすることによって、かえって周りの静けさを引き出す効果は、音のもつ逆説的な能力である。芭蕉の「古池や　かはず飛びこむ　水のおと」で表現されているのは、カエルの飛びこむ音よりも、カエルが池に跳びこんだことで見えて来る、周囲の静かな気配であろう。あるいはもしかすると、この池のあたりは相当うるさかったのかもしれない。たとえば、カエルはずっと鳴いていた。そこにカエルが飛びこんで、それが発した水音によって、一瞬カエルたちの鳴き声が途絶えた。そのことで水の音が冴えわたり、その一瞬の静寂が、静寂と喧噪の対照をつくった。芭蕉がその断絶に見えてくる対比を句にしたという具合である。どちらで読み解くにしても、そこにはカエルの鳴き声を気づかせる地となる広がりの気配が見えてくる。

「もの音がする」は、芭蕉のカエルの句と同じ効果をもたらしている。音を響かせるだけの或る落ち着いた状況と気配がそこにあることが、「もの音がする」という言い方の底にある。「もの音がする」は、音の方ではなくて、「もの音」を生み出すものの気配があることを伝えている。

　こうした気配の感覚は、もの音だけが与えてくれるのではない。ある種の香り、におい、風のそよぎ、空気の動きや、視覚的・嗅覚的なゆったりした緩い動きも同様である。社寺や教会では行事の際に、香を焚き、護摩を焚く。香は緩い空気の流れをつくり出し、何かが現れるにふさわしい特別の場をつくり出す。香る空気のゆるやかな流れは、永遠の中から姿をあらわしてくる神や仏の気配を期待させる。つくり出された広がりは、隠れている何ものかの姿を感じさせる準備をする。香や護摩は、まだ見えては来ないが、隠されている全体の先ぶれであり、切片であり、人はそこから寺の鐘の音の響きわたるようなひろがりを、ひとつのイメージとして捉えてゆく。

　隠されたものの部分がつくり出すイメージは、静かで密やかであって、それはフロイトの言う「不気味なもの」の概念と通底している。われわれは宗教的な儀式の香の中に、ある種の不気味さを感じることがある。輪郭のはっきりしない、或る場を先駆的につくり出す「もの音」は、広がりを感じさせ、輪郭の淡いまとまりをもった、緩い気配を与える。

　このような空間感覚としての気配は、受け手（見る者・聞く者）が感じ取るものであるので、［⑤　］的で情緒的な要素を纏《まと》いつかせている。あるいはそうした情緒的な受け手の心の意識が、単に

（「うちいづ（出づ）」の意味でも添えられる——ただし、「うち入る（討ち入る）」、「打ち殺す」のように「うつ（打つ）」の意味が残っている複合語の〈うち〉はここの意味の接頭語には入らない。言い添えれば、〈うち〉は一段と語気を強める場合もあって（「勢いよく入っていく」）、「少し、ふと」と、「勢いよく」という、両極端の意味合いを添える興味深い接頭語の例である。

接頭語には、「どことなく寂しい」、「なんとなく哀しい」という場合の「うら寂しい」、「うら哀しい」の〈うら〉等がある。また、「かたづける、とりまとめる」の意味の〈ひき〉（「ひきしたたむ」、「ひきとめる」、「ひきはがす」）や、「とり外す」の〈とり〉をつける例がある。いずれも語調を整えたり、語勢を強めたりして、語にニュアンスを与え、語幹の意味を強調する作用をする。

しかしこうした接頭語の中で、〈もの〉は他とは異なる要素をもっている。〈もの〉は、前述のように形容詞につけられるが、さらに名詞の頭につけて、「ものごころつく」、「もの想いをする」とすることができる。また動詞につけて「もの思う」、「もの語る」（物語る）とする場合もある。また目的語として使われることもある。「ものを憂う」という例がそれである。こうした用い方は、〈ひき〉、〈うち〉、〈とり〉には無い。つまり〈もの〉は語勢を強調するだけではなく、③別の役割を引き受けている。

もともと「もの」という語は、実体があって無いような、曖昧なところがある。「なんとなく」「どことなく」という意味合いは実体の無さがつくっており、こうして「もの静かな」には「どことなく静かな」というニュアンスができ、「もの悲しい」は「なんとなく悲しい」という意味合いをもつことになった、と言えるようにも思われる。

しかしそうすると、「なんとなく」の「なんとない」の「何」とは、一体何なのだろう。「どことなく」の「どこ」とは一体何処《どこ》なのであろう。これらの「もの」や「なん（なに）」は明らかにされないにもかかわらず、我々はそこに何かを感じ取る。そのような明らかでない〈もの〉という語が、動詞にも、名詞にも、形容詞・形容動詞や副詞にもつけられて力を発揮するのである。

「何でもないもの」とは、対象を断定できない、あるいは断定しない何かである。対象を特定しない曖昧な存在である。接頭語〈もの〉には、輪郭が見えないという静かな曖昧さがある。しかしこれは見方を変えれば、〈もの〉は存在だけを感じさせる、或る静かな広がり感を与える働きがある、ということになる。このことは「もの悲しい」や「もの思い」、「もの静か」などという〈もの〉のつく語の反対の場合を考えてみれば明らかである。騒々しく、素早く、けたたましく過ぎ去る明確なものに〈もの〉を付けて、「ものうるさい」「もの速い」などとすることは、ほぼない。〈もの〉は曖昧性を強調するが、この曖昧性には、方向性の欠落感と場所の広がりがある。場所だけがある、と言ってもよい。それは動きの少ない、ある静けさで、鈍く遅い、どんよりとした広がり感としての場所である。つまり何かが漂うような空間を「もの音」の〈もの〉は意識させる。〈もの〉は背後に、何かの存在を、何かある気配を暗示する語であるように見える。

あるいは「物音／もの音」には、背後に何かを感じさせる気配がある、とも言える。「もの音」には、未だ正体の定かではない、部分的にしか分からないものの影と、背後に何かが隠されているという感覚がある。「もの音がする」という言い方に何とも言えない曖昧な広がり感があるのは、音の源が何か分からないことに由来している。そこには、どこか得体のしれない、或る不気味さがつき従っている。不気味なものはたいがい、密《ひそ》やかで静かである。

このような日本語の〈モノオト〉の語感は、英語のノイズ noise、フランス語のブリュイ bruit というような語とはかなり異なる。noise や bruit は、他から区別される、いわば輪郭の明解な音を強く感じさせる。しばしば「雑音」と訳されるように、ノイズ noise やブリュイ bruit はわれわれにとっては外からの侵入者であり、異物として〈闖入《ちんにゅう》してきたもの〉と認識される。コンピューターで用

二〇二〇年度 立教新座高等学校

【国語】（六〇分）〈満点：一〇〇点〉

一 次の文章を読んで、後の問に答えなさい。

そもそも日本人は音をどのように捉えて表現しているのであろう。

われわれの周りには日常の音が氾濫している。溢《あふ》れる音の中で何か或る音に注意を向けるとき、われわれは音を出す音源のものの名を借りて、「ベルの音が響く」、「車の音がする」、「鐘の音がする」などと言う。音は何かの音である。そもそも音を表現するときには、「『〜の音』がする」というように、音を出す「物」の名前を用いる。音源が人間や動物であれば、「音」ではなく「声」として、「セミの声が聞こえる」、「鳥の鳴き声がする」などと言う。

音を出す音源は具体的な「①」である。もっとも耳鳴りという、自分にだけ聞こえる音がある。この場合は具体的な音源がないので、「セミの鳴き声のような音が聞こえる」などと、比喩的な言い回しを使う。擬音を使って、「ジーンという音がする」、「ゴーゴーと言っている」などと言うこともある。しかし外部から聞こえて来る音に対してなら、具体的なものの音源の名を使って、「〜の音がする」と言う。

音がすることが当たり前の日常生活の中では、ひとつの注目したい音に対して、ただ「音がする」という言い方はあまりしない。「音がする」の〈音〉とは、きわめて抽象的で、聞こえてくる音は、何か特定の、具体的なものがつくり出している音に他ならない。「もの」があれば、ものの動きや物と物との接触は「音」を発する。それに「音」とは、物と物とが触れ合って空気が振動するときに聴覚に及ぼされる感覚なのであるから、抽象的な、何の音でもない音とか、あるいは音一般という音はない。もし「音がする」と言うだけで聴く相手が納得するとすれば、それは聞き取るべき音を出す対象を互いに知っていて、②そのように言うことを許す状況があるからである。

ところが「物音（もの音）がする」という言い方がある。「音」に〈もの〉という接頭語をつける言い方である。静寂の中で突然音が聞こえてきた場合などに、われわれは「おや、音がするよ」と言うが、同じことを、「何か物音がするよ」とも言う。音を発するのが何物かわからないときに、われわれは「音」ではなく、わざわざ「物音がする」というのである。「物音がする」という言い方は、「セミの鳴き声がする」というのとは違って、音の出所が何であるかを言っているのではない。音を出す「もの」があること、つまりそこに何かがいること、あることを告げている。そこに「音」を出す何かがある、いると言っている。

もっとも「そこに何かがある」ということだけを言いたいのであれば、「物音がする」も「音がする」も同じであろう。しかし「音がする」と「物音がする」には、微妙な違いがある。単に「もの」を付けるか付けないか、だけのことであるが、それだけに留まらない問題が潜んでいる。それはまず、「音」の語の前に置かれる接頭語〈もの〉が、日本人の認識の仕方を支配する要素をもっていることから出てくる。

日本語には、〈もの〉を頭につける言い方が少なくない。とくに形容詞、形容動詞に多い。すぐさま「もの静かな」、「ものさびしい」、「もの悲しい」、「ものものしい」など例が頭に浮かぶ。そして〈もの〉という接頭語をつけた形容詞・形容動詞は、「静かな」、「悲しい」、などとは違った、「なんとなく静かな」、「なんとなくさびしい」、あるいは「そこはかとなくさびしい」というような意味合いを付着させている。

接頭語ということだけを言うなら、〈もの〉以外の語が動詞につく接頭語は、特に古語に多い。たとえば〈うち〉は動詞に付いて、「ちょっと、ふと」という意味を添える（「うち見る」）。あるいは〈うち〉は「すっかり」（「うち絶ゆ」、「うち曇る」）、「勢いよく」

2020年度／立教新座高等学校

英語解答

Ⅰ 1 ア 2 エ

Ⅱ 1 B 2 C 3 A 4 B

Ⅲ 1 elevator〔lift〕

2 tie〔necktie/scarf など〕

Ⅳ 問1 エ

問2 1 prevent 2 spread

3 win 4 expected

5 compared

問3 if no steps are taken to

問4 1…ア 2…イ 3…ア 4…エ

Ⅴ 1 イ 2 ア 3 ウ 4 ウ

5 ア 6 エ 7 イ 8 ア

Ⅵ 1 by using 2 time for

Ⅶ 1 A…キ B…ケ

2 A…キ B…エ

3 A…カ B…エ

4 A…イ B…カ

Ⅷ 1 impossible for Tom to keep studying without sleeping

2 wanted something cold to drink because he was walking

3 say that those who often eat meat

Ⅰ～Ⅲ〔放送問題〕解説省略

Ⅳ〔長文読解総合―説明文〕

≪全訳≫❶先週，東京がさまざまなイベントで2020年オリンピック・パラリンピックまで1年のカウントダウンの開始を祝ったとき，選手とオリンピック関係者を移動させる主要な手段となる首都高速では，交通渋滞を防ぐための非常に大規模な交通規制の実験が行われた。❷選手と観客を東京の厳しい夏の暑さから守るための手段と並び，交通渋滞を減らす手段はオリンピックの成功と順調な運営のための鍵となる。イベント会場の建設と，観客を支えるボランティアの募集も1年以内になされなくてはならない。❸オリンピックの長い歴史の中で，今日の東京のように人口が多く，経済が活発な巨大な都市圏の中心でオリンピックが行われたことはない。過去のいくつかのオリンピックと違い，多くの競技会場を含む1つのオリンピック・パークといった施設はない。代わりに競技会場は関東全域に広がる。❹オリンピックの効率的な運営と遅滞ない選手と関係者の移動を確実にすることが，成功への鍵だ。オリンピック中の交通を規制する計画が必要となる。必要な交通規制によって不便を強いられる人々や企業の協力と理解を得るための努力も必要だ。❺1964年の東京オリンピックで首都高速網は選手と関係者の移動に主要な役割を果たした。同様に，首都の内部とその周囲にある首都高速が，2020年オリンピックで選手と関係者を運ぶ何千台もの車やバスにとって主要な道路となることが予想される。問題は，交通量を減らす手段が全くとられなければ，オリンピックのために数千台の車とバスが加わることで，ふだんの首都高速の渋滞が2倍の深刻さになるかもしれないことだ。❻交通規制の実験は水曜日に始まり，首都高速に入る車とバスの台数を制限しようとした。実験では高速道路網に入る数十の入り口を閉鎖し，また他の高速道路から東京へ入る車に対して開いている料金所の数を大幅に減らした。東京中心部の一般道路の交通量を減らす計画は，環状七号線の青信号の時間を短縮することで実行された。❼それらの規制によって，首都高速の主要な場所のうち数か所における渋滞が，1年前の同じ日の渋滞に比べて70～80パーセント減少したことが報告されている。大会組織委員会は来年のオリンピック期間中に高速道路の平日の交通量を30パーセント減らし，平均的な平日に見られるレベルにしたいと考えている。しかし東名高速と東北自動車道上にある首都高速への接続点では，東京に入る車の列が15キロに達したことも明らかになった。大会組織委員会はロードプライシングを導入して，交通量を減らすために時間帯で決まる高速料金を調整することも検討している。❽大都市圏における大規模な交通規制は，6月末の大阪における主要20か国・地域首脳会議(G20)の期間中など，過去に導入されたことがある。しかしG20が4日間だったのに対し，オリンピック・パラリンピックは全体で約1か月続き，そのようなイベントのための交通規制が地域の人々へ及ぼす影響ははるかに大きいだろう。❾2020年東京オリンピックの円滑な運営のため，交通規制の入念な計画が最新の実験の結果から生み出される必要がある。

問1＜用法選択＞下線部①の means は「方法，手段」を表す名詞(単複同形)。これと同じ用法を含むのはエ.「言語はコミュニケーションのただ1つの方法ではない」。　ア.「～を意味する」の意味の動詞。　「それは交通規制が我々にとって深刻な問題であることを意味する」　イ.「卑劣な」の意味の形容詞。　「君にうそをつくなんて彼は卑劣だ」　ウ.「けちな」の意味の形容詞。　「彼はお金にけちだ」

問2＜適語選択・語形変化＞1．交通規制の実験が行われたのは，渋滞を防止するため。'目的'を表す to不定詞の副詞的用法なので原形のままでよい。　2．主語の they はその直前の文にある game sites を受けていると考えられる。2020年の東京オリンピックでは，競技会場が1か所の競技場でなく関東全体に「広げられる〔→広がっている〕」のである。「～を広げる」という意味の spread を受け身形で用いる。　spread－spread－<u>spread</u>　3．交通規制のための協力や理解を「得る」と考える。「～を獲得する」の意味を表す win が適切。'effort＋to不定詞'「～するための努力」の形から原形となる。　4．2020年のオリンピックで首都高速が主要な道路となることが「予想される」と考えられる。be expected to ～ で「～すると予想される」。　5．実験当日とその1年前の結果を比べたと考え，受け身形の be compared with ～「～と比較される」にする。

問3＜整序結合＞文の最初から直前の games までが文として完成しているので，if で始める条件節をつくる。節の主語に名詞 steps(ここでは「手段，行動」の意味)を置くと，動詞は'be動詞＋過去分詞'の are taken とまとまる(take steps「手段を講じる」の受け身形)。no は'no＋名詞'「1つの(少しの)～もない」の形で使うと考えて no steps とすると，残った to は動詞 reduce「～を減らす」を導く to不定詞となり(steps を修飾する to不定詞の形容詞的用法)，「交通量を減らす手段が全くとられなければ」という節になる。

問4＜英問英答＞1．「オリンピックが成功するために，何が必要か」―ア.「円滑な運営のために，交通を規制すること」　オリンピック期間の交通規制の重要性が文章の主題である。　2．「交通規制の実験として行われなかったものはどれか」―イ.「東京から出てくる車の数を数えること」　ア.「より少ない料金所を開けること」→「開ける料金所の数を減らすこと」とウ.「道路網への入り口の多くを閉鎖すること」は第6段落第2文，エ.「信号のタイミングを変更すること」は第6段落最終文にある。　3．「オリンピック組織委員会は，オリンピック期間中の平日にどの程度の交通量となることを期待しているか」―ア.「通常の平日の交通量の70パーセントほどになることを望んでいる」　第7段落第2文参照。'reduce ～ by＋数'は「〈数〉の分だけ～を減らす」の意味なので，30パーセントを減らした残りは70パーセントとなる。　4．「大阪でのG20サミットと2020年オリンピック・パラリンピックの間で，この文章の中で述べられている交通規制における違いは何か」―エ.「イベントの長さ」　第8段落第2文参照。

V〔長文読解―英問英答―物語〕

≪全訳≫❶マーギーは驚いて叫んだ。「トミー，手に何を持っているの？　そんなの今まで見たことがないわ」❷それはとても古い本だった。彼らの祖父はかつて，彼が幼い子どもだった頃に彼の祖父が，全ての物語が紙に印刷されていた時代があったと教えてくれたと言っていた。❸マーギーとトミーは黄ばんで汚れたページをめくった。文字が画面上を動くのではなく，その場に残っている言葉を読むのは，とてもおもしろかった。そして彼らが前のページに戻ると，初めてそのページを読んだときにそこにあったのと同じ言葉があるのだ。❹「わあ」とトミーは言った。「もったいないなあ！　本を読み終わったら，捨てるだけだよ。僕らのテレビの画面には本が100万冊は入っているに違いないし，もっともっとたくさん入る。それを捨てるわけにはいかないよ」❺「私のも同じだわ」とマーギーは言った。彼女は11歳で，トミーほどたくさんのテレブックを持ってはいなかった。彼は13歳だった。「どこで見つけたの？」と彼女が言った。❻「屋根裏部屋だよ」❼マーギーは尋ねた。「何が書いてあるの？」　トミーは答えた。「学校さ」❽マーギーは信じなかった。「学校？　学校について何か書くことなんてあるの？　私は学校が嫌いなの」　マーギーはいつだって学校を嫌っていたが，そのときの嫌いようはかつてないほどだった。機械の先生が彼女に地理のテストを次から次へと出し，彼女の点数がどんどん下がっていくと，とうとう彼女の母が修理を頼んだ。❾修理に来たのは赤ら顔の太った小柄な男で，道具が一式入った箱を持ってきた。彼はマーギーにほほ笑むと，リンゴを１つくれた。それから彼は先生を分解した。彼がそれをどうやって組み立て直すか知らなかったらいいのにとマーギーは思ったが，彼はちゃんと直す方法を知っていて，１時間かそこらで機械の先生は再びそこに現れた。それは大きく，黒く，かっこ悪く，大きな画面がついていた。画面の上に全ての授業内容が映り，問題が出された。それはそんなに嫌ではなかった。彼女が一番嫌いだった部分は挿入口で，彼女はその中に宿題とテスト用紙を入れなくてはならなかった。❿修理の男は作業を終えると，ほほ笑みながら彼女の母に言った。「お嬢さんのせいじゃないですよ。地理のところに異常があって，進むのが速すぎたんです。ときどきこういうことはありますよ。普通の10歳のレベルに合わせて遅くしておきました。実のところ，彼女の進み具合は平均より上ですよ」　そして彼はマーギーにさよならを言った。⓫マーギーはがっかりした。彼女は彼が先生を持っていくことを望んでいた。以前，歴史の項目が全部消えたというので，トミーの先生が１か月近く持っていかれたことがあったのだ。⓬そこで彼女はトミーに言った。「誰か学校のことを書きたいなんて思うのかな？」⓭トミーは見下したような目で彼女を見た。「だって僕たちの知っている学校じゃないんだよ。何百年も昔の古い学校のことさ」　彼は得意げにこう言うと，ていねいに「数世紀も前さ」と言った。⓮マーギーには不愉快だった。「ねえ，そんな昔にどんな学校があったかなんて知らないわ」　彼女は彼の肩越しにしばらく本を読み，そして言った。「いずれにしろ，先生はいたのね」⓯「もちろん先生はいたよ。でも普通の先生じゃない。人間なのさ」⓰「人間？　どうやって人間が先生になれるの？」⓱「それはね，子どもたちに物事を教えて，それから宿題を出して，質問をするだけだよ」⓲「人間はそんなに頭がよくないわ」⓳「もちろんいいさ。お父さんは先生と同じくらいものを知っているよ」⓴「そんなはずないわ。人間が先生と同じくらいものを知っているなんてありえない」㉑「お父さんならほとんど同じくらいだよ。間違いない」㉒マーギーは言い争うつもりはなかった。

「知らない人が家にいて私に教えるなんて嫌だ」23トミーは大きな笑い声を上げた。「わかってないね，マーギー。先生たちは生徒の家に住むわけじゃないよ。専用の建物があって，子どもたちはみんなそこに通うのさ」24「それで子どもたちはみんな同じことを習うの？」25「そうだよ。同じ年ならね」26「でも先生は教えているそれぞれの子に合わせられないといけないし，それぞれの子は違った教わり方をしないといけないって，お母さんが言ってたわ」27「そのときはそういうやり方じゃなかったのさ。それが嫌だったら，別にこの本を読まなくてもいいよ」28「嫌だとは言ってないわ」とマーギーは早口で言った。彼女はその変わった学校の話を読んでみたかった。29彼らがまだ半分も読み終えていないうちに，母が呼んだ。「マーギー，トミー！　学校よ！」30マーギーは学校部屋に入った。それは彼女の寝室のすぐ隣にあり，機械の先生にはスイッチが入っていて，彼女を待っていた。それは土曜と日曜以外の毎日，同じ時間にスイッチが入る。31画面が言葉を出し始めた。「今日の数学の授業は…」32マーギーはため息をつきながら椅子に座った。彼女は，自分の祖父の祖父が子どもの頃にあった昔の学校について考えていた。近所中の子どもたちが皆集まって校庭で笑い，大声をあげ，教室では一緒に座り，その日の終わりには一緒に帰る。彼らは同じことを習うので，宿題についてお互いに助け合ったり，話し合ったりできた。33それを昔の子どもたちがどんなに楽しんでいたか，マーギーは考えていた。彼らの経験した楽しさについて，彼女は考えていた。

1.「トミーが手にとても古い本を持っていたときに，マーギーが驚いたのはなぜか」―イ.「マーギーは初めて紙の本を見たから」　第1段落最終文～第2段落第1文参照。　2.「なぜトミーは『本を読み終わったら，捨てるだけだよ』と言ったのか」―ア.「紙の本は1度だけ読むのに使われると彼は思ったから」　次の2文から，トミーたちが勉強に使っているテレビは大量の本の情報が入っているので長い間使えるとわかる。それに比べて紙の本1冊の情報はわずかであり，読者がその内容を学べばすぐに不要になってしまうと考えたのである。　3.「マーギーが地理のテストでうまくいかなかったとき，何が起こったか」―ウ.「マーギーの母が機械の先生の修理を頼むことにした」　第8段落最終文参照。　4.「マーギーが学校を好きでなかったのはなぜか」―ウ.「先生が彼女に地理のテストを与え続け，彼女の成績は下がり続けたから」　第8段落参照。　5.「修理の男が直す前，機械の先生にはどんな問題があったか」―ア.「それは本来より速いペースで作動し，マーギーが低い点数をとり続けた」　第8段落最終文および第10段落第2文参照。　6.「マーギーにとって先生とはどういったものだったか」―エ.「先生はそれぞれの子どもの家にいて，それぞれを別々に教えた」　第26，30段落参照。　7.「マーギーの学校部屋はどのようであったか」―イ.「それは彼女の家の中の一部屋で，マーギーはそこに土曜と日曜以外の毎日通った」　第30段落参照。
8.「空所に入れるのに適切なものはどれか」―ア.「宿題についてお互いに助け合ったり，話し合ったりできた」　集団で同じ授業を受けていたので，宿題も共通のものが出され，その結果皆で協力することができたと考えらえる。それは一人ひとり違うことを習うマーギーの時代ではありえないことである。

Ⅵ〔書き換え―適語補充〕

1．上は「そのサルはバナナを取るために棒を使った」という文('目的' を表す to不定詞の副詞的用法)。これを「そのサルは棒を使ってバナナを取った」と読み換え，by ～ing「～することによって」の形で表す。

2．上は「トムは授業に遅れてきたことはなかった」という文。これを「トムはいつも授業に間に合っていた」と読み換える。「～に間に合う」は，in time for ～ で表せる。

VII〔整序結合〕

1．動詞 have を「～を催す」の意味で使えば，「たくさんの会議をおこなった」は had lots of meetings とまとまる。また「まちがいを(犯すことを)避ける」は avoid ～ing「～することを避ける」に make a mistake「間違いを犯す」の形を続ける。残りの「ために」は‘目的’を表す in order to ～ で表せる。　They had lots of meetings in order to avoid making a mistake.

2．「(あなたは)～を知っていますか」は Do you know ～？の疑問文で表せる。「仙台までどれくらいあるか」は‘疑問詞＋主語＋動詞…’の語順の間接疑問とし，‘距離’を尋ねる疑問詞の how far の後に，‘主語’として it を置き(‘距離’を表す文の主語となる用法)，‘動詞’は is とする。　Do you know how far it is from Tokyo to Sendai？

3．主語の This program の後，「～する予定です」を is going to とまとめる。「～に導入される」は‘introduce＋*A*＋(in)to＋*B*’「*A*を*B*に導入する」の受け身形で be introduced into ～ とする。This program is going to be introduced into our school.

4．自分の住む場所の気候を表す文は，We have ～ の形で表せる。ここでは「(現在まで) 1ヶ月」の天気のことなので動詞は現在完了形の have had とする(‘継続’用法)。「ほとんど雨が降っていない」は‘数えられない名詞’について「ほとんど～ない」を表す形容詞 little で rain を修飾する。「1ヶ月以上」は‘期間’を表す前置詞の for の後に‘more than＋数詞’「～以上」(厳密には「～より多い」という意味)の形を続ける。　We have had little rain for more than one month.

VIII〔和文英訳―部分記述〕

1．与えられた語句から，‘It is ～ for … to ―’「…が〔…にとって〕―することは～だ」の形式主語構文を考える。‘～’には「不可能な」を表す形容詞 impossible，‘…’には Tom「トム」を入れる。‘―’に当たる「家で眠らずに勉強し続ける」は‘keep (on) ～ing’「～し続ける」や without ～ing「～せずに」といった表現を使って表せる。

2．「何か冷たい飲み物」は something cold(-thing の形の代名詞は形容詞を後置する)に to drink を続ける(to不定詞の形容詞的用法)。「歩いた」は過去形の walked でもよい。

3．「～だと言う人もいる」は‘Some people say (that)＋主語＋動詞…’で表せる。「肉をよく食べる人」は，‘those who＋動詞…’「～する人々」の形で those who eat meat と表せる(those の代わりに people を使ってもよい)。「よく」は‘頻度’を表す副詞の often や frequently で表せるが，これらは通例一般動詞の前，be動詞の後に置かれる。

2020年度／立教新座高等学校

数学解答

1 (1) $x=-3,\ -3+2\sqrt{2}$
(2) $\angle x=60°,\ \angle y=135°$
(3) ① $a=25,\ b=35$
② $a=54,\ b=70$
(4) $189\pi\ \mathrm{cm}^3$　(5) ① $\dfrac{2}{9}$　② $\dfrac{1}{3}$
(6) ① $y=-\dfrac{3}{2}x+12$　② $\left(\dfrac{17}{3},\ 2\right)$

2 (1) $\dfrac{5}{432}$　(2) $\dfrac{5}{18}$　(3) $\dfrac{1}{216}$
(4) $\dfrac{5}{54}$

3 (1) ① $2:5$　② $\dfrac{12}{5}$cm
(2) ① $\dfrac{3}{2}\mathrm{cm}^2$　② $\dfrac{4}{3}$cm

4 (1) $2\sqrt{6}$cm　(2) $152\pi\ \mathrm{cm}^2$
(3) $12:19$

5 (1) $y=-x+4$　(2) 18
(3) $y=\dfrac{4}{5}x+4$　(4) $\dfrac{2\sqrt{5}}{5}$
(5) $\dfrac{396}{5}\pi$

1〔独立小問集合題〕

(1)＜二次方程式＞$x-\sqrt{2}=A$ とおくと，$A^2+6A+7=0$ より，$A=\dfrac{-6\pm\sqrt{6^2-4\times1\times7}}{2\times1}=\dfrac{-6\pm\sqrt{8}}{2}=\dfrac{-6\pm2\sqrt{2}}{2}=-3\pm\sqrt{2}$ となる。$A=-3\pm\sqrt{2}$ だから，Aをもとに戻して，$x-\sqrt{2}=-3\pm\sqrt{2}$ となる。よって，$x-\sqrt{2}=-3-\sqrt{2}$ より $x=-3$，$x-\sqrt{2}=-3+\sqrt{2}$ より $x=-3+2\sqrt{2}$ となる。

(2)＜図形―角度＞右図1のように，点A～点Fを定め，円の中心をOとし，点Oと点Dを結ぶ。$\overset{\frown}{\mathrm{DE}}$ の長さは円Oの周の長さの $\dfrac{4}{12}=\dfrac{1}{3}$ だから，$\angle\mathrm{DOE}=360°\times\dfrac{1}{3}=120°$ である。よって，$\overset{\frown}{\mathrm{DE}}$ に対する円周角と中心角の関係より，$\angle x=\angle\mathrm{DBE}=\dfrac{1}{2}\angle\mathrm{DOE}=\dfrac{1}{2}\times120°=60°$ となる。また，$\overset{\frown}{\mathrm{BC}}:\overset{\frown}{\mathrm{DE}}=2:4=1:2$ より，$\angle\mathrm{FEC}:\angle\mathrm{DBE}=1:2$ だから，$\angle\mathrm{FEC}=\dfrac{1}{2}\angle\mathrm{DBE}=\dfrac{1}{2}\times60°=30°$ である。

図1

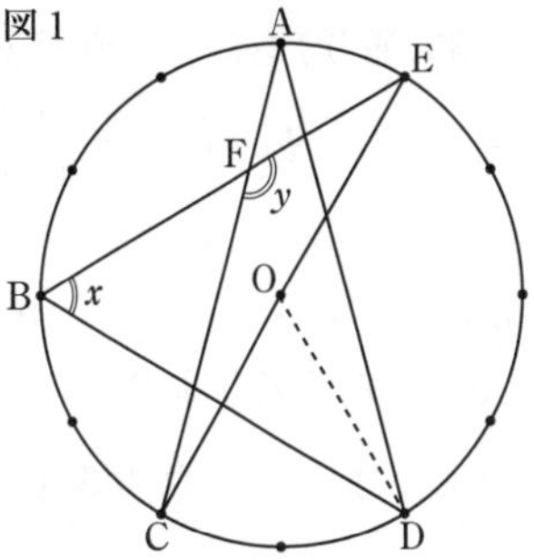

同様にして，$\overset{\frown}{\mathrm{AE}}:\overset{\frown}{\mathrm{DE}}=1:4$ より，$\angle\mathrm{FCE}:\angle\mathrm{DBE}=1:4$ だから，$\angle\mathrm{FCE}=\dfrac{1}{4}\angle\mathrm{DBE}=\dfrac{1}{4}\times60°=15°$ となる。したがって，△FCE で，$\angle y=180°-\angle\mathrm{FEC}-\angle\mathrm{FCE}=180°-30°-15°=135°$ である。

(3)＜特殊・新傾向問題＞①$a<b$，$ab=875$ より，自然数 a，b の組は$(a,\ b)=(1,\ 875)$，$(5,\ 175)$，$(7,\ 125)$，$(25,\ 35)$が考えられる。右図2で，1の下は3，5の下は11，7の下は13であるから，$(1,\ 875)$，$(5,\ 175)$，$(7,\ 125)$は適さない。また，各段の右端の数に着目すると，1段目は $1=1^2$，2段目は $4=2^2$，3段目は $9=3^2$，4段目は $16=4^2$ となるから，5段目の右端の数は $5^2=25$，6段目の右端の数は $6^2=36$ となる。このことから，25の下は35となり，$(25,\ 35)$は適する。

図2

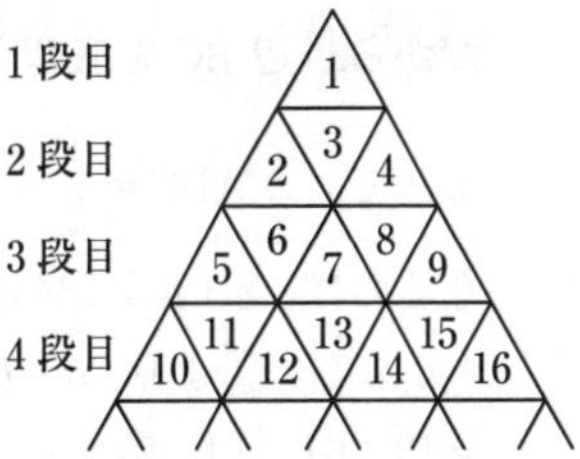

②図2で，1段目と2段目で上下に隣り合う2つの自然数の差は $3-1=2$，2段目と3段目で上下に隣り合う2つの自然数の差は $6-2=4$，$8-4=4$，3段目と4段目で上下に隣り合う2つの自然数の差は $11-5=6$，$13-7=6$，$15-9=6$ である。これより，4段目と5段目では8，5段目と6段目では10，6段目と7段目では12，7段目と8段目では14となるので，8段目と9段目では16で

ある。aが8段目にあるとき，$b=a+16$と表せる。よって，$ab=3780$より，$a(a+16)=3780$が成り立つ。これを解くと，$a^2+16a-3780=0$，$(a-54)(a+70)=0$　$\therefore a=54,\ -70$　7段目の右端の数は$7^2=49$，8段目の右端の数は$8^2=64$だから，aが8段目にあるとき，aの値は$49<a\leqq 64$である。また，偶数となる。したがって，$a=54$，$b=54+16=70$である。

(4)＜**図形―体積**＞右図3のように，点A～点Eを定め，線分BAの延長と直線lの交点をFとする。影のついた部分を直線lを軸として1回転させてできる立体は，△FBDがつくる円錐から，△FAEがつくる円錐，おうぎ形EADがつくる半球を除いたものと，おうぎ形DBCがつくる半球を合わせた立体となる。△FAE∽△FBDとなるから，FE：FD＝AE：BD＝3：6＝1：2であり，点Eは線分FDの中点だから，FE＝ED＝3，FD＝FE＋ED＝3＋3＝6となる。よって，BD＝6，FD＝6だから，△FBDがつくる円錐の体積は$\frac{1}{3}\times\pi\times 6^2\times 6=72\pi$となり，AE＝3，FE＝3だから，

図3

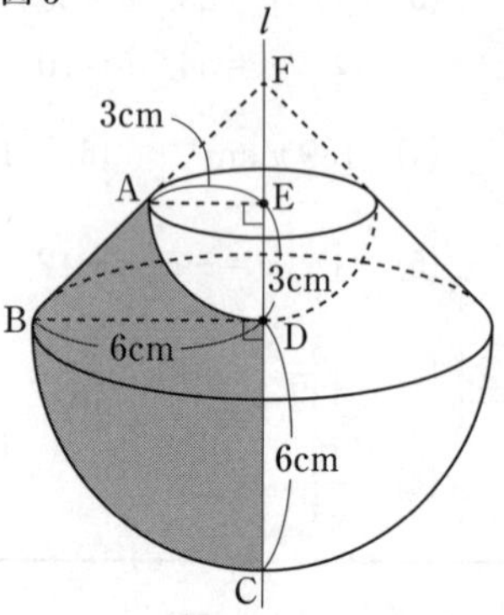

△FAEがつくる円錐の体積は$\frac{1}{3}\times\pi\times 3^2\times 3=9\pi$となる。また，おうぎ形EADがつくる半球の体積は$\frac{4}{3}\pi\times 3^3\times\frac{1}{2}=18\pi$，おうぎ形DBCがつくる半球の体積は$\frac{4}{3}\pi\times 6^3\times\frac{1}{2}=144\pi$となる。したがって，求める立体の体積は，$72\pi-9\pi-18\pi+144\pi=189\pi\ (\mathrm{cm}^3)$である。

(5)＜**確率―さいころ**＞①大小2個のさいころを投げたときの出た目の数a，bの組は，全部で$6\times 6=36$(通り)ある。2直線$y=ax-1$，$y=-bx+5$の交点のx座標は，$ax-1=-bx+5$より，$ax+bx=6$，$x(a+b)=6$，$x=\frac{6}{a+b}$である。これが整数となるのは，$a+b$が6の約数になるときだから，$a+b=1,\ 2,\ 3,\ 6$である。$a+b=1$になることはない。$a+b=2$になるとき$(a,\ b)=(1,\ 1)$の1通り，$a+b=3$になるとき$(1,\ 2)$，$(2,\ 1)$の2通り，$a+b=6$になるとき$(1,\ 5)$，$(2,\ 4)$，$(3,\ 3)$，$(4,\ 2)$，$(5,\ 1)$の5通りより，2直線l，mの交点のx座標が整数となるa，bの組は$1+2+5=8$(通り)ある。よって，求める確率は$\frac{8}{36}=\frac{2}{9}$である。　②右図4のように，2直線l，mとy軸の交点をA，B，Cとすると，2直線l，mとy軸で囲まれた図形は△ABCである。B$(0,\ -1)$，C$(0,\ 5)$より，BC$=5-(-1)=6$であり，①より点Aのx座標は$\frac{6}{a+b}$だから，辺BCを底辺と見ると，△ABCの高さは$\frac{6}{a+b}$となる。よって，△ABC$=\frac{1}{2}\times 6\times\frac{6}{a+b}=\frac{18}{a+b}$と表せる。これが整数と

図4

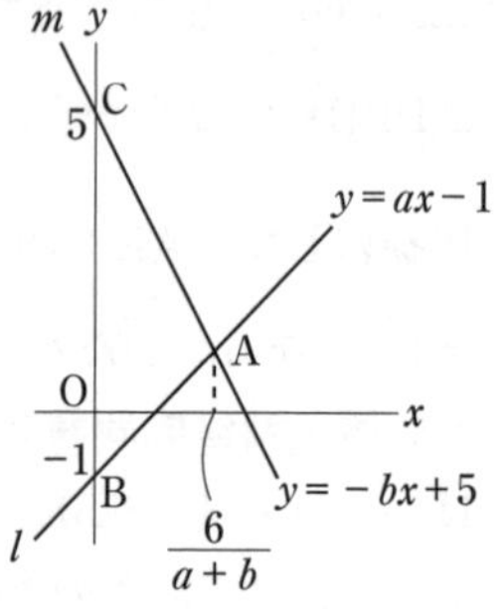

なるのは，$a+b$が18の約数になるときである。$a+b=1,\ 18$となることはないから，$a+b=2,\ 3,\ 6,\ 9$である。①より，$a+b=2,\ 3,\ 6$になるのは合わせて8通りある。また，$a+b=9$になるのは$(a,\ b)=(3,\ 6)$，$(4,\ 5)$，$(5,\ 4)$，$(6,\ 3)$の4通りある。以上より，△ABCの面積が整数となるのは$8+4=12$(通り)だから，求める確率は$\frac{12}{36}=\frac{1}{3}$である。

(6)＜**関数―直線の式，座標**＞①次ページの図5で，A$(6,\ 0)$，C$(2,\ 6)$より，直線ACの傾きは$\frac{0-6}{6-2}=-\frac{3}{2}$だから，点Bを通り直線ACに平行な直線の式は，$y=-\frac{3}{2}x+b$とおける。これがB$\left(\frac{16}{3},\ 4\right)$

を通るから，$4=-\frac{3}{2}\times\frac{16}{3}+b$，$b=12$ となり，求める直線の式は $y=-\frac{3}{2}x+12$ である。　②図５で，点Ｂを通り直線ACに平行な直線と x 軸の交点をＤとし，点Ｃと点Ｄを結ぶ。AC∥DBより，△ABC＝△ADCだから，△OAC＋△ABC＝△OAC＋△ADCであり，〔四角形OABC〕＝△ODCとなる。線分OD上に，OQ ＝ $\frac{5}{8}$OD となるように点Ｑをとると，△OQC＝ $\frac{5}{8}$△ODC＝ $\frac{5}{8}$〔四角形OABC〕となるから，△OPC＝ $\frac{5}{8}$〔四角形OABC〕より，△OQC＝△OPCとなり，OC∥QPとなる。点Ｄは直線 $y=-\frac{3}{2}x+12$ と x 軸の交点だから，$0=-\frac{3}{2}x+12$ より，$x=8$ となり，D(8, 0)である。OD＝8だから，$OQ=\frac{5}{8}\times8=5$ となり，Q(5, 0)である。C(2, 6)より，直線OCの傾きは $\frac{6}{2}=3$ だから，直線QPの傾きも３であり，点Ｑを通るので，直線QPの式は $y=3x-15$ である。一方，A(6, 0)，$B\left(\frac{16}{3},\ 4\right)$ より，直線ABの式は $y=-6x+36$ である。点Ｐは直線QPと直線ABの交点だから，この２式より，$x=\frac{17}{3}$，$y=2$ となり，$P\left(\frac{17}{3},\ 2\right)$ である。

図５

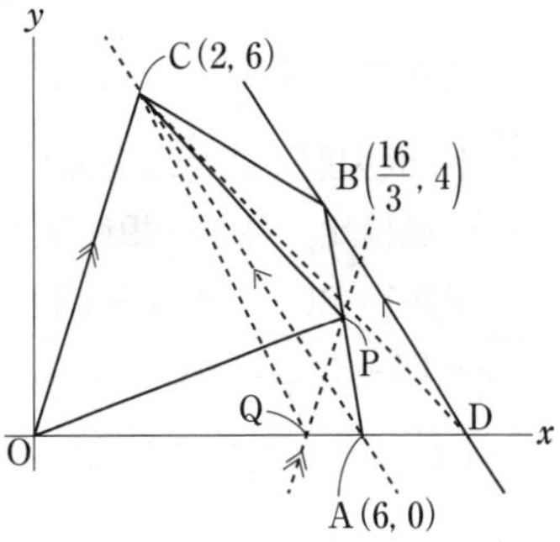

2〔確率―さいころ〕

(1)＜確率＞１個のさいころを４回続けて投げるとき，目の出方は全部で 6^4 通りある。このうち，１回目，２回目，３回目，４回目の順に出る目が大きくなるのは，１回目の出る目が１のとき，（２回目，３回目，４回目）＝(2, 3, 4)，(2, 3, 5)，(2, 3, 6)，(2, 4, 5)，(2, 4, 6)，(2, 5, 6)，(3, 4, 5)，(3, 4, 6)，(3, 5, 6)，(4, 5, 6)の10通りある。１回目の出る目が２のとき，(3, 4, 5)，(3, 4, 6)，(3, 5, 6)，(4, 5, 6)の４通りある。１回目の出る目が３のとき，(4, 5, 6)の１通りある。１回目の出る目が４，５，６のときはない。よって，１回目，２回目，３回目，４回目の順に出る目が大きくなる目の出方は $10+4+1=15$(通り)だから，求める確率は $\frac{15}{6^4}=\frac{5}{432}$ となる。

(2)＜確率＞全て異なる目が出るときの目の出方は，１回目が６通りで，２回目は１回目に出た目以外だから５通り，３回目は１回目，２回目に出た目以外だから４通り，４回目は１回目，２回目，３回目に出た目以外だから３通りある。よって，6^4 通りの目の出方のうち，全て異なる目の出方は $6\times5\times4\times3$ 通りだから，求める確率は $\frac{6\times5\times4\times3}{6^4}=\frac{5}{18}$ である。

(3)＜確率＞6^4 通りの目の出方のうち，１の目と２の目が２回ずつ出る目の出方は，（１回目，２回目，３回目，４回目）＝(1, 1, 2, 2)，(1, 2, 1, 2)，(1, 2, 2, 1)，(2, 1, 1, 2)，(2, 1, 2, 1)，(2, 2, 1, 1)の６通りある。よって，求める確率は $\frac{6}{6^4}=\frac{1}{216}$ である。

(4)＜確率＞１回だけ出る異なる目が１で他の目が２のとき，（１回目，２回目，３回目，４回目）＝(1, 2, 2, 2)，(2, 1, 2, 2)，(2, 2, 1, 2)，(2, 2, 2, 1)の４通りあり，他の目が３，４，５，６のときも同様に４通りある。よって，１回だけ出る異なる目が１のときの目の出方は，$4\times5=20$(通り)ある。１回だけ出る異なる目が２，３，４，５，６のときも同様にそれぞれ20通りある。したがって，6^4通りの目の出方のうち，１回だけ異なる目が出るのは$20\times6=120$(通り)だから，求める確率は$\frac{120}{6^4}=\frac{5}{54}$となる。

3〔平面図形―直角三角形〕

(1)<**面積比，長さ―相似**>①右図１で，$\mathrm{BP}=1.5$のとき，$\mathrm{PR}=\mathrm{PC}=\mathrm{BC}-\mathrm{BP}=6-1.5=4.5$となり，$\mathrm{BR}=\mathrm{PR}-\mathrm{BP}=4.5-1.5=3$となる。AB∥QPより，△QPC∽△ABCだから，$\mathrm{QP}:\mathrm{PC}=\mathrm{AB}:\mathrm{BC}=3:6=1:2$となり，$\mathrm{QP}=\frac{1}{2}\mathrm{PC}=\frac{1}{2}\times4.5=\frac{9}{4}$となる。さらに，△SBR∽△QPRだから，$\mathrm{SB}:\mathrm{BR}=\mathrm{QP}:\mathrm{PR}=\mathrm{QP}:\mathrm{PC}=1:2$であり，$\mathrm{SB}=\frac{1}{2}\mathrm{BR}=\frac{1}{2}\times3=\frac{3}{2}$となる。よって，$\mathrm{AS}=\mathrm{AB}-\mathrm{SB}=3-\frac{3}{2}=\frac{3}{2}$となるので，△ASQ：〔四角形BPQS〕$=\frac{1}{2}\times\mathrm{AS}\times\mathrm{BP}:\left\{\frac{1}{2}\times(\mathrm{SB}+\mathrm{QP})\times\mathrm{BP}\right\}=\mathrm{AS}:(\mathrm{SB}+\mathrm{QP})=\frac{3}{2}:\left(\frac{3}{2}+\frac{9}{4}\right)=\frac{3}{2}:\frac{15}{4}=2:5$である。　②図１で，①より，△ASQ：〔四角形BPQS〕$=\mathrm{AS}:(\mathrm{SB}+\mathrm{QP})$だから，△ASQ＝〔四角形BPQS〕のとき，$\mathrm{AS}=\mathrm{SB}+\mathrm{QP}$である。$\mathrm{BP}=x$(cm)とおくと，$\mathrm{PR}=\mathrm{PC}=6-x$，$\mathrm{BR}=(6-x)-x=6-2x$である。$\mathrm{QP}:\mathrm{PC}=1:2$，$\mathrm{SB}:\mathrm{BR}=1:2$より，$\mathrm{QP}=\frac{1}{2}\mathrm{PC}=\frac{1}{2}\times(6-x)=\frac{6-x}{2}$，$\mathrm{SB}=\frac{1}{2}\mathrm{BR}=\frac{1}{2}\times(6-2x)=3-x$となり，$\mathrm{AS}=3-(3-x)=x$となる。よって，$x=(3-x)+\frac{6-x}{2}$が成り立つので，$x=\frac{12}{5}$(cm)となる。

図１

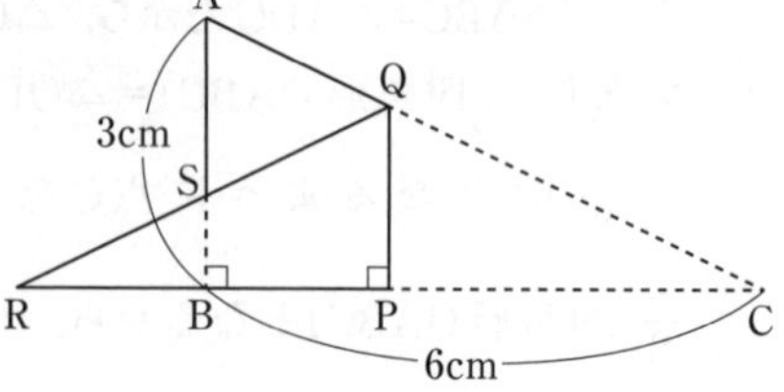

(2)<**面積の和，長さ―相似**>①右図２のように，点Vを定める。$\mathrm{BT}=1$のとき，$\mathrm{BP}=2\mathrm{BT}=2\times1=2$となり，$\mathrm{PR}=\mathrm{PC}=6-2=4$，$\mathrm{BR}=4-2=2$となる。これより，$\mathrm{QP}=\frac{1}{2}\mathrm{PC}=\frac{1}{2}\times4=2$，$\mathrm{SB}=\frac{1}{2}\mathrm{BR}=\frac{1}{2}\times2=1$となり，$\mathrm{VB}=\mathrm{QP}=2$，$\mathrm{AV}=\mathrm{AB}-\mathrm{VB}=3-2=1$となる。よって，$\triangle\mathrm{AUV}=\frac{1}{2}\times\mathrm{AV}\times\mathrm{BT}=\frac{1}{2}\times1\times1=\frac{1}{2}$，$\triangle\mathrm{SBR}=\frac{1}{2}\times\mathrm{BR}\times\mathrm{SB}=\frac{1}{2}\times2\times1=1$となるから，影のついた部分の面積の和は，$\triangle\mathrm{AUV}+\triangle\mathrm{SBR}=\frac{1}{2}+1=\frac{3}{2}$(cm²)である。　②図２で，$\mathrm{BT}=y$(cm)とすると，$\mathrm{BP}=2\mathrm{BT}=2y$，$\mathrm{PR}=\mathrm{PC}=6-2y$，$\mathrm{BR}=(6-2y)-2y=6-4y$となる。また，$\mathrm{QP}=\frac{1}{2}\mathrm{PC}=\frac{1}{2}\times(6-2y)=3-y$，$\mathrm{SB}=\frac{1}{2}\mathrm{BR}=\frac{1}{2}\times(6-4y)=3-2y$となり，$\mathrm{VB}=\mathrm{QP}=3-y$，$\mathrm{AV}=\mathrm{AB}-\mathrm{VB}=3-(3-y)=y$となる。よって，$\triangle\mathrm{AUV}=\frac{1}{2}\times y\times y=\frac{1}{2}y^2$，$\triangle\mathrm{SBR}=\frac{1}{2}\times(6-4y)\times(3-2y)=4y^2-12y+9$である。影のついた部分の面積の和が1cm²より，$\triangle\mathrm{AUV}+\triangle\mathrm{SBR}=1$だから，$\frac{1}{2}y^2+4y^2-12y+9=1$が成り立つ。これを解いて，$9y^2-24y+16=0$，$(3y-4)^2=0$より，$y=\frac{4}{3}$(cm)である。

図２

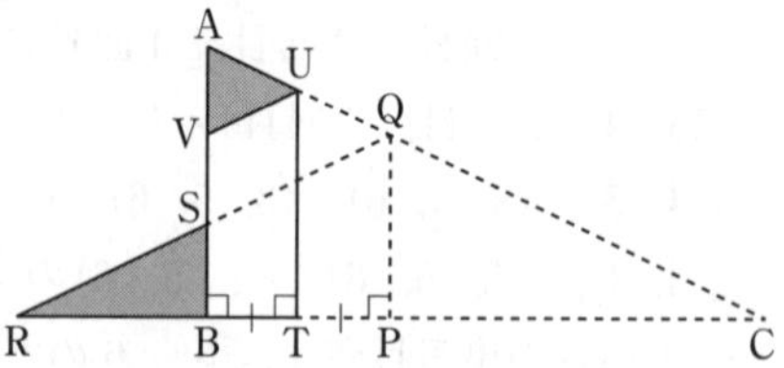

4〔空間図形―円錐台，球〕

(1)<**長さ―三平方の定理**>球Oは円錐台の上の面の円の中心，下の面の円の中心で接するので，球O

の中心と円錐台の上の面，下の面の円の中心を通る断面は右図1のようになる。図1のように4点A，B，C，Dを定めると，AD∥BC，AB＝DCである。円Oと辺AD，辺BC，辺ABの接点をそれぞれE，F，Gとし，点Oと5点A，B，E，F，Gをそれぞれ結ぶ。$\angle OGA=\angle OEA=90^\circ$，OA＝OA，OG＝OEより，△OAG≡△OAEだから，AG＝AE＝4となる。同様にして，△OBG≡△OBFだから，BG＝BF＝6となる。よって，AB＝AG＋BG＝4＋6＝10である。点Aから辺BCに垂線AHを引くと，四角形AHFEは長方形となるから，HF＝AE＝4となり，BH＝BF－HF＝6－4＝2である。よって，△ABHで三平方の定理より，$AH=\sqrt{AB^2-BH^2}=\sqrt{10^2-2^2}=\sqrt{96}=4\sqrt{6}$となるので，EF＝AH＝$4\sqrt{6}$となり，球Oの半径は，$OE=\frac{1}{2}EF=\frac{1}{2}\times4\sqrt{6}=2\sqrt{6}$(cm)である。

図1

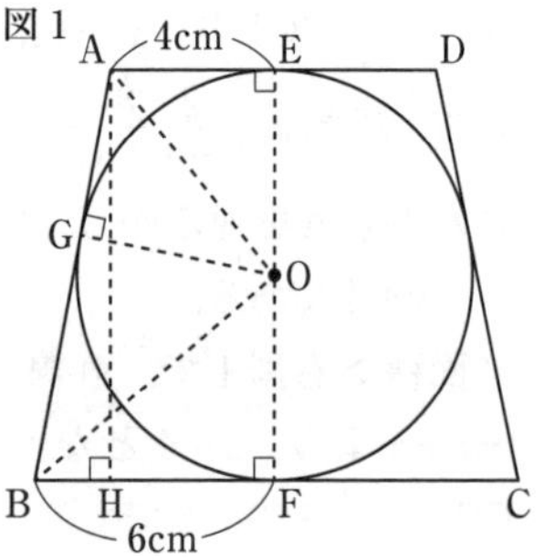

(2)<**面積―相似**>右図2で，切断する前の円錐の頂点をPとする。円錐台の上の面の円の面積は$\pi\times4^2=16\pi$，下の面の円の面積は$\pi\times6^2=36\pi$である。次に，△PAE∽△PBFだから，PA：PB＝AE：BF＝4：6＝2：3となり，PA：AB＝2：(3－2)＝2：1である。よって，PA＝2AB＝2×10＝20，PB＝PA＋AB＝20＋10＝30となるから，円錐台の側面を展開すると右下図3のようになる。$\angle BPB'=x$とおくと，$\overset{\frown}{BB'}$の長さと円Fの周の長さは等しいから，$2\pi\times30\times\frac{x}{360^\circ}=2\pi\times6$が成り立つ。これより，$\frac{x}{360^\circ}=\frac{1}{5}$となるので，円錐台の側面を展開した図形ABB′A′の面積は，〔おうぎ形PBB′〕－〔おうぎ形PAA′〕$=\pi\times30^2\times\frac{x}{360^\circ}-\pi\times20^2\times\frac{x}{360^\circ}$$=\pi\times30^2\times\frac{1}{5}-\pi\times20^2\times\frac{1}{5}=100\pi$である。以上より，円錐台の表面積は$16\pi+36\pi+100\pi=152\pi$(cm²)である。

図2

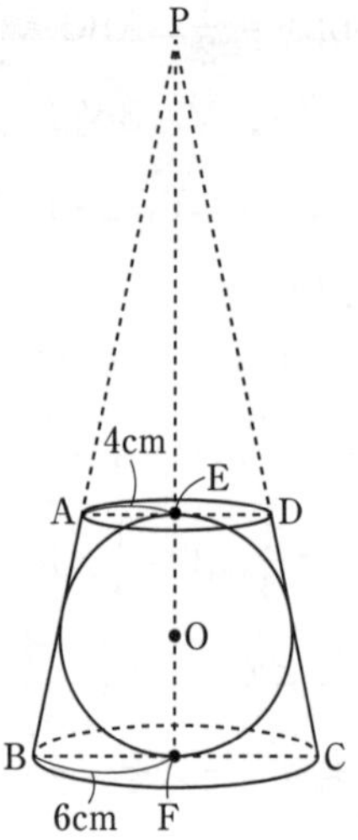

図3

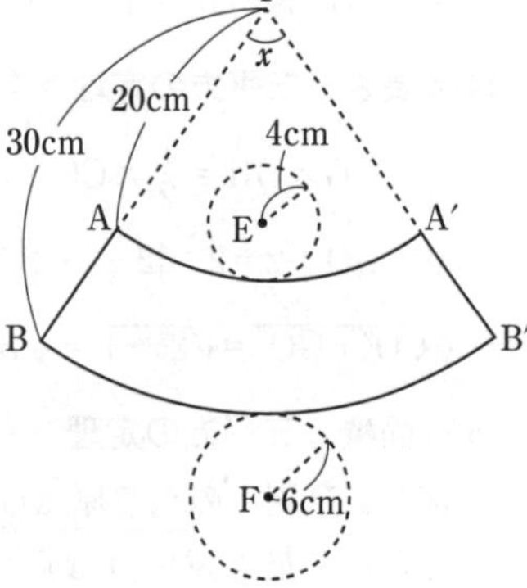

(3)<**体積比**>右上図2で，(1)より，球Oの半径は$2\sqrt{6}$cmだから，球Oの体積は$\frac{4}{3}\pi\times(2\sqrt{6})^3=64\sqrt{6}\pi$である。また，円錐台の体積は，底面の半径をBF，高さをPFとする円錐の体積から，底面の半径をAE，高さをPEとする円錐の体積をひいて求められる。PE：EF＝PA：AB＝2：1だから，$PE=2EF=2\times4\sqrt{6}=8\sqrt{6}$，$PF=PE+EF=8\sqrt{6}+4\sqrt{6}=12\sqrt{6}$となる。よって，円錐台の体積は，$\frac{1}{3}\times\pi\times6^2\times12\sqrt{6}-\frac{1}{3}\times\pi\times4^2\times8\sqrt{6}=\frac{304\sqrt{6}}{3}\pi$である。

したがって，球Oと円錐台の体積の比は，$64\sqrt{6}\pi:\frac{304\sqrt{6}}{3}\pi=12:19$となる。

5〔**関数―関数$y=ax^2$と直線**〕

(1)<**直線の式**>次ページの図1で，放物線$y=ax^2$はA(2，2)を通るので，$2=a\times2^2$より，$a=\frac{1}{2}$となり，放物線の式は$y=\frac{1}{2}x^2$である。点Bは放物線$y=\frac{1}{2}x^2$上にあり，x座標が－4だから，$y=\frac{1}{2}$

$\times(-4)^2=8$ より，B$(-4,\ 8)$である。直線①は2点A，Bを通るから，傾きは $\frac{2-8}{2-(-4)}=-1$ であり，その式は $y=-x+b$ とおける。これが点Aを通るから，$2=-2+b$，$b=4$ となり，直線①の式は $y=-x+4$ である。

図1

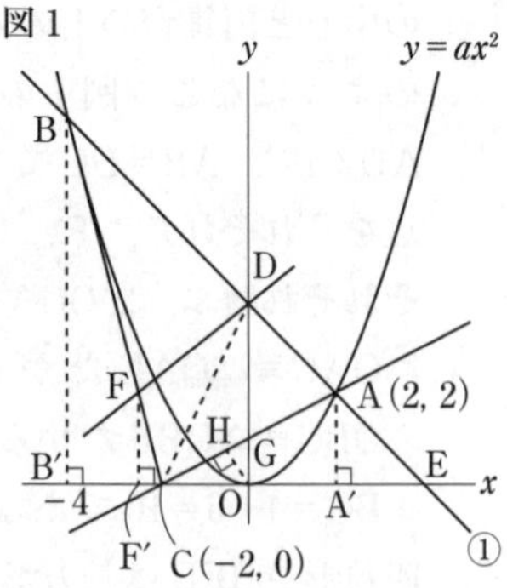

(2)<**面積**>右図1で，直線 $y=-x+4$ と x 軸の交点をEとする。$0=-x+4$ より，$x=4$ となり，E$(4,\ 0)$である。C$(-2,\ 0)$だから，$\mathrm{CE}=4-(-2)=6$ である。辺CEを底辺と見ると，点B，点Aの y 座標がそれぞれ8，2より，△BCEの高さは8，△ACEの高さは2となる。よって，$\triangle\mathrm{ABC}=\triangle\mathrm{BCE}-\triangle\mathrm{ACE}=\frac{1}{2}\times6\times8-\frac{1}{2}\times6\times2=18$ である。

(3)<**直線の式**>右上図1で，点Dを通り△ABCの面積を2等分する直線と辺BCの交点をFとすると，$\triangle\mathrm{BDF}=\frac{1}{2}\triangle\mathrm{ABC}=\frac{1}{2}\times18=9$ となる。また，点Cと点Dを結び，2点A，Bから x 軸にそれぞれ垂線AA′，BB′を引くと，AA′∥DO∥BB′より，AD：BD＝A′O：B′O＝2：4＝1：2だから，△ADC：△BDC＝1：2となり，$\triangle\mathrm{BDC}=\frac{2}{1+2}\triangle\mathrm{ABC}=\frac{2}{3}\times18=12$ である。よって，△BDF：△BDC＝9：12＝3：4となるから，BF：BC＝3：4となる。点Fから x 軸に垂線FF′を引くと，△FF′C∽△BB′Cとなり，相似比はFC：BC＝(4−3)：4＝1：4となる。よって，F′C：B′C＝1：4，$\mathrm{B'C}=-2-(-4)=2$ だから，$\mathrm{F'C}=\frac{1}{4}\mathrm{B'C}=\frac{1}{4}\times2=\frac{1}{2}$ となる。同様にして，FF′：BB′＝1：4より，$\mathrm{FF'}=\frac{1}{4}\mathrm{BB'}=\frac{1}{4}\times8=2$ となる。C$(-2,\ 0)$だから，点Fの x 座標は $-2-\frac{1}{2}=-\frac{5}{2}$，$y$ 座標は $0+2=2$ となり，F$\left(-\frac{5}{2},\ 2\right)$である。一方，点Dは，直線 $y=-x+4$ と y 軸の交点だから，D$(0,\ 4)$である。よって，2点D，Fを通る直線は，傾きが $(4-2)\div\left\{0-\left(-\frac{5}{2}\right)\right\}=\frac{4}{5}$，切片が4であるから，求める直線の式は $y=\frac{4}{5}x+4$ である。

(4)<**長さ―三平方の定理**>右上図1で，直線ACと y 軸の交点をGとすると，△CGOの面積について，$\frac{1}{2}\times\mathrm{CG}\times\mathrm{OH}=\frac{1}{2}\times\mathrm{CO}\times\mathrm{GO}$ が成り立つ。△CGO∽△CAA′となるから，GO：AA′＝CO：CA′より，GO：2＝2：{2−(−2)}となり，$\mathrm{GO}\times4=2\times2$，$\mathrm{GO}=1$ となる。よって，△CGOで，$\mathrm{CG}=\sqrt{\mathrm{CO}^2+\mathrm{GO}^2}=\sqrt{2^2+1^2}=\sqrt{5}$ だから，$\frac{1}{2}\times\sqrt{5}\times\mathrm{OH}=\frac{1}{2}\times2\times1$ となり，$\mathrm{OH}=\frac{2\sqrt{5}}{5}$ である。

図2

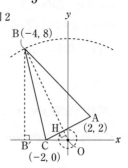

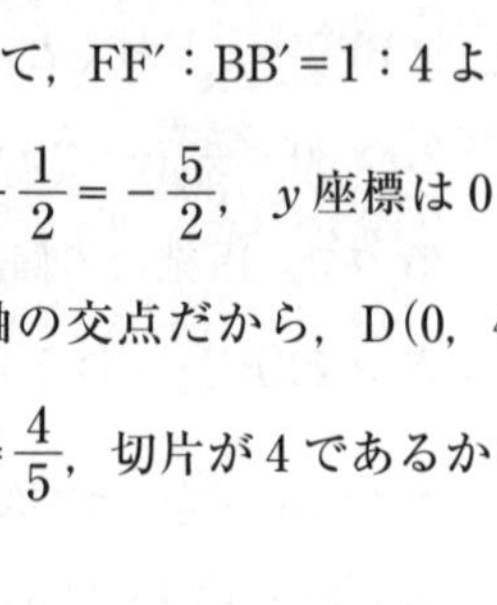

(5)<**面積―三平方の定理**>右図2で，OH⊥ACだから，△ABCの内部および周上の点で原点Oから最も近い点は点Hである。また，原点Oから最も遠い点は点Bである。よって，△ABCを原点Oを回転の中心として360°回転移動させたとき，△ABCが通過する部分は，半径をOBとする円から半径をOHとする円を除いた部分となる。B$(-4,\ 8)$だから，△OBB′で，$\mathrm{OB}^2=\mathrm{OB'}^2+\mathrm{BB'}^2=4^2+8^2=80$ である。(4)より，$\mathrm{OH}=\frac{2\sqrt{5}}{5}$ だから，求める面積は，$\pi\times\mathrm{OB}^2-\pi\times\mathrm{OH}^2=\pi\times80-\pi\times\left(\frac{2\sqrt{5}}{5}\right)^2=\frac{396}{5}\pi$ となる。

国語解答

一 問一 もの　問二 イ

問三 ・存在だけを感じさせる，或る静かな広がり感を与える［役割。］
・背後に，何かの存在を，何かある気配を暗示する［役割。］

問四 文型が音を発する「もの」の存在を意識させるにもかかわらず，文意としては物の正体が曖昧である点。

問五 オ　問六 着させている。

二 問一 イ 繁栄　ロ 鉄則　ハ 犠牲
ニ 厳格　ホ 蓄積

問二 A…イ　B…エ　C…ウ

問三 エ

問四 事業主体か～済への貢献

問五 背　問六 教養

問七 ア…×　イ…○　ウ…×　エ…○
オ…○

三 問一 イ 覆　ロ 嫌悪　ハ 眺
ニ 清潔　ホ 招

問二 無意味なことをして過ごしたかったが，何もしないではいられず，テレビなら一方的に眺めていられるから。(49字)

問三 エ　問四 移民

問五 さまざまないきさつで自分の国を失った人間は他にもいるのに，彼らは特別な人間だと主張しているように聞こえるから。

問六 イ

問七 手づくり言語を話すこと。

一〔**論説文の読解―芸術・文学・言語学的分野―日本語**〕出典；樋口桂子『日本人とリズム感―「拍」をめぐる日本文化論―』「ものおとの気配」。

≪本文の概要≫音が聞こえるというときの音源は，具体的な「もの」である。ところが，「もの音がする」という言い方は，そこに「音」を出す何かがある・いるということを表現している。接頭語〈もの〉は，「なんとなく」という意味合いを付着させて，存在だけを感じさせ，ある静かな広がり感を与える役割や，背後に何かが存在する気配を暗示する役割を持つ。「もの音」は，ただ存在を語りかける語である。そもそも「もの音がする」という文も，文型は音を発する「もの」の存在を意識させるのに，物の正体が曖昧であることを示す。同時に，この表現からは，何かの物音を聞くのに十分な静けさの広がりを感じ取れる。「もの音がする」は，「もの音」を生み出すものの気配があることを伝えるのである。こうした空間感覚としての気配は，主観的で情緒的なものであり，「もの音」は，ものどうしが触れ合う空間を想定させて，触覚的な空気の漂いを「気配」として発散させると同時に，受け手の意識と周りの空間との境界線の曖昧性を露呈しているのである。

問一＜文章内容＞「音は何かの音」である。聞こえてくる音は，「何か特定の，具体的なものがつくり出している音に他ならない」のである。

問二＜文章内容＞具体的に音源の名を挙げることなく「『音がする』と言うだけ」で「聴く相手が納得する」のは，「聞き取るべき音を出す対象を互いに知って」いて，「音」と言うだけで何の音なのかお互いにわかる場合である。言い換えれば，その状況で聞こえる音を発しているのが何なのかを，わざわざ言わなくても誰でも了解できる場合である。

問三＜文章内容＞「接頭語〈もの〉には，輪郭が見えないという静かな曖昧さがある」といえるが，これは見方を変えれば，「〈もの〉は存在だけを感じさせる，或る静かな広がり感を与える働きがある」ということである。また，〈もの〉は「曖昧性を強調する」が，この曖昧性には「方向性の欠落感と場所の広がり」があり，「場所だけがある」といってもよい。「何かが漂うような空間を『もの音』

の〈もの〉は意識させる」のであり，「〈もの〉は背後に，何かの存在を，何かある気配を暗示する」役割があるといえるのである。

問四＜文章内容＞「もの音がする」という言い方は，「文型」としては，「もの音が」という主語と「する」という述語からなっており，この文型は「音を発する『もの』の存在を意識させる」形である。ところが，「もの音がする」という表現は，「文型の示すところとは逆」に，「物の正体が曖昧であることを告げる」のである。

問五＜表現＞空間感覚としての気配は，「受け手(見る者・聞く者)が感じ取るもの」であり，あくまで「受け手」個人の感じ方で決まるものである。

問六＜文脈＞「『そこに何かがある』ということだけを言いたいのであれば，『物音がする』も『音がする』も同じであろう」が，「『音がする』と『物音がする』」には「微妙な違い」がある。日本語には「〈もの〉を頭につける言い方」が多く見られ，「もの静かな」，「もの悲しい」といった「〈もの〉という接頭語をつけた形容詞・形容動詞は，『静かな』，『悲しい』，などとは違った，『なんとなく静かな』，『なんとなくさびしい』，あるいは『そこはかとなくさびしい』というような意味合いを付着させて」おり，「この違いが『物音がする』と『音がする』との違いに出てきている」のである。

二〔論説文の読解―自然科学的分野―環境〕出典；桑子敏雄『何のための「教養」か』「風景へのまなざし」。

問一＜漢字＞イ．さかえること。　ロ．破ってはならない厳しい規則のこと。　ハ．自分以外の何かのために傷つけられたり大切なものを失ったりすること。　ニ．厳しく，正しいこと。　ホ．たくわえ，ためること。

問二＜接続語＞A．「入会地」という「地域が共同で管理し，その資源を共有，利用してきた伝統的な空間」に「エネルギー技術と企業経営の論理が突然介入してくる」と，「そこに眠っていた資源をめぐって種々の対立が起きる」ものである。その例が，「巨大地熱発電プラントの建設が入会空間に計画されるとき」の，その地域の資源の利用や利益の配分をめぐる対立・紛争である。　B．「資源の呪い」は，再生可能エネルギーにも当てはまり，「かりに再生可能エネルギーの利益が地域に落ちるとしても，その配分をめぐって生じるリスクに地域はつねに対応しなければ」ならなくなったり，「その利益だけで地域が潤うことができるようになると，それに依存したまま発展への努力を怠るように」なったりする。　C．「コモンズの悲劇」は，「人類が一緒に生きていかなければならない空間としての地球というコモンズの問題であるとともに，地域社会のコモンズの問題とも直結していると考えるべき」である。それでは，「コモンズの悲劇」を回避するためにはどうしたらよいか。

問三＜語句＞「パラドクス」は，「逆説」，すなわち，真理に反しているようで実は真理である説のこと。ここでは，「資源の豊かな地域」が，資源が豊かなのだから繁栄しそうなものなのに，資源利用のあり方をめぐって地域が分断されたり，資源利用から生まれる利益に依存して発展への努力を怠ったりして，かえって繁栄から取り残されるということをいっている。

問四＜文章内容＞「人参をぶらさげる」とは，利益を見せることで相手を思いどおりに動かすことをいう。事業者は，地域の住民に対して「事業主体からの補償金やあるいは税収による地域経済への貢献」をうたい，地域を事業者の思いどおりにしようとするのである。

問五＜慣用句＞中村良夫は，名神高速道路の部分開通のとき，「道路の優美な曲線」が「山野の形相をがらりと変えてしまう」のを見てぞっとした。恐怖を感じてぞっとすることを，「背筋が寒くなる」という。

問六＜文章内容＞中村良夫が『風景学入門』で述べていることは，「教養が風景を見分ける能力，『目きき』の力となる」ということであり，教養によって風景を見る目が違ってくるのである。

問七＜要旨＞資源の豊かな地域では，そこの「入会管理の論理」について十分な理解を持っていない事業者が突然介入してくることで，地域のコミュニティの崩壊が引き起こされかねない(**ア**…×)。エネルギー産出施設の事業者からの税収は，施設のある地域だけでなく，「その地域を含む自治体全体に対して平等に配分しなければならない」のである(**ウ**…×)。地球環境問題は，「グローバル・コモンズの問題だけでなく，ローカル・コモンズの問題とも深くつながって」おり，それは「地域の衰退とも連動する問題」である(**イ**…○)。「風景学」は，「その学問を好み，さらに楽しむことのできる学問」であるが，その「楽しむ」は，決して「風景の魅力を個人として楽しむということ」ではなく，「人間の生活環境をよりよいものにする」という学問である(**エ**…○)。「風景がどのようなものとして立ち現れるかは，風景が立ち現れる人の自己が風景にどのように向かうかという，いわば態度にかかっている」のであり，「風景がどのように変わってゆくかは，わたしたちの選択にかかっている」という意味で，「わたしたちはわたしたちの見る風景に責任を負っている」といえる(**オ**…○)。

三〔**小説の読解**〕出典；多和田葉子『地球にちりばめられて』「クヌートは語る」。

問一＜漢字＞イ．音読みは「覆面」などの「フク」。　**ロ**．不愉快に感じること。　**ハ**．音読みは「眺望」などの「チョウ」。　**ニ**．「清」の訓読みは「きよ(い)・きよ(める)・きよ(まる)」。「潔」の訓読みは「いさぎよ(い)」。　**ホ**．音読みは「招待」などの「ショウ」。

問二＜文章内容＞「僕」は，「今日はとことん無意味なことをしながら，だらだらと過ごしたかった」が，何もしないでいるのもけっこう難しいことである。「何もしないでいることに耐えられなくなる」といつも逃げ込むインターネットも，ディスプレイの放つ光が「人を無理矢理，明るい舞台に引き出すよう」に思えて，今日は嫌である。その点，テレビは，「こちらが見られているという感じ」がなく，「一方的に出演者の顔を眺めていられる」ので，まだ「まし」であった。

問三＜文章内容＞「僕」は，「デンマークは世界で一番暮らしやすい国だ」と信じられる理由を「食べ物にこだわらないから」だと考えている。「美味しさをムキになって追いかけるようなグルメの国」には「マフィアがいたり，汚職があったりする」が，デンマークは政治が「清潔」で「暴力」も少なく，そうなるのは「食べ物にそれほど関心がないおかげ」だと，「僕」は考えるのである。

問四＜文章内容＞東ドイツの人々の生活は，東西統一によって，何もかも西ドイツに合わせて変わってしまった。そのため，東の人々は，それまでの自分たちの生活の場を失い，別の国に移住させられたように感じた。

問五＜文章内容＞「自分が生まれ育った国がすでに存在しない」人たちである「彼ら」の話を聞いて，「僕」は，「僕らだって昔のデンマーク王国に暮らしているわけじゃないんだから，彼らとそれほど違わないんじゃないのか」と思った。自分の国を失った人々は他にもいて，「彼ら」だけが「特別な人間」であるわけではないのに，テレビに出ている「彼ら」は自分たちを「特別な人間」だと主張しているように聞こえたので，「僕」はいらだったのである。

問六＜心情＞「僕」は，テレビに大写しになった女の子に目をとめたが，そのときの「僕」を「何よりひきつけた」のは，「彼女の話している言語」だった。興味を持ちながら見ていると，彼女の話す言葉は「手作り言語」だというので，「僕」はいっそうその言語に引きつけられて興奮してきた。

問七＜表現＞「彼女」は，三つの国の暮らしを経験したが，「三つの言語を短期間で勉強して，混乱しないように使うのは大変」なので，自分で三つの言語を合わせて言語をつくり，その「手作り言語」を話している。

Memo

2019年度 立教新座高等学校

【英　語】（60分）〈満点：100点〉

I　リスニング問題(1)

これから放送で，ある６つの対話が流れます。対話を聞き，その最後の文に対する応答として最も適切なものをそれぞれA～Dから１つ選び，記号で答えなさい。対話は**２回**ずつ流れます。放送中にメモを取ってもかまいません。

No. 1　A．No.　I have another in the taxi.　B．No.　I've just got here.
C．No, thank you.　D．No.　That's not your bag.

No. 2　A．It's 8 dollars and 50 cents.　B．Less than a meter.
C．About half an hour.　D．For my friend, Mike.

No. 3　A．Sorry, I have to go to my grandmother's house.
B．It's not open in the afternoon.
C．Thanks a lot.　See you in class.
D．Have a good weekend.

No. 4　A．Bye for now.　Take care.
B．You should be more careful.
C．Do you need some more rest ?
D．All right.　I'll take a look.

No. 5　A．Is this for your sister ?
B．Would you like another piece of it ?
C．Looks delicious !　Let's eat together !
D．Thank you for the birthday cake.

No. 6　A．You should go right away.
B．I'd like to, but actually I'm very busy now.
C．I think the guitar class is better than yours.
D．That sound of the guitar is amazing.

II　リスニング問題(2)

これから放送で，ジャックという目の不自由な男性の英語でのメッセージとそれに関する質問が３つ流れます。よく聞いて，質問の答えをそれぞれA～Dから１つ選び，記号で答えなさい。英文と質問は**２回**ずつ流れます。放送中にメモを取ってもかまいません。

No. 1　A．You can actually see young children in front of you.
B．You can hear better than usual.
C．You can feel the world around you.
D．You can know the value of health.

No. 2　A．The waiter asked Jack's girlfriend for his order.
B．The waiter said he thought Jack was not a real person.
C．The waiter asked Jack to go out.
D．The waiter said he was sorry for Jack.

No. 3　A．He wants people to help him because he cannot see.
B．He wants people to understand blind people are real people.
C．He wants people to feel sorry for all the blind people.
D．He wants people to close their eyes to feel that they change into different persons.

Ⅲ　リスニング問題(3)

これから放送で，４つの英単語の定義が流れます。それぞれの定義があらわす英単語を書きなさい。英語は**1回**のみ流れます。放送中にメモを取ってもかまいません。

※＜**リスニング問題放送台本**＞は英語の問題の終わりに付けてあります。

Ⅳ　次の英文は，新聞への投稿とそれに対する返答です。英文を読んで，各設問に答えなさい。

Dear Alice,

*I'm looking at my Japanese driver's license and wondering if the form on the back has anything to do with *organ *donation. Years ago, I checked a box on my driver's license form to be an *organ donor in the United States. Now, I'm living in Japan. I'd like to do the same thing here too, but don't know how. Can foreigners be donors? Actually, I'd prefer to offer everything, but is it possible in Japan to *donate one's body to science?*

Gregory

Dear Gregory,

Let me answer your question. Japan works on an "opt in" model. It means that you have to take an action, such as filling in a form, to show your decision to be a donor. This is different from some countries. In Spain and Austria, for example, (1) is supposed to be a willing donor if they don't refuse to donate. Fortunately, the process to "opt in" is (2) in Japan and can even be done in English. Foreign citizens are welcome and encouraged to become donors. There have been cases in which a foreigner died and provided organs to patients waiting for an organ *transplant.

【X】

In the United States, organ *transplantation is better accepted. There are 7,000 to 8,000 organ transplants every year. This means about 26 organ transplants per million people are performed. In Japan, however, the rate is just 0.9 transplants per million. It is the lowest rate among the developed countries. Fewer than 100 organ transplants were performed in Japan last year.

Why is the rate of donation so low? One reason is the traditional belief that a body should be whole upon *cremation, but *legal barriers and some troubling history have also played a role. When medical advances made organ transplantation possible, during the 1950s and 1960s, Japan was at the same level with other countries or even ahead.

The first heart transplant in Japan was performed about fifty years ago. At that time, there was no *definition of brain death and many people couldn't tell if the operation was right or wrong. One doctor was attacked for doing the operation. At first, it seemed to be a success, but it failed to save the patient's life. The public was left with a deep *distrust of organ transplantation. ①This brought developments here to a standstill.

It took many years after that to make a law *defining brain death and making it legal to transplant organs from brain-dead patients. More people now understand that it is possible for the heart to keep beating and the body to stay warm, even after the complete loss of brain function. Public opinion now shows an increase of the number of people who want to donate after brain death — in a research study, 43.1 percent of answers showed that they would be willing to donate organs after brain death, while 23.8 percent would not agree.

So let's go back to your【　Y　】. By filling in the form on its back, you can show that you want to be a donor or refuse to donate organs. For people who don't drive, the same form is on the back of Japanese *health-insurance cards. It's also possible to record your wishes on a separate organ-donation decision card and it can be picked up for free at public offices and some drug stores. An English-language card can be downloaded on the Internet.

Let me explain the instructions. They are the same for both the Japanese and English versions. If you circle "1," you are agreeing to organ donation after brain death as well as donating after *cardiac death. Circling "2" shows that [　A　]. When you circle "1" or "2" on the card, placing an "X" over any of the organs listed — heart, *kidney, eyes and so on — means [　B　]. If you circle "3," it means [　C　]. It's a good idea to discuss your wishes with a family member, and get their *signature next to yours. Family members always have the right to refuse donation, and if your wishes aren't clear, the law now allows family members to make a decision to donate your organs. Discussing your wishes with your family member increases the chance that they'll be followed.

It is possible in Japan to donate your whole body to science (it is called *kentai*), but you can't donate organs and leave the rest of your body for medical training and research. Besides, donating your body has to be arranged directly with a medical school and it is not sure they'll take you ②when your time comes. At the moment, perhaps because some people see whole-body donation as a way to avoid the high cost of cremation in Japan, there's a national oversupply of dead bodies.

出典：*Japan Times* 2014 (Revised)

＊注：organ　臓器　　donation　提供　　organ donor　臓器提供者　　donate　提供する
transplant　移植(する)　　transplantation　移植　　cremation　火葬　　legal　法律の，合法の
definition　定義　　distrust　不信　　define　定義する　　health-insurance card(s)　健康保険証
cardiac death　心臓死　　kidney　じん臓　　signature　署名

問1　(1)と(2)に入る単語の組み合わせとして正しいものを1つ選び，記号で答えなさい。

ア．(1)：nobody　　(2)：difficult
イ．(1)：everybody　(2)：easy
ウ．(1)：nobody　　(2)：easy
エ．(1)：everybody　(2)：difficult

問2　空所【X】に，次のア～エの英文を意味が通るように並べ替え，記号で答えなさい。

ア．So, some Japanese travel overseas at huge costs in order to receive an organ transplant.
イ．This is a big problem because no country has enough organs for foreigners.

ウ．But because there are so few donors here, most of these patients will die while they are waiting for an organ that can save their lives.

エ．At present, there are nearly 14,000 people in Japan on the waiting list for an organ.

問３　下線部①の表す内容に最も近いものを１つ選び，記号で答えなさい。

ア．この出来事によって，日本における脳死の定義が確立された。

イ．この出来事によって，日本における臓器移植が目覚ましい発展を遂げた。

ウ．この出来事によって，日本における臓器移植に関する法案が否決された。

エ．この出来事によって，日本における臓器移植の発展が停滞した。

問４　空所【Y】に入る英語を，本文中から**<u>２語</u>**で抜き出しなさい。

問５　［A］～［C］に入る適切なものを１つずつ選び，記号で答えなさい。

ア．you do not wish to donate the organs you mark

イ．you agree only to donation after your heart stops beating

ウ．you do not wish to donate at all

問６　下線部②の英語を言い換えたとき，本文の内容を考えて，空所に入る英語を１語で答えなさい。

…it is not sure they'll take you <u>when your time comes</u>.

= it is not sure they'll take you <u>when you (　　　　)</u>.

問７　本文の内容に**<u>一致するもの</u>**を３つ選び，記号で答えなさい。ただし，解答の際はア～クの順番になるように記入すること。

ア．Gregory wrote a letter to Alice because he didn't understand why he had to get a driver's license to be a donor in Japan.

イ．There has been no organ donation from foreign people in Japan.

ウ．The number of the transplant operations in Japan is one of the highest in developed countries.

エ．People in Japan traditionally think that there should be all parts of the body on cremation.

オ．It is still not known to many people in Japan that after brain death, the heart works and the body is warm.

カ．According to a research study, nearly a quarter of the people did not want to be organ donors in Japan.

キ．Even if you express your decision to be a donor clearly to your family members, your wish may not be realized.

ク．People can donate your body to science after you donate your heart to someone.

［V］　次の英文を読んで，各設問に答えなさい。

Once upon a time, there were three brothers named Samuel, Timothy and Xander. They lived in a house by the woods. They were honest and hardworking. Every day, they went into the forest to cut down wood. Later, they took it to the market and sold it at a reasonable price. Their life continued in this style. 【　1　】

However, the brothers were always sad and not satisfied. Even though they lived a good life, they were unhappy. ［　　A　　］

One day, while Samuel, Timothy and Xander were returning home from the woods, they saw an old woman who looked tired and pale. She was walking with a big bag on her back. As they were kind, the brothers immediately approached the poor woman and told her that they would carry the bag all the way to her home. She smiled and said, "Thank you so much. I collected apples in the forest and filled the bag with them." Samuel, Timothy and Xander *took turns in carrying the bag, and at last, when they reached the woman's home, they were very tired.

Surprisingly, this old woman was not just an ordinary person and she had magical powers. She was pleased that ①the brothers were kind and selfless. So she asked them, "Is there anything I can help you with, in return ?"

"We are not happy, and that has become our greatest cause of worry," replied Samuel. The woman asked what would make them happy. Each brother spoke of a different thing that would please him. 【 2 】

"An excellent castle with plenty of *servants will make me happy. There is nothing more that I want," said Samuel.

"A big farm with lots of harvest will make me happy. Then I can be rich without having to worry," said Timothy.

"A beautiful wife will make me happy. Every day, after returning home, her sweet little face will light me up," said Xander.

"That is fine," said the old woman, "If these things will give you happiness, I believe ②you deserve them because you helped a poor and weak person like me. Go home, and each of you will find exactly the things you have wished for."

These words surprised the brothers because they did not know about the woman's powers. Anyway, they returned home. But look! Beside their house, there was a huge castle with a doorman and other servants waiting outside! They greeted Samuel and guided him in. At some distance, a yellow farmland showed itself. A farmer came and announced that it belonged to Timothy. Timothy was very surprised. Just at that moment, a beautiful lady approached Xander and shyly said that she was his wife. The brothers were very happy at this new turn of events. They thanked their lucky stars and *adapted to their new lifestyles. 【 3 】

The days passed and soon a year was over. However, the situation was now different for Samuel, Timothy and Xander. Samuel got tired of having the castle. He became lazy and did not try at all to keep his castle clean. Though he built a huge house next to his farmland, Timothy found it hard to *plough the fields and *sow seeds sometimes. Xander also got tired of his beautiful wife day by day and didn't find any more joy. 【 4 】

One day, the three of them decided to visit the old woman at her home. "That woman has (ア) which turned our dreams into reality. However, we are not happy any more, so we must go and ask her for help now. She must be a person who will be able to tell us how to be happy," said Samuel. When they came to the old woman, she was cooking. Each of the brothers told her how he became unhappy again. "Please tell us how we can once more be happy," said Timothy.

"Well," replied the old woman. "[B] See, when each of you made your own wish and it came true, you were happy. However, happiness never lasts without a very important thing — *contentment. Your desire will be endless; the more you have, the more you want. You should be satisfied with the things you have. Since you were just happy but never really *content or satisfied, you got bored and sad again. Learn to be content! Then you can truly enjoy the joy of happiness." 【 5 】

Samuel, Timothy and Xander realized their mistake and went back home. They saw how lucky they were to have the gifts they once had a very strong desire for. Samuel felt proud that he was the owner of a castle and began taking good care of it. Timothy came to be so hardworking that he succeeded in having a rich harvest in time. Xander also learned to thank his pretty wife for her daily work in the house and her love towards him. The brothers continued to remember that (イ) and contentment went side by side, and they never again *took their own lives for granted. And thus, they lived happily ever after.

出典：*https://www.kidsworldfun.com* (Revised)

＊注：take turns in～ 交代で～する servant(s) 召使い adapt to～ ～に順応する plough 耕す
sow 撒《ま》く contentment 満足 content 満足して take～for granted ～を当然のことと思う

問1 本文中からIn other words, all of them were unhappy again. という一文が抜けています。【1】～【5】のうち，どこに入るのが適切か選び，番号で答えなさい。

問2 空所 A と B に入るものを1つ選び，記号で答えなさい。

A ア．Samuel always took care of the other brothers.
イ．There was no need for them to be happy.
ウ．Each one wished for something special.
エ．But only Timothy was filled with hope.

B ア．You can become happy as you are.
イ．You are going to get more happiness in the future.
ウ．If you work hard, you can be happier.
エ．You have all in your own hands.

問3 下線部①の表す意味に最も近いものを1つ選び，記号で答えなさい。
ア．the brothers were kind and believed less in themselves than others did
イ．the brothers were kind and cared more about other people than about themselves
ウ．the brothers were kind and thought of their own advantage at any time
エ．the brothers were kind and often depended on other people easily

問4 下線部②の表す意味に最も近いものを1つ選び，記号で答えなさい。
ア．It is natural for you to get the apples I collected.
イ．It is right that you should have things you wished for.
ウ．You are not going to receive happiness.
エ．You all are really kind brothers.

問5 空所(ア)と(イ)に入る英語を，(ア)は**2語**で，(イ)は**1語**で，本文中からそれぞれ抜き出しなさい。

問6 本文の内容に**一致しないもの**を2つ選び，記号で答えなさい。ただし，解答の際はア～カの順番になるように記入すること。
ア．It didn't take a long time for the three brothers to decide to help the old woman.
イ．Samuel said to the woman that he wanted only a castle and the servants.
ウ．Timothy said to the woman that he wanted a big farm because he wanted to eat many kinds of vegetables.
エ．Xander said to the woman that he wanted a beautiful wife who would make him happy.
オ．The three brothers didn't live in the same house after their wishes came true.
カ．The three brothers already knew that they were wrong when they saw the old woman again.

Ⅵ　次の各組の文がほぼ同じ意味になるように，(　)内に適語を書きなさい。

1．When I left my house this morning, I didn't close the window.
　I left my house this morning (　　) (　　) the window.

2．Shall I call you tonight ?
　Do you (　　) (　　) to call you tonight ?

3．You can easily remember my e-mail address.
　My e-mail address is (　　) (　　) remember.

4．He is a doctor respected by everyone.
　He is a doctor (　　) (　　).

Ⅶ　日本語に合うように，〔　〕内の語句を並べ替えて意味の通る英語にしなさい。解答の際は，A・Bに入るものを書きなさい。ただし，文頭に来るべき語も小文字で示してあります。

1．お久しぶりです。
〔since / time / we / been / long / it's / met / a〕last.
(　　) (　　) (　　) (A) (　　) (　　) (B) (　　) last.

2．この新しいLED電球は古いものの半分の電力しか使いません。
This new LED bulb uses only〔the / as / as / power / much / older / half〕ones.
This new LED bulb uses only (A) (　　) (　　) (B) (　　) (　　) (　　) ones.

3．パーティーで私に話しかけてきたのは君だけでした。
〔the / you / person / that / me / to / were / talked / only〕at the party.
(　　) (　　) (A) (　　) (　　) (　　) (　　) (B) (　　) at the party.

Ⅷ　次の英文で最も適切な場所に[　]内の語を入れて英文を完成させなさい。解答の際は，[　]内に示された語の前に来る語と後に来る語を書くこと。

1．The friend of mine that came to my house broke the very expensive vase that bought for my grandfather's birthday.　[was]

2．The small shop crowded with young people that want to buy its clothes going to move into another city.　[is]

Ⅸ　次の日本語を英語にしたとき，空欄に入る部分を書きなさい。算用数字は用いないこと。

1．1年の9番目の月はSeptemberです。
______________ September.

2．このチームがどれだけ強いのか分かりません。
I have ______________.

<リスニング問題放送台本>

I　リスニング問題(1)

No. 1

A : Welcome to Rusch Hotel. May I help you, ma'am ?

B : Yes. I would like you to carry my bags.

A : Sure. Just this one ?

No. 2

A : Excuse me. I'm a reporter from St. Paul's News. May I ask you some questions ?

B : Sure.

A : Thanks. Is this pizza well known to local people ?

B : Of course. It's delicious.

A : How long did you wait in line ?

No. 3

A : Hello ?

B : Hello ? Is this David ?

A : Yes. Angie ?

B : Yeah. This is Angie speaking. How are you doing ?

A : Fine. What's up ?

B : Actually I have trouble writing the math report. Can you help me with it this weekend ?

A : I have some plans this weekend, but when do you want to meet ?

B : How about Sunday afternoon ?

No. 4

A : Oh, it's already half past three ! We're late ! Hurry up !

B : It's terrible ! Just a moment. Oh, where did I put my bag ?

A : I saw it by the sofa.

No. 5

A : Wow, what a beautiful dinner ! Thank you very much.

B : No problem. Happy birthday !

A : What a big hamburger steak !

B : It's because you love hamburger steaks. Help yourself.

No. 6

A : I've just started taking a guitar class. It's held in the new building near Shiki station.

B : That sounds like fun. I've been interested in playing the guitar.

A : Great. I have a class today. Why don't you come with me ?

II　リスニング問題(2)

"Close your eyes and see." I always tell this to young children when they ask me how it is to be blind. I say to them, "Just close your eyes and tell me what you see."

Well, of course, when you close your eyes you can't really see. But when you close your eyes, you're still you. Right ? You're still a real person. You haven't changed. When you can't see, you can still feel the world around you. You can talk, you can listen, and you can walk. You can stand up, sit down, eat and drink. And you can laugh, cry, love and hate. Just like everyone else.

Many non-blind people — people who can see — think and act as though I'm not a real person. Just yesterday my girlfriend and I were at a restaurant. The waiter asked my girlfriend what I wanted to eat! He didn't ask me. Why? Did he think that I can't hear? That I can't talk? That I can't understand? Things like that happen to me all of the time.

People who are disabled — people who are blind, people who can't hear, and people who can't walk or talk — we are all real people. We don't want people to feel sorry for us. We want people to understand that we're real people first.

So, to help you understand this, close your eyes. That's right. Close them. Now keep them closed for as long as you can. Are you still the same person? Do you have the same feelings? The same brains? Of course! Do you understand? Now that you have closed your eyes, you can see.

Question :

No. 1 When you close your eyes, what can you still do?

No. 2 What did the waiter do to Jack yesterday?

No. 3 What is Jack's message for non-blind people?

Ⅲ リスニング問題(3)

No. 1 This is a place, and sick or injured people receive medical care here.

No. 2 This is built to cross over a river from one side to the other.

No. 3 This is a long, curved tropical fruit with a yellow skin.

No. 4 The sun goes down in this direction. This direction is on the left if you are facing north.

【数　学】 (60分)〈満点：100点〉

(注意)　1．答はできるだけ簡単にし，根号のついた数は，根号内の数をできるだけ簡単にしなさい。また，円周率はπを用いなさい。

2．直定規，コンパスの貸借はいけません。

3．三角定規，分度器，計算機の使用はいけません。

1　以下の問いに答えなさい。

(1)　2次方程式$2x^2-6x+1=0$について，次の問いに答えなさい。

①　この2次方程式を解きなさい。

②　①で求めた解のうち，大きい方の解をaとするとき，$4a^2-12a-3$の値を求めなさい。

(2)　x，yは自然数とします。方程式$4x^2-9y^2=31$を満たすx，yの値をそれぞれ求めなさい。

(3)　大小2つのさいころを投げ，出た目の数をそれぞれp，qとします。2点A，Bの座標をA(3，4)，B(5，1)とするとき，次の問いに答えなさい。

①　2点P，Qの座標をP(p，0)，Q(0，q)とするとき，直線PQと直線ABが平行になる確率を求めなさい。

②　放物線$y=\frac{q}{p}x^2$と線分ABが交わる確率を求めなさい。

(4)　下の図1のように円Oと円O′が重なった部分の面積を求めなさい。

(5)　下の図2のように，1辺の長さが8 cmである正十二角形のすべての頂点を通る円の面積を求めなさい。

図1

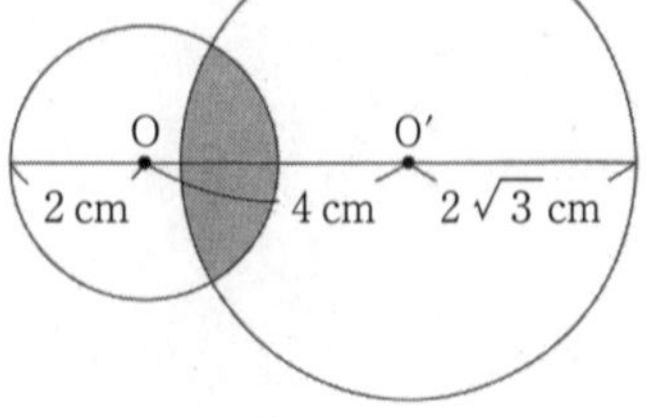

図2

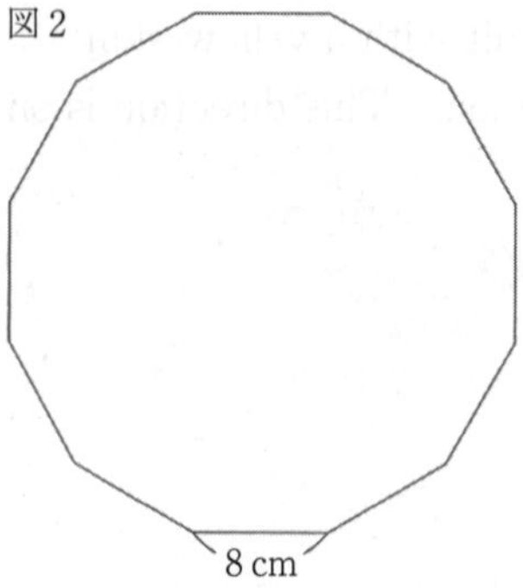

(6)　下の図3のように，1辺が6 cmの立方体ABCD-EFGHを，3点A，C，Fを通る平面と，3点B，D，Gを通る平面で同時に切断しました。このとき，点Eを含む方の立体の体積と表面積をそれぞれ求めなさい。

図3

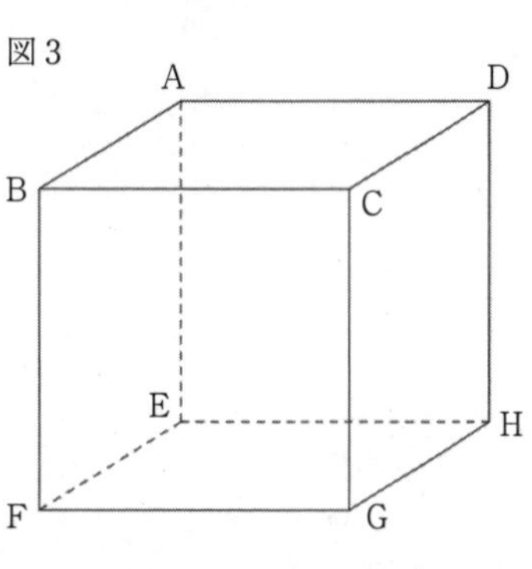

2　図において，四角形ABCDは１辺の長さが３cmのひし形です。DからBCの延長に引いた垂線と，BCの延長との交点をE，AEとCD，BDとの交点をそれぞれF，G，ひし形の対角線の交点をHとします。DE $=2\sqrt{2}$ cmとするとき，次の問いに答えなさい。

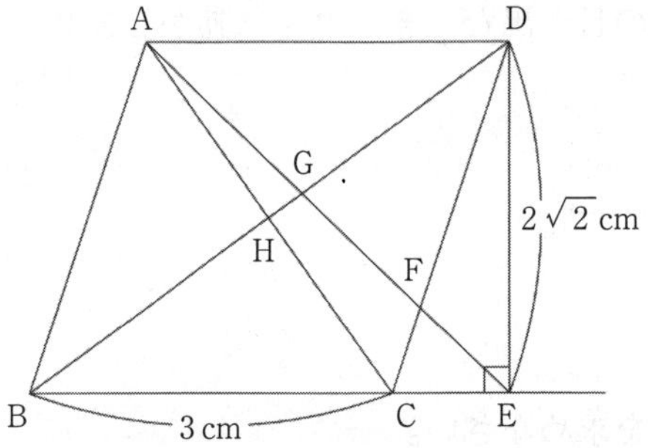

(1)　線分BDの長さを求めなさい。

(2)　線分ACの長さを求めなさい。

(3)　線分GHの長さを求めなさい。

(4)　四角形CFGHの面積を求めなさい。

3　２つの放物線 $y=\frac{1}{4}x^2$ …①，$y=-\frac{1}{8}x^2$ …②があります。図のように，放物線①と直線 l が２点A，Dで交わり，放物線②と直線 m が２点B，Cで交わっています。点Bの x 座標は－8，点C，Dの x 座標はともに４であり，四角形ABCDはAD // BCの台形です。次の問いに答えなさい。

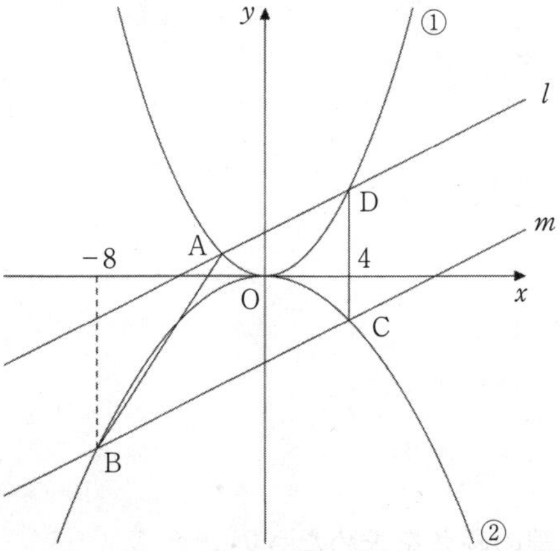

(1)　直線 m の式を求めなさい。

(2)　AD：BCを求めなさい。

(3)　点Dを通り，台形ABCDの面積を２等分する直線の式を求めなさい。

(4)　台形ABCDを，辺CDを軸として１回転してできる立体の体積を求めなさい。

4 さいころを投げ，マスの上にあるコマを動かすゲームをします。このマスには図のように左から0，1，2，3，4，5，… の数字が書かれていて，はじめにコマは0のマスにあります。さいころの目が1，2，3のときはコマを右に1マス動かし，4のときは左に1マス動かし，5，6のときは動かしません。ただし，コマが0のマスにあり4の目が出たとき，コマは動かしません。下の問いに答えなさい。

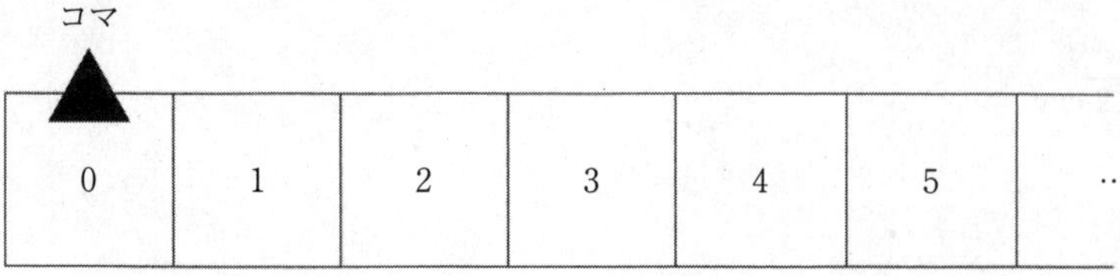

(1) さいころを2回投げるとき，コマが1のマスにある確率を求めなさい。
(2) さいころを3回投げるとき，コマが2のマスにある確率を求めなさい。
(3) さいころを3回投げるとき，コマが0のマスにある確率を求めなさい。

5 1辺が4 cmの立方体ABCD-EFGHが面EFGHを下にして地面に置いてあります。この立方体を図のように滑ることなく3回だけ転がすとき，下の問いに答えなさい。

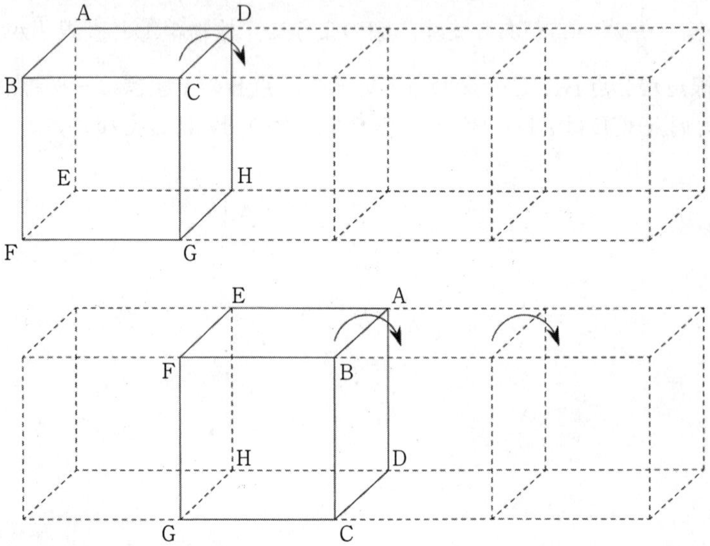

(1) 線分BGと線分CFの交点をMとするとき，点Mがえがく線の長さを求めなさい。
(2) 線分AFと線分BEの交点をNとするとき，点Nがえがく線の長さを求めなさい。
(3) 辺EFが通過する部分の面積を求めなさい。
(4) 線分CFが通過する部分の面積を求めなさい。

エ　文字を知り教本を読めても、それは村の中では何の役にも立たないものなのだと少年達は得意げに笑っているということ。

問三　空欄 ③ に当てはまる語を次の中から選び、記号で答えなさい。

ア　川魚　イ　河童《かっぱ》　ウ　妖怪　エ　海豚《いるか》　オ　仙人

問四　傍線部④について。「私の心」はどのような状態から、どう変化したか。わかりやすく説明しなさい。

問五　傍線部⑤「すき好んで黒苫の仲間には入りたくない」のはなぜか。その理由を述べている一文を探し、最初の五字を抜き出しなさい。

問六　空欄 ⑥ に当てはまる表現を、文中から十二字で抜き出しなさい。

問七　傍線部⑦「すぐまた機嫌をなおして、みんな炒り米を食べにいらっしゃい、と笑顔でさそった」とあるが、それはなぜか。適当なものを次の中から選び、記号で答えなさい。

ア　さぞかしおなかがすいただろうという心配が、急にわき起こったから。

イ　いつまでも不機嫌な顔をしていてもしょうがないと、思い直したから。

ウ　心配も解消し、息子を満足させてくれた少年達を愛しく思ったから。

エ　得意げな双喜の様子で、つい不機嫌な気持ちがほぐれてしまったから。

問八　傍線部⑧「あの晩のようなおもしろい芝居も見たことがない」とあるが、それはなぜか。適当なものを次の中から選び、記号で答えなさい。

ア　今から思えば、当時つまらなく思えた野外の芝居が実は趣深いものだったから。

イ　遊び仲間と苫船で見た芝居を含めて、その夜のことが強く印象に残っているから。

ウ　退屈だと感じる場面もあったが、一番の見どころもあって充分に楽しめたから。

エ　一度はあきらめた芝居を、仲間の思いやりもあって見ることができ嬉しかったから。

小船をあやつる手を休めて声をかけてくれた。

　平橋村へあと一里ばかりで、船足がのろくなった。漕ぎ手がみな疲れを訴えた。あまり力を入れすぎたうえに、長いこと何も口にしなかったせいだ。今回は、桂生が妙案を出した。そら豆が盛りだし、薪《たきぎ》は船にあるから、ちょっぴり失敬して、煮て食おうじゃないか、という案だ。[⑥]、さっそく船を岸につけた。岸辺の畑に黒々と光るのは、ことごとく実の入ったそら豆だ。

《おーい、阿発、こっちはお前の家の畑だ。こっちは六一《リウイー》じいさんの畑だ。どっちを取ろうか？》双喜がまっ先にとびおりて、岸から叫んだ。

　私たちもみな岸にあがった。阿発は、船からとびながら《待ってろ、おいら、見てきてやる》かれは、あちこち見て廻ってから、身をおこして言った。《おいらの家のにしろよ。おいらの家のほうが、でけえや》よし、とばかり、みんな阿発の家の豆畑に散らばって、両手にいっぱいもいで来て、船へ投げ込んだ。双喜が、これ以上取って、もし阿発のおふくろに知れたら、泣きわめかれるぞ、と言うので、今度は六一じいさんの畑へはいって、また両手にいっぱいずつもぎ取った。

　仲間うちで年長のものが数人、またゆっくり船をこぎ、あとの数人は、船尾へいって火をおこした。年下のものと私とで豆をむいた。まもなく豆が煮えた。船は水面にただようにまかせて、みんな車座になって豆をつまんで食べた。食べおわると、また船を出すかたわら、器具を洗ったり豆のさやや殻を川に捨てたり、痕跡の残らぬように始末した。ただ双喜の心配の種は、八《パー》じいさんの船にあった塩と薪を使ったことだ。あのじいさん、小うるさいから、きっと気がついておこるぞ。だが私たちは討論の結果、平気さ、となった。もし何か文句を言ったら、こっちでも、それじゃ去年おまえが川岸で拾ったハゼの枯木を返せ、と言ってやれ。

《帰りましたよ！　みんな無事で。ねえ、太鼓判って言ったでしょ！》双喜が船首で突然大声を出した。

船首のほうへ眼をやると、すぐ前が平橋だった。橋のたもとに人が立っている。それは私の母で、双喜は母に話しかけたのだ。私が船首のほうへ移ると、船はもう平橋をくぐってそこに停《とま》った。私たちはどやどや陸にあがった。母は不機嫌な顔で、もう夜半すぎですよ、どうしてこんなに帰りがおそいの、と言ったが、⑦すぐまた機嫌をなおして、みんな炒《い》り米を食べにいらっしゃい、と笑顔でさそった。

　みんな夜食はすませたし、それに睡《ねむ》たいし、早く寝るほうがいいと言ってそれぞれ家へ帰った。

〈中　略〉

　そうだ。あれから今日まで、私はほんとうに、あの晩のようなうまい豆を食べたことがないし――⑧あの晩のようなおもしろい芝居も見たことがない。

（魯迅「村芝居」）

（注）＊秩秩たる斯の干、幽幽たる南山…『詩経』の句。かなり高級な古典教材。
＊小旦・小生・小丑・老旦…いずれも劇中の役名。

問一　空欄[①]に当てはまる語を次の中から選び、記号で答えなさい。

ア　異境　　イ　地獄　　ウ　田舎　　エ　天国　　オ　都会

問二　傍線部②「すると私の遊び相手は、いくら『秩秩たる斯の干』が読めても容赦せずに、一斉に私のことをからかう」とはどういうことか。その説明として適当なものを次の中から選び、記号で答えなさい。

ア　文字を知り教本を読める者が相手であっても、少年達はおかしい場面では屈託なく笑い飛ばしてからかうということ。

イ　文字を知り教本を読めることをいつも鼻に掛けているので、弱点を見つければ少年達は遠慮なく相手を攻撃するということ。

ウ　文字を知り教本を読めても、少年達はやはり相手にも欠点はあるのだと知って安心して笑っているということ。

ち廻《まわ》りのまっ最中だった。双喜が説明した。あれが有名な鉄頭老生《テートーー》さ。立てつづけに八十四回もトンボが切れるんだぞ。かれはひる間、自分で数えてみたという。

私たちは船首にかたまって立ち廻りを見物した。だが、鉄頭老生はさっぱりトンボを切らなかった。半裸の男数人だけがトンボ返りをやって、すぐ引っ込んでしまった。そのあと＊小旦《シアオタン》があらわれて、キーキーうたい出した。《夜は見物人が少いから、鉄頭は手を抜いたんさ。お客がいなきゃ、おはこを見せたって張合いないからな》と双喜が言った。まったくだ、と私は思った。たしかに舞台の下はもうすいていた。いなかの人は、あすの仕事のため夜ふかしはできず、とうに寝に帰ってしまって、あちこちに残っているのは、この村と隣村のひま人せいぜい数十人だけだ。むろん黒苫船のなかには、土地の旦那《だんな》衆の家族がいるわけだが、かれらは熱心な観客ではなく、芝居見物にことよせて菓子や果物や西瓜《すいか》の種を食いに来るのだ。客はいないも同然である。

もっとも、私の関心の的はトンボ返りではなかった。いちばん見たいのは、白い布をかぶって、棒のような蛇の頭を両手で頭の上にささげている蛇の精であり、その次は、黄色い着物をきて跳ねまわる虎なのだ。だが、いくら待ってもどちらもあらわれない。小旦は引っ込んだが、すぐまた年をとった＊小生《シアオション》が出てきた。私はあきてきたので、桂生《クェション》に豆乳を買いに行ってもらった。しばらくしてもどると桂生は言った。《なかったよ。豆乳売りも帰ってしまった。ひる間はいたんだ。おいら、二杯のんだ。これから行って、水を汲んできてやろうか》

水は飲みたくなかった。我慢して芝居を見ていたが、何を見ているのかわからなくなってきた。だんだん役者の顔がゆがんで、眼鼻だちがぼんやりし、のっぺらぼうな顔になった。幼年組はあくびの連発、年長組は芝居をそっちのけにしての勝手なおしゃべりだ。そのとき舞台では、赤い着物の＊小丑《シアオチヨウ》が、舞台の柱にしばりつけられて、ごま塩ひげの男に鞭《むち》でぶたれはじめた。それでやっと元気を取りもどして、わいわい言いながら見物した。今夜の芝居でまずこれが一番の見どころだった。

だが、とうとう＊老旦《ラオタン》が登場した。老旦は私の大きらいの役、ことに腰かけてうたい出されたら、もうおしまいだ。見るとほかの連中もうんざり顔なので、みんなおなじ考えとわかった。はじめのうちこそ老旦は、舞台を歩きまわってうたっていたが、しまいにとうとう舞台のまん中にどかっと腰をおろした。私は気が気でなかった。双喜たちもさかんに悪態をつきはじめた。それでも辛抱づよく、ながいあいだ待った。と、老旦が手をあげたので、さては立ちあがるかと思っていると、かれはその手をゆるゆるまた元にもどして、うたいつづけた。船では全員が、ため息とあくびの連発だ。とうとう双喜がしびれを切らせて、あの分では夜があけるまでうたうつもりだぞ、やっぱり帰ろうや、と口をきった。一議に及ばずみんな大賛成、また出発のとき同様に勇み立ち、三、四人のものが船尾へとんで行って竿を引きぬいた。そのまま数丈後退して船首をめぐらし、櫓をかけた。そして老旦の悪口をはやし立てながら、松林めざして前進した。

月はまだ落ちていない。芝居見物はさほど長い時間ではなかったようだ。趙荘を離れると、月の光はひときわ冴《さ》えた。ふり返れば舞台は、灯のなかに、赤い霞におおわれて、往路に遠くから見たときとおなじように、仙山楼閣にさながらである。耳もとに吹きよせるのは、またしてもゆらゆらと、まろぶような横笛の音。もう老旦は引っ込んだのでは、と私は思ったが、もう一度見物にもどろうとは、とても言い出せなかった。

やがて、松林はうしろに去った。船足はのろくはないが、周囲の闇がいよいよ濃くなるので、夜もかなりふけたとわかる。みんな役者の評判で、悪口をいったり笑ったりしながら、ますます力をこめて櫓を押した。船首にぶつかる水の音も、ひときわ来る時よりも高かった。船はさながら巨大な白い魚が、おおぜいの子どもを背にのせて波間をかいくぐるのに似ていた。夜なべの年よりの漁師たちが、

になって芝居の話をはじめた。私だけが口をきかなかった。みな口々に嘆息し、私に同情した。すると突然、なかでいちばん頭のいい双喜《シワンシー》が、はたと膝をたたいてこう提案した。《大型の船？ そういえば八叔《パーシュー》の乗合船はもうもどってるだろ？》すると十数人いたほかの子どもたちも、すぐ合点がいって、そうだ、それがいい、みんなであの船に私を乗せて行こう、ということになった。私はうれしくてたまらない。ところが外祖母は、子どもだけでは心配だと言うし、母は母で、おとなに同行を頼みたくても、みんなひる間の仕事があるから、とても夜まではと言う。その迷いの最中に、またしても双喜が、大声でずばり核心を言い当てた。《おいら、太鼓判おすよ。ねえ、船は大きいしさ、迅《シュン》ちゃんは無茶しっこないしさ、それにおれたち、みんな［③］の親類さ》

まったくだ。たしかにこの十数人の子どものなかには、泳げぬものは誰もいないし、潮乗りの名人だって二、三人はいた。

外祖母も、母も、いかにもという顔で、もう反対はせずに微笑していた。私たちは即座にわっと外へとび出した。

重かった私の心がたちまち軽くなり、からだまでが、ふわりふわり、空に舞いあがりそうだ。外へとび出したとたんに苫《とま》の白ぬりの乗合船が月光のもと、平橋の内側に停泊しているのが見えた。私たちはその船にとび乗った。双喜が船首の竿《さお》を、阿発《アファ》が船尾の竿を手にし、幼年組は私といっしょに船室にはいり、年長組は船尾に集った。見送りに来た母が《気をつけるんだよ》と声をかけたときは船はもう動き出していた。橋の石げたを竿で突いて数尺あとじさり、すぐ前進して橋をくぐりぬけた。そこで二挺《ちょう》の櫓《ろ》をかけ、一挺にふたり、一里ごとに交替ときめた。話す声と笑う声と叫ぶ声、それにまじって、船首がザーザーと水を切る音。右岸も左岸も緑濃い豆畑や麦畑、それに挟まれた一本の川、船は飛ぶように一路趙荘をめざした。

両岸の豆や麦と川底の水藻が放つすがすがしい香りが、夜霧をとおしてまともに吹きつけ、月かげは夜霧に霞んでいる。はるかかなた、うす墨色の起伏する山なみが、とびはねる鉄のけだものの背か何かのように、船尾のほうへどんどん駆け去るが、それでもまだ船がのろい気が私はする。漕ぎ手が四回交替したころ、ようやく趙荘がほの見えて、楽の音も聞こえるようだ。点々と見える灯、あれは舞台だろうか、それとも漁《いさ》り火《び》なのか。

あの楽の音は、たぶん横笛だろう。④ゆらゆらと、まろぶようなその音は、私の心をしずめはするが、しかしまた、意識が遠くなって、豆や麦や水藻の香りをふくんだ夜霧のなかに、その音といっしょに自分が吸いこまれるような気もする。

その灯は、近づいてみるとやはり漁り火だった。では、さっきのも趙荘ではなかったわけだ。船の行く手にあるのは松林で、去年、私も遊びに行ったことがある。こわれた石の馬が、地面に倒れていたり、石の羊が、草むらにうずくまっていたりした。その松林を過ぎたところで、船は針路を変えて入江にはいった。今度こそ、本物の趙荘がすぐ眼の前だった。

ひときわ目だつのが、村はずれの、川にそった空地にそびえ立つ舞台である。はるか遠く月光にかすみ、ほとんど空との見さかいがなく、まるで絵にある仙境がここに出現したかと思われた。このとき船足はますます早くなり、やがて舞台に人影が、赤やら青やら色とりどりに動きまわるのが見えた。舞台に近い川面をまっ黒に埋めて、芝居見物の船の苫があった。

《舞台の近くは空きがないよ。おれたち、遠くから見ようや》と阿発が言った。

このとき船足はゆるみ、間もなく着いたが、なるほど舞台の近くへは寄れなかった。私たちが停泊できたのは、舞台の真向いにある神殿よりもっと遠い場所だった。もっとも、こちらは白苫の乗合船だから、⑤すき好んで黒苫の仲間には入りたくないし、まして空きがないときては……

停泊作業をよそに舞台を眺めると、黒い長いひげの男が、背には旗が四本、手には長い槍《やり》、今しもおおぜいの半裸の男を相手に、立

ことに、どういうわけか、その書名を忘れてしまった。
　では、いつそのすばらしい芝居を見たかというと、それが「遠い遠い大むかし」で、ほんの十一、二歳のころかと思う。わが魯鎮《ルーチェン》の習慣として、女は結婚してもまだ主婦の座につかぬうちは、夏になると実家に帰って暮らすことになっている。そのころ私の家では、祖母がまだ達者だったが、すでに母が主婦役の一部を受けもっていたので、夏は長期の里帰りはできず、墓参りの行事がおわったあとで、ひまをみて数日間行く程度だった。そのときは私は毎年、母について外祖母の家へ泊りに行く。そこは平橋村《ピンチァオツォン》といって、海岸に近い、ごく辺鄙《へんぴ》な、川ぞいの小さな村で、戸数は三十もなく、半農半漁で小さな雑貨店がたった一軒、だが私にとっては ① だった。なにしろ、みんなからちやほやされるうえに、「＊秩秩《ちつちつ》たる斯《こ》の干《たに》、幽幽たる南山」を読ませられなかったから。
　私の遊び相手は、たくさんの子どもたちである。遠来の客をもてなすために、かれらもまた父母から仕事の分担をへらしてもらえた。小さな村のこととて、ある家の客でも全村の客と変らない。みんな年ごろは似たようなものだが、世代でいうと、少くとも叔父格か、なかには祖父格のものもまじっていた。なにしろ村じゅうが同姓で同族だから。しかし、みんな友だち同士とて、たまに喧嘩がおこって、祖父格の相手をなぐったところで、村じゅう年よりも若いものも、「目したのくせに」といった文句を思いうかべるものは誰もいなかった。かれらは百人のうち九十九人まで文盲なのだ。
　私たちは毎日のように、まずミミズを掘って、それを銅の針金でつくった小さな釣針にかけて、川べりに腹ばいになってエビを釣る。エビは水の世界の阿呆者だ。待ってましたとばかり、二本のハサミで釣針の先をおさえて口へもっていく。だから小半日でどんぶり一杯は釣れる。このエビはあらまし私の口にはいる。みんなで次にやることは、牛の放牧だ。ところが牛は高等動物のせいか、陸牛でも水牛でも、知らぬ人間はよせつけず、私のことを小ばかにする。だから私はそばへは近よれない。こわごわ遠くからついて行って、そばに立っているだけだ。 ② すると私の遊び相手は、いくら「秩秩たる斯の干」が読めても容赦せずに、一斉に私のことをからかう。
　それよりもっと大きなここでの楽しみは、趙荘《チャオチワン》へ芝居見物に行くことだった。趙荘というのは、平橋村から五里ほどある、もっと大きい村である。平橋は村が小さすぎて自前では芝居がやれぬので、毎年いくらか金を趙荘へ出して共催の形をとっていた。かれらが毎年芝居をやるのはなぜなのか、そのころ私は考えてもみなかった。いま思うと、あれは春祭りであり、村芝居なのだろう。
　私が十一、二歳だったその年も、やはりその楽しみの日がやってきた。ところがその年は残念なことに、当日の朝はもう船を雇うことができなかった。平橋村で大型の船といえば、たった一隻、朝出て夕方帰る乗合船があるだけ、まさかこれを差しとめるわけにはいかない。ほかの船はみな小型だから、役に立たない。人にたのんで隣村へ問い合わせたが、みんなとっくに予約ずみで空きがない。外祖母はおろおろして、なぜ早く話をしておかないんだ、と家人に小言をならべ立てた。母がとりなして、いいんですよ、きょうでなくたって、魯鎮へ帰れば、ここの芝居よりおもしろい芝居が年に何回でも見られるんですから、と言った。私がいまにも泣き出さんばかりなので母は、そんな大さわぎするんじゃない、おばあさんがまたお小言になるから、と私を極力なだめた。そして私が、それならほかの人といっしょに行くというのを、おばあさんに心配をかけるという理由で許してくれなかった。
　かくて万策つきた。午後になると、友だちはみんな行ってしまった。もう芝居もはじまっているころだ。鐘や太鼓の音が聞こえるようだし、かれらが見物席で豆乳を買って飲むのが見ないでもわかる。
　その日、私はエビ釣りにも行かず、ろくすっぽ物も食べなかった。母は困った顔をしていたが、いい思案はなかった。夕飯のときは、もう外祖母にも察しがついて、私がすねるのは無理ない、あんまり気がきかなすぎる、こんな失礼なもてなし方ははじめてだ、と言った。飯がおわると、芝居から帰った子どもたちが集ってきて、夢中

存在でしかない、という話になる。もし「相手に良かれと願う気持ち」があるのであれば、相手の自慢に対しこちらもすごいと認め、感心し、共に喜ぶことになるだろう。それが、いかに難しいことであるとしてもである。そして、相手のために良かれと願うこの思いがロ渾身の力をもって表明されるものこそ、「いいね！」のメッセージに他なるまい。

もっとも、人の自己PRというものは、ハタイガイの場合、不快感を持って受け取られているとしたものだろう。あからさまな⑤自慢が逆効果であり、他者に不快感しか引き起こさないぐらいのことは、誰しも知っていることであり、少しでも慎みのある人なら、⑥自虐というオブラートで包まれた自己PRの発信に余念がない、という仕業にもなるだろう。しかし、自虐も、自分にしか関心が向いていないという点では、自慢と大同小異である。自虐する自分に「いいね！」が返ってくることが期待されている点では、何も変わらないのである。

（藤野　寛『友情の哲学』）

（注）＊ショービン…ヤーノシュ・ショービン。ドイツの社会学者。
＊ホネット…アクセル・ホネット。ドイツの哲学者。

問一　傍線部イ～ハについて。カタカナは漢字に直し、漢字は読みをひらがなで記しなさい。

問二　傍線部①「その強迫観念に踊らされている人」とは、具体的にどのような人か。適当なものを次の中から選び、記号で答えなさい。

ア　友達は多いほどよいと思い、日常のどのような場面で作られた友達であろうとも、増やすことが大切だと信じ込んでいる人。

イ　友達は多いほどよいと信じ、たとえ仮想空間で育まれた友情であろうとも、そこで築かれた関係を大切に育てたいと思う人。

ウ　友達は多いほどよいとは思うものの、SNSの世界でつながった友達とは、「真の友情」を結ぶことはできないと考える人。

エ　友達は多いほどよいと思い、SNS上のような仮想空間であろうとも、友達の数を増やすことに必死になっている人。

問三　傍線部②「別の何か」を端的に言い換えた語を文中から抜き出しなさい。

問四　空欄 ③ に当てはまる語句を文中から六字で抜き出しなさい。

問五　空欄 ④ に当てはまる語を文中から二字で抜き出しなさい。

問六　傍線部⑤「自慢」・⑥「自虐」について。両者に共通する点を文中の語句を用いて三十五字以内で答えなさい。

問七　次のア～エそれぞれについて、本文の内容に当てはまるものには○、当てはまらないものには×をつけなさい。

ア　SNS上の友達は、相手の不幸を望むような関心を持つ存在に堕してしまっている。

イ　SNS上の友達は「承認」をしてくれるが、「監視」するという側面も持っている。

ウ　お互いの熱い関心があれば承認されたということであり、友情は成立している。

エ　SNS上では「承認」という形での友達関係に、人々が一喜一憂している。

三

次の文章を読んで、後の問に答えなさい。

数日前、たまたま何げなく日本語の本を手にした。残念ながら書名と著者は忘れてしまったが、ともかく中国の旧劇に関する本で、その一節にほぼ次のようなことが書いてあった。中国の旧劇は、めちゃくちゃに鳴物を入れ、声をはりあげ、跳ねまわるから、見物人は頭がくらくらしてしまう。だから劇場には不向きだが、もし野外でやって、遠くから見たら、それなりの趣きがある、と。これを読んだとき私は、これこそ自分が心に思っていながらうまく説明できなかったものだという気がした。というのは、野外でじつにすばらしい芝居を見た記憶がたしかにあり、北京へ来てから立てつづけに二度も芝居小屋へ行ったのも、その影響かもしれないから。残念な

二　次の文章を読んで、後の問に答えなさい。

友達は多ければ多いほどよい、という強迫観念には根強いものがあって、フェイスブックのようなSNS上には、①その強迫観念に踊らされている人があふれている。それが「真の友情」でない可能性は否定できない。しかし、「真の友情」などという抑圧的な、しかも怪しい考えに振り回されることをいさぎよしとしないのであってみれば、SNSの世界の友達関係も大切に育てていきたいとは思う。

とはいえ、SNS上の友達は、単に、中味の希薄な友達に堕してしまっているというにはとどまらず、②別の何かに変質しているのではないか。例えば、＊ショービンによる次のような受け止め方がある。

> あるタイプのオンラインの友達というものは、率直に言えば、エゴ・ネットワーク――そこでは、直接的にはコミュニケーションしなくてすむのだが――における公共のコミュニケーションにとっての一種の観客のようなものである。

観客であれば旺盛な好奇心、注目する心を具《そな》えてはいるだろう。その心をもって、観客は何をするのか。「監視」でしかない、というのがいかにも否定的な回答だ。

> 新しいメディアをめぐってはっきり表明されていないにせよ中心的な論争点の一つは、そこで問題になっているのは、自由の新しいアリーナなのか、それとも、大切な他者の側からなされる監視の新しい場なのか、という点にある。

＊ホネットは、関心を、承認の必須の構成要素とみなしていた。友情には、熱い関心が求められるということだ。ただし、相手の不幸を望むような関心もあるわけだから、関心さえあればすでに友情が成立していることにはならない。注目されること＝承認されること、という等式は成り立たない。注目は、確かに、承認のための必要条件ではある。しかし、それだけではまだ十分ではない。気になる、というだけでは、未だ価値中立的だろう。「［③］」という友情の構成要件がつけ加わるのでなければならないのだ。

SNSというのは、基本的に「自慢のメディア」だろう。「どや、すごいやろ、まいったか」というメッセージのィオウシュウだ。しかし、仮にそうであるとしても、友達が喜んでいるのであれば、それが少し自慢に感じられても、こちらも嬉しくなりそうなものではないか。「自慢」にイラッとする、というのは、こちらの心の狭さの表われではないか。そこにあるのは、実は友達関係ではないのではないか。

フェイスブックにあっても、友達リクエスト(申請)と友達承認が行われるのだから、その限りでは双方向性があり、閉鎖性も伴う。しかし、そこに生まれるのは、友達と友達の一対一の関係ではなく、「友達のみなさん」に対する「まとめて面倒みる」関係だ(一対一のコミュニケーションの回路も確保されているが、それは本線ではないだろう)。そして、そのことの延長線上に、友達が数量として受け止められるという事態も発生する。これは、アリストテレスの定義には、明らかに反することだ。

もちろん、そんなことは誰もが先刻承知でフェイスブックを始めているのではあろう。フェイスブックの友達なんて、実は「観客」だ、という指摘がなされたところで痛くも痒《かゆ》くもないだろう。そこで期待されている「承認」の実態は、ほぼ「［④］」にすぎない。「［④］」という最も薄い「承認」の形が人々を一喜一憂させている。それがSNSの世界なのだろう。

「承認を求める」という動機こそ根源的であり、もっぱら「どや、すごいやろ、まいったか」というメッセージが発信されているのだとすれば、そこに、相手のために良かれと思う心は期待できない。そこでの「友達」なるものは、増えれば増えるほどストレスの増す

て貫かれている以上、〈村〉へ帰り、〈前近代〉に憧れたところで、そこに行きついてわれわれが見るものはふたたび ⑦ である。

（中平卓馬「ディスカバー・ジャパン」）

（注）＊万国博…一九七〇年に大阪で行われた日本万国博覧会。
＊国鉄…日本国有鉄道。ＪＲの前身。
＊七〇年安保…一九七〇年の日米安全保障条約延長をめぐる反対運動。
＊レンジ…範囲。広がり。

問一 傍線部イ～ホについて。カタカナは漢字に直し、漢字は読みをひらがなで記しなさい。

問二 傍線部①について。「『日本』、『故郷』、『昔』といった一連の言葉に象徴されている」とは、どういうことか。それを説明した次の一文の空欄 Ⅰ ・ Ⅱ に当てはまる表現を、それぞれ十字以内で文中から抜き出しなさい。

ナショナリズムを鼓吹し、また Ⅰ 及び Ⅱ を促すこと。

問三 傍線部②「与えられた役を演ずる役者」とはここではどのような人か。その説明として適当なものを次の中から選び、記号で答えなさい。

ア 国鉄当局や政府権力が与えたイメージを信じ、自分の絶対的な優越感を味わおうとして出かける旅人。
イ 国鉄のポスターに煽られて旅に出ることで、知らないうちに政府権力の思惑どおりになってしまう旅人。
ウ 国鉄当局や政府権力の意図するイメージを、旅行という手段を用いて日本中に宣伝してまわる旅人。
エ パック式のロマンティックな旅でいとも簡単に解放感に浸ってしまい、自分は自由だと思い込んでいる旅人。

問四 傍線部③について。このことの結果として、どのような事態が起こったと筆者は考えているか。それが述べられている箇所を解答欄の形式に合うように五十字以内で探し、最初と最後の五字を抜き出しなさい。

問五 空欄 ④ に当てはまる言葉を次の中から選び、記号で答えなさい。

ア 内からの　イ 外からの
ウ 上からの　エ 下からの
オ 右からの　カ 左からの

問六 傍線部⑤「無色透明な美しさ」とはどのような美しさか。それを説明した箇所を文中から二十字以内で抜き出しなさい。

問七 傍線部⑥について。「デザイン」が「自立し、内容そのものに転じ」ると筆者が考えるのはなぜか。その説明として最も適当なものを次の中から選び、記号で答えなさい。

ア デザインが、その旅の行き先や旅に行ったことで得るものを決定してしまうから。
イ デザインが旅の行程や感動を象徴することで、旅に行った気分になってしまうから。
ウ デザインがキャッチコピーとともに、見ている人を政治的にイメージ操作してしまうから。
エ デザインは本来旅客獲得の宣伝でしかないのに、われわれを真実の旅に導く力をもつから。

問八 空欄 ⑦ に当てはまる表現を次の中から選び、記号で答えなさい。

ア 一瞬一瞬の生の充実
イ 旅をした証拠の山
ウ ゆるぎない歴史の力
エ われわれ自身の顔

ージ操作が行われた。例えば万国博まであと何日という電光掲示板は来たるべき〝ドラマ〟への緊張と期待をわれわれに強制的に押しつけるためにあった。その万国博について面白いエピソードがある。万博を訪れた農協の観光団は万博会場に入ると同時に、途中便所に寄る以外は出口に向かって驀進《ばくしん》し、出口近くにあるスタンプを押してもらって彼らの万博見物をそそくさと終えたという。彼らは万博に陳列され、展示されたものなどはほとんど記憶していなかったと言う。彼らに残るのはただまぎれもなく万博を見物したという記憶とその証拠としてのスタンプだけである。つまりそこには見物なら見物の、旅なら旅のプロセスがすっかりぬけ落ちているのだ。ということはその期間彼らは語の正確な意味でけっして生きてはいなかったことを意味しはしないか。

　まったく同じことはディスカバー・ジャパンに煽《あお》られて旅をするわれわれについても指摘できるだろう。われわれはポスターを見て北陸なら北陸へのミニ周遊券を買い入れる。そして国鉄があらかじめセットしてある名所、旧蹟をつぎつぎに見てあるき、その証拠としてスタンプを押して帰ってくるのだ。そこにはいくつかの節があるだけであり、プロセスはない。当然のことながらそこには旅をしたという証拠が残るだけである。ひょっとして旅をして帰ってきた者の記憶にはただディスカバー・ジャパンのポスターと宣伝文句、あるいは途中で買った絵はがきのイメージしか残っていないのではないか、それは充分に考えられることである。ここでもやはりプロセスは欠落している。だが生きるということはそのプロセスを生きるということである。一瞬一瞬を生きるということである。ディスカバー・ジャパンのキャンペーンとそれに煽動《せんどう》されての旅を擬似的ドラマへの参加だと言うのはそのような意味からである。一瞬一瞬を生きるということ、それがわれわれの生である。そのプロセスがドラマを成立させる。だがプロセスのない旅、プロセスを欠落した生とはしょせん擬似ドラマでしかありえない。

　ディスカバー・ジャパンのポスター・イメージはそれ自体でわれわれの旅の一部、あるいは実現されるべき旅の見取り図である。われわれはプラモデルを組み立てるようにそれをちょっと動かすだけでいい。満員電車にゆられてみあげるポスターには美しい自然とその中をゆく美しい女たちが刻まれている。それをみながらふと旅情を誘われた時からすでに旅は決定されてしまうのだ。デザイン、イメージとしてのディスカバー・ジャパンのポスターは、その意味では実に勝れたものだと言えるだろう。⑥本来、内容を象徴し、それを飾るものとしてあったデザインは、そこではすでに自立し、内容そのものに転じている。

　ディスカバー・ジャパンはわれわれに仮想の自然、仮想の自由、仮想の故郷を売りつけることによって、自然を回復し、自由を奪回すべき歴史的な力をものの見事にカッコにくくられた「自由」、カッコにくくられた「自然」へと回収し早めに窒息させてしまう。そしてそこにあたかも自由と自然を一瞬の間でもかちえたかのような幻想とその記憶だけを与えてくれるのだ。その構造が仮想の自分より貧しいもの、自分より劣った者の発見という幻想から成り立っていることは冒頭に書いた通りである。

　ではわれわれにとって真実の旅とは何か。抑圧と搾取が深まれば深まるほどわれわれはそこからの脱出を強く望む。だがそこに行っても、ただこの場から移動することだけでは、いかなる脱出にもなるはずはない。それはおそらくアフリカまで逃げのびたところで同じである。本来、資本主義的現実からの逃亡であり、そこからの脱出であるはずの旅は再び観光資本の搾取の対象とされるだけである。逃亡ですら資本の枠内でしか可能ではない。それは彼らがしかけた悪無限にみずからとびこむことでしかないのはわかりきったことである。

　あえて話を大仰にしてしまえば、われわれに残されたたった一つの旅は空間的な旅ではなく、垂直な旅、この現実に踏みとどまり、この現実を破砕してゆく、そのような旅である。〈都市〉も〈村〉も、〈近代〉も〈前近代〉もすべてひとしなみな資本の論理によっ

ディスカバー・ジャパンが期せずして果たしつつある政治的役割はそれである。いや、旅とはしょせんそのようなものであるのかもしれない。エンツェンスベルガーは、いわゆるトゥーリスムが成立するのはブルジョア革命によってすくなくとも意識の上においては個人の自由という理念が生まれ、その理念の実現であったはずのブルジョア社会がしかもなお非自由をしか保証しなかった一九世紀中頃のヨーロッパであると指摘している。「ついに自由は、空間的には文明から遠く離れた自然のイメージのなかに、時間的には過去の歴史像、遺跡とフォークロアのなかにイギョウコした」（「旅行の理論」）。現実生活におけるロ閉塞性、それが強まれば強まるほど人はそこからの脱出を願う。それは極めて自然な感情である。だがわれわれにはたして逃げ込むべき自然などがあるのだろうか。一九世紀ヨーロッパはいざしらず、一九七二年の日本にそんなものはありはしない。すべてはその外貌にもかかわらず完璧に都市化されているのだ。自然ですら都市の一部でしかありえない。したがってわれわれには現実にあくまでも踏みとどまることによって、この現実を破壊し尽くすか、あるいは幻想の自然の中へさまよい出るかしか道は残されていない。

すでにディスカバー・ジャパンは［　④　］ひとつの文化を形成しはじめている。ディスカバー・ジャパンは、自然を謳《うた》い、昔を語り、故郷への回帰を鼓吹する。その同じロジックにのって本来、歴史の推進者であるはずの青年たちは放浪を語り、骨とう品の収集に励んでいる。一体、昔にかえることによってわれわれは何を獲得することができると言うのだろうか。現実から逃避して放浪して歩くことによって何を得ることができるのか。それは一見「自由」とロマンティシズムのハシキサイを帯びているが故に、さらに反動性を帯びる。どれでもよい、巷《ちまた》に流されるフォーク・ソングのひとつでも聞いてみればよい。それらは現実という媒介項を欠落した自由や自然やの空疎な言葉にみちみちていることに人はそくざに気づくはずである。だが現実と自由とは相互に媒介しあって存在するのである。現実を欠落した自由などというものはただのニタイダか無為をしか指しはしない。にもかかわらずわれわれはそこに自由があるかのようにホサッカクする。それがイメージ操作の本質である。あるいはそれに加えて、いわゆる「左翼文化」における、土着、怨念、情念への回帰、さらに第三世界への無媒介的な憧憬、ここではない何処かへの回帰は、その真意は問わず、ディスカバー・ジャパンの裏番組の中に組み込まれている。ディスカバー・ジャパンという国鉄キャンペーンは、その初期の目的をこえてこのようにひとつの国策的＊レンジにまで肥大・拡張している。この事実を疑うことはできないだろう。その具体的な表現があのディスカバー・ジャパンのポスター群である。それらは実に美しい。自然は美しく、その中を歩く都市からの旅人たちは美しい。だがその美しさは徹底して現実から遊離したもののもつ美しさである。しかし先に引用した批判のようにそれは現実を映していないから駄目だという批判は正当ではあるが、批判としての有効性を持ち得ない。むしろポスター・イメージの⑤無色透明な美しさを原型にして、それをなぞる形でわれわれは日本を見、農村を見、そしてなによりも先にそのような無色透明な旅人にみずから変身しているのだ。なぜならけっして美しく生きてはいないわれわれはポスターの主人公に変身する時だけ美しさを獲得できるのだから。このことは決定的である。ディスカバー・ジャパンは、「旅は新しい発見の連続」であると呼びかける。だがそれはしょせん無色透明な旅人にできるものではない。発見とはまさしく現実に根ざし、現実に執着し、現実を変革しようと望む者にだけできることである。

この時代を幻影の時代と言い、イメージの時代と呼ぶ。だがそれはわれわれの視角の問題にかかわるだけではない。イメージはわれわれの視角の制度化、組織化を通じて、さらにわれわれの生そのものを制度化し、組織化することを最終的な目的にしている。もはやわれわれはイメージ化されたわれわれ自身を生きているのだ。

七〇年万国博では国をあげての〝お祭り〟のために最大限のイメ

二〇一九年度 立教新座高等学校

【国語】（六〇分）〈満点：一〇〇点〉

一 次の文章を読んで、後の問に答えなさい。

　ディスカバー・ジャパン・キャンペーンは一九六〇年中期を境にするドル流出に悩むアメリカ政府が海外旅行によるドルのこれ以上の流出を防ぐために案出したディスカバー・アメリカをそのモデルにしていると言う。たしかにディスカバー・ジャパンは、＊万国博を頂点にする一大旅行ブームをなんとか保全するために考え出されたものであることは間違いない。それによって＊国鉄がどれほどの利潤をあげることが出来たかはもとより私の知るところではないし、またさしあたってなんの関心もない。むしろ国鉄の利潤拡大を当初の目的として始められたこのキャンペーンが、その枠をはるかに越えてわれわれに与えた影響、その政治的、文化的・意識的側面こそが問題となりうる。七〇年万国博の開催が＊七〇年安保からわれわれの眼をそらせ、とどのつまりナショナリズムを謳歌《おうか》することに成功したと同様、このディスカバー・ジャパンは、ひきつづき現実に噴出する数多くの問題からわれわれの眼をそらせ、ナショナリズムを鼓吹し続けることにその政治的機能があると言えるだろう。それは①ディスカバー・ジャパンが多用する「日本」、「故郷」、「昔」といった一連の言葉に象徴されている。ディスカバー・ジャパンは縦、横二つの主要な軸から成り立っている。ひとつは、先にあげた「昔をのぞこう」にみられる、古き良き日本への回帰を鼓吹する歴史的な軸であり、もうひとつはありもしない「故郷《ふるさと》」へ帰ろうという空間的な軸である。もとよりこの二つはともに他ならぬ今ここ、という現実からわれわれを吸引し、疎隔させることではまったく同じことである。そしてそれは現状からの脱出を潜在的に望んでいるわれわれひとりひとりの欲求不満を巧妙にからめとり、いとも容易な、パック式の脱出口をロマンティックにしつらえてくれるのだ。だが少しでも冷静に考えるならば、ただたんなる空間移動が、苛酷《かこく》な労働にうがたれたたまゆらの「故郷」への回帰（それがバカンスだ）が、何事をも解決してくれるはずはないのはわかりきったことである。だがその代わりにわれわれに与えられるのはポスター通りの架空の村、架空の前近代に対する架空の優越感というやつだ。それはわれわれが当面する現実の何事をも解決してはくれないが、かりそめの解放感だけはまちがいなく提供してくれる。われわれはまさしくポスターの中の風景の中をさまよい歩き、自分でもそう信じ込み、また計画的にそう信じ込まされている辺境の住民たちへのひそかな優越感を確認して帰ってくるのだ。それはあたかも②与えられた役を演ずる役者みたいなものである。演出家はむろんのこと国鉄当局であり、政府権力である。だからわれわれは次なるディスカバー・ジャパンに出発するためになけなしの金を再び貯めはじめる。

　③ちょうど時を前後して起ってきた「公害」と「反公害」運動もこの「自然」にかえろうというディスカバー・ジャパンの中に実に衛生的に組み込まれていったという皮肉な事実も指摘されよう。あえて独断的に語るならば、われわれが抱く自然的な反公害感情は、その目的も素朴な、即自的なレベルにおいてディスカバー・ジャパン・キャンペーンを累進的に促進していった。その意味では、反公害が全国民的なキャンペーンとなっていったプロセスは象徴的である。公害は資本主義、とりわけ「高度成長下」の日本の独占資本主義が不可避的に生み出さざるを得なかった悪である。だから反公害の運動は窮極的にはこの資本主義そのものの否定に向かわなければならないはずである。だがディスカバー・ジャパンはただもうちょっと空気の良いところ、もう少しだけきれいな海へとわれわれを勧誘することによって公害への素朴極まる怒りを回収する。それは公害と反公害運動に見られる地域住民のエゴイズムに訴えかける。ここではないどこか。そして現実の変革に向けられるべきエネルギーは裏返され、現実からの逃避、逃亡となって骨抜きにされてゆく。

英語解答

Ⅰ No.1 A　No.2 C　No.3 A
No.4 D　No.5 C　No.6 B

Ⅱ No.1 C　No.2 A　No.3 B

Ⅲ No.1 hospital　No.2 bridge
No.3 banana　No.4 west

Ⅳ 問1 イ　問2 エ→ウ→ア→イ
問3 エ　問4 driver's license
問5 A…イ　B…ア　C…ウ
問6 die　問7 エ，カ，キ

Ⅴ 問1 4　問2 A…ウ　B…エ
問3 イ　問4 イ
問5 ア magical powers
イ happiness
問6 ウ，カ

Ⅵ 1 without closing
2 want〔need〕me
3 easy to　4 everyone respects

Ⅶ 1 A…long　B…we
2 A…half　B…power
3 A…the　B…to

Ⅷ 1 前…that　後…bought
2 前…clothes　後…going

Ⅸ 1 （例）The ninth month of the year is
2 （例）no idea how strong this team is

Ⅰ～Ⅲ〔放送問題〕解説省略

Ⅳ〔長文読解総合―説明文〕

≪全訳≫❶アリスへ。私は今，自分の日本の運転免許証を見て，裏面の書式が臓器提供と何か関係があるのだろうかと考えています。何年も前に，アメリカで臓器提供者になるために，運転免許証の書式にあるチェック欄に印をつけました。私は現在日本で暮らしています。ここでも同じことをしたいのですが，どうすればいいのかわかりません。外国人は提供者になれるのでしょうか？　実は，私はできれば全てを提供したいと思っているのですが，日本で科学のために自分の体を提供することができるのでしょうか？　グレゴリー。❷グレゴリーへ。あなたの質問にお答えします。日本の取り組みは「事前同意」モデルです。それは，提供者になるというあなたの決意を示すために，書類に記入するといった行動を起こさなくてはならないということです。これはいくつかの国々とは異なっています。例えばスペインやオーストリアでは，提供を拒否しなければ，誰もが提供の意思がある人だと見なされます。幸い，「事前同意」をするための手続きは日本では容易であり，英語でもできます。外国人が提供者になることも歓迎され，奨励されています。外国人が亡くなり，臓器移植を待っていた患者に臓器を提供した事例があります。❸／→エ．現時点で日本では1万4000人近くの人々が臓器の順番待ちリストに載っています。／→ウ．しかしこちらでは提供者がとても少ないので，それらの患者のほとんどが，彼らの命を助けられる臓器を待っている間に亡くなります。／→ア．そのため，臓器移植を受けようと巨額の費用をかけて海外へ渡る日本人もいます。／→イ．これは大きな問題です。なぜなら外国人のために十分な数の臓器を用意している国はないからです。❹アメリカでは，臓器移植に対する受容度はより高くなっています。毎年，7000から8000の臓器移植が行われています。これは100万人当たり約26件の臓器移植が行われているということです。しかし日本では，その割合は100万人当たり0.9件にすぎません。これは先進国で最低の割合です。昨年日本で行われた臓器移植は100件以下でした。❺なぜ提供の割合がそんなに低いのでしょうか？　1つの理由は，火葬の際は体が完全であるべきだという伝統的な考え方ですが，法律の壁や，問題となった過去のいきさつも関係しています。1950年代と60年代に医療の進歩によって臓器移植が可能となったとき，日本は他の国々と同じレベルにあったどころか，先行してすらいました。❻日本で初の心臓移植は約50年前に行われました。その当時，脳死の定義がなく，その手術が良いことか悪いことか多くの人々には判断できませんでした。1人の医師が，その手術を行ったために非難されました。当初は成功したように見えたものの，その手術は患者の命を救えませんでした。人々の間に臓器移植に対する根深い不信感が残りました。これにより，日本での臓器移植の発展が停滞したのです。❼その後，脳死を定義し，脳死状態の患者から臓器を移植することを合法化する法律をつくるのに長い時間がかかりました。今では，脳の機能が完全に失われた後でさえ，心臓が鼓動を続け体が温かい状態を維持できることを知っている人も増えています。現在の世論は脳死の後に臓器提供をしたいという人が増えていることを示しています。ある研究では，回答の43.1パーセントが脳死の後に臓器提供をする意思があると示しました。一方で23.8パーセントは同意していません。❽では，あなたの運転免許証に戻りましょう。その裏面の書式に記入することで，あなたが臓器提供者になりたいこと，あるいは臓器の提供を拒否することを示すことができます。車を運転しない人たちには，日本の健康保険証の裏面に同じ書式があります。また，あなたの希望を別の臓器提供意思表示カードに記録することもできて，それは役所や一部の薬局で，無料で入手できます。英語版のカードはインターネットでダウンロードできます。❾記入の指示について説明しましょう。日本語版と英語版のどちらでも同じです。「1」にマルをつければ，心臓死の後だけでなく脳死の後の臓器提供にも同意することになります。「2」にマルをつけるのは A心臓が止まった後の臓器提供のみに同意することを示します。カードの「1」か「2」にマルをつけたうえで心臓，腎臓，目などといったリストにある臓器のどれかに「X」をつければ，B印をつけた臓器の提供を望まないことになります。「3」にマルをつけるのは，C臓器提供を全く望まないということです。あなたの希望について家族と議論し，彼らの署名をあなたの署名の隣に添えておくのはいいことです。家族はいつでも臓器提供を断る権利を持っていますし，あなたの意思が明確でない場合には，家族があなたの臓器の提供を決定することが現在の法律で認められています。あなたの意思を家族と議論することで，あなたの希望のとおりになる可能性が高まるでしょう。❿日本では科学のためにあなたの完全な身体を提供することが可能です(それは献体といいます)が，臓器を提供したうえで，医学の研修や研究のために身体の残りの部分を寄付することはできません。そのうえ，身体の提供は医学部と直接打ち合わせをしなくてはならず，あなたが亡くなったときにあなたを引き取ってくれるかはわかりません。現在では，身体をまるごと提供することを，日本の火葬の高額な費用を避ける方法として利用する人たちがいるためからか，全国的に遺体の供給が過剰になっています。

問1＜適語選択＞1．前文に different とあることから，スペインやオーストリアでは，提供する意思を明確にした人のみが臓器提供者になる日本とは方法が異なることがわかる。つまり，臓器提供者になるには自ら提供する意思を示すのではなく，提供することを拒否する意思を示さなければ，誰もが提供者になるということである。　　2．opt in は「加わると決める」という意味で，ここでは臓器提供に同意すること。提供の意思を持つグレゴリーにとって Fortunately「幸いにも」とあるから，意思表示のプロセスは容易と考えられる。

問2＜文整序＞ウにある指示語の here や these patients がエの in Japan と14,000 people に対応

すると考えられるので，エ→ウとすると，日本の臓器移植の現状→その問題点という流れで内容もつながる。また，臓器移植をするために外国へ行くという内容のアの So「だから」に注目し，日本で提供者が少ないから海外に渡航すると考え，ウ→アとする。残りのイは海外での臓器移植の問題点なので，アの後に置く。

問３＜英文解釈＞standstill は「休止，停止，行き詰まり」という意味。この意味を知らなくても，前後の内容から推測できる。直訳は「このこと(手術の失敗による臓器移植への不信)がここ(日本)での発展を停止に至らせた」。

問４＜適語句補充＞次の文に its back「その裏側」とあるから，裏(面)に臓器移植に関する書式のある driver's license「免許証」が適切(第１段落にある)。

問５＜適文選択＞A．直後の文から区分２も１と同じく臓器提供をするとわかるので，心臓死の場合にのみ提供するというイが適切。１は脳死と心臓死，２は心臓死後のみの提供。　B．同じ文に特定の臓器名に「X」をつけるとあるから，印をつけた臓器は提供しないというアが適切。　C．AとBより区分１と２は提供するから，残りの３はどの臓器も提供しないというウとなる。

問６＜語句解釈＞遺体の提供に関する内容の文。同じ文中の they は a medical school「医学部」の人々を指し，take は献体希望者の遺体を「引き取る」と考えられるので，your time は「あなたが死ぬとき」と解釈できる。

問７＜内容真偽＞ア．「グレゴリーがアリスに手紙を書いたのは，なぜ日本では臓器提供者になるのに運転免許を取らなくてはならないのかわからなかったからだ」…×　第１段落後半参照。グレゴリーは日本で臓器，ひいては自分の身体の全てを提供する方法を知りたかった。　イ．「日本において外国人からの臓器提供はこれまでない」…×　第２段落最終文参照。　ウ．「日本における臓器移植手術の数は，先進国で最も多いうちの１つである」…×　第４段落最後から２文目参照。エ．「日本人は伝統的に，火葬の際には体の全ての部分が残っているべきだと考えている」…○　第５段落第２文参照。　オ．「脳死の後でも心臓が動き体は温かいということは，まだ日本では多くの人々に知られていない」…×　第７段落第２文参照。　カ．「ある研究によれば，日本では４分の１近い人々が臓器提供者になりたいと思っていない」…○　第７段落最終文参照。　キ．「臓器提供者になる意思を明確に家族に示したとしても，希望がかなわない場合がある」…○　第９段落最後から２文目参照。家族にはいつでも提供を断る権利がある。　ク．「心臓を誰かに臓器提供した後で，科学のために献体をすることができる」…×　最終段落第１文後半参照。

V 〔長文読解総合―物語〕

≪全訳≫❶昔々，サミュエル，ティモシー，そしてザンダーという名の３人の兄弟がいた。彼らは森の近くの家に住んでいた。彼らは正直で，働き者だった。彼らは毎日，森に入って木を切った。後でそれを市場に持っていき，手頃な価格で売った。彼らはこのような形の暮らしを続けていた。❷しかし，兄弟はいつも悲しんでいて，満足していなかった。彼らは良い暮らしをしていたにもかかわらず，不幸だった。Aそれぞれが特別な何かを望んでいたのだ。❸ある日，サミュエル，ティモシー，ザンダーが森から家に帰る途中，疲れて顔色の悪い老女を見かけた。彼女は背中に大きなバッグを背負って歩いていた。兄弟は親切だったので，すぐにその気の毒な女性に近づいて，彼女の家までずっとバッグを運んでいくと伝えた。彼女はほほ笑んで言った。「本当にありがとうございます。私は森でリンゴを集めて，それをバッグに詰めたのです」　サミュエル，ティモシー，ザンダーは交代でバッグを運び，やっと女性の家に着いたときにはとても疲れていた。❹驚いたことに，この老女はただの人ではなく，魔法の力を持っていた。彼女は，兄弟が親切で他人を思いやることがうれしかった。そのため彼女は彼らに尋ねた。「お礼に私があなた方のお役に立てることはありますか？」❺「僕たちは幸せではありません。そしてそれが僕たちの一番大きな心配の種なのです」とサミュエルは答えた。女性は何が彼らを幸せにできるのか尋ねた。兄弟はそれぞれ別々の，彼らを喜ばせるものを答えた。❻「たくさんの召使いがいる，すばらしいお城があれば僕は幸せです。僕がそれ以上に望むものはありません」とサミュエルは言った。❼「たくさんの収穫がある大きな農場が僕を幸せにしてくれます。そうすれば何も心配する必要のないお金持ちになれます」とティモシーは言った。❽「美しい妻がいるとうれしいです。毎日，家に帰ると彼女のかわいらしい小さな顔が僕を明るくしてくれるでしょう」とザンダーは言った。❾「いいでしょう」と老女は言った。「それらのものがあなた方に幸せを与えてくれるなら，あなた方はそれを得るに値すると私は思います。だってあなた方は私のような貧しくて弱い人間を助けてくれたのですから。家にお帰りなさい。そうすればあなた方はそれぞれ，まさに望んでいたものを見つけるでしょう」❿その言葉は兄弟を驚かせた。なぜなら彼らはその女性の力を知らなかったからだ。何はともあれ，彼らは家に戻った。すると見てほしい！　彼らの家の横に大きな城があり，門番と他の召使いたちが外で待っているではないか！　彼らはサミュエルを出迎えると，彼を中に案内した。少し離れた所には，黄色い農地が姿を現した。１人の農夫がやってきて，それがティモシーのものであると告げた。ティモシーは大変驚いた。ちょうどそのとき，美しい女性がザンダーに近づいて，彼女が彼の妻なのだと恥ずかしそうに言った。この新しい事態の変化に兄弟たちはとても喜んだ。彼らは幸運に感謝し，新しい暮らし方になじんでいった。⓫月日は流れて，すぐに１年がたった。だがサミュエル，ティモシー，ザンダーの状況は今や変わっていた。サミュエルは城を持つことに飽きていた。彼は怠け者になり，城をきれいにしようとすることは全くなかった。ティモシーは自分の農地の隣に大きな家を建てたが，農地を耕して種をまくことが大変だと思うこともあった。ザンダーもまた，日がたつにつれて彼の美しい妻に飽きてしまい，もうこれ以上喜びを感じなくなった。4言い換えれば，彼ら全員がまた不幸になったのだ。⓬ある日，彼ら３人はあの老女をその家に訪ねることにした。「あの女性は僕らの夢を現実に変えた魔法の力を持っている。でも僕らはもう幸せではない。だから今，彼女に助けを求めにいかなくては。彼女は僕たちにどうすれば幸せになれるか教えられる人に違いない」とサミュエルは言った。彼らが老女のもとに来たとき，彼女は料理をしていた。兄弟たちはそれぞれ，また不幸になったことを彼女に伝えた。「どうすればもう一度幸せになれるのか，僕たちに教えてください」とティモシーは言った。⓭「そうねえ」と老女は答えた。「B全てはあなたたちの手の中にあるのよ。ほら，あなた方一人ひとりが願いごとをしてそれがかなったとき，あなた方は幸せだったのよ。でも，幸せはとても大切なことなしでは決して続かないわ。それは満足すること。あなた方の欲にはきりがなくて，持てば持つほど欲しくなるでしょ。あなた方の持っているもので満足するべきなの。あなた方はただ喜んでいただけで，本当に満足していると感じることがなかったから，また飽きて悲しい気持ちになったのよ。満足することを知りなさい！　そうすれば幸福の喜びを本当に味わうことができるわよ」⓮サミュエル，ティモシーとザンダーは自分たちの過ちに気づき，家に帰った。彼らはかつて強く望んだ贈り物を得ていることがどれだけ幸運なことかを理解した。サミュエルは彼が城の持ち主であることに誇りを感じ，ていねいに手入れをするようになった。ティモシーは熱心に働くようになり，ついには大量の収穫に成功した。ザンダーもまた，彼の美しい妻の日々の家事と彼への愛情に感謝するようになった。兄弟は幸福と満足は並んで進むものであることをその後も覚えていて，彼らの人生を当然のものと見なすことは二度となかった。そしてそれゆえに，彼らはその後ずっと幸せに暮らした。

問１＜適所選択＞脱落文は，兄弟が再び不幸になってしまったという内容なので，彼らが老女の魔法で得たものに不満を抱くようになったことを描く第11段落の最後に置くのが適切。　in other words「言い換えれば」

問２＜適文選択＞A．前文に彼らは良い暮らしをしていたにもかかわらず不幸だったとあるので，その理由となるウが適切。第６～８段落からも，彼らが現在の良い暮らしを上回る特別なものを欲していることがわかる。　**B．**４文後に「持っているもので満足するべき」とあり，これは空所部分の言い換えになっている。

問３＜英文解釈＞selfless は「自己を顧みない，無私の」という意味なので，イ．「兄弟は親切で，自分たちよりも他人のことを気にかける」が適切。これは第３段落の兄弟たちが老女を助けた行為や self(自己)が less(より少ない)という単語の構成からも推測できる。

問４＜英文解釈＞deserve は「～に値する」，them は文前半の these things，つまり前の３つの段落にある兄弟たちが欲していたものを指すので，イ．「あなたたちが望んだものを手に入れるのは正当だ」が適切。これは次の段落で老女が兄弟に望みのものを与えたことからも推測できる。

問５＜適語(句)補充＞ア．直後の関係代名詞節から，夢を現実に変える magical powers「魔法の力」(第４段落第１文)とわかる。　イ．文中の side by side は「並んで，一緒に」の意味。これは前段落第４文にある，happiness「幸福」は満足感なしでは長続きしないという老女の教えを反映していると考えられる。

問６＜内容真偽＞ア．「３兄弟が老女を助けようと決めるのに長くはかからなかった」…○　第３段落第３文参照。　immediately「即座に」　イ．「サミュエルは彼が欲しいのは城と召使いたちだけだと女性に言った」…○　第６段落参照。　ウ．「ティモシーが女性に大きな農場が欲しいと言ったのは，多くの種類の野菜を食べたかったからだ」…×　第７段落第２文参照。　エ．「ザンダーは女性に，彼を幸せにしてくれる美しい妻が欲しいと言った」…○　第８段落参照。　オ．「３兄弟は彼らの願いがかなった後は同じ家で暮らすことはなかった」…○　第11段落参照。サミュエルは城に，ティモシーは農場の横に立てた家(第５文)に，ザンダーは妻と一緒に暮らしたと考えられる。　カ．「３兄弟は再び女性に会ったときに，自分たちが間違っていたとすでにわかっていた」…×　最終段落第１文参照。間違いに気づいたのは老女と再び話した(前段落)後である。

Ⅵ〔**書き換え―適語補充**〕

１．「私は今朝家を出たとき，窓を閉めなかった」→「私は今朝窓を閉めずに家を出た」　without ～ing で「～することなしに」。

２．「今夜あなたに電話しましょうか？」　Shall I ～？「(私が)～しましょうか？」という相手に対する‘申し出’は，Do you want me to ～？で表せる。また‘need＋人＋to ～’「〈人〉に～してもらう必要がある」を用いてもよい。

3．「私の電子メールのアドレスは簡単に覚えられる」→「私の電子メールのアドレスを覚えるのは簡単だ」　書き換え文は，‘～ is＋形容詞＋to …’「～を…するのは―だ」の形(to不定詞の副詞的用法)。この構文では，文の主語の‘～’が‘to …’の目的語となる。

4．「彼は皆に尊敬されている医者だ」→「彼は皆が尊敬している医者だ」　過去分詞の形容詞的用法を使った文を，関係代名詞を使って書き換える(目的格の関係代名詞は省略する)。

Ⅶ〔整序結合〕

1．「お久しぶり」とは「最後に会ってから長い間たっている」ということ。‘It has been〔is〕＋期間＋since＋主語＋動詞…’「～から〈期間〉がたつ」の形にする(現在完了形の‘継続’用法)。　It's been a long time since we met last.

2．「～の半分の電力」は‘half as ～ as …’「…の半分の～」の形で表せる。この表現で‘量’を表す場合，‘as ～ as …’の部分は‘as much＋数えられない名詞＋as …’という形にする。　This new LED bulb uses only half as much power as the older ones.

3．「あなたはパーティーで私に話しかけてきた唯一の人でした」と読み換え，「唯一の人」を the only person とまとめる。「私に話しかけてきた」は，that を主格の関係代名詞として用いて person を修飾する関係代名詞節で表せばよい。　You were the only person that talked to me at the party.

Ⅷ〔適所選択〕

1．２つ目の that 以降が vase「つぼ」を修飾する関係代名詞節であることに注目する。つぼは「買われた」ものなので，‘be動詞＋過去分詞’の受け身形でなければならない(that は主格の関係代名詞)。　「私の家に来た友人が，祖父の誕生日のために買ったとても高価なつぼを割った」

2．The small shop crowded with young people までがひとまとまりの名詞句で(crowded は shop を修飾する過去分詞の形容詞的用法)，続く that want to buy its clothes は people を修飾する関係代名詞節と考えられるので，残りの部分で文の動詞が必要。going の前に is を置いて‘未来’を表す be going to ～ の形にすると文が成立する。　「そこの服を買いたいという若者で混雑しているその小さな店は，別の町に移転する」

Ⅸ〔和文英訳―部分記述〕

1．「９番目の～」は the ninth ～ となる。定冠詞 the がつくことと，nine「９」から e を取って th をつけることに注意。なお year の前の the は「年というもの」という‘総称’を表す用法。

2．「分かりません」は have no idea で表せる。「このチームがどれだけ強いのか」は‘疑問詞＋主語＋動詞…’の語順の間接疑問で表せる。「どれだけ」という‘程度’を表す how は直後に形容詞〔副詞〕が続くので，‘疑問詞’の部分は「どれだけ強い」を表す how strong とする。

数学解答

1 (1) ① $x=\frac{3\pm\sqrt{7}}{2}$　② -5

(2) $x=8,\ y=5$

(3) ① $\frac{1}{18}$　② $\frac{1}{6}$

(4) $\frac{10}{3}\pi-4\sqrt{3}\,\mathrm{cm}^2$

(5) $(128+64\sqrt{3})\,\pi\mathrm{cm}^2$

(6) 体積…$153\mathrm{cm}^3$

表面積…$126+27\sqrt{3}\,\mathrm{cm}^2$

2 (1) $2\sqrt{6}\,\mathrm{cm}$　(2) $2\sqrt{3}\,\mathrm{cm}$　(3) $\frac{\sqrt{6}}{7}\mathrm{cm}$　(4) $\frac{15\sqrt{2}}{28}\mathrm{cm}^2$

3 (1) $y=\frac{1}{2}x-4$　(2) $1:2$

(3) $y=\frac{7}{6}x-\frac{2}{3}$　(4) 504π

4 (1) $\frac{5}{12}$　(2) $\frac{7}{24}$　(3) $\frac{17}{72}$

5 (1) $3\sqrt{2}\pi\mathrm{cm}$　(2) $(2\sqrt{5}+1)\,\pi\mathrm{cm}$

(3) $(16+8\sqrt{2})\,\pi\mathrm{cm}^2$　(4) $12\pi\mathrm{cm}^2$

1〔独立小問集合題〕

(1)<二次方程式の応用>①解の公式より，$x=\frac{-(-6)\pm\sqrt{(-6)^2-4\times2\times1}}{2\times2}=\frac{6\pm\sqrt{28}}{4}=\frac{6\pm2\sqrt{7}}{4}=\frac{3\pm\sqrt{7}}{2}$である。　②二次方程式$2x^2-6x+1=0$の大きい方の解が$x=a$だから，$2a^2-6a+1=0$が成り立ち，$2a^2-6a=-1$，$a^2-3a=-\frac{1}{2}$となる。よって，$4a^2-12a-3=4(a^2-3a)-3=4\times\left(-\frac{1}{2}\right)-3=-2-3=-5$である。

(2)<方程式の応用>左辺を因数分解すると，$(2x+3y)(2x-3y)=31$となる。x，yが自然数より，$2x+3y>0$だから，$2x-3y>0$となり，$2x+3y$，$2x-3y$は自然数である。また，$2x+3y>2x-3y$である。よって，$31=1\times31$より，$2x+3y=31$……①，$2x-3y=1$……②が成り立つ。①＋②より，$4x=32$，$x=8$となり，①－②より，$6y=30$，$y=5$となる。

(3)<確率―さいころと関数>①大小2つのさいころの出た目の数p，qの組は，全部で$6\times6=36$(通り)ある。また，$\mathrm{P}(p,\ 0)$，$\mathrm{Q}(0,\ q)$より，直線PQの傾きは$\frac{0-q}{p-0}=-\frac{q}{p}$であり，$\mathrm{A}(3,\ 4)$，$\mathrm{B}(5,\ 1)$より，直線ABの傾きは$\frac{1-4}{5-3}=-\frac{3}{2}$である。直線PQと直線ABが平行だから，$-\frac{q}{p}=-\frac{3}{2}$が成り立ち，$2q=3p$となる。これを満たす$p$，$q$の組は，$(p,\ q)=(2,\ 3)$，$(4,\ 6)$の2通りだから，求める確率は$\frac{2}{36}=\frac{1}{18}$となる。　②右図1で，放物線$y=\frac{q}{p}x^2$が線分ABと交わるとき，$\frac{q}{p}$の値は，点Aを通るとき最大，点Bを通るとき最小である。点Aを通るとき，$4=\frac{q}{p}\times3^2$より，$\frac{q}{p}=\frac{4}{9}$であり，点Bを通るとき，$1=\frac{q}{p}\times5^2$より，$\frac{q}{p}=\frac{1}{25}$だから，$\frac{1}{25}\leqq\frac{q}{p}\leqq\frac{4}{9}$となる。36通りの$p$，$q$の組のうち，$\frac{1}{25}\leqq\frac{q}{p}\leqq\frac{4}{9}$を満たすのは$(p,\ q)=(3,\ 1)$，$(4,\ 1)$，$(5,\ 1)$，$(5,\ 2)$，$(6,\ 1)$，$(6,\ 2)$の6通りだから，求める確率は$\frac{6}{36}=\frac{1}{6}$である。

図1

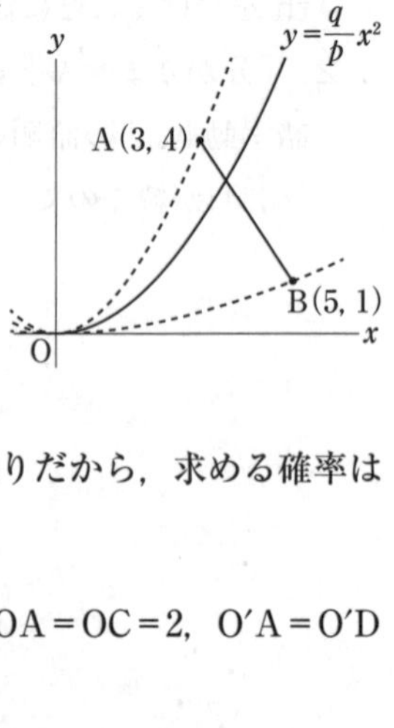

(4)<図形―面積>次ページの図2のように，4点A，B，C，Dを定める。$\mathrm{OA}=\mathrm{OC}=2$，$\mathrm{O'A}=\mathrm{O'D}$

$=2\sqrt{3}$ より，$\triangle \mathrm{AOO'}$ の３辺の比は $\mathrm{OA}:\mathrm{OO'}:\mathrm{O'A}=2:4:2\sqrt{3}=1:2:\sqrt{3}$ だから，$\angle \mathrm{AOO'}=60^\circ$，$\angle \mathrm{AO'O}=30^\circ$ となる。$\triangle \mathrm{AOO'}\equiv\triangle \mathrm{BOO'}$ だから，$\angle \mathrm{BOO'}=\angle \mathrm{AOO'}=60^\circ$，$\angle \mathrm{BO'O}=\angle \mathrm{AO'O}=30^\circ$ となり，$\angle \mathrm{AOB}=2\angle \mathrm{AOO'}=2\times60^\circ=120^\circ$，$\angle \mathrm{AO'B}=2\angle \mathrm{AO'O}=2\times30^\circ=60^\circ$ である。よって，$\mathrm{O'A}=\mathrm{O'B}$ より，$\triangle \mathrm{O'AB}$ は正三角形だから，$\mathrm{AB}=\mathrm{O'A}=2\sqrt{3}$ となる。また，$\mathrm{OO'}\perp\mathrm{AB}$ となるから，線分 AB と線分 OO′ の交点をHとすると，$\mathrm{O'H}=\frac{\sqrt{3}}{2}\mathrm{O'A}=\frac{\sqrt{3}}{2}\times2\sqrt{3}=3$ となり，$\mathrm{OH}=\mathrm{OO'}-\mathrm{O'H}=4-3=1$ となる。したがって，円Oの $\overset{\frown}{\mathrm{AB}}$ と線分 AB で囲まれた部分の面積は〔おうぎ形 OAB〕$-\triangle\mathrm{OAB}=\pi\times2^2\times\frac{120^\circ}{360^\circ}-\frac{1}{2}\times2\sqrt{3}\times1=\frac{4}{3}\pi-\sqrt{3}$，円 O′ の $\overset{\frown}{\mathrm{AB}}$ と線分 AB で囲まれた部分の面積は〔おうぎ形 O′AB〕$-\triangle\mathrm{O'AB}=\pi\times(2\sqrt{3})^2\times\frac{60^\circ}{360^\circ}-\frac{1}{2}\times2\sqrt{3}\times3=2\pi-3\sqrt{3}$ だから，円Oと円 O′ が重なった部分の面積は，$\left(\frac{4}{3}\pi-\sqrt{3}\right)+(2\pi-3\sqrt{3})=\frac{10}{3}\pi-4\sqrt{3}\,(\mathrm{cm}^2)$ である。

図２

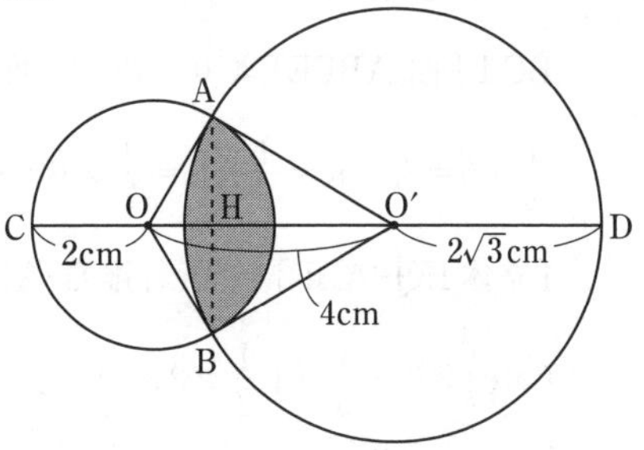

(5)＜**図形—面積**＞右図３のように，２点Ａ，Ｂを定め，正十二角形の全ての頂点を通る円の中心をＯとする。$\angle \mathrm{AOB}=360^\circ\div12=30^\circ$ となるから，点Ａから OB に垂線 AH を引くと，$\triangle\mathrm{OAH}$ は３辺の比が $1:2:\sqrt{3}$ の直角三角形となる。よって，$\mathrm{OA}=\mathrm{OB}=x(\mathrm{cm})$ とすると，$\mathrm{AH}=\frac{1}{2}\mathrm{OA}=\frac{1}{2}x$，$\mathrm{OH}=\sqrt{3}\mathrm{AH}=\sqrt{3}\times\frac{1}{2}x=\frac{\sqrt{3}}{2}x$ となり，$\mathrm{BH}=\mathrm{OB}-\mathrm{OH}=x-\frac{\sqrt{3}}{2}x=\left(1-\frac{\sqrt{3}}{2}\right)x$ となる。$\triangle\mathrm{ABH}$ で三平方の定理より，$\mathrm{AH}^2+\mathrm{BH}^2=\mathrm{AB}^2$ だから，$\left(\frac{1}{2}x\right)^2+\left\{\left(1-\frac{\sqrt{3}}{2}\right)x\right\}^2=8^2$ が成り立ち，$(2-\sqrt{3})x^2=64$，$x^2=\frac{64}{2-\sqrt{3}}$ となる。$\frac{64}{2-\sqrt{3}}=\frac{64(2+\sqrt{3})}{(2-\sqrt{3})(2+\sqrt{3})}=\frac{128+64\sqrt{3}}{4-3}=128+64\sqrt{3}$ だから，求める円の面積は，$\pi x^2=\pi\times\frac{64}{2-\sqrt{3}}=\pi\times(128+64\sqrt{3})=(128+64\sqrt{3})\pi\,(\mathrm{cm}^2)$ である。

図３

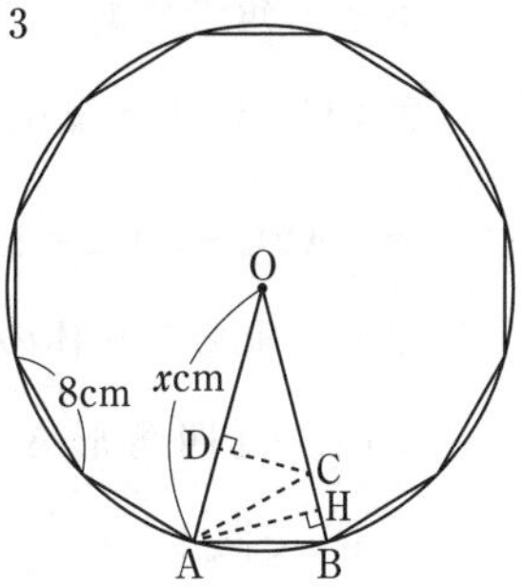

≪別解≫図３で，$\angle\mathrm{BAC}=30^\circ$ となる点Ｃを OB 上にとり，点Ｃから OA に垂線 CD を引く。$\angle\mathrm{AOB}=30^\circ$ より，$\angle\mathrm{OAB}=\angle\mathrm{ABC}=(180^\circ-30^\circ)\div2=75^\circ$ だから，$\angle\mathrm{DAC}=75^\circ-30^\circ=45^\circ$ となる。これより，$\triangle\mathrm{ACD}$ は直角二等辺三角形である。また，$\triangle\mathrm{ABC}$ で，$\angle\mathrm{ACB}=180^\circ-30^\circ-75^\circ=75^\circ$ となるから，$\angle\mathrm{ACB}=\angle\mathrm{ABC}$ となり，$\mathrm{AC}=\mathrm{AB}=8$ である。よって，$\mathrm{DA}=\mathrm{DC}=\frac{1}{\sqrt{2}}\mathrm{AC}=\frac{1}{\sqrt{2}}\times8=4\sqrt{2}$ である。$\triangle\mathrm{ODC}$ は３辺の比が $1:2:\sqrt{3}$ の直角三角形だから，$\mathrm{OD}=\sqrt{3}\mathrm{DC}=\sqrt{3}\times4\sqrt{2}=4\sqrt{6}$ となる。したがって，$\mathrm{OA}=\mathrm{OD}+\mathrm{DA}=4\sqrt{6}+4\sqrt{2}$ となるから，求める円の面積は，$\pi\times\mathrm{OA}^2=\pi\times(4\sqrt{6}+4\sqrt{2})^2=(128+64\sqrt{3})\pi\,(\mathrm{cm}^2)$ である。

(6)＜**図形—体積**＞次ページの図４のように，線分 AC と線分 BD の交点をＩ，線分 BG と線分 CF の交点をＪ，辺 BC の中点をＫとすると，点Ｅを含む方の立体は，立方体 ABCD-EFGH から，立体 IKJ-ABF，IKJ-DCG を除いた立体となる。立方体 ABCD-EFGH の体積は $6\times6\times6=216$ である。点Ｉ，点Ｊはそれぞれ正方形 ABCD，BCGF の対角線の交点だから，線分 AC，線分 CF の中点で

あり，3点I，K，Jを通る平面は面ABFEに平行となる。よって，

図4

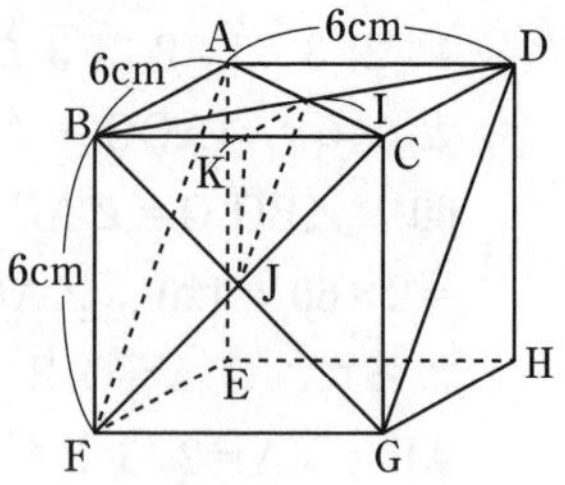

BC⊥〔面ABFE〕より，BC⊥〔面IKJ〕となる。$\mathrm{BK}=\mathrm{CK}=\frac{1}{2}\mathrm{BC}=\frac{1}{2}\times6=3$，$\mathrm{IK}=\frac{1}{2}\mathrm{AB}=\frac{1}{2}\times6=3$，$\mathrm{KJ}=\frac{1}{2}\mathrm{BF}=\frac{1}{2}\times6=3$ だから，〔立体IKJ-ABF〕=〔三角錐C-ABF〕−〔三角錐C-IKJ〕$=\frac{1}{3}\times\left(\frac{1}{2}\times6\times6\right)\times6-\frac{1}{3}\times\left(\frac{1}{2}\times3\times3\right)\times3=\frac{63}{2}$ となる。同様に，〔立体IKJ-DCG〕$=\frac{63}{2}$ である。したがって，求める立体の体積は $216-\frac{63}{2}\times2=153$(cm³)となる。次に，〔正方形AEHD〕=〔正方形EFGH〕$=6\times6=36$，$\triangle\mathrm{AEF}=\triangle\mathrm{DHG}=\frac{1}{2}\times6\times6=18$，$\triangle\mathrm{AID}=\frac{1}{4}$〔正方形ABCD〕$=\frac{1}{4}\times36=9$ であり，同様に，$\triangle\mathrm{FJG}=9$ となる。また，各線分AF，AC，CFは合同な正方形の対角線だから，AF=AC=CFとなり，△AFCは正三角形である。その1辺の長さは $\mathrm{AF}=\sqrt{2}\mathrm{AB}=\sqrt{2}\times6=6\sqrt{2}$ だから，正三角形の1辺の長さと高さの比が $2:\sqrt{3}$ より，高さは $\frac{\sqrt{3}}{2}\times6\sqrt{2}=3\sqrt{6}$ となる。よって，$\triangle\mathrm{AFC}=\frac{1}{2}\times6\sqrt{2}\times3\sqrt{6}=18\sqrt{3}$ となる。AF∥IJとなることから，△IJCも正三角形であり，△AFC∽△IJCである。相似比は AC：IC=2：1だから，△AFC：△IJC$=2^2:1^2=4:1$ となり，$\triangle\mathrm{IJC}=\frac{1}{4}\triangle\mathrm{AFC}=\frac{1}{4}\times18\sqrt{3}=\frac{9\sqrt{3}}{2}$ となる。したがって，〔四角形AFJI〕$=\triangle\mathrm{AFC}-\triangle\mathrm{IJC}=18\sqrt{3}-\frac{9\sqrt{3}}{2}=\frac{27\sqrt{3}}{2}$ となり，同様に，〔四角形DGJI〕$=\frac{27\sqrt{3}}{2}$ となる。以上より，求める立体の表面積は，〔正方形AEHD〕+〔正方形EFGH〕+△AEF+△DHG+△AID+△FJG+〔四角形AFJI〕+〔四角形DGJI〕$=36+36+18+18+9+9+\frac{27\sqrt{3}}{2}+\frac{27\sqrt{3}}{2}=126+27\sqrt{3}$(cm²)である。

2 〔平面図形—ひし形〕

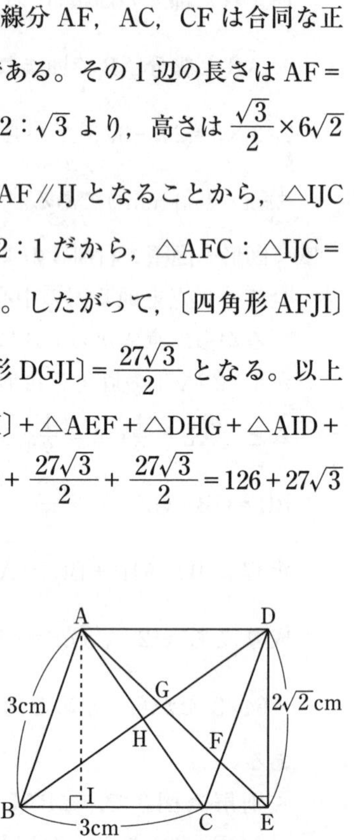

(1)**<長さ—三平方の定理>**右図の△DCEで，三平方の定理より，$\mathrm{CE}=\sqrt{\mathrm{DC}^2-\mathrm{DE}^2}=\sqrt{3^2-(2\sqrt{2})^2}=\sqrt{1}=1$ となるから，$\mathrm{BE}=\mathrm{BC}+\mathrm{CE}=3+1=4$ である。よって，△DBEで三平方の定理より，$\mathrm{BD}=\sqrt{\mathrm{BE}^2+\mathrm{DE}^2}=\sqrt{4^2+(2\sqrt{2})^2}=\sqrt{24}=2\sqrt{6}$(cm)となる。

(2)**<長さ—三平方の定理>**右図で，点Aから辺BCに垂線AIを引くと，AD∥BEより，四角形AIEDは長方形となるから，$\mathrm{AI}=\mathrm{DE}=2\sqrt{2}$，IE=AD=3であり，IC=IE−CE=3−1=2となる。よって，△AICで三平方の定理より，$\mathrm{AC}=\sqrt{\mathrm{AI}^2+\mathrm{IC}^2}=\sqrt{(2\sqrt{2})^2+2^2}=\sqrt{12}=2\sqrt{3}$(cm)である。

(3)**<長さ—相似>**右上図で，四角形ABCDはひし形だから，$\mathrm{BH}=\mathrm{DH}=\frac{1}{2}\mathrm{BD}=\frac{1}{2}\times2\sqrt{6}=\sqrt{6}$ である。また，∠AGD=∠EGBであり，AD∥BEより∠ADG=∠EBGだから，△AGD∽△EGBである。これより，DG：BG=AD：EB=3：4だから，$\mathrm{BG}=\frac{4}{3+4}\mathrm{BD}=\frac{4}{7}\times2\sqrt{6}=\frac{8\sqrt{6}}{7}$ となる。よって，$\mathrm{GH}=\mathrm{BG}-\mathrm{BH}=\frac{8\sqrt{6}}{7}-\sqrt{6}=\frac{\sqrt{6}}{7}$(cm)である。

(4)**<面積>**右上図で，$\triangle\mathrm{ACD}=\triangle\mathrm{ABC}=\frac{1}{2}\times\mathrm{BC}\times\mathrm{DE}=\frac{1}{2}\times3\times2\sqrt{2}=3\sqrt{2}$ である。また，∠AFD

$=\angle$EFC，$\angle$ADF$=\angle$ECFより，△ADF∽△ECFだから，DF：CF$=$AD：EC$=3:1$となる。これより，△ADF：△ACF$=3:1$だから，△ACF$=\dfrac{1}{3+1}$△ACD$=\dfrac{1}{4}\times3\sqrt{2}=\dfrac{3\sqrt{2}}{4}$となる。次に，△ABD$=$△ACD$=3\sqrt{2}$であり，(1)，(3)より，GH：BD$=\dfrac{\sqrt{6}}{7}:2\sqrt{6}=1:14$だから，△AHG：△ABD$=1:14$となり，△AHG$=\dfrac{1}{14}$△ABD$=\dfrac{1}{14}\times3\sqrt{2}=\dfrac{3\sqrt{2}}{14}$である。よって，四角形CFGHの面積は，△ACF$-$△AHG$=\dfrac{3\sqrt{2}}{4}-\dfrac{3\sqrt{2}}{14}=\dfrac{15\sqrt{2}}{28}$(cm²)となる。

3 〔関数―関数 $y=ax^2$ と直線〕

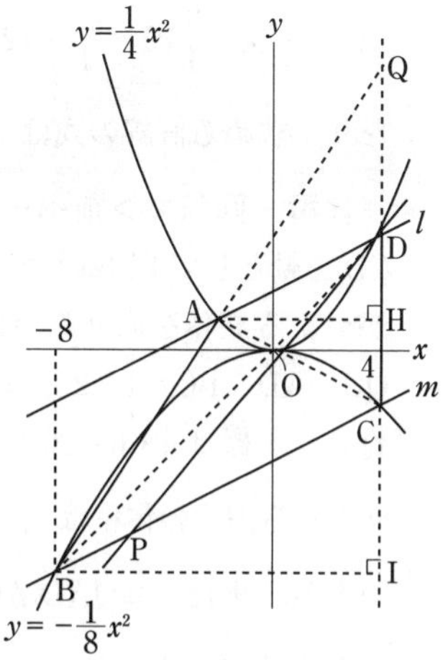

(1)**＜直線の式＞**右図で，2点B，Cは放物線$y=-\dfrac{1}{8}x^2$上にあり，x座標がそれぞれ-8，4だから，$y=-\dfrac{1}{8}\times(-8)^2=-8$，$y=-\dfrac{1}{8}\times4^2=-2$より，B$(-8,\ -8)$，C$(4,\ -2)$である。直線$m$は2点B，Cを通るから，傾きは$\dfrac{-2-(-8)}{4-(-8)}=\dfrac{1}{2}$となり，その式は$y=\dfrac{1}{2}x+b$とおける。点Cを通ることより，$-2=2+b$，$b=-4$となるので，直線$m$の式は$y=\dfrac{1}{2}x-4$である。

(2)**＜長さの比―相似＞**右図で，2点A，Bから直線CDに垂線AH，BIを引くと，AD∥BCより，$\angle$ADH$=\angle$BCIだから，△DAH∽△CBIとなる。よって，AD：BC$=$AH：BIとなる。2点C，Dのx座標はともに4だから，直線CDはy軸に平行であり，線分AH，線分BIはx軸に平行である。2点B，Cのx座標より，BI$=4-(-8)=12$となる。また，直線mの傾きは$\dfrac{1}{2}$だから，直線lの傾きも$\dfrac{1}{2}$であり，その式は$y=\dfrac{1}{2}x+c$とおける。点Dは放物線$y=\dfrac{1}{4}x^2$上にあり，x座標が4だから，$y=\dfrac{1}{4}\times4^2=4$より，D$(4,\ 4)$である。直線$l$は点Dを通るから，$4=2+c$，$c=2$となり，直線$l$の式は$y=\dfrac{1}{2}x+2$である。点Aは放物線$y=\dfrac{1}{4}x^2$と直線$y=\dfrac{1}{2}x+2$の交点だから，$\dfrac{1}{4}x^2=\dfrac{1}{2}x+2$より，$x^2-2x-8=0$，$(x+2)(x-4)=0$　$\therefore x=-2,\ 4$　よって，点Aのx座標は-2である。したがって，AH$=4-(-2)=6$となるから，AH：BI$=6:12=1:2$となり，AD：BC$=1:2$である。

(3)**＜直線の式＞**右上図で，点Dを通り台形ABCDの面積を2等分する直線と辺BCの交点をPとし，点Aと点C，点Bと点Dをそれぞれ結ぶ。AD∥BCより，△ABD$=$△ACDである。また，CD$=4-(-2)=6$であり，これを底辺と見ると，△ACDの高さはAH$=6$，△BCDの高さはBI$=12$である。よって，〔台形ABCD〕$=$△ABD$+$△BCD$=$△ACD$+$△BCD$=\dfrac{1}{2}\times6\times6+\dfrac{1}{2}\times6\times12=54$となるから，△PCD$=\dfrac{1}{2}$〔台形ABCD〕$=\dfrac{1}{2}\times54=27$となる。点Pの$x$座標を$t$として，△PCDの底辺を辺CDとすると，高さは$4-t$と表せるから，△PCDの面積について，$\dfrac{1}{2}\times6\times(4-t)=27$が成り立ち，$t=-5$となる。点Pは直線$y=\dfrac{1}{2}x-4$上にあるから，$y=\dfrac{1}{2}\times(-5)-4=-\dfrac{13}{2}$より，

$P\left(-5,\ -\dfrac{13}{2}\right)$である。D(4, 4)だから，直線DPの傾きは$\left\{4-\left(-\dfrac{13}{2}\right)\right\}\div\{4-(-5)\}=\dfrac{7}{6}$となり，直線DPの式は$y=\dfrac{7}{6}x+k$とおけ，点Dを通ることより，$4=\dfrac{14}{3}+k$，$k=-\dfrac{2}{3}$となる。したがって，求める直線の式は$y=\dfrac{7}{6}x-\dfrac{2}{3}$である。

≪別解≫前ページの図で，AD∥BCだから，⑵より，△ABD：△BCD＝AD：BC＝1：2である。よって，台形ABCDの面積をSとすると，△BCD$=\dfrac{2}{1+2}$〔台形ABCD〕$=\dfrac{2}{3}S$となり，△PCD$=\dfrac{1}{2}S$だから，△PCD：△BCD$=\dfrac{1}{2}S:\dfrac{2}{3}S=3:4$である。これより，PC：BC＝3：4である。BI＝12だから，$\dfrac{3}{4}\mathrm{BI}=\dfrac{3}{4}\times12=9$より，点Pの$x$座標は$4-9=-5$である。よって，$P\left(-5,\ -\dfrac{13}{2}\right)$となり，求める直線の式は$y=\dfrac{7}{6}x-\dfrac{2}{3}$となる。

⑷＜**体積―回転体**＞前ページの図で，直線ABと直線CDの交点をQとすると，台形ABCDを辺CDを軸として1回転してできる立体は，△QBIがつくる円錐から，△CBIがつくる円錐と，△QADがつくる立体を取り除いた立体である。AD∥BCより，△QAD∽△QBCだから，⑵より，QD：QC＝AD：BC＝1：2となる。これより，点Dは線分QCの中点だから，QD＝DC＝6となり，点Qのy座標は$4+6=10$である。BI＝12，QI$=10-(-8)=18$，CI$=-2-(-8)=6$だから，△QBIがつくる円錐の体積は$\dfrac{1}{3}\times\pi\times12^2\times18=864\pi$，△CBIがつくる円錐の体積は$\dfrac{1}{3}\times\pi\times12^2\times6=288\pi$である。また，△QADがつくる立体は，△QAHがつくる円錐から△DAHがつくる円錐を取り除いた立体である。AH＝6であり，点Aのy座標が$y=\dfrac{1}{4}\times(-2)^2=1$であることより，点Hの$y$座標も1だから，QH$=10-1=9$，DH$=4-1=3$となり，△QADがつくる立体の体積は，$\dfrac{1}{3}\times\pi\times6^2\times9-\dfrac{1}{3}\times\pi\times6^2\times3=72\pi$となる。以上より，求める立体の体積は$864\pi-288\pi-72\pi=504\pi$である。

4〔**確率―さいころ**〕

⑴＜**確率**＞さいころを2回投げるとき，目の出方は全部で$6\times6=36$(通り)ある。このうち，コマが1のマスにあるのは，㋐1回目に右に1マス動かし，2回目に動かさない場合，㋑1回目は動かさないで，2回目に右に1マス動かす場合のいずれかである。㋐の場合，1回目が1，2，3の3通り，2回目が5，6の2通りより，$3\times2=6$(通り)ある。㋑の場合，1回目が4，5，6の3通り，2回目が1，2，3の3通りより，$3\times3=9$(通り)ある。よって，コマが1のマスにある場合は$6+9=15$(通り)だから，求める確率は$\dfrac{15}{36}=\dfrac{5}{12}$である。

⑵＜**確率**＞さいころを3回投げるとき，目の出方は全部で$6\times6\times6=216$(通り)ある。このうち，コマが2のマスにあるのは，㋒1回目，2回目に右に1マス動かし，3回目に動かさない場合，㋓1回目に右に1マス動かし，2回目は動かさないで，3回目に右に1マス動かす場合，㋔1回目は動かさないで，2回目，3回目に右に1マス動かす場合のいずれかである。㋒の場合，1回目，2回目が1，2，3の3通り，3回目が5，6の2通りより，$3\times3\times2=18$(通り)ある。㋓の場合，1回目が3通り，2回目が2通り，3回目が3通りより，$3\times2\times3=18$(通り)ある。㋔の場合，1回目が4，5，6の3通り，2回目，3回目が3通りより，$3\times3\times3=27$(通り)ある。よって，コマが2のマスにある場合は$18+18+27=63$(通り)だから，求める確率は$\dfrac{63}{216}=\dfrac{7}{24}$である。

(3)＜確率＞216通りの目の出方のうち，コマが0のマスにある場合は，㋕1回目に右に1マス，2回目に左に1マス動かし，3回目に動かさない場合，㋖1回目に右に1マス動かし，2回目は動かさないで，3回目に左に1マス動かす場合，㋗1回目は動かさないで，2回目に右に1マス，3回目に左に1マス動かす場合，㋘1回目，2回目，3回目とも動かさない場合のいずれかである。㋕の場合，1回目が1，2，3の3通り，2回目が4の1通り，3回目が4，5，6の3通りより，$3\times1\times3=9$(通り)ある。㋖の場合，1回目が3通り，2回目が5，6の2通り，3回目が1通りより，$3\times2\times1=6$(通り)ある。以下同様にすると，㋗の場合は$3\times3\times1=9$(通り)，㋘の場合は$3\times3\times3=27$(通り)となる。よって，コマが0のマスにある場合は$9+6+9+27=51$(通り)だから，求める確率は$\dfrac{51}{216}=\dfrac{17}{72}$である。

5〔空間図形―立方体〕

(1)＜長さ＞立方体を3回転がすと，点Mは，右図1のように，点Gを中心とするおうぎ形の$\overset{\frown}{MM_1}$，点C_1を中心とするおうぎ形の$\overset{\frown}{M_1M_2}$，点B_2を中心とするおうぎ形の$\overset{\frown}{M_2M_3}$を描く。四角形BFGCは正方形だから，$GM=C_1M_1=B_2M_2=\dfrac{1}{2}BG=\dfrac{1}{2}\times\sqrt{2}BF=\dfrac{1}{2}\times\sqrt{2}\times4=2\sqrt{2}$であり，90°ずつ回転するから，$\angle MGM_1=\angle M_1C_1M_2=\angle M_2B_2M_3=90°$である。よって，$\overset{\frown}{MM_1}=\overset{\frown}{M_1M_2}=\overset{\frown}{M_2M_3}=2\pi\times2\sqrt{2}\times\dfrac{90°}{360°}=\sqrt{2}\pi$となるから，求める長さは，$\overset{\frown}{MM_1}+\overset{\frown}{M_1M_2}+\overset{\frown}{M_2M_3}=\sqrt{2}\pi\times3=3\sqrt{2}\pi$ (cm)である。

図1

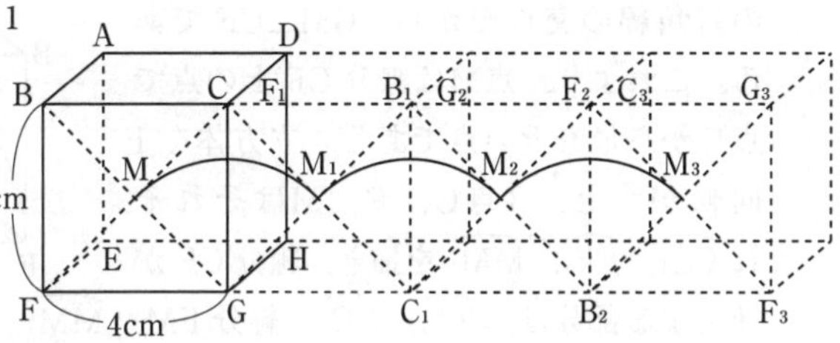

(2)＜長さ＞右図2で，各辺GH，C_1D_1，B_2A_2の中点をそれぞれO，P，Qとする。立方体を3回転がすと，点Nは，図2のように，点Oを中心とするおうぎ形の$\overset{\frown}{NN_1}$，点Pを中心とするおうぎ形の$\overset{\frown}{N_1N_2}$，点Qを中心とするおうぎ形の$\overset{\frown}{N_2N_3}$を描く。辺FEの中点をRとすると，$\angle NRO=90°$となり，$NR=\dfrac{1}{2}BF=\dfrac{1}{2}\times4=2$，$RO=FG=4$だから，△NROで三平方の定理より，$ON=\sqrt{NR^2+RO^2}=\sqrt{2^2+4^2}=\sqrt{20}=2\sqrt{5}$となる。よって，$\angle NON_1=90°$より，$\overset{\frown}{NN_1}=2\pi\times2\sqrt{5}\times\dfrac{90°}{360°}=\sqrt{5}\pi$となる。同様にして，$PN_1=2\sqrt{5}$，$\angle N_1PN_2=90°$より，$\overset{\frown}{N_1N_2}=\sqrt{5}\pi$となる。また，$QN_2=NR=2$，$\angle N_2QN_3=90°$だから，$\overset{\frown}{N_2N_3}=2\pi\times2\times\dfrac{90°}{360°}=\pi$となる。以上より，求める長さは，$\overset{\frown}{NN_1}+\overset{\frown}{N_1N_2}+\overset{\frown}{N_2N_3}=\sqrt{5}\pi+\sqrt{5}\pi+\pi=(2\sqrt{5}+1)\pi$ (cm)である。

図2

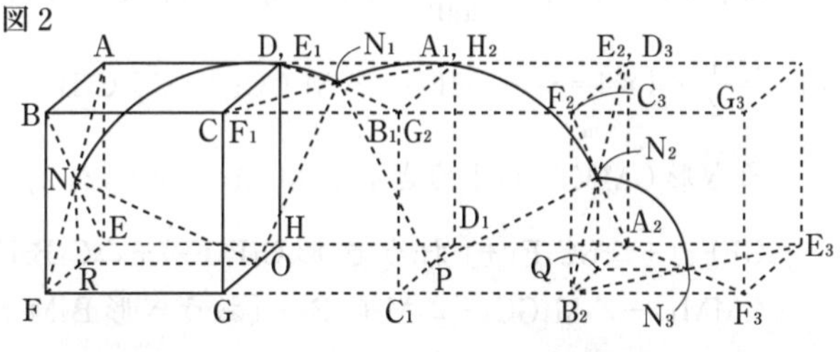

(3)＜面積＞立方体を3回転がすと，辺EFは，次ページの図3のように，曲面EFF_1E_1，$E_1F_1F_2E_2$，$E_2F_2F_3E_3$を描く。これらの曲面は，展開すると，いずれも縦が$EF=4$の長方形となる。曲面EFF_1E_1を展開してできる長方形の横の長さは$\overset{\frown}{FF_1}$の長さと等しいから，$2\pi\times4\times\dfrac{90°}{360°}=2\pi$である。よって，曲面$EFF_1E_1$の面積は$4\times2\pi=8\pi$となる。曲面$E_1F_1F_2E_2$を展開してできる長方形の

図3

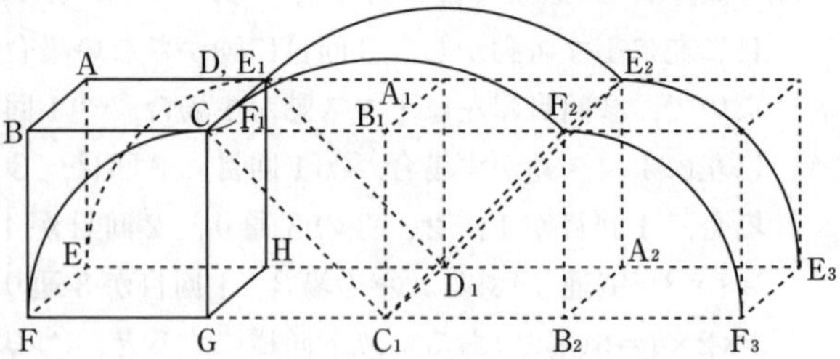

横の長さは，$\overset{\frown}{F_1F_2}$ の長さである。$C_1F_1=\sqrt{2}GF_1=\sqrt{2}\times4=4\sqrt{2}$，$\angle F_1C_1F_2=90^\circ$ より，$\overset{\frown}{F_1F_2}=2\pi\times4\sqrt{2}\times\frac{90^\circ}{360^\circ}=2\sqrt{2}\pi$ となるから，曲面 $E_1F_1F_2E_2$ の面積は $4\times2\sqrt{2}\pi=8\sqrt{2}\pi$ である。曲面 $E_2F_2F_3E_3$ の面積は，曲面 EFF_1E_1 の面積と同様に $8\pi\,\mathrm{cm}^2$ である。以上より，求める面積は，〔曲面 EFF_1E_1〕＋〔曲面 $E_1F_1F_2E_2$〕＋〔曲面 $E_2F_2F_3E_3$〕$=8\pi+8\sqrt{2}\pi+8\pi=(16+8\sqrt{2})\pi$ (cm^2) となる。

(4)＜**面積**＞右図4で，点Mは正方形BFGCの対角線の交点だから，$GM\perp CF$ である。これより，点Mは線分CF上の点で点Gから最も近い点である。立方体を1回転がすと，3点C，F，Mはそれぞれ $\overset{\frown}{CC_1}$，$\overset{\frown}{FF_1}$，$\overset{\frown}{MM_1}$ を描き，線分CFが通過する部分は，$\overset{\frown}{FF_1}$，$\overset{\frown}{CC_1}$，線分FM，$\overset{\frown}{MM_1}$，線分 M_1C_1 で囲まれた部分となる。立方体をもう1回転がすと，線分CFが通過する部分は，おうぎ形 $C_1F_1F_2$ となる。さらに立方体をもう1回転がすと，最初に転がしたときと同様に考えて，$\overset{\frown}{C_1C_3}$，$\overset{\frown}{F_2F_3}$，線分 C_1M_2，$\overset{\frown}{M_2M_3}$，線分 M_3F_3 で囲まれた部分となる。よって，線分CFが通過する部分は，$\overset{\frown}{FF_1}$，$\overset{\frown}{F_1F_2}$，$\overset{\frown}{F_2F_3}$，線分FM，$\overset{\frown}{MM_1}$，線分 M_1C_1，線分 C_1M_2，$\overset{\frown}{M_2M_3}$，線分 M_3F_3 で囲まれた部分となる。〔おうぎ形 GFF_1〕＝〔おうぎ形 $B_2F_2F_3$〕$=\pi\times4^2\times\frac{90^\circ}{360^\circ}=4\pi$，〔おうぎ形 $C_1F_1F_2$〕$=\pi\times(4\sqrt{2})^2\times\frac{90^\circ}{360^\circ}=8\pi$，$\triangle GC_1F_1=\triangle C_1B_2F_2=\frac{1}{2}\times4\times4=8$，$\triangle MFG=\triangle M_1GC_1=\triangle M_2C_1B_2=\triangle M_3B_2F_3=\frac{1}{2}\triangle CFG=\frac{1}{2}\times\left(\frac{1}{2}\times4\times4\right)=4$，〔おうぎ形 GMM_1〕＝〔おうぎ形 $B_2M_2M_3$〕$=\pi\times(2\sqrt{2})^2\times\frac{90^\circ}{360^\circ}=2\pi$ だから，求める面積は，〔おうぎ形 GFF_1〕$+\triangle GC_1F_1+$〔おうぎ形 $C_1F_1F_2$〕$+\triangle C_1B_2F_2+$〔おうぎ形 $B_2F_2F_3$〕$-\triangle MFG-$〔おうぎ形 GMM_1〕$-\triangle M_1GC_1-\triangle M_2C_1B_2-$〔おうぎ形 $B_2M_2M_3$〕$-\triangle M_3B_2F_3=4\pi+8+8\pi+8+4\pi-4-2\pi-4-4-2\pi-4=12\pi$ (cm^2) となる。

図4

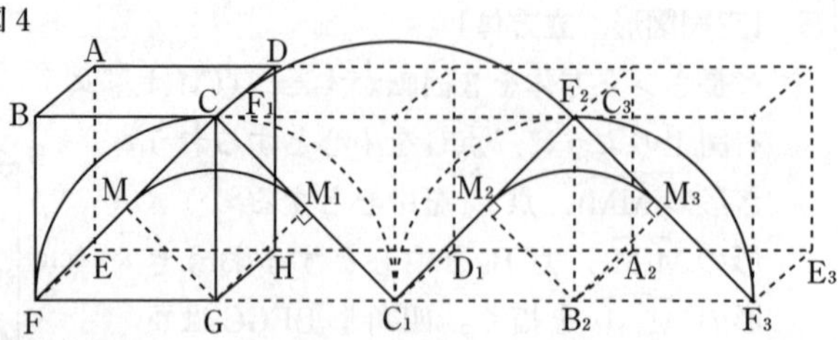

国語解答

一 問一 イ 凝固 ロ へいそく
ハ 色彩 ニ 怠惰 ホ 錯覚
問二 Ⅰ 古き良き日本への回帰
Ⅱ 「故郷」への回帰
問三 イ
問四 現実の変革～されてゆく［という事態。］
問五 ウ
問六 徹底して現実から遊離したもののもつ美しさ
問七 ア 問八 エ

二 問一 イ 応酬 ロ こんしん
ハ 大概
問二 エ 問三 観客
問四 良かれと願う 問五 注目
問六 自分にしか関心が向いておらず，友達の「承認」を期待している点。（31字）
問七 ア…× イ…○ ウ…× エ…○

三 問一 エ 問二 ア 問三 イ
問四 どんどん景色が流れ去るほどの船足でももどかしく感じていたのが，目的地の舞台に近づいたと思って安心した。
問五 むろん黒苦
問六 一議に及ばずみんな大賛成
問七 ウ 問八 イ

一〔**論説文の読解―政治・経済学的分野―産業**〕出典；中平卓馬『なぜ，植物図鑑か』「ディスカバー・ジャパン」。

≪本文の概要≫ディスカバー・ジャパン・キャンペーンには，そのキャンペーンの枠を超え，現実に噴出する多くの問題から我々の目をそらせ，ナショナリズムを鼓吹するという政治的機能があった。ディスカバー・ジャパンは，古きよき日本への回帰を勧める歴史的な軸と，ありもしない故郷へ帰ろうと誘う空間的な軸から成り立っている。どちらも，今ここ，という現実から我々を脱出させ，一時的に解放感を味わわせてくれるが，決して現実の何事かを解決してくれるわけではない。ディスカバー・ジャパンは，現実の変革に向けられるべきエネルギーを，現実からの逃避に向かわせるという政治的役割も，期せずして果たした。さらに，一見，そこに「自由」であるかのような文化も形成した。徹底して現実から遊離した美しさを持つディスカバー・ジャパンのポスターにあおられて行く旅は，一瞬一瞬を生きるというプロセスが欠落している。この場から移動したところで，現実から脱出したことにはならない。我々に残されたただ一つの真実の旅は，この現実に踏みとどまって，この現実を打ち砕いていくような旅なのである。

問一＜漢字＞イ．凝り固まること。 ロ．「閉塞性」は，狭い所に閉じ込められたような，よくなる方法が見つからない状態であるさま。 ハ．それらしい傾向のこと。 ニ．すべきことをしないで怠けること。 ホ．思い違いをすること。

問二＜文章内容＞ディスカバー・ジャパン・キャンペーンの政治的機能は，現実に噴出する多くの問題から我々の目をそらせ，ナショナリズムを鼓吹し続けることだった。ディスカバー・ジャパンは，「昔をのぞこう」と呼びかける「古き良き日本への回帰」と，ありもしない「故郷」への回帰という二つの主要軸から成り立っていて，この二つは，現実から我々を吸引し，疎隔させるものである。

問三＜表現＞国鉄のポスターに誘われてその地に出かけ，優越感を確認して帰ってくる人は，国鉄当局にとっても，結果として政府権力にとっても，「与えられた役を演ずる役者」である。

問四＜文章内容＞公害は，高度成長下の日本の独占資本主義が生み出した悪なのだから，反公害運動は，資本主義の否定に向かうはずだった。しかし，ちょうどその頃展開していたディスカバー・ジャパン・キャンペーンは，我々にここではない「もうちょっと」環境のよい所へと誘いかけ，我々の公害への怒りをうまく押さえ込んだ。結局，「現実の変革に向けられるべきエネルギーは裏返され，現実からの逃避，逃亡となって骨抜きにされてゆく」ことになったのである。

問五＜文章内容＞ディスカバー・ジャパン・キャンペーンは，「自然を謳い，昔を語り，故郷への回帰を鼓吹」した。キャンペーンと同じ論理にのって，青年たちは，放浪して歩いたり，骨とう品を集めたりし，一見「自由」であるかのような文化が，形成され始めた。しかし，その文化は，国鉄キャンペーンの目的を超えて，国策的レンジにまで拡大されたものであり，「上」に仕組まれたものといえる。

問六＜表現＞ディスカバー・ジャパンのポスターに載っている自然は美しく，そこを歩く都市から来た旅人も美しい。しかし，仮そめの解放感を提供するためのポスターは，現実を映してはいない。ポスターの自然や旅人が美しいのは，その自然や旅人が，「徹底して現実から遊離したもの」だからであり，そういうものの持つ美しさは，現実性の全くない「無色透明な美しさ」といえる。

問七＜文章内容＞ディスカバー・ジャパンのポスターは，デザインで旅のイメージを表現しているというよりも，ポスターを見て旅情を誘われた人は，デザインによって，行くべき所や体験すべき感動など，旅の内容を決められてしまっているのである。

問八＜文章内容＞現実から逃亡し，脱出するために村へ帰る旅や，前近代に憧れる旅をしても，都市も村も，近代も前近代も，全てが「資本の論理によって貫かれている」以上，それは資本主義の枠内での逃亡にすぎず，我々が直面している現実の何事も，解決されることはない。我々に逃げ込める所などないのである。

二〔論説文の読解―哲学的分野―人生〕出典；藤野寛『友情の哲学』。

問一＜漢字＞イ．相手の言動に応じ，やり返すこと。　ロ．体全体のこと。　ハ．大部分ということ。

問二＜指示語＞SNS上には，友達は多ければ多いほどよいという強迫観念に踊らされている人があふれている。彼らは，友達を数量として受けとめていて，常にその数を増やすことばかり考えている。

問三＜表現＞SNS上の友達は，ショービンがいうように，「一種の観客のようなもの」に変質していると受けとめられる。「フェイスブックの友達なんて，実は」旺盛な好奇心や注目する心をはたらかせてこちらを監視する「観客」でしかないということである。

問四＜文章内容＞SNSで，承認を求めて「どや，すごいやろ，まいったか」というメッセージばかり発信し合い，それに「イラッとする」のは，そこに「相手のために良かれと思う心」が存在しないからであり，それは友達関係とはいえない。「相手に良かれと願う気持ち」があれば，相手の自慢をそのまますごいと認め，感心し，ともに喜ぶことになる。この「相手に良かれと願う気持ち」が，友情の成立には必要なのである。

問五＜文章内容＞人々は，フェイスブックの友達に，友情など期待していない。人々は，相手に自分が承認されることを求めているだけで，しかも，その「承認」は，中味の濃いものではなくて，ただ「注目」されればよいという程度の薄っぺらな「承認」なのである。

問六＜文章内容＞自慢も自虐も，「自分にしか関心が向いていないという点」ではほぼ同じである。自虐する人も，自慢する人も，自分に「いいね！」が返ってくることを期待している。「いいね！」が返ってくれば，自分は相手に承認されたと受けとめるのである。

問七＜要旨＞SNS上の友達は，真の友情で結びついていない，中味の希薄な友達に堕してしまっている(ア…×)。友情には，熱い関心が求められるが，相手の不幸を望むような関心もあるので，関心があるといっても友情が成立していることにはならない(ウ…×)。こちらが承認を求めるSNS上の友達は，こちらを監視する観客のような存在でもある(イ…○)。SNSの世界では，人は，「友達」の「承認」を得られるか否かに一喜一憂させられている(エ…○)。

三 〔小説の読解〕出典；魯迅『村芝居』。

問一＜文章内容＞夏，平橋村にある外祖母の家へ母と泊まりに行くと，「私」はみんなからちやほやされ，難しい古典の勉強からも解放されたので，平橋村は十一，二歳の「私」にとって，このうえなく楽しい理想的な場所だった。

問二＜文章内容＞「私」の遊び相手の子どもたちは，高級な古典教材を読めるからといって「私」を特別扱いすることなどなかった。彼らにとっては，相手がどれほどの教養の持ち主であっても全く関係なく，牛のそばに近寄れず，こわごわ遠くからついていってそばに立っているだけの者を見れば，思う存分からかうのであった。

問三＜文章内容＞「河童」は，水中にすむ，泳ぎが上手な想像上の動物。今，「私」を船に乗せて行こうとしている子どもたちの中には，泳げない者はいないし，潮乗りの名人も二，三人はいた。

問四＜心情＞目に映る山並みが後方に「どんどん駈け去る」ほど，船はスピードを上げていたが，「それでもまだ船がのろい気」がするほど，「私」の心は，早く趙荘で芝居を見たくてたまらず，焦っていた。しかし，横笛らしい楽の音が聞こえる気がしたので，間もなく趙荘に到着して芝居を見ることができると思うと，はやっていた「私」の心も落ち着いてきた。

問五＜文章内容＞「黒苫船」には，「土地の旦那衆の家族」が乗っている。彼らは，芝居見物を口実にして菓子や果物などを食べに来ているのである。「白苫の乗合船」に乗っている「私」たちは，田舎から芝居を見たくてやってきた。「私」たちは，芝居を熱心に見る気もなく食べに来ている裕福な「黒苫船」の人たちの仲間だと思われたくないのである。

問六＜文章内容＞皆，おなかをすかせていたので，そら豆をとってきて煮て食おうという桂生の提案に，議論するまでもなく，全員大賛成し，すぐに行動に移った。

問七＜心情＞「私」たちの乗った船がなかなか帰ってこなかったので，心配して平橋のたもとで待っていた母は，帰り着いた「私」たちに，「もう夜半すぎですよ」と一言文句を言わずにはいられなかった。しかし，皆が無事に帰ってきたことで，母はほっとし，息子に芝居を見せるため船を出してくれた子どもたちに対し，感謝とねぎらいの気持ちを示したくて，彼らを我が家に誘った。

問八＜心情＞あの日，いつもの年のように，普通に芝居を見に行っていたら，「私」の心にその日のことが，特別な思い出として残ることはなかったであろう。子どもたちだけで船を出して芝居を見に行き，そら豆を畑でとってきて船の中で煮て食べたあの晩の一連の出来事は，今思い出してもわくわくする体験として，「私」の心に刻み込まれているのである。

Memo

2018年度 立教新座高等学校

【英　語】（60分）〈満点：100点〉

Ⅰ　リスニング問題(1)

これから放送で，３つのことがらについての説明が流れます。英語を聞いて，内容に当てはまる英語をそれぞれ１語で答えなさい。英語は**2回**流れます。

Ⅱ　リスニング問題(2)

これから放送で，ある５つの対話が流れます。対話を聞き，その最後の文に対する応答として最も適切なものを，放送される(A)～(D)の中から１つ選び，解答用紙の記号を○で囲みなさい。英語は**2回**流れます。

※**＜リスニング問題放送台本＞**は英語の問題の終わりに付けてあります。

Ⅲ　次の英文を読んで，各設問に答えなさい。

Once upon a time, many years ago, two friends named Ki-wu and Pao-shu lived in China. These two young men were always together. ①No cross words passed between them ; no unkind thoughts broke their friendship. Many interesting tales might be told of their *unselfishness and of how the good fairy gave them a true reward for their kindness. Here is one story which shows how strong their friendship was.

It was a bright beautiful day in early spring when Ki-wu and Pao-shu set out for a walk together because they were tired of the city and its noises.

"Let's go into the ②heart of the forest," said Ki-wu lightly. "There we can forget the cares that worry us. There we can breathe the sweetness of the flowers and lie on the grass."

"Good !" said Pao-shu, "I am tired, too. The forest is the place for rest."

Like two happy lovers on a holiday, they passed along the curving road. Their hearts beat fast as they came nearer and nearer to the woods.

"For thirty days I have worked over my books," said Ki-wu. "For thirty days I have not had a rest. My head is so full of wisdom that I am afraid it will burst. I need a breath of pure air blowing through the green woods."

"And I," added Pao-shu sadly, "have worked like a *slave and found it just as tough as you have found your books. My master treats me badly. It seems good to get beyond his reach."

Now they came to the border of the woods, crossed a little stream, and jumped into the trees and bushes. For many hours, they walked around, as they were talking and laughing happily. When they suddenly passed round a bunch of flower-covered bushes, they saw (ア)a block of gold shining in the pathway directly in front of them.

"Look !" said both at the same time, and pointed toward the treasure.

Ki-wu picked up (イ)the *nugget. It was nearly as large as (ウ)a lemon, and was very pretty. Ki-wu said, "It is yours, my dear friend," and handed it to Pao-shu, "it's yours because you saw it first."

"No, no," answered Pao-shu, "you are wrong, Ki-wu, because you were first to speak. The good fairy gave you a present for all your hard work of studying."

"For my study? Oh, that is impossible. The wise men always say that study brings its own prize. No, the gold is yours. I insist upon it. Think of your weeks of hard work — how your master made you work from day to night. Here is something far better. Take it. It's yours." He said and laughed.

They joked for some minutes. Each of them refused to take (エ)the treasure for himself; each of them insisted that it should belong to the other. At last, the block of gold was dropped in the very spot at which they first found it, and the two went away, each happy because he loved his friend better than anything else in the world. In this way, they ③turned their backs on any chance of quarrelling.

"It was not for gold that we left the city," said Ki-wu warmly.

"No," replied his friend, "A day in this forest is better than any other thing."

"Let's go to the spring and sit down on the rocks," suggested Ki-wu. "It is the coolest spot in the whole forest."

When they reached the spring, they were sorry to find somebody already there. A countryman was lying on the ground.

"Wake up, fellow!" cried Pao-shu, "there is money for you near by. Up along the path, ④a golden apple is waiting for some man to go and pick it up."

Then they explained the exact spot of the treasure to the man, and were delighted to see him go out to search.

For an hour they enjoyed each other's company, talking of all the hopes and dreams of their future, and listening to the music of the birds on the branches.

At last they were surprised at the angry voice of the man who went after the nugget. "What trick did you play on me, boys? Why do you make a poor man like me run his legs off for nothing on a hot day?"

"What do you mean, fellow?" asked Ki-wu. "Didn't you find the fruit we told you about?"

"No," he answered with anger, "but in its place there was a monster snake, and I cut it in two with my sword. Now, the gods will bring me bad luck for killing something in the woods. You can't get me out of this place by such a trick. You'll soon find you are wrong because I was the first one at this spot and you have no right to give me orders."

"Stop talking, and take (オ)this money for your trouble. We thought we were doing you a favor. Come, Pao-shu, let's go back and have a look at this wonderful snake hiding in a block of gold."

The two laughed happily and they left the countryman and turned back in search of the nugget.

"If I am not mistaken," said Ki-wu, "the gold lies beyond (カ)that fallen tree."

"Quite true. We will soon see the dead snake."

Quickly they went along the road and looked around the ground. When they arrived at the spot at which they left the treasure, they were surprised to see that there wasn't the block of gold, and there wasn't the [⑤], either. But, instead, they found two beautiful golden nuggets, each larger than the one they saw at first.

Each friend picked up one of these treasures and handed it to the other with joy. "At last (キ)the fairy gave you a reward for your unselfishness!" said Ki-wu. "Yes," answered Pao-shu, "by allowing me [⑥]."

出典：*The Golden Nugget* (storyberries.com), Revised

＊注：unselfishness　利己的でないこと　　slave　奴隷　　nugget　かたまり

問1　下線部①の表す内容に最も近いものを1つ選び，記号で答えなさい。

ア　2人はまったく口をきかなかった。

イ　2人の間では意地の悪い言葉が飛び交うことはなかった。

ウ　2人は言葉に出さなければまったく意思疎通ができなかった。

エ　2人はお互いの邪魔になるようなことはしなかった。

問2　下線部②の表す意味に最も近いものを1つ選び，記号で答えなさい。

ア　a part in the chest that sends blood around the body

イ　the place in a person that the feelings are thought to be in

ウ　the part that is in the center of something

エ　a thing often red, and used as a symbol of love

問3　下線部③とほぼ同じ意味で置き換えられる語を1つ選び，記号で答えなさい。

ア　changed　イ　avoided　ウ　took　エ　finished

問4　下線部④と同じ内容を指す語句を本文中の波線部(ア)～(キ)より**全て**選び，記号で答えなさい。

問5　⑤ に入る英語を，本文中から**1語で**抜き出しなさい。

問6　⑥ に当てはまるものを1つ選び，記号で答えなさい。

ア　to give you happiness　　イ　to play a trick on the countryman

ウ　to get back the place from the countryman　　エ　to be free from the master

問7　次の2つの質問に適する答えをそれぞれ1つずつ選び，記号で答えなさい。

(1)　Why did Ki-wu and Pao-shu explain to the countryman where the treasure was ?

ア　Because the countryman had a sword and was very frightening.

イ　Because they wanted the countryman to be rich.

ウ　Because the countryman asked them where the treasure was.

エ　Because they wanted to use the place the countryman was lying on.

(2)　What did the countryman say about killing something in the woods ?

ア　Something bad will happen because of the gods.

イ　The gods will come to take the thing you killed.

ウ　The gods will give you some money.

エ　The woods will tell the gods about it.

問8　本文の内容に合致するものを3つ選び，記号で答えなさい。ただし，解答の際はア～クの順番になるように記入すること。

ア　Ki-wu and Pao-shu set out for a walk because they wanted to find a treasure.

イ　Ki-wu was tired because he was studying for a month without any break.

ウ　Ki-wu tried to find a place to hide from his master.

エ　When the two boys were passing round a bunch of flower-covered bushes, they reached the spring.

オ　The countryman could not find the treasure, but instead he found some fruits in the woods.

カ　The two boys were happy because they liked each other very much and there was nothing more important than their friendship.

キ　The countryman found not only the nugget but also the monster snake and cut it in two with his sword.

ク　The countryman was angry because he thought Ki-wu and Pao-shu told him a lie.

Ⅳ　次の英文を読んで，各設問に答えなさい。

Not long ago, many parents wondered at what age they should give their children the car keys. Nowadays, parents face a difficult question. At what age should a child have a smartphone?

The topic is often heard when children get smartphones at an ever younger age. On average, children are getting their first smartphones around age 10, according to the research company Influence Central, down from age 12 in 2012. Some children start having smartphones sooner—including second year students as young as 7, according to Internet safety experts.

Common Sense Media, a *nonprofit organization, advises more strict rules. They say children should get smartphones only when they start high school — after they have learned self-control and the value of face-to-face communication.

Common Sense Media also researched 1,240 parents and children and found 50 percent of the children said that they could not live without their smartphones. It also found that 66 percent of parents felt their children used smartphones too much, and 52 percent of children agreed. About 36 percent of parents said they *argued with their children daily about phone use.

So how do you determine the right time? Taking away smartphones from children will not please smartphone makers. [A] Some experts said 12 was the right age, while others said 14. All agreed later was safer because smartphones can be a habit that takes away time for schoolwork and causes problems of *bullying or child *abuse.

There is also human health to think about. The *prefrontal cortex, a part of the brain that controls *impulse, continues to develop till people become around 25 years old. (1) parents should not be surprised if younger children with smartphones cannot control themselves.

Smartphones surely bring benefits. With the phones, children can get powerful *apps, including education tools for studying, chat apps for connecting with friends and a lot of information on the web.

(2), they are also one step closer to bad games, violent apps and *social media apps, and there, children are often bullied. Even older children are not safe. Last year, at least 100 students at a Colorado high school were caught because they traded unpleasant pictures of themselves on their mobile phones.

Ms. Weinberger, who wrote a smartphone and Internet safety book, said, “In the end, such bad points are stronger than the good points. If you don’t give smartphones to children, they still have a chance to use computers and *tablets. The main difference with a smartphone is that it is with a child everywhere, including places outside of parents’ control.”

There are some phone *settings that can help keep children safe when they get smartphones. *Apple has a lot of *functions that allow parents to control their children’s phones. (3), it can cut adult content and stop children using phone data and so on.

*Android phones don’t have similar *built-in parents’ control settings, (4) there are many apps in the Google Play app store that let parents add *restrictions. Ms. Weinberger picked up the app Qustodio, which lets parents watch their children’s text messages, stop apps at certain times of day or even shut off smartphones from another place. While that is a very strict way to control children’s smartphones, Ms. Weinberger said her job as a parent was not to make her children like her. She said, “My only job as a parent is to prepare you for the day you leave. So, I have to keep you safe, and you’re not going to like some of the things I say — and [B]”

出典：*The New York Times* 2016, Revised

＊注：nonprofit organization　非営利組織　　argue　口げんかする　　bullying　いじめ
abuse　虐待　　prefrontal cortex　前頭葉　　impulse　衝動
apps　アプリ　　social media　ソーシャルメディア　　tablets　タブレット型端末
settings　設定　　Apple　携帯電話規格のひとつ　　functions　機能
Android　携帯電話規格のひとつ　　built-in　(機械等に)組み込まれた
restrictions　制限

問１　次の(1)～(5)の質問に適する答えをそれぞれ１つずつ選び，記号で答えなさい。

(1) Which is true about the relationship between age and smartphones ?
ア Few children are getting smartphones right after their 10th birthday.
イ The age when children get their smartphones is getting younger these days.
ウ At the age of 12, children are allowed to have their first smartphones in many countries.
エ Parents ought to buy a smartphone for a seven-year-old child.
オ 66% of parents still don't know when to give their children smartphones.

(2) Which is true about the good points of a smartphone ?
ア A smartphone can give children a world full of information and communication tools.
イ A smartphone can improve school grades of any users.
ウ A smartphone can make your health better by powerful apps.
エ A smartphone can help children develop logical thinking skills.
オ A smartphone can save children from the problems often found in school.

(3) What does Common Sense Media say in this article ?
ア More than half of the researched parents say that they usually talk with their children about how to use their smartphones.
イ Less than half of the researched children think that they use their smartphones too much.
ウ Most of the children say they can not imagine life without smartphones.
エ High school children should get smartphones after they know the benefit of talking directly in person.
オ High school students shouldn't get smartphones because they don't know how to control themselves.

(4) What does Ms. Weinberger want to say ?
ア She wants to help her child to grow fast and to leave the house.
イ Children should get smartphones because their parents can keep them safe.
ウ Smartphone makers should make more apps so that parents can control their children's smartphones.
エ She doesn't like to limit her child's smartphone functions and apps.
オ Smartphones are sometimes less safe than computers and tablets.

(5) Which is the best title for this article ?
ア The Value of Face-to-Face Communication
イ How to Use Parents' Control Settings
ウ The Advantages of Children's Use of Smartphones
エ The Effects of Smartphones on Our Brains
オ Right Ages for Children to Get Smartphones

問2　第5段落中の A に当てはまるものを1つ選び，記号で答えなさい。

ア　The later you give your children smartphones, the unhappier children become.

イ　The sooner you give your children smartphones, the happier children become.

ウ　The longer you wait to give your children smartphones, the worse.

エ　The longer you wait to give your children smartphones, the better.

問3　文中の（1）から（4）のそれぞれに当てはまる英語の組み合わせをア～エから1つ選び，記号で答えなさい。ただし，文頭に来る語も小文字で示してあります。

ア　（1） though　（2） for example　（3） however　（4） that's why

イ　（1） for example　（2） though　（3） that's why　（4） however

ウ　（1） that's why　（2） however　（3） for example　（4） though

エ　（1） though　（2） that's why　（3） however　（4） for example

問4　文章末の B に当てはまるものを1つ選び，記号で答えなさい。

ア　that's not good.

イ　that's O.K.

ウ　that's unbelievable.

エ　that's not comfortable.

問5　以下の内容について，自分自身の意見を具体例や理由を交えて**40語以内**の英語で書きなさい。

「あなたは現在スマートフォンを持っていません。スマートフォンを買ってもらうために，あなたなら保護者をどのように説得しますか。」

Ⅴ　以下の対話はあるモノとモノとの会話である。 A と B は何であるか，それぞれ**日本語で**答えなさい。

A : You know, I'm really sorry.

B : For what ? You didn't do anything wrong.

A : I'm sorry, you get hurt because of me. When I make a mistake, you're always there for me. But every time you rub out my mistake, you lose a part of yourself. You get smaller and smaller every time.

B : That's true, but I don't really mind. You see, I was made to do this. I was made to help you when you do something wrong. So, stop worrying, please. I don't like seeing you sad.

Ⅵ　以下の会話文を読み，空所 1 ～ 4 に入る文をそれぞれ1つ選び，記号で答えなさい。

Bob is planning to move to a new house. He is asking Alex for advice.

Bob : Do you have any helpful hints for preparing to move out of my home ?

Alex : The first thing you should do is to make a list of things you need to do. Then try to think of what to do first.

Bob : What kinds of things should be on my list ?

Alex : 1

Bob : That is a good idea because I have too many things.

Alex : Also, you should arrange a truck for moving.

Bob : Can I begin packing things now ?

Alex : Yes, just keep in mind you should not pack the things you are using now.

Bob : [2]
Alex : You can simply have all the public services shut off on your moving day, but you might want to talk about it with the new owner.

Then on the moving day, Bob is talking with his wife, Kay.

Bob : Is the moving truck here yet ?
Kay : Yes, it just pulled up to the corner. Here we go !
Bob : Could you double-check and make sure that everything is in the boxes ?
Kay : I've already done that. Would you like me to put our suitcases into the car ?
Bob : Yes. [3]
Kay : I am so glad that we took the time to pack our valuable things into suitcases.
Bob : Would this be a good time to pack the frozen food ?
Kay : No. I think that we should wait until the very last minute to do that.
Bob : Then, I am going to take the dog for a walk so that he doesn't get too stressed out as the movers are working.
Kay : [4] The dog can wait.

ア Do you think it's the first thing to do ?
イ Let's put that together.
ウ You can walk it after cleaning.
エ Let them do that.
オ Should I schedule my electricity and gas to be shut off ?
カ I think we don't need the list right now.
キ This would be a good time to do that.
ク We have time to write that down.
ケ You should get rid of any extra things by having a garage sale.
コ Would you compare that with me ?

Ⅶ 次の各組の文がほぼ同じ意味になるように，（ ）内に適語を入れなさい。

1．{ Can I open the window ?
Do you mind ( ) ( ) open the window ?

2．{ Do you know how to use the computer ?
Do you know the ( ) ( ) using the computer ?

3．{ We were not able to have our school festival because of the typhoon.
The typhoon ( ) ( ) impossible ( ) us to have our school festival.

4．{ I am against your idea.
I ( ) ( ) to your idea.

Ⅷ 日本語に合うように，〔 〕内の語句を並べかえて意味の通る英語にしなさい。解答の際はAとBに入るものを記号で答えなさい。ただし，文頭に来る語も小文字で示してあります。

1．何か面白い読み物を持っていますか。
〔ア anything イ do ウ have エ interesting オ read カ to キ you〕?

____ ____ A ____ B ____ ____ ?

2．そのテストを受けるかどうかはあなた次第です。

Whether you〔ア is　イ not　ウ take　エ test　オ to　カ the　キ or　ク up　ケ you〕.

Whether you ______ ______ ______ __A__ ______ ______ __B__ ______ ______.

3．彼がなぜ昨日そこへ行ったのか誰にもわかりません。

〔ア knows　イ there　ウ why　エ no　オ went　カ he　キ one〕 yesterday.

______ __A__ ______ ______ __B__ ______ ______ yesterday.

4．メアリーはトムの約３倍の本を持っている。

〔ア books　イ three　ウ Mary　エ about　オ has　カ as　キ as　ク Tom　ケ many　コ times〕does.

______ ______ ______ __A__ ______ ______ __B__ ______ ______ ______ does.

5．その店に行く道は彼しか知らないのですか。

〔ア the way　イ that　ウ the　エ the shop　オ person　カ knows　キ only　ク is　ケ he　コ to〕?

______ __A__ ______ ______ ______ __B__ ______ ______ ______ ______ ?

＜リスニング問題放送台本＞

Ⅰ　リスニング問題(1)

これから放送で，３つのことがらについての説明が流れます。英語を聞いて，内容に当てはまる英語をそれぞれ１語で答えなさい。英語は２回流れます。

1．It is a notebook where you write the experience you have each day.　What is it?

2．It is a list that shows the days, weeks, and months of a particular year.　What is it?

3．This is the office or building that keeps money safely for its customers.　What is this?

Ⅱ　リスニング問題(2)

これから放送で，ある５つの対話が流れます。対話を聞き，その最後の文に対する応答として最も適切なものを，放送される(A)～(D)の中から１つ選び，解答用紙の記号を○で囲みなさい。英語は２回流れます。

1．M：Hi, Karen.　Are you already at the theater?

F：Yes.　I'm at the entrance.　What about you?

M：I might be late.　The train was delayed.

F：(A) I don't feel like it.　(B) I'll wait for you then.

(C) I'm on the same train.　(D) Well, you decide.

2．M：I'm going to this concert next Sunday.　Do you want to come with me?

F：Sure.　What time and where do you want to meet up?

M：Sorry, I haven't decided yet.

F：(A) OK.　Let me know.　(B) You'll see.

(C) That time will be fine with me.　(D) It won't be late.

3．F：May I help you, sir?

M：Yes, one hamburger with French fries, and a coke please.

F：Is it for here or to go?

M： (A) Yes, I'm new here. (B) It's sunny and warm outside.

(C) Yes, I'm going to meet my friend. (D) I'm taking it home with me.

4. F： Green Hotel front desk, may I help you？

M： Yes, I'd like to make a reservation for dinner tonight at the French restaurant on the 2nd floor.

F： For how many and what time, please？

M： (A) For four from 7 o'clock, please.

(B) I'd like the dinner course starting at 7 o'clock.

(C) My name is Yamamoto and my room number is 407.

(D) I have 2 children and they go to bed at 9.

5. M： Mom, can I go out to play with Jack？

F： Well, have you done your homework？

M： (A) It's math. (B) Jack finished his.

(C) Almost. (D) It's at the park.

【数　学】　(60分)〈満点：100点〉

(注意)　1．答はできるだけ簡単にし，根号のついた数は，根号内の数をできるだけ簡単にしなさい。また，円周率はπを用いなさい。

2．直定規，コンパスの貸借はいけません。

3．三角定規，分度器，計算機の使用はいけません。

1　以下の問いに答えなさい。

(1)　$\sqrt{10}$の小数部分をxとするとき，

$(2x+1)^2-2x(x-3)+(x+5)(x+3)-12$

の値を求めなさい。

(2)　図1のような，O(0，0)，A(2，0)，B(2，5)，C(0，5)を頂点とする長方形OABCがあります。点P(−1，1)を通る直線lが辺OC，ABと交わる点をそれぞれQ，Rとします。次の問いに答えなさい。

①　点Qのy座標をaとするとき，点Rのy座標をaを用いて表しなさい。

②　直線lが四角形OARQと四角形QRBCの面積の比を1：3に分けるとき，直線lの式を求めなさい。

図1

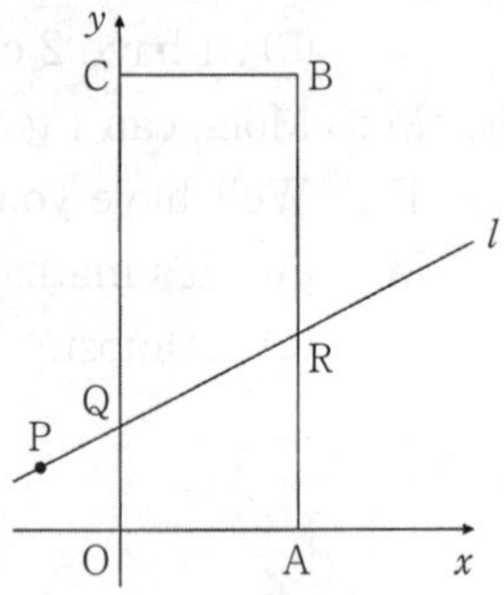

(3)　図2の四角形ABCDはAD＝CD＝$\sqrt{2}$cm，∠ABC＝∠BAD＝75°，∠BCD＝90°です。次の問いに答えなさい。

①　点Aから辺BCに引いた垂線と，BCとの交点をHとするとき，AHの長さを求めなさい。

②　四角形ABCDの面積を求めなさい。

図2

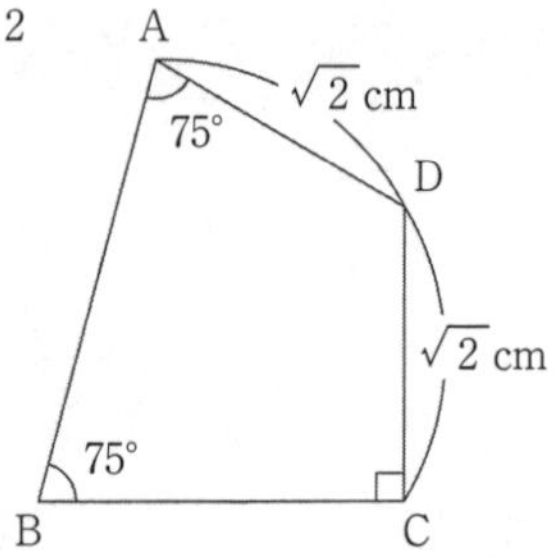

(4)　図3のような，縦横すべての道路が等間隔に整備された街があります。太郎君はA地点からB地点まで，次郎君はP地点からQ地点まで，それぞれ最短経路で移動します。太郎君と次郎君が同時に出発し，同じ速さで移動するとき，次の確率を求めなさい。ただし，縦方向の道と横方向の道のどちらかを選べる地点においては，どちらを選ぶことも同様に確からしいものとします。

①　太郎君と次郎君が途中で直線AP上ですれ違う確率

②　太郎君と次郎君が途中ですれ違う確率

図3

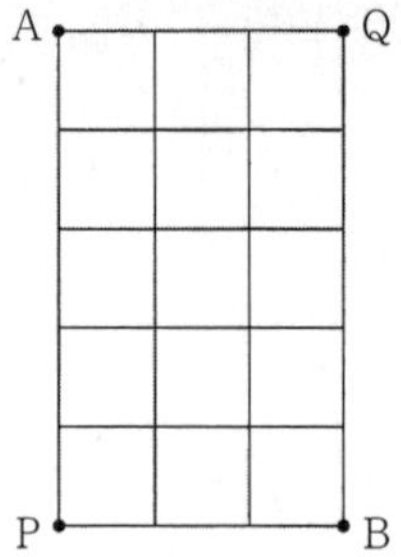

図4

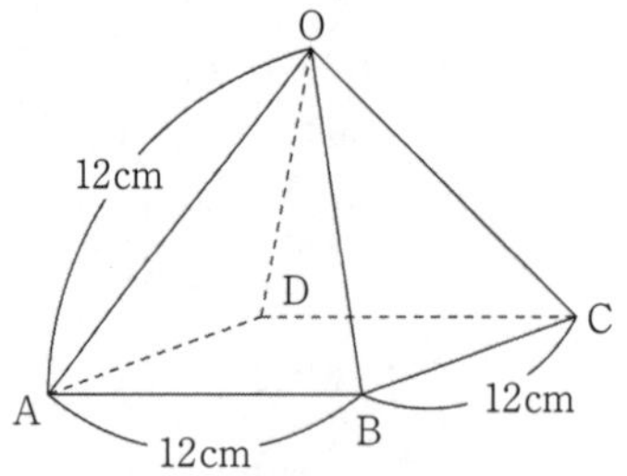

(5)　図4のような，すべての辺の長さが12cmの正四角錐O-ABCDがあります。次の問いに答えなさい。

①　正四角錐O-ABCDの体積を求めなさい。

②　OAの中点をM，OBの中点をNとし，3点C，M，Nを含む平面で正四角錐O-ABCDを切断するとき，頂点Aを含む方の立体の体積を求めなさい。

2　図のような正五角形ABCDEの頂点Aに点Pがあります。さいころを1回投げるごとに，点Pは以下のルールに従って左回りに先の頂点に移動し，何周も移動し続けます。

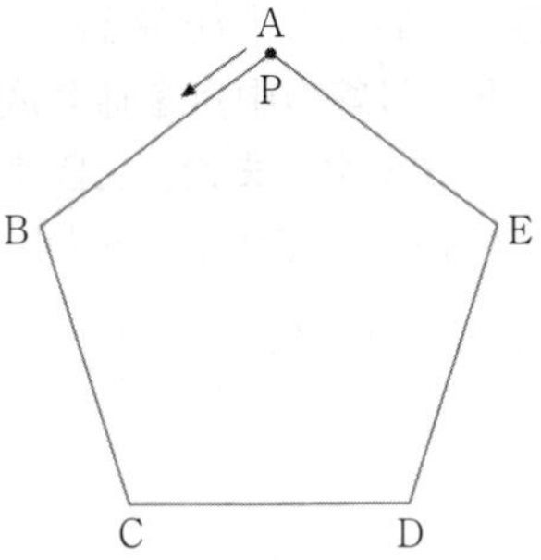

【ルール】

・さいころの目の数が1，2，3のとき，点Pは1つ先の頂点に移動します。

・さいころの目の数が4，5のとき，点Pは2つ先の頂点に移動します。

・さいころの目の数が6のとき，点Pは3つ先の頂点に移動します。

このとき，次の問いに答えなさい。

(1)　さいころを2回投げ終えたとき，点Pが点Aにある確率を求めなさい。

(2)　さいころを3回投げ終えたとき，点Pが点Aにある確率を求めなさい。

(3)　さいころを4回投げ終えたとき，点Pが点Aにある確率を求めなさい。

3　図のように，AB＝9cm，BC＝8cm，CA＝7cmの△ABCがあります。円Ｉは△ABCの3つの辺に接しており，円Oは△ABCの3つの頂点を通ります。また，円Eは2つの半直線AB，ACと辺BCにそれぞれ接しています。次の問いに答えなさい。

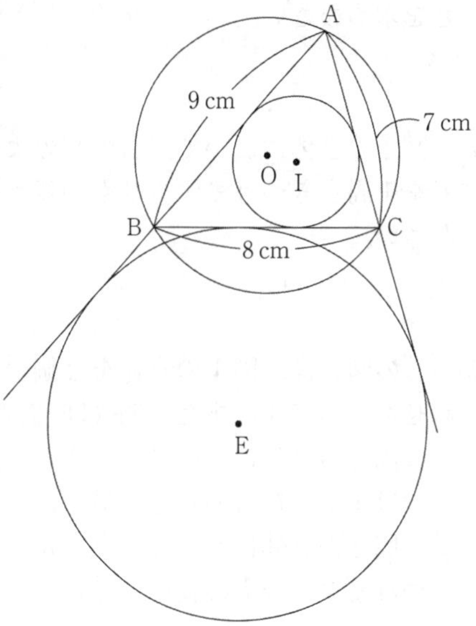

(1)　△ABCの面積を求めなさい。

(2)　円Ｉの半径を求めなさい。

(3)　円Oの半径を求めなさい。

(4)　円Eの半径を求めなさい。

4　図のように，放物線 $y=ax^2$ と直線 $y=\frac{1}{2}x+4$ が2点A，Bで交わっており，点Bの x 座標は8です。また，点Pは放物線上を点Aから点Bまで動くものとします。次の問いに答えなさい。

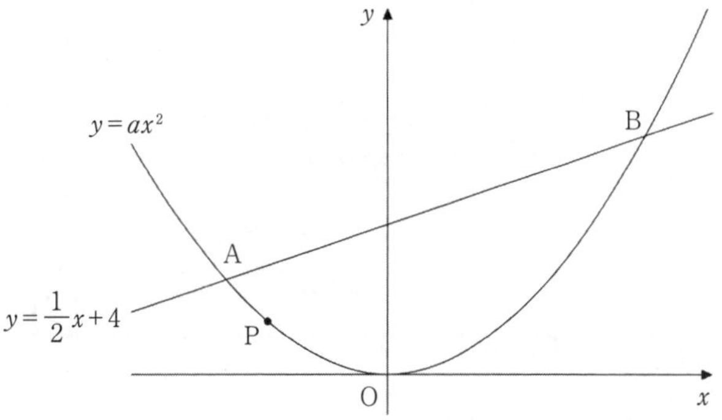

(1)　a の値および点Aの座標を求めなさい。

(2)　△APBの面積が $\frac{81}{4}$ になるとき，点Pの x 座標をすべて求めなさい。

(3)　△APBが二等辺三角形となるとき，点Pの x 座標を求めなさい。

(4)　△APBの面積が最大となるとき，△APBの面積を求めなさい。

5 底面の半径が2cm，母線の長さが12cmの円錐があります。この円錐を，母線の中点を通り底面と平行な面で切断して，図1のような立体をつくります。また，ABは底面の円の直径，CDは切断面の円の直径を表し，AB∥CDです。次の問いに答えなさい。

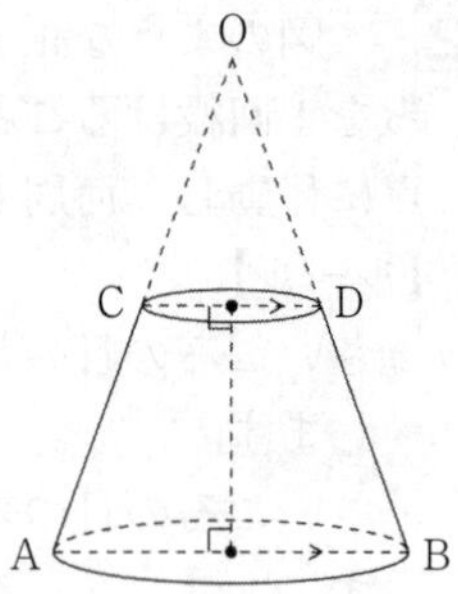

図1

(1) 図1の立体において，右の図のように点Aから立体の周りにひもを1周巻きつけて再び点Aに戻します。ひもの長さが最短になるとき，ひもの長さを求めなさい。

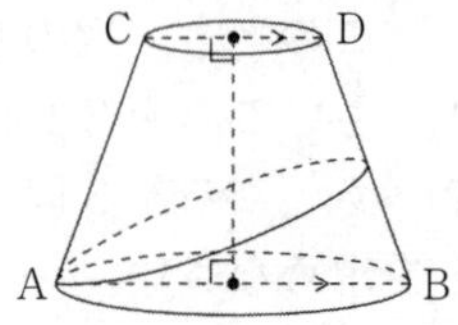

(2) 図1の立体において，右の図のように点Aから点Cまで立体の周りにひもを1周巻きつけます。ひもの長さが最短になるとき，ひもの長さを求めなさい。

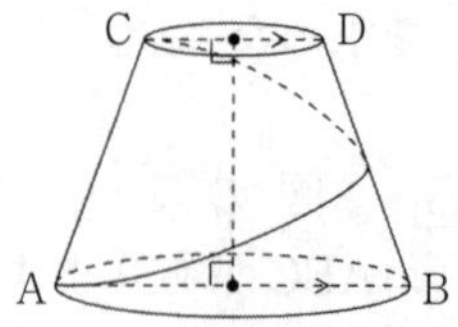

(3) 右の図2は，図1の立体を2個つくり，それらの切断面どうしをはり合わせたものです。また，EFは底面の円の直径を表し，CD∥EFです。

① 図2の立体において，点Aから点Eまで立体の周りにひもを2周巻きつけます。ひもの長さが最短になるとき，ひもの長さを求めなさい。

② 図2の立体において，点Aから点Eまで立体の周りにひもを3周巻きつけます。ひもの長さが最短になるとき，ひもの長さを求めなさい。

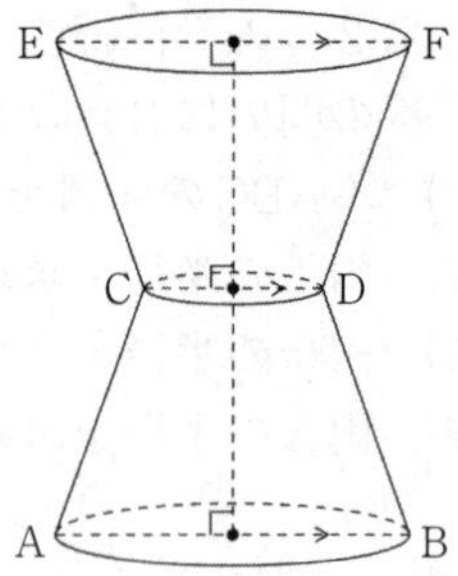

図2

拾ってきたかと思うような汗くさい鉄縁の代りに、なんとなくインテリ風の眼鏡をかけていた。おそろしく度の強そうな不気味にふくらんだそのレンズ。それを通してながめる世の中の景色も、二十何年のあいだにはうまいぐあいに変化したのだ。

（⑧彼の出世をよろこんでやっていいだろう。）

ふとそう思った。それからこうも思った。

（今度は、おれの息子を預けるのか。）

そうして僕は二人の子供の手をひいて、ゆっくり運動場を出てきた。

（阿部　昭「川」）

（注）＊ポマード…整髪料。

問一　傍線部イ〜ニのカタカナを漢字に直しなさい。

問二　傍線部①「僕らの内をながれる川」について説明した次の一文の空欄Ⅰ・Ⅱに当てはまる表現をそれぞれ十字以内で記しなさい。

常にそこに［Ⅰ］が、一方で［Ⅱ］もの。

問三　傍線部②「なるほどと思った」のはなぜか。その理由として最も適当なものを次の中から選び、記号で答えなさい。

ア　校長という立場にある者として、体罰は絶対に許さないという自分の指導方針を全職員に徹底するのは当然だと思ったから。

イ　今は自分が生徒だったころとは違って民主的な教育が要求されている時代であり、「彼」はそれをよく理解していると思ったから。

ウ　自分の信念を曲げることなく貫き通すという点においては、一教員に過ぎなかった昔も出世した今も変わっていないと思ったから。

エ　時代や立場の変化に応じてうまく立ち回る要領のよさを持ち合わせていたからこそ、「彼」は校長になれたのだと思ったから。

問四　傍線部③について。「いかにもと思った」のはなぜか。その理由として最も適当なものを次の中から選び、記号で答えなさい。

ア　生涯教育の重要性を考えれば、子供だけでなく親の教育にも力を入れるのは、「彼」なら考えそうなことだと思ったから。

イ　保護者の歓心を買い、ご機嫌をとることで私腹を肥やそうとするのは、「彼」なら考えそうなことだと思ったから。

ウ　戦時中の強圧的な教育を自ら否定し、それを償うために休日を犠牲にし、奉仕活動をするのは「彼」らしいと思ったから。

エ　進学率が上がり、保護者の多くが古典に関心を持っていることを察知し、その要望に応えようとするのは「彼」らしいと思ったから。

問五　空欄④・⑤に当てはまる語をそれぞれ漢字二字で答えなさい。

問六　傍線部⑥「さあ、走れ。走ってみせてくれ」と思うのはなぜか。その理由として最も適当なものを次の中から選び、記号で答えなさい。

ア　息子を預ける学校の校長として、生徒には負けても昔と変わらず頑健な人間であってほしいという願望があるから。

イ　たとえビリでゴールすることになっても、元気に最後まで走りきることが「彼」にふさわしいと思っているから。

ウ　昔と違って衰えたみじめな姿を見せられては、昔の「彼」を憎悪することが難しくなってしまうから。

エ　たとえ過去にひどい仕打ちを受けたとはいえ、「彼」の生徒であった以上、どうしても応援したくなるから。

問七　空欄⑦に当てはまる漢字一字を答えなさい。

問八　傍線部⑧「彼の出世をよろこんでやっていいだろう」と思ったのはなぜか。その理由をわかりやすく説明しなさい。

⑤、父兄たちの前をひた走って行く彼を。

　ところが、違った。彼は断然ビリを走っていた。その差は一目瞭然だった。話にならなかった。ここでも僕は思い違いをしていたのだ。僕らが六年のとき、どうやっても彼を抜けなかった。それほど彼は速かった。彼はうしろを振りかえりふりかえり僕らをからかいながら走るくらいの余裕があった。それは僕らが敗戦前後の栄養失調で、発育もわるく、いつも腹を空かしていたからか。そして、いまの子供たちは、六年生でもう大人並みのニキャクリョクがあるからなのか。

　どうかすると僕は、彼がこんなにも老いぼれてしまったとは想像もしないでいた。血気さかんだった昔の彼の、直立不動の号令や、武道の気合いや、馬糞《ばふん》ひろいのモッコの中味を憑《つ》かれたように点検する目つきを忘れかねていた。だから、走って下さい。走って、元気なところを見せて下さい。そういいたかった。

　あの頃、ぼくたちはあなたのいうことなら、何でもきき、何でも信じた。馬糞牛糞をわしづかみにできるものこそ、勇気ある真の少国民である、とあなたがいえば、ぼくたちは信じた。馬糞の拾いかたが少ないといって殴られれば、ぼくたちはもっともだと思った。そうして汗みどろになって掻《か》きあつめた馬や牛の糞を、ぼくたちはあなたの顔になげつけてやってもよかったのに、そうはしなかった。それはまことに貴重なものであり、ぼくたちの遊び場をどんどんけずりとって行く学校菜園の、食べられる植物たちの生長をたすけてくれた。おお、ぼくらがひろった馬糞牛糞でそだったぼくらの痩《や》せた野菜よ！　それをやがてみんなで掘りおこしたとき、あなたはぼくたちに、一本二本とかぞえながら惜しそうに配給した。そして、自分の分を一貫目二貫目とハカリにかけてその大きな包みをぼくたちに背負わせ、放課後、あなたの家まではこばせた。やっぱり飢えて口数すくないあなたのすけた女房やハナたれどもがいる家まで。

　⑥さあ、走れ。走ってみせてくれ。二十年後の余興として、これは出色のアイデアだ。

　僕は待った。彼は生徒の中のビリの子がゴールにたどりついてからもなかなかあらわれなかった。おそらく彼にしたって、自分がもう百メートルも満足に走れぬほど弱っているとは思わなかったのだろう。年に似合わず敏捷《びんしょう》なところを職員やＰＴＡのご婦人たちに見せたかったのだろう。

「先生がビリだ！」

「先生がビリだ！」

　何も知らない僕の息子どもが口をそろえてさけんだとき、僕はちょっぴり昔の先生の肩をもってやりたい気持だった。彼がビリになって、すっかり青ざめて、満場環視のゴールに倒れこむように入ってきたとき、僕はほんのすこし胸が痛かった。あとは見ていたくなかった。

　⑦番はおわった。僕はあいかわらず鉄棒にもたれ、風に吹かれていた。この僕にしたって、もう百メートルをいまどきの六年生のように走りぬくことは容易ではないだろう。

　僕が子供たちをうながして帰りかけたとき、校長がテント小屋から出てきた。着換えに行くのか、便所にでも行くのか、彼はややうつむき加減に、やれやれといった白けた風情で歩いてきて、すれちがった僕をちょっと目をあげて見た。そして、またうつむいて通りすぎて行った。もちろん、そこにいる子供づれの中年男が昔の教え子の一人であるとは気づくはずもなかった。

　だが僕が見たのは、なつかしいといってもいいあの顔だ。昔とかわらぬ浅黒い顔。ビンタをくらうたんびに、そのばかでかい手のひらに、むれたような体臭や安＊ポマードとタバコのにおいを嗅がされたものだったが。……

　彼はいまやお上品な海辺の住宅地の、金のにおいのぷんぷんする父兄にとりかこまれた校長先生だった。感じよく年をとって、昔のあの馬糞や下肥えの臭いをきれいに消し去っていた。上等の化粧品をつかい、からだじゅうから盆暮のつけとどけのにおいを発散させていた。眼鏡のつるさえ、とりかえたようだった。どこのドブから

三　次の文章を読んで、後の問に答えなさい。

こんな土地のことは、いくら話してみてもはじまらない。川や海のことにしたってそうだ。もう川を見ることはめったにない。いちばんよく渡ったあの稲荷《いなり》橋も、名前だけはそのまま残して、大きなコンクリートの橋になった。はだしで歩いた砂の道も、舗装されて立派なハイウェイになった。いまでは、子供たちをつれて海へ行くとき、その上を車で通るだけである。冬のある真夜中に、僕はその橋の上をィモウレツなスピードで走りすぎながら、車の窓から紙袋に入れた生まれたばかりの猫の仔《こ》を二匹、真っ暗な引地川の水面に投げこんだ。

こうして土地そのものはもちろん、おそろしいいきおいで変って行くが、人間はきっとそれ以上なのだ。①僕らの内をながれる川、というものもあるにちがいない。

ついこないだ、僕は昔の国民学校の受け持ちの先生にめぐりあった。彼がめぐりめぐってこの海辺の小学校の校長に栄転してきているのを僕は知らなかった。二十何年といえば長い歳月だ。だが、平の教員から校長先生までといえば、もっと長いロヘンレキだ。そのあいだ、僕はただの一度も彼を見なかった。見たいとも思わなかった。おぼえているのは、二十何年まえ、毎日のように殴られたことだけだった。

ところが、彼が校長に着任すると同時に、全職員をあつめて、ちょっとでも生徒に体罰を加えたりしたら容赦しないとハセンゲンしたという話をきいて、僕は②なるほどと思った。また彼が、日曜日ごとにこの町の公民館の成人講座で、着かざったPTAの婦人連を前に万葉集や古今集の話をしているともきいて、③いかにもと思ったのだ。たしかに、いまはそういう時代だ。

二十何年ぶりにその先生を見たのは、運動会の日だった。午後になってから僕は二人の子供をつれて出かけた。上の息子がらいねんその小学校にあがることになっていたからだ。それに僕には遠くからでも一と目あの先生の顔を見てやろうという下心があった。ところが、それ以上のものが見られたのである。

ちょうど六年生の百メートル決勝という、その日の大詰めの種目がはじまるところで、スピーカーの声が最後にこういった――

「この最終レースには、校長先生が選手の皆さんといっしょに走られます。どうか声援をおねがいします。……」

すると、派手なブルーのトレーニングシャツとパンツの男が、来賓の連中に冷やかされながら自分の席を立ち、テント小屋の外へ出てきた。男はテント小屋のうしろの空地で準備体操らしき手ぶり足ぶりをあわただしくやってから、[④]づけにその辺をさっさっとランニングしはじめた。当時からスポーツマンを自負していただけあって恰好《かっこう》だけはなかなかのものだった。

僕は二人の子供の手をひいて、近くの鉄棒にもたれて見ていた。

……

二十何年間の変りようが僕をおどろかしたというだけでは十分でない。こんな小さな男だったか、とまず思った。往復ビンタでおそいかかってくるとき、あんなに大男に見えたあの先生が。だがそれはむりもないことだった。僕らが彼に殴られながらもすくすくと育ったのに、むこうはローソクみたいに少しずつちびて行ったのだから。

近づいて名乗りをあげたらどんなものだろう？――先生、覚えておいでですか。二十何年まえ、藤沢の国民学校でお世話になった何某《なにがし》です。らいねんは僕の息子がまたお世話になります。そう話しかけてみたら？

だが僕は二十何年たってもそんな感心な生徒ではなかった。この生徒は、ただ秋風に吹かれて、遠くから昔の教師のみょうによわよわしい首すじを眺めることのほうを好んだ。それは、いかにも孤独な初老の男の首すじだった。

ドンが鳴った。運動場じゅうが喊声《かんせい》につつまれた。

人垣を通して、僕は彼が走っているのを見ようとした。きっと大人げも愛嬌《あいきょう》もなく、幼い教え子たちをひきはなして、得意

『醒睡笑』の「賢だて」に収録された一話では、馬上の侍が道に落ちている銭貨を目ざとく見つけて「あれなる物」を取ってくれと中《ちゅう》間《げん》(=付き人)に拾わせる。ところが拾い上げてみると、ただの柿のヘタだった。そのことを中間から知らされた侍は、もちろん承知していたと顔色ひとつ変えずに答え、馬がヘタを恐れるからお前に取り除かせたのだと言い逃れた。別の一話では、老いた父親が家の二階から降りようとしたとき、外にいた息子を客人とハカン違いしてニテイネイに招き入れようとした。息子が「私で候《そうろう》」と教えると、お前に礼儀作法を教えてやるつもりだったと父は答え、必死に父親の威厳を保とうとしている。

途方もない「無智」の人という設定は、万能の「智者」と同じくらい極端すぎて現実味に乏しい。それよりも姑息《こそく》な「賢だて」の方が、読者にとっては知り合いの誰かを連想させてリアルに感じられ、より大きな笑い声を引き出す効果が高かった。知らないと恥をかく常識の水準も現実的な線引きが好まれ、それが当時の常識力を推し量る目安にもなった。しかも時代が下るとともに常識のラインも底上げされ、些細《ささい》なルールやマニアックな専門知識、ちょっとした流行語などにホ疎い人が容赦なく笑われるようになっている。それだけ社会常識として年々上積みされていく様子が、間接的に把握できる。

(西田知己『日本語と道徳』)

(注) *無住…『沙石集』の作者。
*日葡辞書…日本語をポルトガル語で解説した江戸時代の辞書。

問一 傍線部イ~ホについて。カタカナは漢字に直し、漢字は読みをひらがなで記しなさい。

問二 傍線部①「口ごもってしまった」のはなぜか。その理由を「矛盾」という語を用いて説明しなさい。

問三 傍線部②「智恵出でて大偽あり」といえるのはなぜか。その理由を述べている一文を探し、最初の五字を抜き出しなさい。

問四 傍線部③「江戸時代」の「智恵」の特徴について述べている部分を十五字以内で抜き出しなさい。

問五 傍線部④「薬屋のまさかの無知」とあるが、「まさか」としているのはなぜか。その理由を説明しなさい。

問六 空欄 ⑤ に当てはまる文を次の中から選び、記号で答えなさい。

ア いくらか尊大に構えたり、実際以上に自分の知恵を見せびらかしたりすること。

イ わざと自分の知恵を出し惜しみすることで体面を保とうとすること。

ウ 自分のしてしまった失敗を取りつくろうために知恵をしぼること。

エ 知恵があることを誇りに思い、相手を必要以上に見下してしまうこと。

問七 次のア~オそれぞれについて、本文の内容に当てはまるものには○、当てはまらないものには×をつけなさい。

ア 『醒睡笑』の内容を通して、当時の人々の常識を読み取ることができる。

イ 『醒睡笑』は、『沙石集』や『徒然草』の伝統をよく引き継いでいる。

ウ 『醒睡笑』では、『沙石集』が説く「智恵」のあり方が批判されている。

エ 『醒睡笑』の笑いから、『徒然草』の流布の様態をかいま見ることができる。

オ 『醒睡笑』を読むことで、当時の人々は常識力を養っていた。

を占めている。そのため彼らが誤解・曲解した知識や事柄を押さえていくと、当時求められていた社会常識としての「智恵」の水準をいくらか推し量ることができる。笑い話ならではの誇張については、慎重に見極めて割り引かなければならないが、誰もが知っている常識を作中人物が知らないという構図こそ、大きな笑いが巻き起こる格好の起爆剤になるのだった。

安楽庵策伝がまとめた『醒睡笑』巻一には、いわば策伝の同業者を取り上げた「無智の僧」という項目があり、文字通り「智恵」のなさをテーマに掲げている。もちろん、仏教思想の理想が託された「智者」は稀有な存在であり、その境地に達していないのを笑うわけではなかった。策伝が書き留めた「無智の僧」とは、たとえば経文をマスターしていないという、僧侶らしからぬ無教養の人たちだった。

しかも無学という人物設定は物語の導入部にすぎず、最後に用意されているオチは経文を知らないのを何とかごまかそうとしたり、必死に見栄を張ろうとしたりする浅はかさの方だった。不相応な名誉欲や功名心にとらわれた「慳貪」さが空回りして笑われ、小手先の浅知恵も含めた救いようのなさが「無智」と表現されている。

ある一話では、賭博で大損して行き詰まった主人公が剃髪《ていはつ》して僧侶になり、法華宗のお寺に押しかける。経文も万全だと大見得を切り、一応入門を許されたと思ったら、檀家《だんか》の前でお経を唱える翌日のメンバーに加えられてしまった。夜通し練習してみたところで身につくはずもなく、窮余の一策として、若い頃に薬屋で奉公していたときに習い覚えた漢方薬の名前をひたすら並べて乗り切ることにした。

当日、例の男が十人の僧侶による読経に紛れて「桔梗《ききょう》、人参《にんじん》、続《ぞく》断《だん》、白朮《びゃくじゅつ》、干姜《かんきょう》、木香《もっこう》、白芷《びゃくし》、黄蓮《おうれん》」と唱えたところ、たまたま参列していた薬屋の主人が耳にして心底驚いた。普段仕事で取り扱っている薬は、どれも法華経の大切な言葉に入っていると誤解して感動し、にわか坊主の後ろ姿を一心に拝んだ。どっちもどっちという結末で、付け焼刃の僧侶の浅知恵を上回る④薬屋のまさかの無知という具合にも受け取れる。

無理矢理経文に仕立てられた漢方薬の名は、『醒睡笑』がまとめられた江戸初期の人たちにとっては、たいてい馴染《なじみ》のある品々だった。それを経文にも出ている言葉と受け取れば、笑われてしまうのも仕方がない。本物の経文が通常どんな内容なのか知らない無教養な人とみなされ、お里が知れてしまう。

『醒睡笑』巻三には「不文字《ふもじ》」という項目があり、こちらは同じ無学でも経文ではなく、読み書き自体が苦手な一般の人たちが登場する。その一作には、『徒然草』のことを中途半端にしか知らない見栄っ張りの姿が描かれている。『徒然草』を愛読している人がいて、その魅力を語っていたら、知ったかぶりの男が横からしゃしゃり出て口をはさんだ。末尾の「草」から「徒然草」を植物の一種と早合点し、いくら食べやすいからといって、和《あ》え物にしても食べ過ぎると体に毒だと得意げに講釈したのだった。

今や有名すぎるほど有名な『徒然草』も『孟子』の場合と同じく、広く読まれるようになったのは江戸時代に入ってからのことだった。版本が刊行されて出回り、絵入り本や袖珍《しゅうちん》本(＝携帯できる小型本)などバリエーションも増えて、全国的に行き渡った。しかし室町・戦国期の段階では、知名度の高さとは裏腹に、実際に手に取って読んだ人はまだ少数派だった。だから、とりあえず『徒然草』という書名の知識さえあれば笑えるというィ塩梅に、話の設定が微調整されたのだろう。

すぐれた能力の持ち主のことを、平たい言葉で「賢い」とか「利口な」と形容することも多かった。『醒睡笑』巻二には、賢明なふりを装う人たちのロ滑稽さを笑う「賢《かしこ》だ(立)て」という項目がある。『＊日葡《にっぽ》辞書』は、「智恵」の説明を「智恵(＝ポルトガル語で「Saber」)」という単語の置き換えだけであっさり片づけ、すぐあとに「智恵立て」を置いて、「　⑤　」と解説している。この「智恵立て」も、「賢立て」の類語に属する。

イ　もっともらしい解釈でわかった気になって、知覚によってその作品を受け止める機会を失うから。

ウ　もっともらしい解釈に従って、流れ行く音楽をそのつど言葉に置き換えながら受け止めようとするから。

エ　ひとつひとつの音を聴いていてもそれを解釈することで精一杯になり、音楽が楽しめなくなるから。

問五　傍線部④「ある種の遊技的闘争」と同じ内容の表現を、これより後の文中から十字以内で抜き出しなさい。

問六　傍線部⑤「深層の誘惑」を生み出すものは何か。文中から十字以内で抜き出しなさい。

二　次の文章を読んで、後の問に答えなさい。

広義の「智恵」の中には、知識というものがつねに一定の比重を占めている。仏教思想の立場では、知識が増えるにともなって煩悩《ぼんのう》もわき起こりやすいという考え方があり、この点については『沙石集』にも再三語られている。その一話に登場する厳融房《ごんゆうぼう》という僧侶は、すぐれた学識や教養にもかかわらず、非常に短気で怒りっぽかった。妹の子どもが死んだときには、嘆き悲しむ妹のもとを血縁でない人たちまで弔問に訪れたのに厳融房だけは姿を見せず、出向いて差し上げるよう弟子に進言されると腹を立てた。僧侶の妹なのだから、人との死に別れなど世の常と心得るべきだ、というのである。遅れてしぶしぶ妹と会った兄は、「生老病死」や「愛別離苦」など、いつかは尽きる命について語って聞かせたが、妹の悲しみは尽きるはずもない。いよいよ兄が立腹したとき、怒りとは何かと妹が尋ねた。それは煩悩のひとつだと兄が答えると、達観しておられるはずのお兄さまが、それほどまでにご立腹なさるのはいかがなものですかと妹に切り返され、とたんに①口ごもってしまった。

＊無住はそのありさまをふまえて、どれほど「多聞（＝博識）広学」でも過ちを認めず心の歪《ゆが》みを直そうとしない人は、どこまでも私欲が尽きないと指摘する。一方、本当の「智者」はたとえ博識でなくとも物事の「道理」をよくわきまえていて、自分の過ちをつねに見つめ直しているので、悟りの境地に近いという。このあと厳融房と同じ穴のムジナといえる僧侶の実例が追加され、上辺だけの僧侶が世間に増えてしまった現状を嘆いている。

同じく『沙石集』には、「智恵」の発達が嘘・偽りの発端になることをいう成句の「②智恵出《い》でて大偽《たいぎ》あり」があり、『徒然草』第三十八段にも「智恵出でては偽あり」が出ている。兼好法師によれば「智恵と心」こそすぐれた栄誉だが、賢者になりたいと願いすぎると「智恵出でては偽あり」ということになってしまう。むしろ本当の賢者は、世間でいうところの「智」や「徳」などとは無縁の存在だという。

右のような成句は、知識量の増加がただちに「大偽」に至ると結論づけているわけではない。それでも知識が増えるにともなって、おのずと非道徳的なことや、反社会的なことにつながる事柄に接する機会自体は増えていく。そうして成長とともに、身も心も垢《あか》まみれになりやすいからこそ、無知な赤ん坊を無垢《むく》な存在と賞賛する見方にもつながっていた。

しかし、③江戸時代になると「智恵」全体に占める仏教思想の割合はしだいに減り、世俗の知識を積極的に取り入れようとする動きが相対的に活発化した。とりわけ出版活動が盛んになるにともなって、読み書きそろばんのテキストや百科事典タイプの分厚い本も量産されるようになり、世の中の常識や暮らしの慣例・マナーといった情報がしだいに共有されるようになっている。これらの「智恵」は、かならずしも周囲と摩擦を引き起こす私欲に結びつかず、どちらかといえば周囲との協調をはかるための備えだった。

私心そのものといえる「慳貪《けんどん》」は、いつの時代でも戒めの対象になっていた。対する怠け者の「懈怠《けたい》」については、農作業やものづくりのような労働をさぼることだけでなく、不勉強のため素養や常識に乏しいことが一層大きく取り上げられるようになった。笑い話の世界では、教養を欠いた人たちがたびたびかり出され、常連の座

呑《の》みにする姿勢、ＢＧＭ的に当たり障りのない作品をシニカルな薄笑いを浮かべながら受け流す姿勢です。表現者が鑑賞者の頭に何かを詰め込もうとすれば、当然、「好きにやってて下さい」という消極的反抗を招くことになる。そしてそういう読み手のサボタージュを無条件の前提とするならば、丸呑みにしやすい作品、知覚をひと撫《な》でして消えて行くだけの作品が読み手に受け入れられた作品だ、ということになるでしょう。受け入れられてこその作品、という作り手の姿勢は、一見、読者とのコミュニケーションを目指しているように見えるかもしれませんが、実はこうした読み手のサボタージュを助長しているだけです。作品が表現者と鑑賞者の対話の場として機能するのは、安易な「コミュニケーション」としてではありません。

もうひとつは、その作品を前にした時、知覚を通して得られる匂いや感触、微妙な均衡や逸脱を素通りして、ありもしない主義主張やあってもなくてもいいイデオロギーだけを問題とする姿勢です。作品を構成する知覚に対する刺激は無視され、その組織化は打ち捨てられ、結果として、作品は存在しない、ただ論が存在するだけだということになるでしょう。今日、多くの評論家によって採られている姿勢です。

表現者と鑑賞者の関係は再調整される必要があります。一方的な送り手である表現者と、一方的な受け手である鑑賞者という関係からは、いかなる対話も生まれて来ません。もちろんこれは現実の対話ではなく、作品を介した言葉にならない対話です。作品は解かれるべき謎としてただそこにあって、受け手が読み解き、快楽を引き出すのを、時としては何世紀でも、待ち続けるものでなければならない。読み手は、脳味噌を開いて刺激が流し込まれるのを漫然と受け入れる習慣を諦めなければならない。

受け手に対しても読み手に対しても、従って、まず要求されるのは表面に留まる強さです。作品の表面を理解することなしに意味や内容で即席に理解したようなふりをすることを拒否する強さです。芸術作品を、あくまで知覚が受け取る組織化された刺激として、眺め倒し、聴き倒し、読み倒すものとすること、表面に溺《おぼ》れ、表面に死に、あくまで知覚のロジックにのみ忠実であること、⑤深層の誘惑を拒み、そこにあるとされる意味が知覚の捉えたものを否定したり、ねじ曲げたりするのを拒み通すこと。芸術を最も倫理的たらしめるのはこういう姿勢です。「意図」や「意味」とだらしなくひと繋《つな》がりになった作品の倫理性や深さなど、ほんの一瞬のものに過ぎません。

（佐藤亜紀『小説のストラテジー』）

問一　空欄[A]・[B]に当てはまる語を次の中から選び、それぞれ記号で答えなさい。

ア　もちろん　イ　ただし　ウ　むしろ　エ　もっとも

問二　空欄[①]に当てはまる表現を次の中から選び、記号で答えなさい。

ア　由々《ゆゆ》しき事態　イ　苦々しい事態

ウ　仰々《ぎょうぎょう》しい事態　エ　禍々《まがまが》しい事態

問三　傍線部②「言葉が言葉である」とはどういうことか。その説明として適当なものを次の中から選び、記号で答えなさい。

ア　それを用いる人々の間でのみ伝達の手段となりうるのが言葉であるということ。

イ　固有の意味を持ち、それを通してある情報を伝達するのが言葉であるということ。

ウ　意味以外に形や音などの要素を持ち、それら全ての総合が言葉であるということ。

エ　他の表現手段よりも強力に受け手の理解を促してくれるものが言葉であるということ。

問四　傍線部③「言葉によって圧殺されてしまう」のはなぜか。その理由として適当なものを次の中から選び、記号で答えなさい。

ア　言葉によってもっともらしく解釈することで、その作品を理解したかのような妄想を抱いてしまうから。

何か判っているように見えるでしょう？　もう少し手の込んだ「判り方」を披露したければ、五番をベートーベンの自伝に見立てて、ウィーン体制の閉塞感だのベートーベンの政治性だの苦悩だのを論じればいい。

　ところで、実際彼が聴いたのは何だったのでしょう？　例のジャジャジャジャーン、がウィーン体制の政治的閉塞にぶち当たったベートーベンの苦悩に聴こえるとすれば、それは空耳です。音楽は、②言葉が言葉であるような意味では、言葉ではない。

　問題なのは、我々にとって言葉の機能は純粋な聴覚や視覚よりはるかに強いということです。言葉で表現されると、ついそこに引き摺《ず》られてしまう。容易に言語化できるものが何もない音楽を聴くことよりは、たやすく何か言える音楽を聴くことの方が、深い、重要なことであるように思い込んで仕舞いかねない。全く無意味に音楽を享受することより、いかにも崇高そうな何かの絵解きとして音楽を理解することの方が深いと思ってしまいかねない。純粋に感性的な享受に留《とど》まるよりはるかに楽な、安易な、ただし身振りとしてはいかにももっともらしい「理解」——どれほど鈍い感性の主でも頭で理解できるものだけを並べ立てる「理解」は、芸術を純粋に享受することに対する不安を引き起し、尤《もっと》もらしいキャッチコピーに飛びつかせ、最後には理解の身振りを見せびらかすだけの俗物根性が残ることになります。かくて惑わされた聴衆はまさに音が音でしかない瞬間を享受し損ね、音によるより緻密な、繊細な、或いはダイナミックな表現の可能性は、③言葉によって圧殺されてしまうでしょう。

　演奏家や作曲家、或いは画家については、それほど心配する必要はないのかもしれません。もちろん彼らも言葉に騙《だま》されます。芸術家が残した政治的・哲学的発言はほぼこの類であり、本人も大して真面目ではないだけに、問題とするには値しません。しかも、彼らが実際に作品を作り出す際に使用するのは言語による思考ではなく、音による思考、線と面と色彩による思考です。言語的思考によって動きを止められるようなものではありません。意味は言語表現の一部に過ぎない。

　詩人や小説家でも、実は同じです。もし彼が書き手としての本能に忠実なら——意味だけではなく、音における、文字の形における、イメージや連想における、記述の動きにおける言語表現の可能性を敏感に感じ取っているとしたら、悪臭芬々《ふんぷん》たる思想や自己吐露はあったとしてもごく上っ面を汚しているだけ、ということになる筈ですし、それが表現の可能性を圧殺するとしたら、表現者としてはその程度だった、ということになるでしょう。媒体の具体的な手応えを感じながら働き掛け、造形すること——ひとつの作品を作り上げようという時に、媒体が示す微妙な抵抗や囁《ささや》きかけてくる微《かす》かな声や思いも掛けない形態をほのめかす媚態《びたい》に、応えるかどうかは別として、敏感に反応できなければ、鑑賞者の前に立ちはだかり、貪るような享受を通して自らを開示する作品を造ることはできないからです。もちろん、よき芸術家にとって「意味」が存在しない訳ではありません。作品を「意味」の絵解きとして仕上げるのとはまるで別の意味でですが、これについては次回にお話しすることにしましょう。尤もらしい教養主義が惨憺《さんたん》たる悪影響を及ぼすのは、むしろ鑑賞者にとってでしょう。

　芸術享受の現状において、鑑賞者は圧倒的に受動的な役割を強いられ、受動的なるが故の不安を抱えています——作品を挟んで、表現者と鑑賞者の間で、④ある種の遊技的闘争が展開されるのが芸術ですが、現状はあまりにも表現者の「表現」が強調されすぎ（読者の頭に物語を流し込むのが作者の務めだ、というような発想はその典型です）、鑑賞者はフォアグラの鵞鳥《がちょう》のようにその表現を口に押し込まれながら、芸術とは何よりまず表現者のものであり、自分たちは余計者に過ぎないと感じている。これで芸術に対して何の憎悪も感じないとしたら、その方がおかしいのは確かでしょう。

　そこから出て来るのが、一つは、受動的な「消費者」として開き直り、作品に対する何の働きかけもなく安易に消費できる作品を丸

二〇一八年度
立教新座高等学校

【国　語】（六〇分）〈満点：一〇〇点〉

一　次の文章を読んで、後の問に答えなさい。

判《わか》るのか。判らないのか。これは確かに大きな問題でしょう。最初に、大原則をひとつ示しておきます――あらゆる芸術を理解できることは望ましいが、どうしても必要という訳ではない、ということです。

美術も、音楽も、韻文も散文も理解できる、目利きである、ということは、勿論《もちろん》人間のあり方としては理想的でしょう。現代ではそこに漫画やゲームを入れる必要があるでしょうし、音楽にしても、ジャズもヒップ・ホップもクラシックも、が要求されているとは思います。ですが、ちょっと胸に手を当てて考えていただきたい訳です――本当にそんなことが可能かどうか。

知覚の発達は個々人によって相当に異なります。視覚が優位なことも、聴覚が優位なこともある。電話番号を覚える時、文字で書かれたものをちらりと見てすぐに掛けられる人もいるし、電話番号案内で聞いた番号をメモも取らずに掛けられる人もいる。一度見た光景は細部に至るまで写真的に記憶できる人がいる一方、一度聞いたメロディは絶対忘れない、それどころかスーパーで販促に流している音楽のノイズの入ったところまで覚えている人もいる。

言語にしても同様です。意味しか理解できないという人もいれば、語の音や形、或いは語勢の強弱の作り出す構造を読み取る人もいる。

とすれば、あらゆる人間があらゆる芸術を等しく理解できると想定することが、そもそも無理なのです。絵画には深い理解を示すが音楽はまるで駄目だったり、玄人はだしのピアニストだが最も単純な物語以上のものは理解できなかったり、小説に関しては素晴らしい目利きなのに着物美人がつつじの花を背景に立っているカレンダーを壁に掛けて何の不愉快も感じなかったり、というのは、[A]当《あた》り前のことで、恥じたり、欠陥だと思ったりする必要はまるでない。何なら、芸術全般全て駄目、であっても、別に構いません。芸術以外の全てに対してもまるで鈍感というのでもない限り、人生は、おそらくですが、何か別の楽しみを提供してくれるでしょう。[B]若いうちに、或いは年取ってからでも、絵画を楽しめるようになってみよう、音楽を楽しめるようになってみよう、小説を享楽できるようになってみようとするのは、悪いことではありません。ただ、それで判らないということが判明しても、大した問題ではない。音楽が判るより、絵が楽しめるより、小説を味わえるよりはるかに大切なことは幾らでもあります。

全てを判らなければならない、というのは、裏返せば、理解力を欠いた事柄も判るべきだ、ということになります。当然、判る訳はない。ということは、実際には理解力を欠いた事柄さえ理解しているふりをしなければならない、ということになる。悪しき教養主義です。

しかし理解できないのに理解するふりを、どうやってするのでしょう。

たとえば、ベートーベンの五番を聴いても何も感じない人がいるとしましょう。それは別に恥ずかしいことではない。そういう人は、悪しき教養主義さえ一掃されれば、結構いることが判明するでしょう。だから、おれにはあれは解《わか》らない、でいい筈《はず》です。ところで悪しき教養主義が命じるところに従うなら、五番が詰まらなかった、理解できなかった、は[①]だということになる。だから是が非でも解らなければならない――それどころか、音楽としてごく自然に判る、楽しめる人々を威圧し、こいつ本当は解っていないのではないかという疑念を一掃するためにも、彼らよりはるかに解らなければならない。

その結果出て来るのが、たとえばこういう言葉です――「運命はかく扉を叩《たた》く」。或いは「英雄の苦闘と勝利」。どうです？　まるで

英語解答

I 1 diary 2 calendar
3 bank

II 1 (B) 2 (A) 3 (D) 4 (A)
5 (C)

III 問1 イ 問2 ウ 問3 イ
問4 (ア), (イ), (エ) 問5 snake
問6 ア 問7 (1)…エ (2)…ア
問8 イ，カ，ク

IV 問1 (1)…イ (2)…ア (3)…エ (4)…オ
(5)…オ
問2 エ 問3 ウ 問4 イ
問5 (例) I need a smartphone because I must contact my friends in the brass band club. In the club, I will exchange information of concert venue, practice time, and even download some music scores. So a smartphone is a must item.
(40語)

V A 鉛筆 B 消しゴム

VI 1…ケ 2…オ 3…キ 4…ウ

VII 1 if I 2 way(s) of
3 made it, for 4 don't agree

VIII 1 A…ウ B…エ
2 A…キ B…ク
3 A…キ B…カ
4 A…イ B…ケ
5 A…ケ B…イ

I・**II**〔放送問題〕解説省略

III〔長文読解総合―物語〕

≪全訳≫❶昔々，もうずいぶん前に，キ・ウとパオ・シュウという友達どうしの２人が中国で暮らしていた。その２人の若い男たちはいつも一緒にいた。２人の間で意地の悪い言葉が交わされることはなく，思いやりのなさで彼らの友情が壊れることもなかった。彼らが自分勝手ではなかったことについて，また彼らの親切さに善良な妖精たちがどのように真に報いたかについては，興味深い物語がたくさん語られていることだろう。ここに彼らの友情がどれだけ強いものであったかを示す１つの話がある。❷キ・ウとパオ・シュウが都会とその騒がしさに疲れて，一緒に散歩に出かけたのは，早春のすばらしい天気の日だった。❸「森の真ん中まで行ってみよう」とキ・ウは明るく言った。「そこでなら僕たちを心配させる不安も忘れられる。そこでなら花の甘い香りを吸って草の上で寝転がれるよ」❹「いいねえ！」とパオ・シュウは言った。「僕も疲れているんだ。森は休息の場所だよ」❺休日の幸せな２人の恋人たちのように，彼らは曲がりくねった道に沿って進んでいった。彼らが森にどんどん近づいていくにつれて，彼らの胸は高鳴った。❻「僕は30日間も本を読んでいたんだ」とキ・ウは言った。「30日の間休んでいない。頭の中が勉強したことでいっぱいで爆発するんじゃないかと不安だよ。僕には緑の森を吹き抜けてくる澄んだ空気を吸うことが必要なのさ」❼「そして僕は」とパオ・シュウは悲しそうに言った。「奴隷のように働いて，きついと感じているよ。君が本に対してそう思うのとちょうど同じようにね。ご主人が僕を手ひどく扱うんだよ。彼の手の届かないところに行くのが良さそうだ」❽それから彼らは森との境目にたどり着き，小川を渡って，木々と茂みの中に飛び込んでいった。彼らは何時間も，幸せそうにしゃべって笑いながら歩き回った。彼らが突然，花で覆われた低木の集まった場所の辺りを通ったとき，すぐ目の前の通り道に黄金の塊が輝いているのが見えた。❾「見ろ！」と２人は同時に叫び，その宝物を指さした。❿キ・ウはその塊を拾い上げた。それはレモンとほぼ同じくらいの大きさで，とてもきれいだった。キ・ウは「それは君のさ，僕の親愛なる友よ」と言って，それをパオ・シュウに手渡した。「君が最初にそれを見つけたのだから，君のものだよ」11「いやいや」とパオ・シュウは答えた。「君は間違っているよ，キ・ウ。だって君が最初に口に出したのだから。君が一生懸命勉強していたから善良な妖精がプレゼントをくれたんだ」12「僕の勉強にだって？　いや，そんなことはあるはずがないよ。勉強はそれ自体がごほうびになるのだと，賢人たちがいつも言っている。いや，黄金は君のものだ。僕はそれを強く主張するよ。君の何週間もの厳しい仕事を思い浮かべるといい。君のご主人がどんなふうに君を昼間も夜も働かせてきたか。ここにははるかにすばらしいものがある。持っていきなよ。それは君のものだ」　キ・ウはそう言って笑った。13彼らはしばらくの間冗談を言っていた。それぞれがその宝物を自分のものにするのを拒んだ。それぞれがそれは相手のものだと言って譲らなかった。最後には，その黄金の塊は彼らが最初にそれを見つけたまさにその場所に置かれ，2人はその場を立ち去り，それぞれが幸せを感じていた。お互いが友達のことをこの世の他の何よりも大切に思っていたからだ。このように，彼らはどんな争いの機会も避けた。14「僕たちが都会を離れたのは黄金のためじゃない」とキ・ウは温かく言った。15「そのためじゃない」と友達は答えた。「この森で過ごす1日は，何よりもすばらしいよ」16「泉に行って岩の上に座ろう」とキ・ウが提案した。「森全体で一番涼しい場所だよ」17彼らが泉に着いたとき，誰かがすでにそこにいるのを見つけてがっかりした。一人の田舎の男が地面に寝そべっていたのだ。18「おじさん，起きなよ！」とパオ・シュウは叫んだ。「近くにあんたのためのお金があるぞ。道を歩いていくと，金のりんごが誰かが拾いに来るのを待ってるよ」19そして彼らは宝物の正確な場所をその男に説明し，彼が探しに出かけるのを見て喜んだ。20一時間もの間，彼らは将来の夢や希望を語り，木の枝の上で鳥が奏でる音楽を聴いて，お互い一緒にいることを楽しんだ。21そうこうしていると，彼らは黄金の塊を探しに出かけた男の怒りの声に驚かされた。「お前たち，俺をだまそうとしたのか？　なんで俺みたいな哀れな男をこんな暑い日に何の見返りもなしに走り疲れさせるんだ？」22「おじさん，何を言ってるんだい？」とキ・ウは尋ねた。「あんたに教えてあげたあの果物を見つけたんじゃないの？」23「なかったぞ」と彼は怒って答えた。「だがあの場所には化け物のようなヘビがいたので，刀で真っ二つに切ってやった。これで，森の中で何かを殺した報いとして神が俺に悪運をもたらすだろうよ。そんなことをたくらんでも俺をこの場所から追い出すことはできんぞ。お前たちが間違っているということをすぐに思い知るだろう。なぜなら俺がこの場所に来た最初の人間で，お前たちには俺に命令する権利はないからだ」24「おしゃべりはやめて，苦労したんだからからこのお金を持っていきなよ。あんたに親切なことをしてあげたと思っていたのに。パオ・シュウ，来なよ。戻って金の塊に隠れている驚くべきヘビを見てみよう」25 2人はうれしそうに笑って，その田舎の男を残し，黄金の塊を探しに戻った。26「もし僕が勘違いしていなければ」とキ・ウは言った。「黄金はあの倒れた木の向こうにある」27「全くそのとおりだよ。もうすぐヘビの死体があるだろう」28彼らは急いで道を進み，地面を見回した。彼らが宝物を置いた場所に着いたとき，あの黄金の塊はなく，ヘビの死体もないのを見て驚いた。代わりに，彼らは2つの美しい黄金の塊を見つけたのだが，それぞれが，彼らが最初に見たものよりも大きかった。29友人たちはそれぞれが宝物の1つを拾い，喜んでそれを相手に渡した。「やっと妖精が君に，君の思いやりへのご褒美をくれたんだ！」とキ・ウは言った。「そうだね」とパオ・シュウは答えた。「僕が君に幸せをもたらすことができるようにしてくれたことでね」

問1＜**英文解釈**＞ここでのcrossは「不正直な」を表す形容詞なのでイが適切。文の後半の「思いやりのなさで彼らの友情が壊れることもなかった」からも推測できる。

問2＜**語句解釈**＞2人が森の中を長い時間歩き回っている様子から(第8段落)，「森の真ん中(奥深く)」まで行ったと考えられる。ウ.「何かの中心にある部分」が適切。

問3＜**語句解釈**＞‘turn ～’s back on …’で「(～が)…に背を向ける」。ここではquarrel「口論」を

「避けた」と解釈してイのavoidedを選ぶ。２人が互いに金塊をゆずりあっている様子からも推測できる。

問４＜語句解釈＞下線部④の「金のりんご」はパオ・シュウが金塊の場所を田舎の男に説明するのに使った言葉(第18，19段落)。金塊を指す表現は(ア)「金の塊」，(イ)「その塊」，(エ)「宝物」。なお(ウ)「レモン」は金塊の大きさのたとえ，(オ)「このお金」は男を気の毒に思い，渡したお金，(カ)「倒れた木」は金塊のそばに倒れていた木，(キ)「妖精」は２人に金塊をくれた妖精を指す。

問５＜適語補充＞２人は男から金塊があるはずの場所にsnake「ヘビ」がいたと聞かされていたが(第23段落)，実際にあったのは前のものよりも大きい２つの金塊で，２人が少し前に見つけた金塊でもヘビでもなかった(not ～ either「～でもない」の形)。

問６＜適語句選択＞fairy「妖精」が金塊を２つにし，お互いに渡せるようにしてくれたことで，友達思いのパオ・シュウは，自分が金塊を得たことではなく，キ・ウに金塊を渡せることを喜んだと考えられる。 'allow ～ to …'「～が…することを可能にする」

問７＜英問英答＞(1)「なぜキ・ウとパオ・シュウは宝物がどこにあるかを田舎の男に話したのか」―エ.「田舎の男が寝そべっている場所を使いたかったから」 第17段落第１文参照。ここでのsorryは「残念に思う」の意味。 (2)「田舎の男は森の中で何かを殺したことについてなんと言ったか」―ア.「神のせいで何か悪いことが起こるだろう」 第23段落第２文参照。

問８＜内容真偽＞ア.「キ・ウとパオ・シュウが散歩に出かけたのは，宝物を見つけたかったからだ」…× 第３，４段落参照。休息するためである。 イ.「キ・ウが疲れていたのは，１か月の間休みなく勉強していたからだ」…○ 第６段落参照。 ウ.「キ・ウは彼の主人から隠れる場所を探そうとした」…× 第７段落参照。パオ・シュウのことである。 エ.「２人の少年は，花で覆われた低木の集まった場所の辺りを通ったとき，泉に着いた」…× 第８段落最終文参照。金塊を見つけたときである。 オ.「田舎の男は宝物を見つけることはできなかったが，代わりに森で果物を見つけた」…× 第23段落第１文参照。 カ.「２人の少年は，お互いをとても気に入っていて彼らの友情以上に大切なものはなかったので，幸せだった」…○ 第13段落終わりから２文目参照。 キ.「田舎の男は金塊だけでなく化け物のようなヘビを見つけて，それを彼の剣で真っ二つにした」…× 'not only *A* but (also) *B*'「*A*だけではなく*B*も」の形に注意。男は金塊を見つけていない(第23段落第１文)。 ク.「田舎の男が怒っていたのは，キ・ウとパオ・シュウが彼に嘘《うそ》をついたと思ったからだ」…○ 第23段落終わりから２文目参照。ここでのtrickは「たくらみ，ごまかし」の意味。

Ⅳ〔長文読解総合―説明文〕

≪全訳≫❶つい最近まで多くの親たちは，子どもたちが何歳になったら車の鍵を渡すべきか考えた。今日では親たちは難しい問いに直面している。子どもは何歳になったらスマートフォンを持つべきなのか。❷この話題がしばしば聞かれるのは，子どもたちがスマートフォンをかつてなく小さいときに手に入れているからだ。調査会社のインフルエンス・セントラルによれば，子どもたちは平均して10歳頃に最初のスマートフォンを手にしていて，これは2012年の12歳から下がっている。インターネット上の安全性の専門家によれば，もっと早くスマートフォンを持ち始める子どもたちもいて，それにはたった７歳の小学２年生も含まれる。❸非営利団体のコモンセンス・メディアはより厳しいルールを勧めている。子どもたちがスマートフォンを手に入れるのは高校に入ったとき，すなわち自制と対人コミュニケーションの価値を知ってからにするべきだと彼らは言う。❹また，コモンセンス・メディアは1240人の親と子どもたちを調査し，子どもたちの50パーセントがスマートフォンなしでは生きていけないと言っていることがわかった。また66パーセントの親が子どもたちはスマートフォンを使いすぎていると感じていて，52パーセントの子どもたちがそのことを認めていることも明らかにした。約36パーセントの親は，電話の使用について子どもと日々口論していると述べた。❺ではどうやって適切な時期を決めるのだろうか。子どもたちからスマートフォンを取り上げるのはスマートフォンのメーカーが喜ばないだろう。A子どもにスマートフォンを与えるのは待てば待つほど良い。一部の専門家たちは12歳が適切な年齢だと言い，一方で別の専門家たちは14歳だと言っている。より遅い方がより安全であることには皆同意している。なぜならスマートフォンは，勉強の時間を奪ったりいじめや児童虐待を引き起こしたりする癖になる可能性があるからだ。❻さらに，考えるべき人体の健康もある。衝動をコントロールする脳の部位である前頭葉は，人間が25歳くらいになるまで発達し続ける。そのため，スマートフォンを持った幼い子どもたちが自分を抑えられなくても，親たちは驚くべきではない。❼スマートフォンには確かに利点がある。スマーフォトフォンがあれば，勉強のための教育用ツールや，友人たちやウェブ上の多量の情報とつながるためのチャットアプリを含む高性能のアプリを，子どもたちは入手できる。❽しかし彼らはまた，ろくでもないゲームや，暴力的なアプリや，ソーシャルメディアアプリに一歩近づいていて，そこでは子どもたちがいじめにあうこともよくある。年上の子どもたちでさえ安全ではない。昨年，携帯電話で不快な写真を交換していたために少なくとも100人のコロラドの高校生たちが捕まった。❾スマートフォンとインターネット上の安全に関する本を書いたワインバーガー氏は次のように言っている。「結局はそのような悪い点が良い点よりも強いのです。子どもたちにスマートフォンを与えなくても，彼らにはまだコンピュータやタブレットを使う機会があります。スマートフォンとの主な違いは，スマートフォンは両親が管理できない場所を含めて，どこでも子どもの手元にあるということです」❿子どもたちがスマートフォンを手に入れたときに彼らを守る力になれる，電話の設定がいくつかある。アップルには，親が子どもたちの電話を管理することを可能にする多くの機能がある。それは例えば，成人向けコンテンツを切断したり，子どもが電話のデータを使えないようにしたりすることなどができる。⓫アンドロイドフォンには，同じような両親による管理を可能にする組み込み機能はない。もっとも，グーグルプレイのアプリストアには，両親が制限を加えることを可能にするアプリが多くある。ワインバーガー氏はクストディオというアプリを取り上げたが，それがあれば両親は子どもたちの文字メッセージを見たり，1日のある時点でアプリを中止させたり，あるいは別の場所からスマートフォンの電源を落とさせたりすることができる。それは子どもたちのスマートフォンを管理する非常に厳しい方法だが，ワインバーガー氏は親としての自分の役目は子どもたちが自分を気に入るようにすることではないと語っている。彼女はこう言っている。「私の親としての唯一の役目はあなたが独立する日のために準備をさせることなの。だから，私はあなたの安全を守らなくてはならない。そしてあなたは私の言うことが気に入らないこともあるでしょう。Bそれでいいのよ」

問1＜英問英答＞(1)「年齢とスマートフォンの関係について正しいものはどれか」─イ．「最近子どもたちがスマートフォンを入手する年齢は下がっている」…○　第2段落参照。　(2)「スマートフォンの利点について正しいものはどれか」─ア．「スマートフォンは情報とコミュニケーションの道具であふれた世界を子どもたちに与えることができる」…○　第7段落参照。　(3)「この記事でコモンセンス・メディアが言っていることは何か」─エ．「高校生の子どもたちは，人と直接話すことの利点を知ってからスマートフォンを使うべきだ」…○　第3段落第2文参照。　face-to-face「顔を合わせて」　(4)「ワインバーガー氏は何を言いたいのか」─オ．「スマートフォンはときにコンピュータやタブレットよりも安全面で劣る」　第9段落参照。　(5)「この記事のタイトルとして最もふさわしいものはどれか」─オ．「子どもたちがスマートフォンを持つのに適切な年齢」　この記事は前半部が主に子どもたちがスマートフォンを持つ年齢の話で，後半部がその影響と対策である。

問２＜適文選択＞子どもたちがスマートフォンを持つ適切な年齢を論じた段落。２つ後の文に「より遅い方がより安全」とあるので，エ．「子どもにスマートフォンを与えるのを待てば待つほど良い」が適切。　‘the＋比較級, the＋比較級’「～すればするほどますます…」

問３＜適語(句)選択＞１．直前の文は子どもではまだ衝動を抑える脳の部位が発達しきっていないことを示す。それは子どもが自制できない理由となるので，that’s why「だから」とする。　２．前段落ではスマートフォンの利点が，空欄の後では逆に問題点が示されているから，‘逆接’のhowever「しかし」が適切。　３．直前の文でアップルの電話には管理機能があるとあり，空欄の後はその具体例(成人向けコンテンツの切断など)なので，for example「例えば」が適切。　４．空欄の前ではアンドロイドフォンがコントロール機能を持たないとあるが，空欄の後は機能制限のアプリは多いという逆の内容なので，「もっとも～だが」という意味を持つ接続詞のthoughを選ぶ。

問４＜適文選択＞ワインバーガー氏にとって，親の役目は子どもに好かれることではなく子どもを守り無事自立させることである(最終段落終わりの３文)。よって，子どもに厳しいことを言って嫌がられたとしても，彼女にとってはthat’s OK「それでいい」のである。

問５＜テーマ作文＞問題文の条件にある理由や具体例を表すためには，because「なぜなら」やfor example「例えば」といった表現を使うと書きやすい。　(別解例) I’ll tell my parents that I need a smartphone because I want to use apps to study English.　For example, there is an app which is able to check how good my English pronunciation is, which books cannot do. (39語)

Ⅴ〔適語補充―対話文〕

《全訳》❶A：ねえ，本当にごめんね。❷B：何で？　君は何も悪いことはしていないよ。❸A：ごめん，君は僕のせいで傷ついた。僕が間違いを犯したときに，君はいつも僕のためにそばにいてくれる。でも君が僕の間違いをこすって落とすたびに，君は体の一部をなくすんだ。君は毎回どんどん小さくなっているよ。❹B：そうだけれど，僕はあまり気にしていないよ。知ってのとおり，僕はそれをするためにつくられたのだから。君が何か間違いをしたときに君を助けるようにつくられたんだ。だから，どうか心配しないで。君が悲しんでいるのを見たくないんだ。

＜解説＞第３段落終わりの２文に注目。BはAの間違いを消すために使われ，そのたびにこすられて小さくなる物なので「消しゴム」だと考えられる。Aには「鉛筆」が当てはまる。

Ⅵ〔対話文完成―適文選択〕

《全訳》❶ボブは新しい家への引っ越しを予定している。彼はアレックスにアドバイスを求めている。❷ボブ(B)：今の家から引っ越しするための準備に役立つヒントはあるかい？❸アレックス(A)：まずするべきことは，する必要があることのリストをつくることだね。その後，最初に何をすべきか考えるんだ。❹B：どんなことをリストに挙げるべきかな？❺A：1ガレージセールを開いて，余計な物は残らず処分するといいよ。❻B：それはいい考えだね。僕は持ち物が多すぎるから。❼A：それに，引っ越し用のトラックを手配しないといけない。❽B：もう荷造りを始めてもいいかな？❾A：そうだね。今使っている物は詰めない方がいいことは忘れないようにね。❿B：2電気やガスを止める予定を立てておくべきかな？⓫A：公共サービスは引っ越しの日に全部止めてもらうようにしておけばいいけれど，そのことは新しい所有者に話すといいよ。⓬引っ越しの日，ボブは妻のケイと話している。⓭B：引っ越しのトラックはもう来た？⓮ケイ(K)：ええ，あの角に止まったわ。さあ行きましょう！⓯B：もう一度点検して全部箱に入っているか確かめてくれるかい？16K：もうしたわ。スーツケースを車に入れましょうか？17B：うん，3今しておくのがいいね。18K：貴重品をスーツケースに入れるのに時間をかけてよかったわ。19B：冷凍食品は今詰めるのがいいかな？20K：だめよ。それは最後の最後まで待たないと。21B：じゃあ，引っ越しの人たちが働いている間，犬にあまりストレスがかからないように散歩に連れていくよ。22K：4掃除の後に散歩させればいいわよ。犬は待てるわ。

1．次の文に物が多すぎるとあるから，それらをガレージセールで処分するというケが入る。　2．次の文で公共サービスを止める日について答えているから，電気やガスを止めるべきか尋ねるオが適切。　3．前の文のスーツケースを車に入れるという妻の申し出に対し，肯定の返事となるキが適切。　4．次の文に犬は待てるとあるから，犬の散歩を遅らせるように言うウが入る。

Ⅶ〔書き換え―適語補充〕

1．「窓を開けてもかまいませんか」　上の文の助動詞canは‘許可’を求める用法。これを下ではDo you mind if＋主語＋動詞 ...?’「～してもかまいませんか」の形で表す。

2．「あなたはそのコンピュータの使い方を知っていますか？」　上の文は‘疑問詞＋to不定詞’のhow to ～「～する方法」の形。これはway(s)を「方法」という名詞で用いたthe way(s) of ～ingの形で表せる。

3．上は「私たちは台風のせいで学園祭を開けなかった」という文。これを下の文では「台風は私たちが学園祭を開くのを不可能にした」と読み換えて，‘make it impossible for ～ to …’「～が…するのを不可能にする」の形にする。

4．「私はあなたの考えに反対です」　上の文のbe againstは「～に反対である」を表す用法。これと同様の意味はagree to ～「～に同意する」の否定形で表せる。また，be opposed to ～「～に反対する」を用いて，am opposedとしても可。

Ⅷ〔整序結合〕

1．「(あなたは)～を持っていますか」を表すDo you have ～？で文を始める。「何か面白い読み物」は，まずanything interestingとし(-thingの形の代名詞を修飾する形容詞は後置される)，それにto readを続ける(to不定詞の形容詞的用法)。　Do you have anything interesting to read?

2．「(あなたが)～するかどうか」はWhether you ～ or notで表せる。‘～’には「テストを受ける」を表すtake the testが入る。残りの「あなた次第です」はbe up to ～「～次第である」とまとまる。　Whether you take the test or not is up to you.

3．「～は誰にもわからない」はNo one knows ～で表せる。「彼がなぜそこに行ったのか」は‘疑問詞＋主語＋動詞 ...’の語順の間接疑問でwhy he went thereとまとまる。　No one knows why he went there yesterday.

4．「メアリーは～を持っている」のMary has ～を最初に置く。ここで‘～’にくる「約3倍の本」は‘倍数詞＋as＋原級(＋名詞)＋as ～’「～の…倍―」の形を使う。‘倍数詞’は「約3倍」を表すabout three timesとし，‘原級(＋名詞)’はmany booksとまとめる。‘～の’に当たる「トムの」はTom doesで表せる(このdoesはhasの繰り返しを避ける用法)。　Mary has about three times as many books as Tom does.

5．「～は彼しか知らないのですか」を「彼は(～を知っている)唯一の人ですか」と読み換えて，Is he the only person ...？という疑問文にする。「～を知っている(唯一の人)」の部分は(the only person) that knows ～という関係詞節で表せる。残りの「その店に行く道」はthe way to the shopとまとまる。　Is he the only person that knows the way to the shop?

数学解答

1 (1) 7

(2) ① $3a-2$ ② $y=\frac{1}{8}x+\frac{9}{8}$

(3) ① $\frac{3\sqrt{2}}{2}$cm ② $\frac{9}{2}-\sqrt{3}$ cm²

(4) ① $\frac{1}{64}$ ② $\frac{43}{128}$

(5) ① $288\sqrt{2}$ cm³ ② $180\sqrt{2}$ cm³

2 (1) $\frac{1}{9}$ (2) $\frac{7}{24}$ (3) $\frac{7}{36}$

3 (1) $12\sqrt{5}$ cm² (2) $\sqrt{5}$ cm

(3) $\frac{21\sqrt{5}}{10}$ cm (4) $3\sqrt{5}$ cm

4 (1) $a=\frac{1}{8}$，A$(-4,\ 2)$

(2) -1，5 (3) $-8+2\sqrt{34}$

(4) 27

5 (1) 12cm (2) $6\sqrt{3}$ cm

(3) ① $12\sqrt{3}$ cm ② $12\sqrt{3}+2\pi$cm

1〔独立小問集合題〕

⑴＜**式の値**＞$\sqrt{9}<\sqrt{10}<\sqrt{16}$ より，$3<\sqrt{10}<4$ だから，$\sqrt{10}$ の整数部分は3であり，小数部分 x は，$x=\sqrt{10}-3$ と表せる。与式$=4x^2+4x+1-2x^2+6x+x^2+8x+15-12=3x^2+18x+4=3x(x+6)+4$ と変形できるから，これに $x=\sqrt{10}-3$ を代入すると，与式$=3(\sqrt{10}-3)(\sqrt{10}-3+6)+4=3(\sqrt{10}-3)\times(\sqrt{10}+3)+4=3\times(10-9)+4=7$ となる。

図1

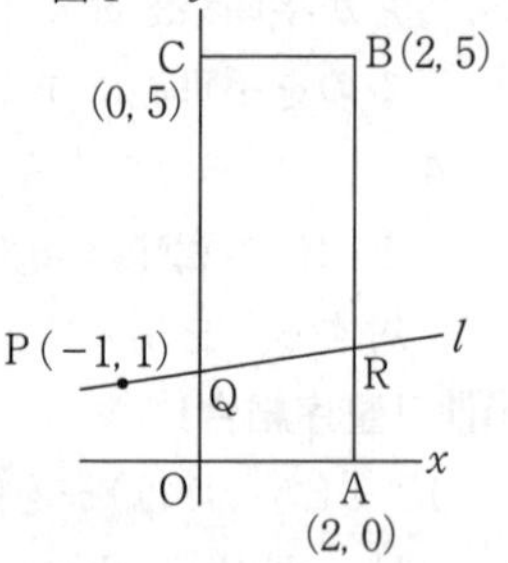

⑵＜**関数—y座標，直線の式**＞①右図1で，P$(-1,\ 1)$，Q$(0,\ a)$ だから，直線 l は，傾きが $\frac{a-1}{0-(-1)}=a-1$，切片が a である。これより，直線 l の式は $y=(a-1)x+a$ と表せる。点Rは直線 l 上にあり，2点A，Bの x 座標が2より点Rの x 座標は2だから，点Rの y 座標は，$y=(a-1)\times2+a=3a-2$ と表せる。　②図1で，OA$=2$，OC$=5$ より，長方形OABCの面積は $2\times5=10$ だから，四角形OARQと四角形QRBCの面積の比が $1:3$ のとき，四角形OARQの面積は，$\frac{1}{1+3}$〔長方形OABC〕$=\frac{1}{4}\times10=\frac{5}{2}$ である。2点Q，Rの y 座標がそれぞれ a，$3a-2$ と表せることより，OQ$=a$，AR$=3a-2$ だから，四角形OARQの面積について，$\frac{1}{2}\times\{a+(3a-2)\}\times2=\frac{5}{2}$ が成り立つ。これを解くと，$a=\frac{9}{8}$ となり，$a-1=\frac{9}{8}-1=\frac{1}{8}$ となるので，直線 l の式は $y=\frac{1}{8}x+\frac{9}{8}$ である。

図2

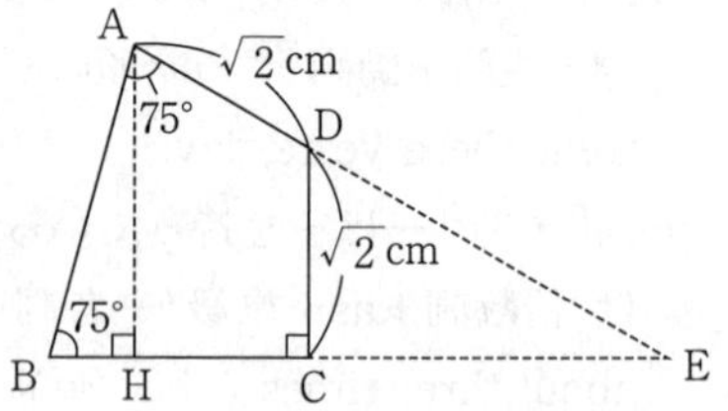

⑶＜**図形—長さ，面積**＞①右図2で，辺BCの延長と辺ADの延長の交点をEとすると，△ABEで，∠AEH$=180^\circ-$∠ABC$-$∠BAD$=180^\circ-75^\circ-75^\circ=30^\circ$ となるから，△AHEは3辺の比が $1:2:\sqrt{3}$ の直角三角形であり，AH$=\frac{1}{2}$AE となる。△DCEも3辺の比が $1:2:\sqrt{3}$ の直角三角形だから，DE$=$2CD$=2\sqrt{2}$ となる。よって，AE$=$AD$+$DE$=\sqrt{2}+2\sqrt{2}=3\sqrt{2}$ だから，AH$=\frac{1}{2}\times3\sqrt{2}=\frac{3\sqrt{2}}{2}$(cm) である。　②図2で，∠ABC$=$∠BAD$=75^\circ$ より，BE$=$AE$=3\sqrt{2}$ だから，△ABE$=\frac{1}{2}\times$BE$\times$AH$=\frac{1}{2}\times3\sqrt{2}\times\frac{3\sqrt{2}}{2}=\frac{9}{2}$ である。また，△DCEの3辺の比が $1:2:\sqrt{3}$ より，CE$=\sqrt{3}$CD$=\sqrt{3}\times\sqrt{2}=\sqrt{6}$ だから，△DCE$=\frac{1}{2}\times$CE$\times$CD$=\frac{1}{2}\times\sqrt{6}\times\sqrt{2}=\sqrt{3}$ である。よって，四角形ABCDの面積は，△ABE$-$△DCE$=\frac{9}{2}-\sqrt{3}$(cm²)

となる。

図3

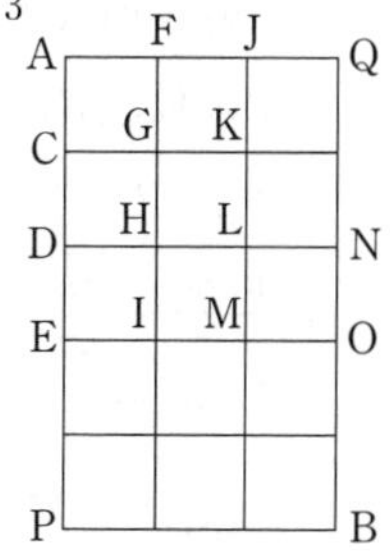

(4)＜**確率**＞①右図3のように，6点C～Hを定める。太郎君と次郎君は同時に出発し，同じ速さで，最短経路で移動するので，2人が直線AP上ですれ違うとき，すれ違う地点はD地点とE地点の間である。このとき，太郎君は，A→C→D→Eと移動する。A，C，D地点では，縦方向，横方向の2通りの道を選べるので，その確率は$\frac{1}{2}$である。よって，A→C，C→D，D→Eと移動する確率はそれぞれ$\frac{1}{2}$だから，太郎君がD地点とE地点の間の道を移動する確率は$\frac{1}{2}\times\frac{1}{2}\times\frac{1}{2}=\frac{1}{8}$である。次郎君がE地点とD地点の間の道を移動する確率も同様に$\frac{1}{8}$だから，求める確率は$\frac{1}{8}\times\frac{1}{8}=\frac{1}{64}$となる。　②図3のように，7点I～Oも定める。太郎君と次郎君がすれ違うとき，すれ違う地点は，D地点とE地点の間，H地点とI地点の間，L地点とM地点の間，N地点とO地点の間のいずれかである。①より，D地点とE地点の間ですれ違う確率は$\frac{1}{64}$である。太郎君がH地点とI地点の間の道を移動するとき，経路は，A→C→D→H→I，A→C→G→H→I，A→F→G→H→Iの3通りある。A，C，D，H地点ではそれぞれ2通りの道を選べるので，A→C，C→D，D→H，H→Iと移動する確率はそれぞれ$\frac{1}{2}$であり，A→C→D→H→Iと移動する確率は$\frac{1}{2}\times\frac{1}{2}\times\frac{1}{2}\times\frac{1}{2}=\frac{1}{16}$である。A→C→G→H→I，A→F→G→H→Iの経路を移動する確率もそれぞれ$\frac{1}{16}$となり，太郎君がH地点とI地点の間を移動する確率は$\frac{1}{16}\times3=\frac{3}{16}$である。次郎君も同様なので，H地点とI地点の間ですれ違う確率は$\frac{3}{16}\times\frac{3}{16}=\frac{9}{256}$である。同様に考えて，太郎君がL地点とM地点の間の道を移動するとき，A→C→D→H→L→M，A→C→G→H→L→M，A→C→G→K→L→M，A→F→G→H→L→M，A→F→G→K→L→M，A→F→J→K→L→Mの6通りの経路がある。それぞれの経路を移動する確率は$\frac{1}{2}\times\frac{1}{2}\times\frac{1}{2}\times\frac{1}{2}\times\frac{1}{2}=\frac{1}{32}$だから，太郎君がL地点とM地点の間の道を移動する確率は$\frac{1}{32}\times6=\frac{3}{16}$である。次郎君も同様なので，L地点とM地点の間ですれ違う確率は$\frac{3}{16}\times\frac{3}{16}=\frac{9}{256}$である。太郎君がN地点とO地点の間の道を移動する場合は，D地点とE地点，H地点とI地点，L地点とM地点の間の道を移動する場合以外の場合だから，その確率は$1-\frac{1}{8}-\frac{3}{16}-\frac{3}{16}=\frac{1}{2}$となり，次郎君も同様だから，N地点とO地点の間ですれ違う確率は$\frac{1}{2}\times\frac{1}{2}=\frac{1}{4}$である。以上より，求める確率は，$\frac{1}{64}+\frac{9}{256}+\frac{9}{256}+\frac{1}{4}=\frac{43}{128}$となる。

図4

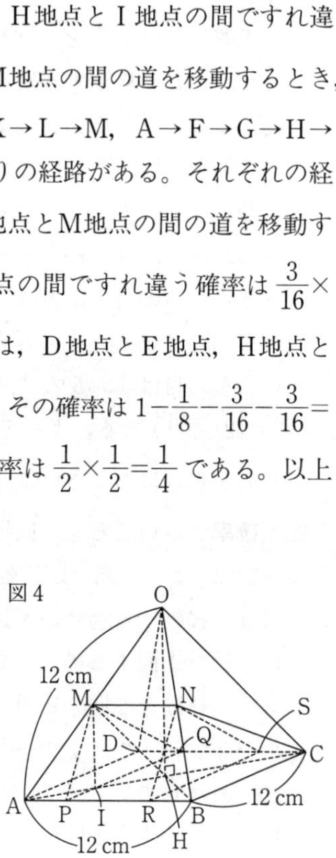

(5)＜**図形―体積**＞①右図4で，点Oから面ABCDに垂線OHを引くと，立体O-ABCDは正四角錐だから，点Hは正方形ABCDの対角線の交点と一致する。よって，$AC=\sqrt{2}AB=\sqrt{2}\times12=12\sqrt{2}$より，$AH=\frac{1}{2}AC=\frac{1}{2}\times12\sqrt{2}=6\sqrt{2}$だから，△OAHで三平方の定理より，正四角錐O-ABCDの高さは，$OH=\sqrt{OA^2-AH^2}=\sqrt{12^2-(6\sqrt{2})^2}=\sqrt{72}=6\sqrt{2}$となる。したがって，体積は，$\frac{1}{3}\times$〔正

方形ABCD〕×OH＝$\frac{1}{3}$×(12×12)×6$\sqrt{2}$＝288$\sqrt{2}$(cm³)である。　②図4で，3点C，M，Nを含む平面は点Dも含む。点M，点Nを通り辺ABに垂直な平面と辺AB，辺DCとの交点をそれぞれP，Q，R，Sとすると，頂点Aを含む方の立体は，四角錐M-APQD，三角柱MPQ-NRS，四角錐N-RBCSの3つの立体に分けられる。PR＝MN＝$\frac{1}{2}$AB＝$\frac{1}{2}$×12＝6であり，△MAP≡△NBRより，AP＝BR＝(12−6)÷2＝3である。また，点Mから面ABCDに垂線MIを引くと，MI＝$\frac{1}{2}$OH＝$\frac{1}{2}$×6$\sqrt{2}$＝3$\sqrt{2}$となる。よって，〔四角錐M-APQD〕＝〔四角錐N-RBCS〕＝$\frac{1}{3}$×〔長方形APQD〕×MI＝$\frac{1}{3}$×(3×12)×3$\sqrt{2}$＝36$\sqrt{2}$である。また，〔三角柱MPQ-NRS〕＝△MPQ×PR＝$\left(\frac{1}{2}\times12\times3\sqrt{2}\right)$×6＝108$\sqrt{2}$である。よって，求める立体の体積は，36$\sqrt{2}$×2＋108$\sqrt{2}$＝180$\sqrt{2}$(cm³)となる。

2〔確率—さいころ〕

≪基本方針の決定≫(3)　点Pが進む頂点の数は5か10である。

(1)＜確率＞さいころを2回投げるとき，目の出方は，全部で6×6＝36(通り)ある。このうち，点Pが点Aにあるのは，点Pが頂点を合計で5つ移動する場合だから，移動の仕方は，①2つ→3つ，②3つ→2つのいずれかである。2つ移動するときのさいころの目は4，5の2通り，3つ移動するときのさいころの目は6の1通りだから，①の場合は2×1＝2(通り)，②の場合は1×2＝2(通り)であり，点Pが点Aにあるさいころの目の出方は2＋2＝4(通り)ある。よって，求める確率は$\frac{4}{36}$＝$\frac{1}{9}$である。

(2)＜確率＞さいころを3回投げるとき，目の出方は，全部で6×6×6＝216(通り)ある。3＋3＋3＝9より，点Pが移動する頂点は最大で9だから，点Pが点Aにあるのは，点Pが頂点を合計で5つ移動する場合である。このような場合は，③1つの移動を2回，3つの移動を1回する場合，④1つの移動を1回，2つの移動を2回する場合である。③の場合，移動の仕方は，1つ→1つ→3つ，1つ→3つ→1つ，3つ→1つ→1つの3通りあり，1つ移動するときのさいころの目は1，2，3の3通り，3つ移動するときのさいころの目は6の1通りだから，それぞれの移動の仕方におけるさいころの目の出方は3×3×1＝9(通り)ある。よって，③の場合のさいころの目の出方は9×3＝27(通り)ある。④の場合は，移動の仕方は③の場合と同様で3通りあり，2つ移動するときのさいころの目は4，5の2通りだから，それぞれの移動の仕方におけるさいころの目の出方は3×2×2＝12(通り)ある。よって，④の場合のさいころの目の出方は12×3＝36(通り)ある。以上より，点Pが点Aにあるさいころの目の出方は27＋36＝63(通り)だから，求める確率は$\frac{63}{216}$＝$\frac{7}{24}$である。

(3)＜確率＞さいころを4回投げるとき，目の出方は，全部で6×6×6×6＝1296(通り)ある。3＋3＋3＋3＝12より，点Pが移動する頂点は最大で12だから，点Pが点Aにあるのは，点Pが頂点を合計で5つ移動する場合か，10個移動する場合である。このような場合は，⑤1つの移動を3回，2つの移動を1回する場合，⑥1つの移動を1回，3つの移動を3回する場合，⑦2つの移動を2回，3つの移動を2回する場合である。⑤の場合，移動の仕方は，1つ→1つ→1つ→2つ，1つ→1つ→2つ→1つ，1つ→2つ→1つ→1つ，2つ→1つ→1つ→1つの4通りあり，それぞれの移動におけるさいころの目の出方は3×3×3×2＝54(通り)あるから，54×4＝216(通り)ある。⑥の場合，⑤の場合と同様に移動の仕方は4通りあり，それぞれの移動の仕方におけるさいころの目の

出方は $3\times1\times1\times1=3$(通り)だから，$3\times4=12$(通り)ある。⑦の場合，移動の仕方は，2つ→2つ→3つ→3つ，2つ→3つ→2つ→3つ，2つ→3つ→3つ→2つ，3つ→2つ→2つ→3つ，3つ→2つ→3つ→2つ，3つ→3つ→2つ→2つの6通りあり，それぞれの移動の仕方におけるさいころの目の出方は $2\times2\times1\times1=4$(通り)だから，$4\times6=24$(通り)ある。以上より，点Pが点Aにあるさいころの目の出方は $216+12+24=252$(通り)だから，求める確率は $\frac{252}{1296}=\frac{7}{36}$ である。

3 〔平面図形─三角形，円〕

《基本方針の決定》(2)　△ABCの面積を利用する。　(3)，(4)　三角形の相似を利用する。

(1)**＜面積─三平方の定理＞**右図1で，点Aから辺BCに垂線AHを引き，BH$=x$(cm)とすると，HC=BC−BH$=8-x$ と表せる。△ABH，△AHCで三平方の定理より，$AH^2=AB^2-BH^2=9^2-x^2$，$AH^2=AC^2-HC^2=7^2-(8-x)^2$ だから，$9^2-x^2=7^2-(8-x)^2$ が成り立つ。これを解くと，$81-x^2=49-64+16x-x^2$ より，$x=6$ となるので，$AH=\sqrt{9^2-6^2}=\sqrt{45}=3\sqrt{5}$ である。よって，△ABCの面積は，$\frac{1}{2}\times BC\times AH=\frac{1}{2}\times8\times3\sqrt{5}=12\sqrt{5}$ (cm²)となる。

図1

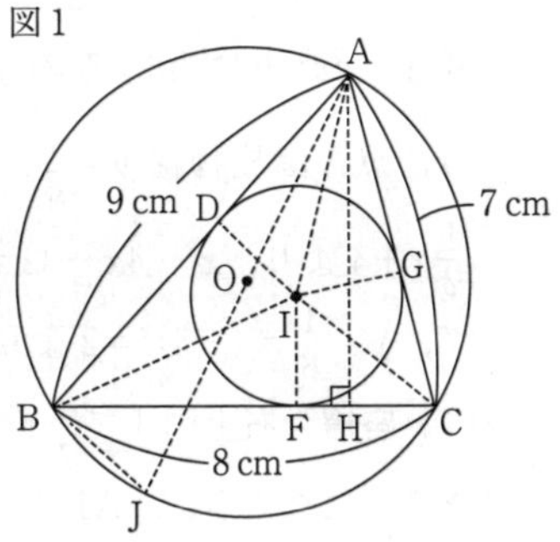

(2)**＜長さ＞**右上図1で，円Iと3辺AB，BC，CAとの接点をそれぞれD，F，G，円Iの半径を r cmとし，点Iと3点D，F，Gをそれぞれ結ぶと，ID⊥AB，IF⊥BC，IG⊥CA，ID=IF=IG$=r$ となる。よって，点Iと3点A，B，Cをそれぞれ結ぶと，△IAB+△IBC+△ICA=△ABCより，$\frac{1}{2}\times9\times r+\frac{1}{2}\times8\times r+\frac{1}{2}\times7\times r=12\sqrt{5}$ が成り立ち，$r=\sqrt{5}$ (cm)となる。

(3)**＜長さ─相似＞**右上図1で，円Oの直径AJを引き，点Bと点Jを結ぶと，∠ABJ=90°だから，△ABJと△AHCにおいて，∠ABJ=∠AHC=90°であり，$\overset{\frown}{AB}$に対する円周角より，∠AJB=∠ACHとなる。よって，△ABJ∽△AHCだから，AJ：AC=AB：AHが成り立つ。OA$=s$(cm)とすると，AJ=2OA$=2s$ だから，$2s:7=9:3\sqrt{5}$ となり，これを解くと，$2s\times3\sqrt{5}=7\times9$ より，$s=\frac{21\sqrt{5}}{10}$ (cm)となる。

(4)**＜長さ─相似＞**右図2で，円Eと直線AB，AC，辺BCとの接点をそれぞれK，L，Mとし，点Eと6点A，B，C，K，L，Mをそれぞれ結ぶ。∠ADI=∠AGI=90°，AI=AI，ID=IGより，△ADI≡△AGIだから，∠DAI=∠GAI$=\frac{1}{2}$∠BACである。同様に，△AKE≡△ALEより，∠KAE=∠LAE$=\frac{1}{2}$∠BACである。よって，∠DAI=∠KAEとなるから，∠ADI=∠AKE=90°より，△ADI∽△AKEとなる。これより，ID：EK=AD：AKである。また，AD=AG，AK=ALとなる。同様にして，BD=BF，CG=CF，BK=BM，CL=CMとなる。

図2

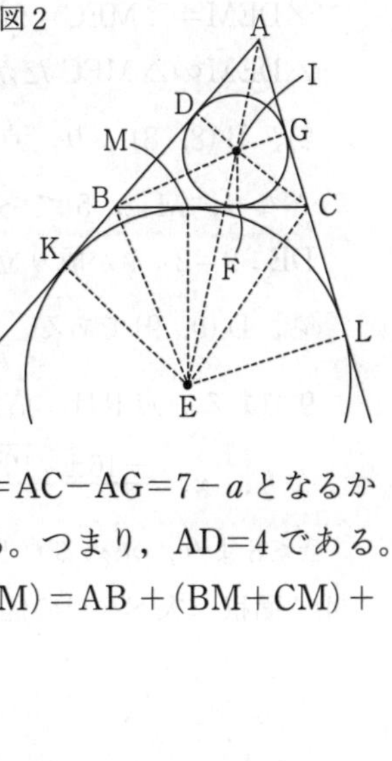

AD=AG$=a$(cm)とすると，BF=BD=AB−AD$=9-a$，CF=CG=AC−AG$=7-a$ となるから，BF+CF=BCより，$(9-a)+(7-a)=8$ が成り立ち，$a=4$ となる。つまり，AD=4である。さらに，AK+AL=(AB+BK)+(AC+CL)=(AB+BM)+(AC+CM)=AB+(BM+CM)+

$AC=9+8+7=24$ だから，$AK=AL=\frac{1}{2}\times24=12$ である。したがって，$AD:AK=4:12=1:3$ となるから，$ID:EK=1:3$ であり，円Eの半径は $EK=3ID=3\sqrt{5}$ (cm) となる。

4 〔関数—関数 $y=ax^2$ と直線〕

《基本方針の決定》(3)　点Pは線分ABの垂直二等分線上にある。　(4)　直線ABと平行な直線が放物線と接するときを考えてみよう。

(1)<**比例定数，座標**>右図1で，点Bは直線 $y=\frac{1}{2}x+4$ 上にあり，x 座標が8だから，$y=\frac{1}{2}\times8+4=8$ より，B(8, 8) である。点Bは放物線 $y=ax^2$ 上にもあるので，$8=a\times8^2$ より，$a=\frac{1}{8}$ となる。これより，点Aは放物線 $y=\frac{1}{8}x^2$ と直線 $y=\frac{1}{2}x+4$ の交点だから，$\frac{1}{8}x^2=\frac{1}{2}x+4$ より，$x^2-4x-32=0$，$(x+4)(x-8)=0$　$\therefore x=-4,\ 8$　よって，$y=\frac{1}{8}\times(-4)^2=2$ より，A(−4, 2) である。

図1

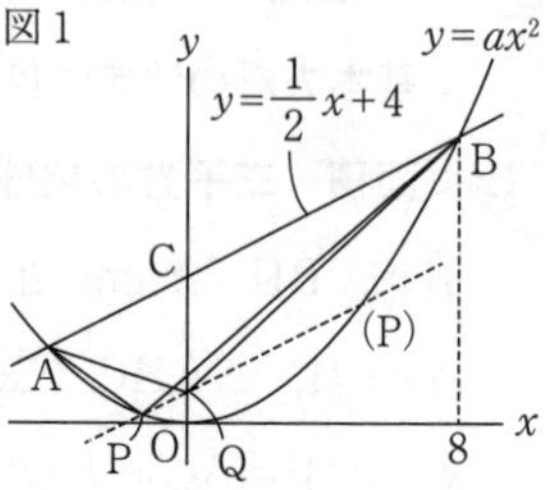

(2)<**x 座標**>右上図1で，直線ABと y 軸の交点をCとし，線分OC上に $\triangle AQB=\frac{81}{4}$ となる点Qをとる。このとき，$\triangle APB=\frac{81}{4}$ より，$\triangle APB=\triangle AQB$ となるから，AB∥PQ である。よって，点Pは，点Qを通り直線ABに平行な直線と放物線 $y=\frac{1}{8}x^2$ との交点である。点Qの y 座標を t とすると，点Cの y 座標が4より，$CQ=4-t$ と表せる。辺CQを底辺と見ると，△ACQの高さは4，△BCQの高さは8だから，$\triangle ACQ+\triangle BCQ=\triangle AQB$ より，$\frac{1}{2}\times(4-t)\times4+\frac{1}{2}\times(4-t)\times8=\frac{81}{4}$ が成り立つ。これを解くと，$t=\frac{5}{8}$ となるので，$Q\left(0,\ \frac{5}{8}\right)$ である。直線ABの傾きが $\frac{1}{2}$ より，直線PQの傾きは $\frac{1}{2}$ だから，直線PQの式は $y=\frac{1}{2}x+\frac{5}{8}$ となる。これと放物線 $y=\frac{1}{8}x^2$ の交点が点Pだから，$\frac{1}{8}x^2=\frac{1}{2}x+\frac{5}{8}$ より，$x^2-4x-5=0$，$(x+1)(x-5)=0$　$\therefore x=-1,\ 5$　よって，求める点Pの x 座標は −1，5 である。

(3)<**x 座標**>右図2で，△APBが二等辺三角形になるとき，AP=BPだから，辺ABの中点をMとすると，PM⊥AB となる。線分PMの延長と y 軸の交点をDとし，点Mから y 軸に垂線MEを引く。∠DEM=∠MEC=90°，∠DME=∠MCE=90°−∠EMC より，△DEM∽△MEC だから，DE：ME=ME：CE である。A(−4, 2)，B(8, 8) より，点Mの x 座標は $\frac{-4+8}{2}=2$，y 座標は $\frac{2+8}{2}=5$ となり，M(2, 5) である。よって，ME=2，CE=5−4=1 だから，

図2

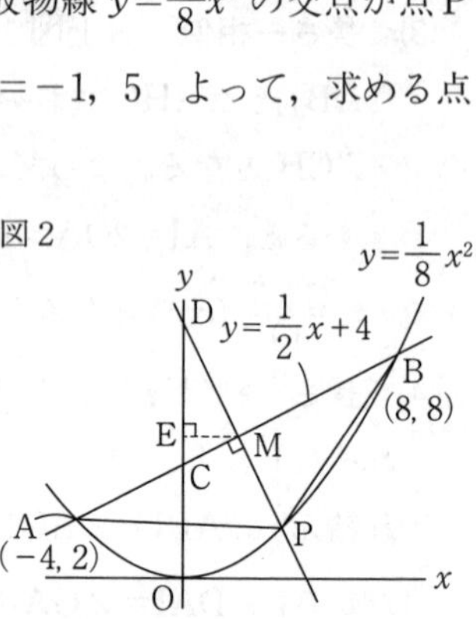

DE：2=2：1 が成り立ち，DE×1=2×2，DE=4 となる。これより，点Dの y 座標は 5+4=9 だから，D(0, 9) である。したがって，直線DMの傾きが $\frac{5-9}{2-0}=-2$ より，直線DMの式は $y=-2x+9$ である。点Pは，直線DMと放物線 $y=\frac{1}{8}x^2$ との交点だから，$\frac{1}{8}x^2=-2x+9$，$x^2+16x-72=0$ より，$x=\frac{-16\pm\sqrt{16^2-4\times1\times(-72)}}{2\times1}=\frac{-16\pm\sqrt{544}}{2}=\frac{-16\pm4\sqrt{34}}{2}=-8\pm2\sqrt{34}$ となる。$-4\leqq x\leqq8$ より，求める点Pの x 座標は $-8+2\sqrt{34}$ である。

(4)<**面積**>次ページの図3で，△APBの面積が最大になるとき，辺ABを底辺と見たときの高さが最

大となる。図3のように，直線ABに平行で，放物線 $y=\frac{1}{8}x^2$ に接する直線を考えると，この直線は，$-4<x<8$ の範囲内で放物線 $y=\frac{1}{8}x^2$ と共有する点を持つ直線のうちで，直線ABとの距離が最も大きい直線である。よって，△APBの面積が最大となる点Pは，その接する点である。直線ABに平行な直線の式は $y=\frac{1}{2}x+b$ とおける。これと放物線 $y=\frac{1}{8}x^2$ との共有する点の x 座標は，二次方程式 $\frac{1}{8}x^2=\frac{1}{2}x+b$ の解である。整理すると，$x^2-4x-8b=0$ となるので，解の公式より，$x=\frac{-(-4)\pm\sqrt{(-4)^2-4\times1\times(-8b)}}{2\times1}=\frac{4\pm\sqrt{16+32b}}{2}$ である。放物線 $y=\frac{1}{8}x^2$ と直線 $y=\frac{1}{2}x+b$ が接することより，共有する点は1個だから，この二次方程式の解は1個となる。このようになるのは，$\sqrt{16+32b}=0$ となるときだから，$x=\frac{4\pm0}{2}=2$ となり，点Pの x 座標は2である。$y=\frac{1}{8}\times2^2=\frac{1}{2}$ より，$P\left(2,\ \frac{1}{2}\right)$ である。このとき，点Pを通り y 軸に平行な直線と直線 $y=\frac{1}{2}x+4$ の交点をFとすると，$y=\frac{1}{2}\times2+4=5$ より，F(2, 5) である。したがって，$FP=5-\frac{1}{2}=\frac{9}{2}$ となり，辺FPを底辺と見ると，△AFPの高さは $2-(-4)=6$，△BFPの高さは $8-2=6$ だから，△APB＝△AFP＋△BFP$=\frac{1}{2}\times\frac{9}{2}\times6+\frac{1}{2}\times\frac{9}{2}\times6=27$ となる。

図3

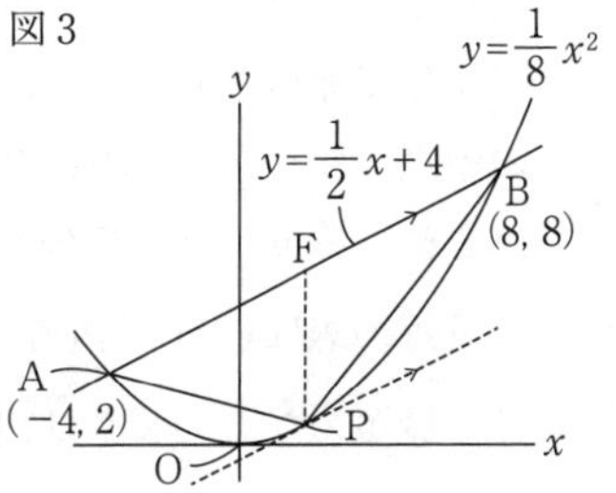

5〔空間図形—円錐台〕

≪**基本方針の決定**≫展開した図で考える。

(1)＜**長さ**＞ひもが通る曲面の部分を展開すると，右図1のように，おうぎ形OAA′からおうぎ形OCC′を除いた図形CAA′C′となる。点Aから立体の周りに1周巻きつけて再び点Aに戻るひもの長さが最短になるとき，そのひもは，図1では線分AA′で表される。おうぎ形OAA′の $\overset{\frown}{AA'}$ の長さと底面である半径2cmの円の周の長さは等しいので，∠AOA′$=x$ とすると，$2\pi\times12\times\frac{x}{360°}=2\pi\times2$ が成り立ち，$x=60°$ となる。よって，△OAA′は正三角形だから，求めるひもの最短の長さは，AA′＝OA＝12(cm)である。

図1

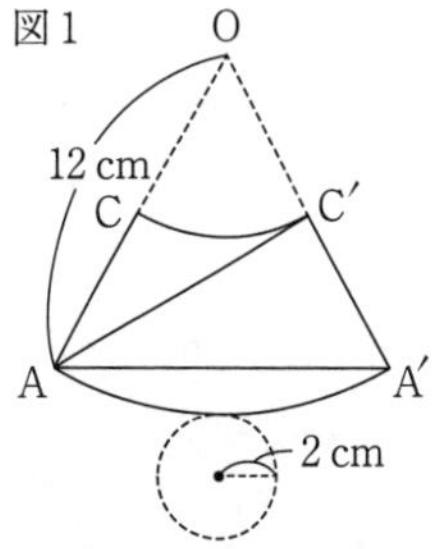

(2)＜**長さ—特別な直角三角形**＞点Aから点Cまで立体の周りに1周巻きつけたひもの長さが最短になるとき，右上図1の曲面の部分を展開した図では，そのひもは線分AC′で表される。(1)より，△OAA′は正三角形で，点C′は線分OA′の中点だから，△OAC′は3辺の比が $1:2:\sqrt{3}$ の直角三角形である。よって，求めるひもの最短の長さは，$AC'=\frac{\sqrt{3}}{2}OA=\frac{\sqrt{3}}{2}\times12=6\sqrt{3}$(cm)である。

(3)＜**長さ**＞①点Aから点Eまで立体の周りにひもを2周巻きつけているので，このひもの長さが最短になるとき，図形の対称性から，ひもは点Cを通り，点Aから点Cまでのひもの長さと，点Cから点Eまでのひもの長さは等しくなる。点Aから点Cまでは立体の周りに1周巻きつけることになるので，(2)より，その長さは $6\sqrt{3}$ cmである。よって，求める最短のひもの長さは $6\sqrt{3}\times2=12\sqrt{3}$(cm)である。　②点Aから点Eまで立体の周りにひもを3周巻きつけているので，このひもの長さが最短になるとき，図形の対称性から，点Aから立体の周りを $\frac{3}{2}$ 周して点Dを通り，点Dから立体の周りを $\frac{3}{2}$ 周して点Eに至る。このとき，点Aから点Dまでのひもの長さと，点Dから点Eまでのひもの長さは同じである。点Aを含む曲面の部分を2つ展開して並べた右図2で，$\triangle OAA'$が正三角形で，点C′が線分OA′の中点より，$AC' \perp OA'$だから，線分AC′は，点Aと線分OA′上の点を結ぶ線分のうちで最短の線分である。点C′と点D′を結ぶ線のうち最短の線は$\overset{\frown}{C'D'}$である。よって，点Aから点Dまで$\frac{3}{2}$周巻きつけた最短のひもの長さは，図2の$AC' + \overset{\frown}{C'D'}$となる。(2)より，$AC' = 6\sqrt{3}$である。また，$OC' = \frac{1}{2}OA' = \frac{1}{2} \times 12 = 6$，$\angle C'OD' = \frac{1}{2}\angle C'OC'' = \frac{1}{2} \times 60^\circ = 30^\circ$だから，$\overset{\frown}{C'D'} = 2\pi \times 6 \times \frac{30^\circ}{360^\circ} = \pi$である。したがって，$AC' + \overset{\frown}{C'D'} = 6\sqrt{3} + \pi$より，求める最短のひもの長さは$(6\sqrt{3} + \pi) \times 2 = 12\sqrt{3} + 2\pi$(cm)である。

図2

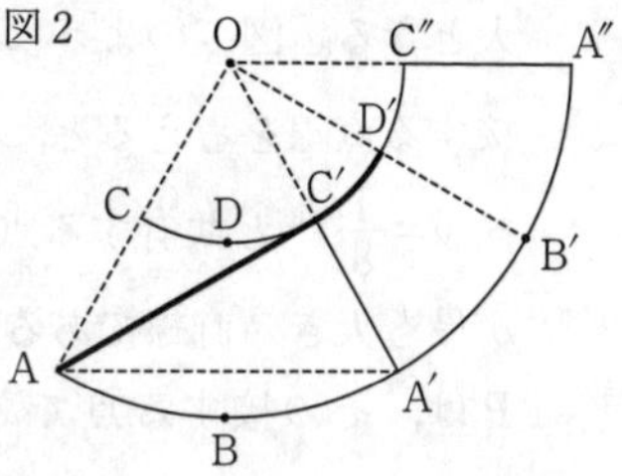

国語解答

一 問一 A…ウ　B…ア　問二 ア

問三 イ　問四 イ

問五 言葉にならない対話

問六 悪しき教養主義〔尤もらしい教養主義〕

二 問一 イ あんばい　ロ こっけい　ハ 勘　ニ 丁寧　ホ 、うと

問二 煩悩を持たないはずの兄が，怒りという煩悩にとらわれている矛盾を，妹に指摘されたから。

問三 それでも知

問四 周囲との協調をはかるための備え

問五 僧侶が唱えた経文は馴染みがあるはずの漢方薬の羅列にすぎないものなので，薬屋は当然その僧侶が偽者であることに気づくはずだから。

問六 ア

問七 ア…○　イ…×　ウ…×　エ…○　オ…×

三 問一 イ 猛烈　ロ 遍歴　ハ 宣言　ニ 脚力

問二 Ⅰ 存在している　Ⅱ 変化し続けていく

問三 エ　問四 イ

問五 ④ 景気　⑤ 満面　問六 ウ

問七 茶

問八 昔と違ってすっかり老い衰えてしまった「彼」を見て，同情してしまったから。

一〔論説文の読解―芸術・文学・言語学的分野―文学〕出典；佐藤亜紀『小説のストラテジー』。

《本文の概要》あらゆる人間があらゆる芸術を理解できると想定するのは無理である。悪しき教養主義にとらわれると，理解できなくてもわかったふりをする羽目になる。その結果，芸術を純粋に感性的に享受するのではなく，安易に言語化して何かの絵解きとして解釈してしまい，言葉によって表現の可能性を圧殺してしまう。というのは，我々にとって言葉の機能は，純粋な聴覚や視覚よりはるかに強く，我々は，言葉で表現されると，ついそこに引きずられてしまうからである。この悪しき教養主義が影響を及ぼすのは，芸術家よりも鑑賞者に対してである。芸術においては本来，表現者と鑑賞者の言葉にならない対話が展開されるものだが，現状では表現者の役割が強調されすぎ，鑑賞者は受動的なるがゆえの不安を抱えている。そこから生まれる態度の一つが安易に消費できるものだけを丸のみにする姿勢であり，もう一つが知覚への刺激を無視して主義主張だけを問題にする姿勢である。こうした関係は調整されなければならない。そのために鑑賞者は，意味や内容で作品を理解したふりをせず，作品の表面にとどまる強さを持たねばならない。

問一＜接続語＞A．「あらゆる人間があらゆる芸術を等しく理解できると想定することが，そもそも無理」で，ある芸術には深い理解を示すのに他の芸術は理解できなかったりするのは，「当り前のこと」なのである。　B．「若いうちに，或いは年取ってからでも」，絵画や音楽や小説を楽しめるようになろうとすることが「悪いこと」ではないのは，言うまでもないことである。

問二＜語句＞「由々しい」は，程度が甚だしいことをいう。ここでは，大変な，容易ではない，というくらいの意味。

問三＜文章内容＞音楽は，「言葉の機能」によって，つまり言葉の持つ意味を介して「意味や内容」を

「理解させる」ような類のものではない。

問四＜文章内容＞安易な「言語化」による「もっともらしい『理解』」は，「理解の身振りを見せびらかす」，つまり「理解しているふり」をすることにしかならず，かえって知覚による「より緻密な，繊細な，或いはダイナミックな表現の可能性」から目をそらす結果を招いてしまうのである。

問五＜表現＞芸術において「作品が表現者と鑑賞者の対話の場として機能する」のは，「安易な『コミュニケーション』」が行われるときではなく，「作品を介した言葉にならない対話」が行われるときなのである。

問六＜文章内容＞「芸術享受の現状において，鑑賞者は圧倒的に受動的な役割を強いられ，受動的なるが故の不安を抱えて」いるため，鑑賞者はつい「知覚を通して得られる匂いや感触，微妙な均衡や逸脱を素通り」して，「ありもしない主義主張やあってもなくてもいいイデオロギー」といった，作品の「深層」にある「意味や内容」だけを取り上げて，「悪しき教養主義」による「即席に理解したようなふり」をしたくなる誘惑に駆られてしまうのである。

二〔**論説文の読解―文化人類学的分野―日本文化**〕出典；西田知己『日本語と道徳』。

問一＜漢字＞イ.「塩梅」は，具合や様子のこと。　**ロ.**「滑稽」は，おどけていておもしろいこと。あるいは，ふざけていて馬鹿馬鹿しいこと。　**ハ.**「勘違い」は，思い違いをすること。　**ニ.** ここでの「丁寧」は，人に対して親切で礼儀正しい様子。　**ホ.** ここでの「疎い」は，よく知らない，という意味。

問二＜文章内容＞仏教においては，「怒り」もまた克服すべき煩悩の一つである。にもかかわらず，妹に向かって仏の教えを説いている厳融房自身が，「非常に短気で怒りっぽかった」ので，僧侶である兄こそ煩悩にとらわれているのではないかと妹に切り返されたのである。

問三＜文章内容＞「仏教思想の立場では，知識が増えるにともなって煩悩もわき起こりやすいという考え方」がある。人は「知識が増えるにともなって，おのずと非道徳的なことや，反社会的なことにつながる事柄に接する機会自体は増えていく」のであり，「そうして成長とともに，身も心も垢まみれになりやすい」のである。

問四＜文章内容＞江戸時代になると，「智恵」において仏教の占める割合が減り，「世俗の知識を積極的に取り入れようとする動きが相対的に活発化した」のである。つまり，「世の中の常識や暮らしの慣例・マナーといった情報がしだいに共有されるように」なり，「『智恵』は，かならずしも周囲と摩擦を引き起こす私欲に結びつかず，どちらかといえば周囲との協調をはかるための備え」となったのである。

問五＜文章内容＞「江戸初期の人たち」にとっては，「無理矢理経文に仕立てられた漢方薬」は「たいてい馴染のある品々だった」のであり，「本物の経文が通常どんな内容なのか知らない」ことは，「無教養」なこととされていたのである。

問六＜文章内容＞『醒睡笑』には，「賢明なふりを装う人たちの滑稽さを笑う『賢だ(立)て』という項目」があり，また，『日葡辞書』では「『知恵立て』も『賢立て』の類語に属する」のである。したがって，「智恵立て」は，自分の智恵を自慢すること，何かにつけて利口ぶることである。

問七＜要旨＞ア.『醒睡笑』のような江戸時代の「笑い話の世界では，教養を欠いた人たち」が「常連の座を占めている」ので，「彼らが誤解・曲解した知識や事柄を押さえていくと，当時求められていた社会常識としての『智恵』の水準をいくらか推し量ることができる」のである(…○)。　**イ.**『徒然草』や『沙石集』においては，仏教思想の影響が強く，「本当の賢者は，世間でいうところの『智』や『徳』などとは無縁の存在」とされていたが，『醒睡笑』の時代になると，「『智恵』全体に占める仏教思想の割合はしだいに減り，世俗の知識を積極的に取り入れようとする動きが相対的に活発化」しており，「教養を欠いた人たち」が笑いの種になっている(…×)。　**ウ.**『醒睡笑』の「智恵」に対する価値観は，『沙石集』とは異なっているが，『醒睡笑』に，『沙石集』に対する批判がある訳ではない(…×)。　**エ.**『醒睡笑』には「『徒然草』のことを中途半端にしか知らない見栄っ張りの姿が描かれている」が，その描かれ方の背景には，『徒然草』が「広く読まれるようになったのは江戸時代に入ってからのことだった」という事実や，「室町・戦国期の段階」では「実際に手に取って読んだ人はまだ少数派だった」という事実がある(…○)。　**オ.**『醒睡笑』は，「当時の常識力を推し量る目安にもなった」が，当時の人々がこの作品で常識力を養っていたかどうかはわからない(…×)。

三　**〔小説の読解〕**出典；阿部昭『川』。

問一＜漢字＞イ.「猛烈」は，きわめて激しい様子。　**ロ.**「遍歴」は，さまざまな経験をすること。　**ハ.**「宣言」は，意見や方針を発表すること。　**ニ.**「脚力」は，歩いたり走ったりする足の強さ。

問二＜表現＞人間は，「土地そのもの」以上に「おそろしいいきおいで変って行く」のである。

問三＜文章内容＞「二十何年まえ」には生徒を「毎日のように」殴っていた校長が，今では「ちょっとでも生徒に体罰を加えたりしたら容赦しない」などと正反対のことを言っているのを聞いて，「僕」は，校長の要領のよさに，皮肉交じりに感心しているのである。

問四＜文章内容＞「たしかに，いまはそういう時代だ」と言っているように，うまく時流に合わせてひょう変した校長に対し，「僕」は，「彼」らしいことだといくぶん皮肉交じりに感心している。

問五④＜語句＞「景気づけ」は，心を奮い立たせること。　**⑤＜四字熟語＞**「得意満面」は，得意な気持ちが顔中にあふれ出ること。

問六＜心情＞「こんなにも老いぼれてしまった」校長に対し，「僕はちょっぴり昔の先生の肩をもってやりたい気持」になっている。

問七＜語句＞「茶番」は，底の見え透いた，馬鹿げた行動。

問八＜心情＞かつて「毎日のように殴られた」校長を恨みに思う気持ちはあったが，戦後の「おそろしいいきおいで変って行く」社会に適応することの大変さは，同時代人である「僕」にはよく理解できた。すっかり「老いぼれてしまった」校長を見て，「僕」は，「ちょっぴり昔の先生の肩をもってやりたい気持」を抱き，校長の出世を祝ってやってもいいのではないかとも思っているのである。

＝読者へのメッセージ＝

『醒睡笑』は，噺《はなし》本の先駆的存在で，江戸時代初期の1623年に成立しました。作者は，茶人や文人としても知られる京都の僧である安楽庵策伝です。この作品は，後の落語にも多大な影響を与えました。

Memo

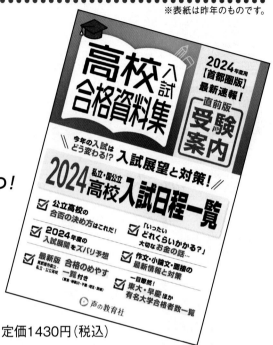

2025年度用

高校スーパー過去問

■編集人　声の教育社・編集部
■発行所　株式会社　声の教育社
〒162-0814 東京都新宿区新小川町8-15
☎03-5261-5061㈹ FAX03-5261-5062
https://www.koenokyoikusha.co.jp

公立高校過去問シリーズ

- 東京都立高校
- 神奈川県公立高校
- 千葉県公立高校
- 埼玉県公立高校
- 茨城県公立高校
- 栃木県公立高校
- 群馬県公立高校

掲載全問に
わかりやすい解説つき
各教科の
出題傾向と対策

定価1100円(税込)

都立独自高校 公立高校過去問シリーズ

251 都立日比谷高校
252 都立西高校
253 都立八王子東高校
254 都立国立高校
255 都立戸山高校
256 都立国分寺高校
257 都立立川高校
258 都立新宿高校
259 都立青山高校

定価2090円(税込)

高校ベスト10シリーズ

出題形式別、入試によく出る順!!

ベスト10Neo **国語** 読解問題

ベスト10Neo **数学** 図形問題

英語 文法問題ベスト10

定価990～1100円(税込)

高校受験面接ブック

別冊がウリ!! 首都圏の各高校の面接内容

本体 質問回答例ベスト150
面接ワークシート
自己PR書の書き方とワークシート

別冊 首都圏の私国立高校などの面接方法、時間、質問具体例
推薦・一般入試の面接内容
主要校の面接会場のようす
(各校図示)

小冊子 試験場に持って行けるチェックBOOK
など面接対策がつまった1冊

定価1320円(税込)

図解でわかる!! 作文・小論文

本体 (88P) **合格作文の書き方**
①7日間で仕上げる基礎編
②4日間で仕上げる応用編

別冊 (52P) 首都圏の各高校の作文課題、制限時間、文字数の具体例調査
①首都圏の作文課題2000例を代表的な15パターンに分類(書き易くするため)
②着眼点、キーワード、ポイントを各パターンごとにコメント
③推薦と一般入試の作文出題校と課題例を一挙公開!!
④首都圏公立高校4年間課題調査

定価1100円(税込)

公立の漢字

公立高校の試験によく出る漢字

1 漢字は全都道府県で出題!!
2 公立の漢字の配点は高い!!
3 10年間の頻度をデータ化!!
4 最頻出漢字を5段階評価!!

定価748円(税込)

声の教育社 〒162-0814 東京都新宿区新小川町8-15
TEL.03(5261)5061 FAX.03(5261)5062

立教新座高等学校

別冊解答用紙

丁寧に抜きとって、別冊としてご使用ください。

解けると春が来るんだね。

注意

○ 解答用紙は、収録の都合により縮小したものや、小社独自に作成したものもあります。
○ 学校配点は学校発表のもの、推定配点は小社で作成したものです。
○ 無断転載を禁じます。
○ 解答用紙を拡大コピーする場合、表示した拡大率に対応する用紙サイズは以下のとおりです。
101%～102%＝B5　103%～118%＝A4　119%～144%＝B4　145%～167%＝A3
（タイトルと配点表は含みません）

2024年度　立教新座高等学校

英語解答用紙

番号		氏名		評点	／100

Ⅰ	1	2	3	4	5	6

Ⅱ	1		2	
	①	②	①	②

Ⅲ	問1	問2	問3	問4	問5	問6	問7	問8
	問9	問10						

Ⅳ	問1	問2	問3	問4	問5	問6	問7	問8
	問9		問10					
	C	D						

Ⅴ	(1)	(2)	(3)

Ⅵ	(1)		(2)	
	A	B	A	B
	(3)		(4)	
	A	B	A	B

Ⅶ	問1	
	①	②
	問2	
	①	②

推定配点	Ⅰ，Ⅱ　各2点×10　　Ⅲ，Ⅳ　各3点×20〔Ⅲ問10，Ⅳ問9はそれぞれ完答〕 Ⅴ，Ⅵ　各2点×7　　Ⅶ　各3点×2	計 100点

（注）この解答用紙は実物を縮小してあります。A3用紙に159％拡大コピーすると、ほぼ実物大で使用できます。（タイトルと配点表は含みません）

２０２４年度　立教新座高等学校

数学解答用紙

番号		氏名		評点	／100

1

(1)	(2)

(3)	
① $y=$	② $y=$

(4)		
A	B	C

(5)	(6)
cm	cm^2

2

(1)	(2)
A(　　,　　)	$k=$

(3)	(4)
$y=$	$t=$

3

(1)	(2)	(3)	(4)
cm	cm	倍	cm^2

4

(1)	(2)	(3)	(4)
cm^3	cm	$t=$	cm^3

5

(1)	(2)	(3)	(4)

（注）この解答用紙は実物を縮小してあります。B４用紙に154％拡大コピーすると、ほぼ実物大で使用できます。（タイトルと配点表は含みません）

推定配点		計
	1, 2 各４点×11　3, 4 各５点×８　5 各４点×４	100点

二〇二四年度　立教新座高等学校

国語解答用紙

番号		氏名		評点	／100

一

問一　イ　ロ　えた　ハ　ね　ニ　ホ　われ

問二　〔Ⅰ〕A　B　C　〔Ⅱ〕D　E

問三

問四

問五

二

問一　A　B　C　D

問二　最初　最後

問三

問四　と考えるようになる。

問五

問六　Ⅰ　Ⅱ

問七　ア　イ　ウ　エ　オ

三

問一　イ　ち　ロ　ハ　そうな　ニ　ホ

問二

問三　～

から。

問四

問五

問六　→　→　→　→

（注）この解答用紙は実物を縮小してあります。Ａ３用紙に164%拡大コピーすると、ほぼ実物大で使用できます。（タイトルと配点表は含みません）

推定配点		計
	一　問一，問二　各２点×10　問三～問五　各３点×３ 二　問一　各２点×４　問二～問四　各４点×３　問五～問七　各３点×８ 三　問一　各２点×５　問二，問三　各４点×２　問四～問六　各３点×３	100点

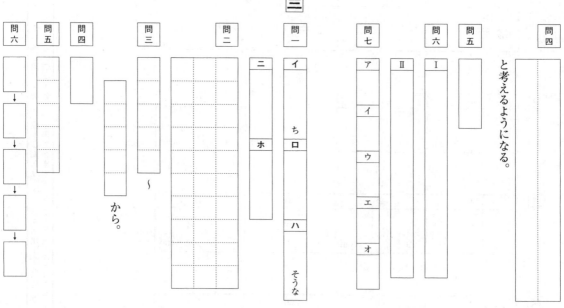

２０２３年度　　立教新座高等学校

英語解答用紙

番号		氏名		評点	／100

Ⅰ	1	2	3	4

Ⅱ		
	1	2
	3	4

Ⅲ	問1	問2	問3			
	問4			問5	問6	問7
	④　a	⑤　d	⑦　a			

Ⅳ	1	2	3	4	5	6	7	8	9	10	11

Ⅴ	1	2	3
	4	5	

Ⅵ	1		2	
	A	B	A	B

Ⅶ	My parents .

（注）この解答用紙は実物を縮小してあります。Ａ３用紙に161%拡大コピーすると、ほぼ実物大で使用できます。（タイトルと配点表は含みません）

推定配点		計
	Ⅰ　各２点×４　　Ⅱ～Ⅳ　各３点×24 Ⅴ，Ⅵ　各２点×７　　Ⅶ　６点	100点

2023年度　立教新座高等学校

数学解答用紙

番号		氏名	

評点	／100

1

(1)	(2)	
個	$a =$ 　　　, $b =$	
(3)		
① cm	② cm	
(4)		(5)
①	②	$t =$

2

(1)	(2)	(3)	(4)
	(　　,　　)		

3

(1)	(2)		(3)
	体積	表面積	
cm	cm^3	cm^2	cm

4

(1)	(2)	(3)	(4)
:	cm^2	:	:

5

(1)	(2)	(3)	(4)

（注）この解答用紙は実物を縮小してあります。A3用紙に145％拡大コピーすると、ほぼ実物大で使用できます。（タイトルと配点表は含みません）

推定配点		計
	1　各4点×7　2　(1)　4点　(2)～(4)　各5点×3 3　(1), (2)　各4点×3　(3)　5点　4　各5点×4 5　各4点×4	100点

二〇二三年度　立教新座高等学校

国語解答用紙

番号		氏名		評点	／100

一

問一　イ　ロ　ハ　って　ニ　り　ホ　き

問二

問三

問四　③　④　⑤

問五

問六

二

問一　イ　ロ　いて　ハ　めて　ニ　ホ

問二

問三　Ⅰ　Ⅱ

問四

問五

問六

三

問一

問二

問三　Ⅰ　最初　最後　Ⅱ

問四

問五

問六

問七

問八

（注）この解答用紙は実物を縮小してあります。Ａ３用紙に161％拡大コピーすると、ほぼ実物大で使用できます。（タイトルと配点表は含みません）

推定配点		計
	一　問一　各２点×５　問二　４点　問三，問四　各３点×４ 問五　４点　問六　３点 二　問一　各２点×５　問二～問六　各４点×６ 三　問一，問二　各４点×２　問三　Ⅰ　４点　Ⅱ　３点　問四　４点 問五，問六　各３点×２　問七，問八　各４点×２	100点

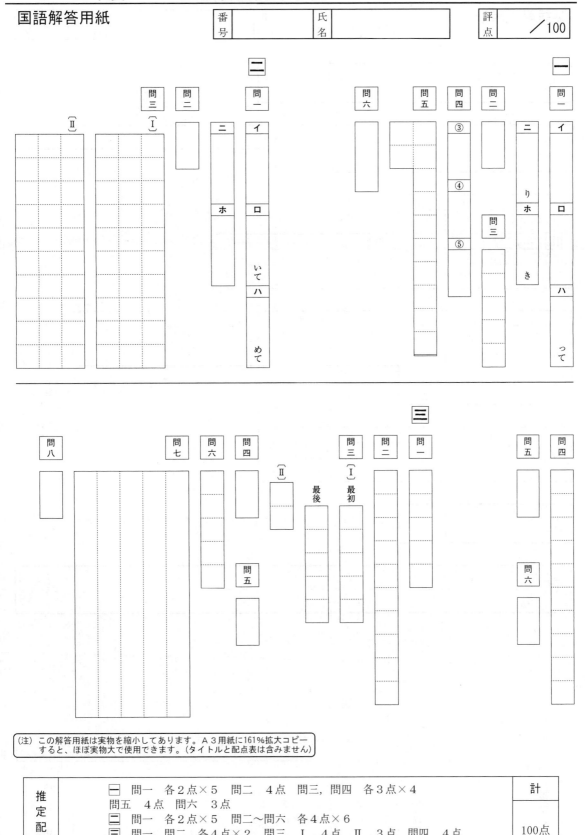

２０２２年度　立教新座高等学校

英語解答用紙

番号		氏名		評点	／100

Ⅰ

1	2	3	4	5	6

Ⅱ

1	2
3	

Ⅲ

問1	問2	問3

問4						
1	2	3	4	5	6	7

Ⅳ

問1							
1	2	3	4	5	6	7	8

問2		

Ⅴ

1		2		3	
A	B	A	B	A	B

Ⅵ

1	2	3

Ⅶ

1 .
2 ?

（注）この解答用紙は実物を縮小してあります。Ａ３用紙に159％拡大コピーすると，ほぼ実物大で使用できます。（タイトルと配点表は含みません）

推定配点		計
	Ⅰ，Ⅱ　各２点×９ Ⅲ　問１～問３　各２点×３　問４　各３点×７ Ⅳ　各３点×11〔問１の７は完答〕 Ⅴ，Ⅵ　各２点×６ Ⅶ　各５点×２	100点

２０２２年度　　立教新座高等学校

数学解答用紙

番号		氏名		評点	／100

1

(1)			
$a=$　　，$b=$　　，$c=$			
(2)		(3)	
①	②	球の半径　cm	水の体積　cm^3
(4)			
$p=$			

2

(1)			(2)
①　：	②　：	③　：	$n=$

3

(1)	(2)	(3)

4

(1)	(2)	(3)
$y=$	$a=$	
(4)	(5)	

5

(1)	(2)	(3)
cm^3	：	cm^3
(4)	(5)	
cm^3	cm^2	

（注）この解答用紙は実物を縮小してあります。A３用紙に149％拡大コピーすると、ほぼ実物大で使用できます。（タイトルと配点表は含みません）

推定配点		計
	1　⑴，⑵　各４点×３　⑶　各３点×２　⑷　４点 2　⑴　①，②　各４点×２　③　５点　⑵　５点 3　各５点×３　　4　⑴～⑶　各４点×３　⑷，⑸　各５点×２ 5　⑴，⑵　各４点×２　⑶～⑸　各５点×３	100点

二〇二二年度　立教新座高等学校

国語解答用紙

番号		氏名	

評点	／100

一

問一　イ　　った　ロ　　き　ハ　　ニ　　ホ

問二　瑞穂は　　と主張している。

問三

問四

問五

問六

問七

二

問一　　という意図。

問二　A　B

問三

問四　Ⅰ　Ⅱ　Ⅲ　Ⅳ

問五

問六

問七

三

問一　イ　ロ　ハ　　し　ニ

問二　A　B

問三

問四

問五

問六

(注) この解答用紙は実物を縮小してあります。A３用紙に164%拡大コピーすると、ほぼ実物大で使用できます。(タイトルと配点表は含みません)

推定配点		計
	一　問一　各２点×５　問二　５点　問三～問五　各３点×４　問六，問七　各４点×２ 二　問一，問二　各３点×３　問三　５点　問四～問六　各３点×６　問七　４点 三　問一　各２点×４　問二，問三　各３点×３　問四　５点　問五　４点　問六　３点	100点

２０２１年度　立教新座高等学校

英語解答用紙

番号		氏名		評点	／100

I		
	1	2
	3	4

II	1	2

III	1	2

IV				
問1	問2	問3		
問4	問5			
	～ science			.
問6	問7	問8	問9	

V							
問1							
1	2	3	4	5	6	7	8
問2							
A			B				

VI	1	2	3

VII	1		2

VIII	1		2		3	
	A	B	A	B	A	B

IX						
				40		
		50				

（注）この解答用紙は実物を縮小してあります。Ａ３用紙に164％拡大コピーすると、ほぼ実物大で使用できます。（タイトルと配点表は含みません）

推定配点		計
	I　各２点×４　II～V　各３点×22〔V問２は完答〕 VI～VIII　各２点×８　IX　10点	100点

２０２１年度　立教新座高等学校

数学解答用紙

番号		氏名	

評点	／100

1

(1)	
① $x =$	②
③ $a = -6,$	

(2)	
①　kg 以上　kg 未満	②

(3)	
正三角形　cm	正方形　cm

(4)	
① B(　　,　　)	② $p =$

2

(1)	(2)	(3)	(4)

3

(1)	(2)	(3)	(4)
cm	cm	:	cm

4

(1)	(2)	(3)
cm	倍	cm^2

(4)
cm

5

(1)	(2)
$y =$	

(3)		
① $t =$	② :	③

（注）この解答用紙は実物を縮小してあります。A３用紙に159％拡大コピーすると、ほぼ実物大で使用できます。（タイトルと配点表は含みません）

推定配点		計
	1 (1), (2)　各４点×５　(3)　各２点×２　(4)　各４点×２ 2～5　各４点×17	100点

二〇二二年度　立教新座高等学校

国語解答用紙

番号　　氏名　　評点　／100

一
問一　イ　ロ　ハ　げる　ニ　ホ　って
問二
問三
問四
問五
問六
問七
問八
問九

二
問一　イ　ロ　ハ　ニ　ね　ホ　わしい
問二　A　B　C　D
問三
問四
問五
問六

三
問一　A　B　C　D　E
問二
問三
問四
問五
問六

（注）この解答用紙は実物を縮小してあります。A３用紙に149%拡大コピーすると、ほぼ実物大で使用できます。（タイトルと配点表は含みません）

推定配点	計
一 問一　各２点×５　問二～問六　各３点×５　問七　４点 問八　３点　問九　４点 二 問一、問二　各２点×９　問三～問六　各４点×４ 三 問一　各２点×５　問二～問六　各４点×５	100点

２０２０年度　　立教新座高等学校

英語解答用紙

番号		氏名	

評点	／100

I

1	2

II

1	2	3	4

III

1	2

IV

問1

問2		
(1)	(2)	(3)
(4)	(5)	

問3	
～ the games	reduce ～

問4			
1	2	3	4

V

1	2	3	4	5	6	7	8

VI

1		2	

VII

1		2		3		4	
A	B	A	B	A	B	A	B

VIII

1　It is	at home.
2　Bob	in the sun.
3　Some people	are healthy.

（注）この解答用紙は実物を縮小してあります。179％拡大コピーすると、ほぼ実物大で使用できます。（タイトルと配点表は含みません）

推定配点		計
	I　各２点×２　　II～V　各３点×25 VI, VII　各２点×６　　VIII　各３点×３	100点

２０２０年度　立教新座高等学校

数学解答用紙

番号		氏名	

評点	／100

1

(1)	(2)
$x=$	$\angle x=$ °, $\angle y=$ °

(3)	
① $a=$, $b=$	② $a=$, $b=$

(4)	(5)	
cm³	①	②

(6)	
① $y=$	② P(,)

2

(1)	(2)	(3)	(4)

3

(1)	
① :	② cm

(2)	
① cm^2	② cm

4

(1)	(2)	(3)
cm	cm^2	:

5

(1)	(2)
$y=$	

(3)	(4)
$y=$	

(5)

（注）この解答用紙は実物を縮小してあります。A３用紙に164％拡大コピーすると、ほぼ実物大で使用できます。（タイトルと配点表は含みません）

推定配点		計
	1　各２点×10〔(2)は各２点×２〕　2～5　各５点×16	100点

二〇二〇年度　立教新座高等学校

国語解答用紙

番号		氏名		評点	/100

一

問一　問二

問三　役割。　役割。

問四

問五　問六

二

問一　イ　ロ　ハ　ニ　ホ

問二　A　B　C　問三

問四　最初　〜　最後

問五　問六

問七　ア　イ　ウ　エ　オ

三

問一　イ　われ　ロ　ハ　め　ニ　ホ　かれ

問二

問三　問四

問五

問六　問七

（注）この解答用紙は実物を縮小してあります。Ａ３用紙に156％拡大コピーすると、ほぼ実物大で使用できます。（タイトルと配点表は含みません）

推定配点	計
一 問一〜問三　各３点×４　問四　５点　問五、問六　各４点×２ 二 問一　各２点×５　問二〜問六　各３点×７　問七　各２点×５ 三 問一　各２点×５　問二　６点　問三、問四　各３点×２　問五　５点　問六　３点　問七　４点	100点

２０１９年度　立教新座高等学校

英語解答用紙

番号		氏名		評点	／100

I

No. 1	No. 2	No. 3	No. 4	No. 5	No. 6

II

No. 1	No. 2	No. 3

III

No. 1	No. 2	No. 3
No. 4		

IV

問1	問2	問3
	→ → →	

問4	問5 A	問5 B	問5 C

問6	問7		

V

問1	問2 A	問2 B	問3	問4

問5 ア	問5 イ

問6	

VI

1		2	
3		4	

VII

	A	B
1		
2		
3		

VIII

1 前に来る語	1 後に来る語	2 前に来る語	2 後に来る語

IX

1

September.

2

I have .

（注）この解答用紙は実物を縮小してあります。172%拡大コピーすると、ほぼ実物大で使用できます。（タイトルと配点表は含みません）

推定配点		計
	I～III　各２点×13　IV　問１　２点　問２　３点 問３，問４　各２点×２　問５～問７　各３点×７ V　問１～問５　各２点×７　問６　各３点×２ VI～VIII　各２点×９　IX　各３点×２	100点

２０１９年度　立教新座高等学校

数学解答用紙

番号		氏名	

評点	／100

1

(1)		
① $x=$	②	

(2)	(3)	
$x=$　　, $y=$	①	②

(4)	(5)
cm^2	cm^2

(6)	
体積　cm^3	表面積　cm^2

2

(1)	(2)	(3)	(4)
cm	cm	cm	cm^2

3

(1)	(2)
$y=$	：
(3)	(4)
$y=$	

4

(1)	(2)	(3)

5

(1)	(2)
cm	cm
(3)	(4)
cm^2	cm^2

（注）この解答用紙は実物を縮小してあります。A３用紙に149％拡大コピーすると、ほぼ実物大で使用できます。（タイトルと配点表は含みません）

推定配点		計
	1～4　各４点×20〔1(3), (6)はそれぞれ各４点×２〕　5　各５点×４	100点

二〇一九年度　立教新座高等学校

国語解答用紙

番号　　氏名　　評点　／100

一

問一　イ　ロ　ハ　ニ　ホ

問二　Ⅰ　Ⅱ

問三

問四　最初　〜　最後　という事態。

問五

問六

問七　　問八

二

問一　イ　ロ　ハ

問二　　問三

問四　　問五

問六

問七　ア　イ　ウ　エ

三

問一　　問二　　問三

問四

問五

問六

問七　　問八

（注）この解答用紙は実物を縮小してあります。Ａ３用紙に156%拡大コピーすると、ほぼ実物大で使用できます。（タイトルと配点表は含みません）

推定配点	
一 問一、問二　各2点×7　問三〜問八　各4点×6 二 問一　各2点×3　問二　4点　問三〜問五　各3点×3 問六　5点　問七　各2点×4 三 問一　3点　問二　4点　問三　3点　問四　6点 問五、問六　各3点×2　問七、問八　各4点×2	計　100点

２０１８年度　立教新座高等学校

英語解答用紙

番号		氏名		評点	／100

Ⅰ	1	2	3

Ⅱ	1	2	3
	A・B・C・D	A・B・C・D	A・B・C・D
	4	5	
	A・B・C・D	A・B・C・D	

Ⅲ	問１	問２	問３			
	問４			問５		
	問６	問７ (1)	問７ (2)	問８		

Ⅳ	問１ (1)	問１ (2)	問１ (3)	問１ (4)	問１ (5)
	問２	問３	問４		
	問５				

Ⅴ	A	B

Ⅵ	1	2	3	4

Ⅶ	1	2
	3	4

Ⅷ	1 A	1 B	2 A	2 B	3 A	3 B	4 A	4 B	5 A	5 B

（注）この解答用紙は実物を縮小してあります。169％拡大コピーすると、ほぼ実物大で使用できます。（タイトルと配点表は含みません）

推定配点		計
	Ⅰ，Ⅱ　各２点×８ Ⅲ　問１～問６　各２点×６　問７，問８　各３点×５ Ⅳ　問１　各３点×５　問２～問４　各２点×３　問５　６点 Ⅴ～Ⅷ　各２点×15	100点

２０１８年度　立教新座高等学校

数学解答用紙

番号		氏名		評点	／100

1

(1)	(2)	
	①	② $y=$

(3)		(4)	
① cm	② cm^2	①	②

(5)	
① cm^3	② cm^3

2

(1)	(2)	(3)

3

(1)	(2)	(3)	(4)
cm^2	cm	cm	cm

4

(1)		(2)
$a=$	A(　　,　　)	

(3)	(4)

5

(1)	(2)
cm	cm

(3)	
① cm	② cm

（注）この解答用紙は実物を縮小してあります。B４用紙に132％拡大コピーすると、ほぼ実物大で使用できます。（タイトルと配点表は含みません）

推定配点		計
	1～5　各４点×25	100点

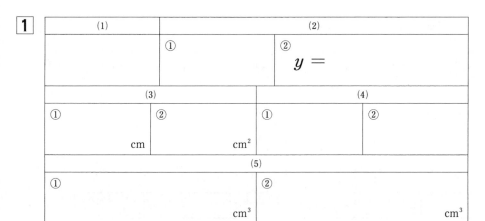

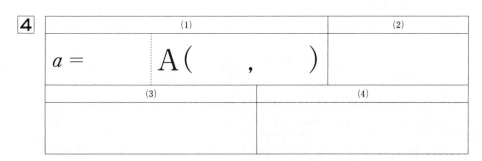

二〇一八年度　立教新座高等学校

国語解答用紙

番号　　氏名　　評点　／100

一

問一　A　B

問二　問三　問四

問五

問六

二

問一　イ　ロ　ハ　ニ　ホ　い

問二

問三

問四

問五

問六　問七　ア　イ　ウ　エ　オ

三

問一　イ　ロ　ハ　ニ

問二　Ⅰ　Ⅱ

問三　問四　問五　④　⑤

問六　問七

問八

（注）この解答用紙は実物を縮小してあります。A3用紙に149％拡大コピーすると、ほぼ実物大で使用できます。（タイトルと配点表は含みません）

推定配点	計
一　問一　各2点×2　問二～問六　各4点×5 二　問一　各2点×5　問二～問六　各4点×5　問七　各2点×5 三　問一、問二　各2点×6　問三、問四　各4点×2 問五　各2点×2　問六～問八　各4点×3	100点

Memo

Memo

高校後見返し